Umberto Eco

Sämtliche Glossen und Parodien 1963–2000

Umberto Eco

Sämtliche Glossen und Parodien 1963–2000

Aus dem Italienischen von Burkhart Kroeber und Günter Memmert

Zweitausendeins

Titel der italienischen Originalausgaben:
Diario minimo, Mondadori 1963
Il secondo diario minimo, Bompiani 1992,
Teil I (S. 175–228) wurde von Günter Memmert übersetzt,
der Rest von Burkhart Kroeber.
La Bustina di Minerva, Bompiani 2000
Die Verwendung des geschützten Namens »Derrick« erfolgt mit
freundlicher Genehmigung des ZDF/ZDF Enterprises.

Printed in Germany.

Dieses Buch gibt es nur bei Zweitausendeins im Versand,
Postfach, D-60348 Frankfurt am Main, Telefon 069-4 20 80 00
oder 0 18 05-23 2001, Fax 069-41 50 03 oder 0 18 05-24 2001,
Internet www.Zweitausendeins.de, E-Mail Info@Zweitausendeins.de.
Oder in den Zweitausendeins-Läden in Berlin, Düsseldorf, Essen,
Frankfurt am Main, Freiburg, 2 x in Hamburg, in Hannover, Köln, Mannheim,
München, Nürnberg, Saarbrücken, Stuttgart.

In der Schweiz über buch 2000, Postfach 89, CH-8910 Affoltern a. A.

ISBN 3-86150-413-8

Platon im Striptease-Lokal

Parodien und Travestien

Aus dem Italienischen
von Burkhart Kroeber

»music-hall, not poetry, is a criticism of life«

James Joyce

Nonita

Das vorliegende Manuskript ist uns vom Oberaufseher des kommunalen Gefängnisses einer piemontesischen Kleinstadt übergeben worden. Die unbestimmten Angaben, die der Mann über den mysteriösen Häftling gemacht hat, der es in seiner Zelle zurückließ, der Nebel, der das Schicksal des Verfassers umgibt, und eine gewisse allgemeine, unerklärliche Reserviertheit derer, die den Schreiber dieser Zeilen gekannt haben, lassen uns keine andere Wahl, als uns mit dem zu begnügen, was wir wissen, und in aller Bescheidenheit den erhaltenen Teil des Manuskripts (das übrige ist von Mäusen zerfressen) hier wiederzugeben, so daß sich der Leser ein Bild von dem außergewöhnlichen Schicksal dieses Umberto Umberto machen kann (doch war jener mysteriöse Häftling nicht womöglich Vladimir Nabokov, den es seltsamerweise in die piemontesischen Hügel verschlagen hatte, und zeigt dieses Manuskript nicht die Kehrseite des proteischen Immoralisten?), auf daß man diesen Seiten schließlich entnehme, was ihre verborgene Lehre ist: maskiert unter Libertinage eine Lehre von höchster Moral.

Nonita. Blume meiner Jugend, Unruhe meiner Nächte. Werde ich dich je wiedersehen? Nonita. Nonita. Nonita. Drei Silben, wie eine Negation aus Süße: No. Ni. Ta. Nonita, mögest du mir in Erinnerung bleiben, bis dein Bild Finsternis ist und dein Ort Grab.

Ich heiße Umberto Umberto. Als die Sache geschah, unterlag ich glühend dem Sieg der Jugend. Nach Aussage derer, die mich kannten (nicht derer, die mich jetzt sehen, Leser, abgemagert in dieser Zelle, während der erste Anflug eines Prophetenbartes mir die Wangen verhärtet), nach Aussage derer, die mich zu jener Zeit kannten, war ich ein strammer Ephebe mit einem Schatten von Melancholie, den ich vermutlich den meridionalen Genen eines kalabrischen Ahnen verdanke. Die Mädchen, die ich kannte, begehrten mich mit der ganzen Heftigkeit ihres blühenden Leibes und machten mich zur tellurischen Unruhe ihrer Nächte. Doch ich entsinne mich kaum jener Mädchen, denn ich war grausige Beute einer ganz anderen Leidenschaft, und meine Blicke streiften kaum ihre Wangen, wenn sie im Gegenlicht golden erglänzten von einem seidigen und transparenten Flaum.

Ich liebte, geneigter Leser, und zwar mit der Tollheit meiner eifernden Jahre, ich liebte jene, die du mit zerstreuter Fühllosigkeit »die Alten« nennen würdest. Ich begehrte aus tiefster Tiefe meiner blutjungen Fasern jene Geschöpfe, die schon gezeichnet sind von der Strenge eines unerbittlichen Alters, gebeugt vom schicksalsschweren Gewicht ihrer achtzig Jahre, grausig ausgehöhlt vom begehrenswerten Gespenst der Vergreisung. Um sie zu bezeichnen, diese der Mehrheit unbekannten Frauen, denen die schlüpfrige Indifferenz der habituellen *usagers* rescher fünfundzwanzigjähriger Friulanerinnen keine Beachtung schenkt, werde ich, Leser – auch hierin beherrscht von den Anfällen einer ungestümen Gelehrtheit, die mir jede Geste der Unschuld verwehrt –, einen Ausdruck verwenden, den für treffend zu halten ich nicht verzage: Pärzchen, *parquettes*.

Ihr, die ihr über mich richtet (*toi, hypocrite lecteur, mon semblable, mon frère*), was wißt ihr schon von der morgendlichen Jagdbeute, die sich im Sumpf dieser unserer unterirdischen Welt dem listenreichen Liebhaber kleiner Parzen bietet! Ihr, die ihr nachmittags durch die städtischen Anlagen streift auf eurer banalen Jagd nach soeben erblühten Mädchen, was wißt ihr von der verstohlenen, einsamen, grinsenden Jagd, die der Liebhaber kleiner Parzen zwischen den Parkbänken alter Gärten betreiben kann, im weihrauchgeschwängerten Dunkel der Kirchen, auf den Kieswegen stiller Friedhöfe in der Vorstadt, sonntags an den Ecken der Altersheime, vor den Toren der Nachtasyle, in den psalmodierenden Reihen der Heiligenprozessionen, bei den Wohltätigkeitsveranstaltungen, auf der Lauer in einem amourösen, überaus engen und leider erbarmungslos keuschen Hinterhalt, um aus der Nähe jene vulkanisch zerfurchten Gesichter zu sehen, jene wäßrigen, vom Star getrübten Augen, das Zittern der ausgedörrten Lippen, eingezogen in die erlesene Höhlung eines zahnlosen Mundes, zuweilen benetzt von einem schimmernden Strom ekstatischen Speichels, die knotigen Hände nervös im schlüpfrigen und provozierenden Tremolo eines unendlich langsam gebeteten Rosenkranzes!

Kann ich dir jemals, freundlicher Leser, das verzweifelte Schmachten nach jener flüchtigen Augenbeute vermitteln, das spasmische Beben bei gewissen kaum wahrnehmbaren Kontakten, eine flüchtige Ellenbogenberührung im Gedränge der Trambahn (»Pardon, Madame, wollen Sie sich nicht setzen?« Oh, satanischer Freund, wie wagtest du es, den feuchten Dankesblick anzunehmen und das knappe »Vielen Dank, junger Mann« – du, der du lieber an Ort und Stelle deine bacchantisch wüste Komödie der Besitzergreifung inszeniert hättest?), das leichte Streifen eines venerablen Knies, *strisciando* von deiner Wade berührt zwischen zwei Sitzreihen in der nachmittäglichen Leere eines Vorstadtkinos, oder – sporadischer Augenblick engsten Kontaktes – das verhalten zärtliche Drücken des knochigen Arms einer Greisin, der du mit beflissener Pfadfindermiene über die Straße halfst!

Die Wechselfälle meines naßforschen Alters bescherten mir freilich auch andere Begegnungen. Wie ich schon sagte, ich hatte einen gewissen Charme mit meinen gebräunten Wangen und den zarten Zügen eines von morbider Virilität befallenen Mädchens. Ich ignorierte durchaus nicht die Liebe der Heranwachsenden, doch ich unterzog mich ihr wie einer Pflichtübung, um meinem Alter Genüge zu tun. Ich entsinne mich eines Abends im Mai, kurz vor Sonnenuntergang, als ich im Garten einer aristokratischen Villa – es war im Varesischen, unweit des roten Sees der sinkenden Sonne – im Schatten eines Busches mit einer entkleideten, ganz von Sommersprossen bedeckten Siebzehnjährigen lag, die sich in einem wahrhaft beängstigenden Rausch von Liebesgefühlen befand. Und gerade als ich ihr lustlos den ersehnten Merkurstab meiner schwellenden Wundertätigkeit überließ, sah ich, Leser, erriet ich gleichsam in einem Fenster der Beletage die Gestalt einer altersschwachen Amme, krumm vorgebeugt, im Begriff, sich die formlose Masse eines schwarzen Baumwollstrumpfes vom Bein zu streifen. Der plötzliche Anblick jenes geschwollenen Gliedes, gezeichnet von

Krampfadern und gestreichelt vom ungeschickten Auf und Ab der alten Hände in ihrem Bemühen, das Knäuel des Strumpfes aufzurollen, erschien mir (oh, meine begehrlichen Augen!) wie ein gräßliches und beneidenswertes Phallussymbol, umschmeichelt von einer jungfräulichen Geste. Und im selben Moment, erfaßt von einer durch die Distanz noch verstärkten Ekstase, explodierte ich röchelnd in einem Erguß biologischer Einwilligung, den das Mädchen (unvorsichtiges Küken, wie ich dich haßte!) stöhnend aufnahm wie einen Tribut an den eigenen unreifen Zauber.

Hast du je begriffen, du mein törichtes Werkzeug aufgeschobener Lüste, daß du damals die Speise vom Tisch einer anderen naschtest, oder ließ die dumpfe Eitelkeit deiner unreifen Jahre mich dir als ein feuriger, unvergeßlicher, sündenfroher Komplize erscheinen? Tags darauf abgereist mit der Familie, schicktest du mir nach einer Woche eine Postkarte mit der Unterschrift »Deine alte Freundin«. Ahntest du die Wahrheit, wolltest du mir deinen Scharfblick durch den gezielten Gebrauch dieses Adjektivs enthüllen, oder war es nur der jargonhafte Ausfall einer Gymnasiastin im Krieg mit den üblichen philologisch geschraubten Brieffloskeln?

Wie starrte ich seither zitternd auf jenes Fenster, stets in der Hoffnung, die gebrechliche Silhouette einer Greisin im Bade zu sehen! Wie viele Abende saß ich halbversteckt unter Bäumen, meiner gewohnten Ausschweifung hingegeben, die Augen unverwandt auf die hinter einem Vorhang erkennbare Schattengestalt einer zarten Muhme vor einem Teller mit Brei geheftet! Und dann die fürchterliche Enttäuschung, jäh und blitzartig (*tiens donc, le salaud!*), wenn die Gestalt sich dem Trug der chinesischen Schatten entzog und am Fenster erschien als das, was sie war: eine nackte Tänzerin mit strammen Brüsten und den ambraschimmernden Hüften einer andalusischen Stute!

So verbrachte ich Monate und Jahre friedlos auf der vergeblichen Jagd nach verehrungswürdigen Pärzchen, nimmermüde einer Suche ergeben, die, ich weiß es, ihren unzerstörbaren Ursprung aus dem Augenblick meiner Geburt bezog, als eine alte, zahnlose Hebamme (Resultat der vergeblichen Suche meines Vaters, der zu jener Nachtstunde keine andere gefunden hatte als diese, die schon mit einem Fuß im Grabe stand!) mich aus dem viskosen Gefängnis des Mutterschoßes befreite und mir im Licht des Lebens ihr Gesicht offenbarte – das unsterbliche Gesicht einer *jeune parque*.

Ich suche hier keine Rechtfertigungen vor euch, die ihr mich lest (*à la guerre comme à la guerre*), doch ich möchte hier wenigstens erklären, wie schicksalhaft die Koinzidenz der Ereignisse war, die mich zu jenem Siege führte.

Das Fest, zu dem man mich eingeladen hatte, war eine schale Petting-Party von jungen Mannequins und kaum der Pubertät entwachsenen Studenten. Die geschmeidige Wollust jener willigen Mädchen, die lässige Art, wie sie im Ungestüm einer Tanzfigur ihre Brüste in offenen Blusen darboten, widerte mich an. Schon wollte ich fluchtartig jenen Ort des banalen Handels mit noch intakten Leisten verlassen, als ein schriller, fast kreischender Ton (und finde ich je den passenden Ausdruck für die schwindelerregend hohe Frequenz, das heisere Abklingen der schon ermatteten Stimmbänder, *l'allure suprême de ce cri centenaire?*), als die bebende Klage einer uralten Frau die Versammlung in Schweigen stürzte. Und im Türrahmen sah ich sie, sah das Gesicht der fernen Parze meines pränatalen Schocks, umgeben vom wallenden Enthusiasmus der lasziv-weißen Haare, den zusammengefallenen Körper, der sich eckig unter dem Stoff der glatten schwarzen Bluse abzeichnete, die dürren, längst unerbittlich krumm gewordenen Beine, die zarte Linie ihrer verletzlichen Schenkel unter der altmodischen Schamhaftigkeit des verehrungswürdigen Rockes.

Das fade Mädchen, das uns eingeladen hatte, rang sich demonstrativ eine Geste der Höflichkeit ab, hob die Augen zum Himmel und sagte: »Meine *Nonna*«...

Hier endet das erhaltene Manuskript. Aus den spärlichen Resten, die noch zu entziffern sind, läßt sich schließen, daß die Geschichte wie folgt weiterging. Wenige Tage später entführt Umberto Umberto die Großmutter seiner Gastgeberin und flieht mit ihr auf dem Fahrrad nach Piemont. Zunächst führt er sie in ein Heim für mittellose Senioren, wo er die Nacht mit ihr verbringt, und erfährt dabei, daß er nicht der erste in ihrem Leben ist. Bei Tagesanbruch, als er im Garten eine Zigarette raucht, wird er von einem zwielichtigen jungen Mann angesprochen, der ihn fragt, ob die Alte wirklich seine *Nonna* sei. Besorgt verläßt er das Altersheim mit Nonita und macht sich auf eine schwindelerregende Wanderschaft kreuz und quer durch Piemont. Er besucht die Weinmesse von Canelli, das Trüffelfest von Alba, nimmt teil an der Parade von Gianduja in Caglianetto, am Viehmarkt von Nizza Monferrato, an der Wahl der Schönen Müllerin in Ivrea, am Sackhüpfen auf der Kirchweih von Condove.

Am Ende dieser Irrfahrt durch die Weiten des Landes bemerkt er, daß ihm seit einiger Zeit ein junger Pfadfinder auf einer Lambretta folgt, der jede Begegnung mit ihm vermeidet. An dem Tage, als er in der Ortschaft Incisa Scappacino seine Nonita zur Pediküre bringt und sie einen Moment allein läßt, um sich Zigaretten zu kaufen, findet er sich bei der Rückkehr von der Alten verlassen: Sie ist mit dem Entführer geflohen. Er verbringt einige Monate in tiefster Verzweiflung und findet schließlich die Greisin wieder, zurück aus einem Schönheitssalon, wohin sie der Verführer gebracht hatte. Ihr Gesicht ist faltenlos, ihr Haar kupferblond gefärbt, der Mund wieder voll und blühend. Angesichts dieses Verrats wird Umberto Umberto von einem Gefühl abgrundtiefen Mitleids und stiller Verzweiflung gepackt. Ohne ein Wort zu sagen, besorgt er sich eine doppelläufige Flinte und macht sich auf die Suche nach dem Unseligen. Er findet ihn auf einem Campingplatz, wo er gerade zwei Hölzchen aneinanderreibt, um Feuer zu machen. Er schießt einmal, zweimal, dreimal auf ihn, immer daneben, bis er von zwei Priestern mit schwarzen Baskenmützen und Lederjacken ergriffen wird. In flagranti ertappt, wird er zu sechs Monaten Haft wegen unbefugten Waffentragens und Jagens außerhalb der Saison verurteilt.

(1959)

Platon im Striptease-Lokal

Wenn sie auf der kleinen Bühne des »Crazy Horse« erscheint, geschützt durch einen großmaschigen schwarzen Netzvorhang, ist Lilly Niagara schon nackt. Sogar etwas mehr als nackt, denn sie trägt einen aufgeknöpften schwarzen BH und Strapse. Den ersten Teil ihrer Nummer verbringt sie damit, sich langsam anzukleiden, soll heißen, träge in ihre Strümpfe zu fahren und das lose von ihren Schultern hängende Zaumzeug festzuschnüren. Den zweiten Teil widmet sie der Wiederherstellung ihres Anfangszustandes. Dergestalt, daß dem Publikum, unsicher, ob diese Frau sich nun aus- oder angezogen hat, nicht bewußt wird, daß sie in Wirklichkeit gar nichts getan hat. Denn selbst ihre trägen und leidenden Gesten, kontrapunktisch begleitet von einem verschreckten Gesichtsausdruck, bekunden so klar die professionelle Absicht und stellen sich so ausdrücklich in die Tradition einer hohen Schule, die inzwischen bereits aus Lehrbüchern erlernbar ist, daß sie nichts Überraschendes an sich haben – und somit auch nichts Verführerisches. Verglichen mit der Technik anderer Striptease-Göttinnen, die es so trefflich verstehen, ihre Offerte mit einer anfänglichen Unschuld zu dosieren, aus der sie dann plötzlich Entschlüsse von unerwarteter Schamlosigkeit hervorziehen, in Reserve gehaltene Laszivitäten, wilde, der letzten Infamie vorbehaltene Ausbrüche (Göttinnen also einer dialektischen, okzidentalen Form von Striptease), verglichen damit ist die Technik der Lilly Niagara schon *beat* und *hard*. Sie erinnert uns heute eher an die Figur der Cecilia in Moravias *La Noia*: eine gelangweilte Sexualität, bestehend aus Gleichgültigkeit und dargeboten mit einer Könnerschaft, die wie ein Urteil ertragen wird.

Lilly Niagara will somit die letzte Stufe des Striptease erreichen: die Endstufe, auf der es nicht mehr darum geht, das Schauspiel einer Verführung zu geben, die sich an niemand bestimmten wendet, die der Menge Versprechungen macht und das Versprochene im letzten Moment zurückzieht; sondern auf der es gilt, die äußerste Schwelle zu überschreiten und auch das Verführungsversprechen noch zu umgehen. Ist der traditionelle Striptease das Angebot eines Koitus, der sich unversehens als »interruptus« erweist, womit er in seinen Anhängern eine Mystik der Privation befördert, so züchtigt der Strip à la Lilly Niagara sogar noch die Prahlerei der neuen Adepten, indem er ihnen enthüllt, daß die versprochene Realität nicht nur bloß betrachtet werden kann, sondern nicht einmal die Fülle des bloßen Betrachtens gewährt, da man über sie schweigen muß. Gleichwohl bestätigt Lilly Niagaras byzantinische Kunst die gewohnte Struktur des konventionellen Striptease und seine Symbolnatur.

Nur in einigen sehr verrufenen Nachtlokalen kann man die Mädchen, die sich auf der Bühne zur Schau stellen, hinterher zum Verkauf ihrer Reize bewegen. Im »Crazy Horse« wird man sogar dezent darauf hingewiesen, daß es ungehörig sei, nach käuflichen Fotos zu fragen – was man zu sehen bekommt, ist nur für ein paar Minuten auf den magischen Brettern der Bühne zu sehen. Und wer die Artikel über den Striptease liest oder die literarischen Kommentare, die manche der in den größeren Etablissements angebotenen Programmhefte schmücken, der wird erfahren, daß es für die Nackttänzerin charakteristisch sei, ihr Metier mit nüchterner Professionalität zu betreiben, um privatim einer häuslichen Liebe zu pflegen – mit Verlobten, die sie zur Arbeit bringen, mit von Eifersucht zerfressenen Ehemännern, hinter undurchdringlichen Wänden. Und man sollte diese Behauptung nicht geringschätzen, war doch die hochnäsige und naive Belle Epoque ganz im Gegenteil darum bemüht, ihrer Klientel einzureden, daß ihre Divas nimmersatte Ungeheuer seien, privat wie öffentlich, männer- und vermögenverschlingende Frauen, Priesterinnen der raffiniertesten Ruchlosigkeiten im Boudoir.

Doch die Belle Epoque entfaltete ihren sündigen Prunk für eine reiche herrschende Klasse, der sie sowohl das Spektakel wie auch das Nach-Spektakel gewähren mußte, das heißt den vollen Besitz der Objekte als unveräußerliches Vorrecht des Geldes.

Der Striptease hingegen, den unsereiner sich heutzutage für recht bescheidene Summen zu jeder Tages- und Nachtzeit ansehen kann, auch in Hemdsärmeln, es gibt keine Kleiderordnung mehr, und sogar zweimal hintereinander, wenn einem danach ist, denn die Show läuft in Permanenz – der Striptease wendet sich an den Durchschnittsbürger, und indem er ihm seine Minuten der religiösen Sammlung gewährt, suggeriert er ihm unterderhand seine Theologie, die durch heimliche Überredung eingetrichtert und nicht *per quaestiones* dargelegt wird. Das Wesen dieser Theologie besteht darin, daß der Gläubige zwar die Pracht der weiblichen Fülle bewundern, aber nicht von ihr Gebrauch machen darf, denn dieses Recht steht ihm nicht zu. Gebrauchen kann er, wenn er will, die Frauen, die ihm von der Gesellschaft zugebilligt oder vom Schicksal zugeführt werden; doch ein maliziöses Plakat im »Crazy Horse« weist ihn darauf hin, daß er, falls er nachher zu Hause nicht mehr mit seiner Frau zufrieden sein sollte, sie zu Lokkerungs- und Bewegungskursen schicken könne, welche die Direktion nachmittags für Studentinnen und Hausfrauen organisiere. Es bleibt ungewiß, ob diese Kurse tatsächlich existieren, auch ob der Kunde sich trauen wird, seiner Gattin den Vorschlag zu unterbreiten; was zählt, ist, daß sich der Zweifel in seine Gedanken einnistet: Wenn die Stripteaseuse *die* Frau ist, wäre dann seine Frau etwas anderes? Und wenn seine Frau sehr wohl als Frau anzusehen ist, wäre die Stripperin dann etwas Höheres – die Weiblichkeit, die Sexualität, die Ekstase, die Sünde, das Böse?

Auf jeden Fall ist sie das, was ihm, der sie betrachtet, nicht zusteht: der Ursprung, den er nicht zu fassen bekommt, das Ziel der Ekstase, das er nie erreichen darf, das Gefühl des Triumphes, das ihm versagt ist, die Fülle der Sinne und die Beherrschung der Welt, von denen ihm nur erzählt worden ist. Das typische Striptease-Verhältnis verlangt, daß die Frau, die das äußerste Schauspiel ihrer Möglichkeiten zur Befriedigung der Wünsche des Mannes gegeben hat, keinesfalls konsumierbar ist. Eine im »Concert Mayol« verteilte Broschüre, die mit angestrengt libertinösen Betrachtungen anfängt, endet mit einem aufschlußreichen Gedanken:

Der Triumph der nackten Frau, heißt es da sinngemäß, die sich im Scheinwerferlicht den geilen Blicken eines vorgebeugten Parketts darbiete, bestehe genau in dem maliziösen Bewußtsein, daß in diesem Augenblick jeder, der sie da begaffe, sie mit seiner gewohnten häuslichen Kost vergleiche; er bestehe mithin im Bewußtsein einer Demütigung anderer, während das Vergnügen des Gaffenden zum Großteil aus der eigenen Demütigung resultiere, die als Wesen des Rituals empfunden, erlitten und akzeptiert worden sei.

Wenn psychologisch gesehen der Striptease ein sadomasochistisches Verhältnis begründet, ist soziologisch gesehen dieser Sadomasochismus wesentlich für die Lehre, die damit erteilt wird: Striptease demonstriert dem Betrachter, der sich mit der Frustration abgefunden hat und sie sucht, daß die Produktionsmittel nicht in seinem Besitz sind.

Doch wenn der Striptease soziologisch gesehen ein unleugbares Kasten- (oder meinetwegen auch Klassen-)Verhältnis ins Spiel bringt, so bewegt er metaphysisch gesehen den Betrachter zu einem Vergleich zwischen den ihm erlaubten Lüsten und denen, die ihm prinzipiell versagt sind: Er vergleicht die Wirklichkeit mit ihrem Modell, seine Weibchen mit der Idee von Weiblichkeit, seine sexuellen Erfahrungen mit der Idee von Sexualität, die Nackten, die er hat, mit der für ihn nie erreichbaren, überirdischen Nacktheitsidee. Danach muß er in seine Höhle zurück und sich mit den Schatten begnügen, die ihm zustehen. So führt der Striptease unterderhand die platonische Situation zurück auf die soziologische Realität der Unterdrückung und Fremdbestimmung.

Hinweggetröstet über die Tatsache, daß er zu den Schalthebeln des gesellschaftlichen Lebens keinen Zugang hat und daß das Modell seiner Erfahrungen sanktioniert ist durch ein Reich der Ideen, an dem er nichts zu ändern vermag, kann der Striptease-Betrachter getrost zu seinen Alltagspflichten zurückkehren, nachdem ihn das reinigende Ritual in seiner Rolle als stabile Stütze der bestehenden Ordnung bestätigt hat. Und die Häuser, die nicht so asketisch sind wie das »Crazy Horse« (ein Kloster für Zen-Mönche, höchster Grad der Vollendung), werden ihm gestatten, die Bilder dessen, was er gesehen hat, mit nach Hause zu nehmen, auf daß er im Jammer seiner conditio humana Trost finde an den unfrommen Praktiken, die ihm seine Andacht und seine Einsamkeit nahelegen.

(1960)

Phänomenologie des Quizmasters (Mike Bongiorno)

Der Mensch, den die Massenmedien umwerben, ist letztlich der unter allen seinesgleichen am meisten Respektierte: man verlangt von ihm nie, etwas anderes zu werden als das, was er schon ist. Mit anderen Worten, man weckt in ihm Wünsche, die man zuvor anhand seiner Neigungen modelliert hat. Da jedoch eine der narkotisierenden Kompensationen, auf die er Anspruch hat, die Flucht in den Traum ist, hält man ihm gewöhnlich Ideale vor, denen er strebend nacheifern kann. Um ihm dabei aber jede Verantwortung abzunehmen, sorgt man dafür, daß diese Ideale de facto unerreichbar sind, so daß sich sein Streben nach ihnen in einer bloßen Projektion erschöpft und nicht in eine Reihe effektiv auf Veränderung zielender Handlungen mündet. Kurzum, man fordert ihn auf, ein Mensch mit Kühlschrank und Farbfernseher zu werden, das heißt, so zu bleiben, wie er ist, und lediglich die Gegenstände, die er besitzt, um einen Kühlschrank und einen Farbfernseher zu vermehren; zum Ausgleich setzt man ihm als Ideal Figuren wie Kirk Douglas oder Superman vor. Das Ideal des Konsumenten der Massenmedien ist ein übermenschliches Wesen, das er nie wirklich zu werden beansprucht, aber das in der Phantasie zu verkörpern er sich vergnügt, so wie man vor dem Spiegel das Gewand eines anderen anprobieren kann, ohne auch nur daran zu denken, es eines Tages zu tragen.

Die neue Lage, in die uns das Fernsehen hier bringt, ist nun diese: Das Fernsehen bietet als Ideal, mit dem sich der Zuschauer identifizieren soll, nicht mehr den Supermann, sondern den Jedermann. Das Fernsehen präsentiert als Ideal den totalen Durchschnittsmenschen. Im Theater erscheint Juliette Gréco auf der Bühne und erzeugt sofort einen Mythos, begründet einen Kult; Josephine Baker entfesselte Anbetungsrituale und gab einer ganzen Epoche den Namen. Im Fernsehen kann das magische Gesicht der Juliette Gréco noch so oft erscheinen, der Mythos bildet sich nicht; das Idol ist nicht sie, sondern die Ansagerin, und die beliebteste Ansagerin ist die, die am besten die Durchschnittswerte verkörpert: bescheidene Schönheit, begrenzten Sex-Appeal, einen diskutablen Geschmack und eine gewisse häusliche Ausdruckslosigkeit.

Nun stellt der Durchschnitt im Bereich der quantitativen Phänomene nicht nur einen Mittelwert dar, sondern auch für den, der noch nicht so weit gelangt ist, ein Ziel. Wenn Statistik nach dem bekannten Witz diejenige Wissenschaft ist, für die ein Mann, der täglich zwei Hühner verzehrt, und ein anderer Mann, der keines verzehrt, zusammen zwei Männer ergeben, die jeder täglich ein Huhn verzehren – dann ist für den, der nichts hat, ein halbes Huhn täglich schon etwas Erstrebenswertes. Bei den qualitativen Phänomenen hingegen entspricht die Nivellierung auf den Mittelwert einer Nivellierung auf Null. Ein Mann, der *alle* moralischen und intellektuellen Tugenden *in mittlerem Maße* hat, befindet sich unversehens auf einer minimalen Entwicklungsstufe. Die aristotelische »Mittigkeit« ist ein ausgeglichener Umgang mit den eigenen Leidenschaften, gestützt auf die erkennende Tugend der »Klugheit«, während einer, der seine Leidenschaften in mittlerem Maße auslebt und eine durchschnittliche Klugheit hat, ein klägliches Exemplar der menschlichen Gattung ist.

Den eklatantesten Fall einer Reduktion vom Supermann zum Jedermann haben wir in Italien in der Gestalt des TV-Quizmasters Mike Bongiorno und seiner Karriere. Idolisiert von Millionen, verdankt dieser Mann seinen Erfolg der Tatsache, daß aus jeder Handlung und jedem Wort der Figur, die er vor den Fernsehkameras verkörpert, eine absolute Mittelmäßigkeit spricht, verbunden mit (und dies ist die einzige Tugend, die er im Übermaß besitzt) einem direkten und natürlichen Charme, der sich durch die Tatsache erklären läßt, daß an ihm keinerlei Künstlichkeit oder Schauspielerei zu erkennen ist. Man möchte fast sagen: er verkauft sich als das, was er ist, und das, was er ist, ist so geartet, daß es keinem Zuschauer Minderwertigkeitsgefühle verursacht, nicht einmal dem unbedarftesten. Im Gegenteil, der Zuschauer sieht das Abbild seiner eigenen Beschränktheit glorifiziert und offiziell mit den Insignien einer nationalen Autorität ausgezeichnet.

Um diese enorme Macht des Quizmasters zu verstehen, ist eine Analyse seiner Verhaltensmuster erforderlich, eine regelrechte Phänomenologie des Mike Bongiorno – wobei selbstverständlich dieser Name nicht den Mann bezeichnet, sondern den von ihm so exemplarisch verkörperten Typ.

Mike Bongiorno ist nicht sonderlich gutaussehend, athletisch, mutig oder intelligent. Er repräsentiert, biologisch gesprochen, einen bescheidenen Grad von Anpassung an die Umwelt. Die hysterische Schwärmerei, mit der ihn die Teenager anhimmeln, ist zum Teil auf den Mutterkomplex zurückzuführen, den er in jungen Mädchen auszulösen vermag, zum Teil darauf, daß er durchblicken läßt, er könnte ein idealer Liebhaber sein, feinfühlig, fügsam, zärtlich und zuvorkommend.

Mike Bongiorno schämt sich seiner Unwissenheit nicht und hat keinerlei Drang, sich zu bilden. Er läßt sich auf Kontakte mit den höchsten Sphären des Wissens ein und geht jungfräulich unversehrt aus ihnen hervor, womit er im Zuschauer die natürliche Neigung zur Apathie und geistigen Faulheit bestärkt. Er achtet sorgfältig darauf, den Zuschauer nicht zu beeindrukken, indem er sich nicht nur unwissend zeigt, sondern auch entschlossen, nichts dazuzulernen.

Zum Ausgleich dafür legt Mike Bongiorno eine ehrliche und urwüchsige Bewunderung für den Gebildeten an den Tag. Dabei hebt er dessen manuelle Fertigkeiten hervor, sein Gedächtnis, seine evidente und elementare Methodik: Bildung erwirbt man, indem man viele Bücher liest und sich gut merkt, was in ihnen steht. Nicht im mindesten kommt ihm der Verdacht, daß Kultur eine kritische und kreative Funktion haben könnte. Er sieht sie als etwas rein Quantitatives. Und so gesehen (eben weil man, um gebildet zu sein, viele Jahre lang viele Bücher gelesen haben muß) ist es nur natürlich, daß der vom Schicksal nicht dazu Ausersehene gleich auf jeden Versuch verzichtet.

Mike Bongiorno bekundet ein grenzenloses und von größter Achtung genährtes Vertrauen in den Experten; ein Professor ist ein Gelehrter, er repräsentiert die autorisierte Kultur. Er ist der kompetente Fachmann, ihm als dem Zuständigen für das Thema stellt man die Fragen.

Die Bewunderung für Kompetenz und Kultur tritt freilich erst dann voll zutage, wenn jemand mit seiner Bildung Geld verdient. Dann nämlich stellt sich heraus, daß Bildung tatsächlich einen Nutzen hat. Der Mittelmäßige lehnt es ab, etwas hinzuzulernen, aber er nimmt sich vor, seinen Sohn studieren zu lassen.

Mike Bongiorno hat einen kleinbürgerlichen Begriff vom Geld und seinem Wert (»Denken Sie nur, jetzt haben Sie schon hunderttausend Lire gewonnen, das ist doch ein schönes Sümmchen!«). Er antizipiert die gnadenlosen Überlegungen, die der Fernsehzuschauer über den Quizteilnehmer anstellt: »Was meinen Sie, wie froh Sie über das viele Geld sein werden, Sie, der Sie immer mit einem so bescheidenen Einkommen leben mußten. Haben Sie jemals soviel Geld in der Hand gehabt?«

Wie die Kinder kennt Mike Bongiorno die Leute nach Berufen und spricht sie mit einer komischen Ehrerbietung an (Kinder sagen: »Entschuldigen Sie, Frau Wärterin...«), wobei er jedoch immer die gewöhnlichste und vulgärste, oft abschätzige Bezeichnung wählt: »Herr Straßenfeger, Herr Bauer...«

Er akzeptiert alle Mythen seiner Gesellschaft. Der adligen Dame küßt er die Hand und erklärt, er tue das, weil es sich bei ihr um eine Gräfin handele.

Neben den Mythen akzeptiert er auch die Konventionen der Gesellschaft. Er verhält sich väterlich herablassend gegenüber den einfachen Leuten und ehrerbietig gegenüber den Höhergestellten.

Als einer, der Geld zu verteilen hat, neigt er instinktiv dazu, ohne es klar auszusprechen, mehr in Begriffen von Almosen als von Gewinn zu denken. Er scheint zu glauben, in der Dialektik der Klassen sei das einzige Mittel zum Aufstieg die Vorsehung (die gelegentlich das Gesicht des Fernsehens annehmen kann).

Mike Bongiorno spricht ein *Basic Italian*. Seine Sprache erreicht ein Höchstmaß an Simplizität. Er verbannt die Konjunktive und Nebensätze aus seiner Rede, es gelingt ihm beinahe, die syntaktische Dimension ganz verschwinden zu lassen. Er vermeidet Pronomen, um die Substantive dauernd in voller Länge zu wiederholen. Er bildet nur extrem kurze Sätze, er wagt sich nie an Einschübe oder Parenthesen, er gebraucht keine elliptischen Ausdrücke, macht keine Anspielungen und benutzt nur Metaphern, die längst zum normalen Sprachschatz gehören. Seine Sprache ist streng referentiell und wäre die reine Freude für Neopositivisten. Man braucht sich nicht im geringsten anzustrengen, um ihn zu verstehen. Jeder x-beliebige Zuschauer hat das Gefühl, im Zweifelsfalle beredter zu sein.

Mike Bongiorno kann sich nicht vorstellen, daß es auf eine Frage mehr als bloß eine Antwort geben könnte. Varianten sieht er mit Mißtrauen an. *Nabucco* und *Nabuccodonosor* sind nicht dasselbe: Auf gegebene Daten reagiert er wie ein Elektronengehirn, denn er ist fest davon überzeugt, daß A gleich A ist und *tertium non datur*. Aristotelisch aus Mangel, ist seine Pädagogik daher konservativ, paternalistisch und immobil.

Mike Bongiorno hat keinerlei Sinn für Humor. Er lacht, weil er mit der Realität zufrieden ist, nicht weil er fähig wäre, sie zu verzerren. Mit Paradoxen kann er nichts anfangen; wird er mit einem konfrontiert, wiederholt er es kopfschüttelnd und zugleich amüsiert, als wollte er sagen, der Gesprächspartner sei ein sympathischer Spinner; er weigert sich zu vermuten, daß im Paradox eine Wahrheit verborgen sein könnte, jedenfalls betrachtet er es nicht als zulässiges Ausdrucksmittel einer Meinung.

Er vermeidet jede Polemik, auch bei Themen, wo sie durchaus erlaubt ist. Er zögert nicht, sich nach den Bizarrerien des Wissens zu erkundigen (eine neue Strömung in der Kunst, eine abstruse Wissenschaftsdisziplin... »Sagen Sie mal, man redet heute so oft von diesem Futurismus. Was ist das eigentlich genau, dieser Futurismus?«). Hat er die Antwort bekommen, versucht er die Frage nicht zu vertiefen, sondern gibt lieber seine höfliche Mißbilligung als braver Durchschnittsbürger zu verstehen. Trotzdem respektiert er die Meinung des anderen, aber nicht aus liberaler Überzeugung, sondern aus Desinteresse.

Von allen zu einem Thema möglichen Fragen wählt er die, die jedem beliebigen als erste einfallen und von jedem zweiten als zu banal verworfen würde: »Was soll dieses Bild darstellen?« – »Wieso haben Sie ein Hobby gewählt, das so gar nichts mit Ihrer Arbeit zu tun hat?« – »Wie kommt man auf den Gedanken, sich mit Philosophie zu beschäftigen?«

Er treibt die Klischees zu ihren äußersten Konsequenzen. Ein von Nonnen erzogenes Mädchen ist tugendsam, ein Mädchen mit bunten Strümpfen und Pferdeschwanz ist »keß«. Er fragt die Brave, ob sie so werden wolle wie die andere; darauf hingewiesen, daß die Gegenüberstellung beleidigend ist, tröstet er die andere, indem er ihre körperlichen Vorzüge rühmt und so wieder die erste demütigt. In diesem schwindelerregenden Wirbel von einem Fauxpas zum anderen versucht er gar nicht erst, sich in Umschreibungen zu retten. Die Umschreibung ist bereits eine Raffinesse, und Raffinessen gehören zu einer Welt, die Mike Bongiorno fremd ist. Für ihn hat, wie gesagt, jedes Ding einen Namen und nur diesen einen, der rhetorische Kunstgriff ist eine Verfälschung des Echten. Im Grunde entspringt der Fauxpas immer einem Akt unverblümter Ehrlichkeit; ist die Ehrlichkeit beabsichtigt, so haben wir es nicht mit einem Fauxpas zu tun, sondern mit einer Herausforderung oder Provokation; zum Fauxpas (worin Bongiorno brilliert, nach Meinung der Kritiker und des Publikums) kommt es genau dann, wenn man aus Versehen oder Unüberlegtheit ehrlich ist. Je mittelmäßiger der Mittelmäßige ist, desto größer ist auch seine Tolpatschigkeit. Mike Bongiorno tröstet ihn damit, daß er den Fauxpas zur Würde einer rhetorischen Figur erhebt, und das im Rahmen eines sowohl vom zuständigen Sender wie von der zuschauenden Nation abgesegneten Protokolls.

Mike Bongiorno freut sich ehrlich mit dem Sieger, denn er honoriert den Erfolg. Am Verlierer höflich desinteressiert, zeigt er sich gleichwohl betroffen, wenn dieser in ernsthafte Schwierigkeiten gerät, und macht sich zum Promotor einer Wohltätigkeitsrunde, nach welcher er Zufriedenheit äußert und das Publikum zur Zufriedenheit überredet. Dann eilt er zu anderen Besorgungen weiter, bestärkt im Glauben an die Existenz der besten aller möglichen Welten. Er hat keine Ahnung von der tragischen Dimension des Lebens.

So überzeugt Mike Bongiorno das Publikum durch ein lebendiges und triumphierendes Beispiel vom Wert der Mediokrität. Er provoziert keine Minderwertigkeitskomplexe, obwohl er sich selbst als Idol präsentiert, und das dankbare Publikum lohnt es ihm mit seiner Liebe. Er repräsentiert ein Ideal, das zu erreichen sich niemand anstrengen muß, denn jeder ist schon auf seinem Niveau. Keine Religion war je so nachsichtig mit ihren Gläubigen. In ihm hebt sich die Spannung zwischen Sein und Seinsollen auf. Er sagt zu seinen Verehrern: Ihr seid Götter; bleibt, wie ihr seid.

(1961)

Le nouveau chat
(Eine Skizze)

Von der Ecke bis zum Tisch sind es sechs Schritte. Vom Tisch bis zur hinteren Wand sind es fünf Schritte. Gegenüber dem Tisch öffnet sich eine Tür. Von der Tür bis zu der Ecke, in welcher Ihr Euch befindet, sind es sechs Schritte. Wenn Ihr geradeaus seht, so daß Euer Blick das Zimmer diagonal in Richtung der gegenüberliegenden Ecke durchquert, während Ihr zusammengekauert in der Ecke hockt, die Schnauze ins Zimmer gerichtet, den Schwanz geringelt im Bemühen, gleichzeitig beide Wände zu bestreichen, die hinter Euch im rechten Winkel aufeinanderstoßen, so seht Ihr sechs Schritte vor Euch in Höhe Eurer Augen eine zylindrische Form in schimmerndem Dunkelbraun, gemasert mit einer Anzahl feiner Adern, in deren Mitte ein blaßweißes Herz zu erkennen ist, mit einer Abblätterung etwa fünf Zentimeter über dem Boden, die sich zu einer unregelmäßigen Rundung mit Tendenz zu einer ungenauen polygonalen Form von maximal zwei Zentimetern Durchmesser ausdehnt; sie enthüllt einen gleichfalls zu Weiß tendierenden Grund, dessen Weiß jedoch blasser als das der Adern ist, als hätte sich über längere Zeit und mit größerer Leichtigkeit darin der Staub abgelagert im Laufe der Tage oder Monate, der Jahrhunderte oder Jahrtausende. Oberhalb der Abblätterung fährt der Zylinder fort, seine schimmernde braune Oberfläche zu präsentieren, weiterhin unterbrochen von Adern, bis er in einer mittleren Höhe von einhundertzwanzig Zentimetern über dem Boden endet, direkt unter einem bedeutend größeren flachen Gebilde, das offenbar rechteckig ist, obwohl Euer Auge, das den Gegenstand längs der Diagonale von einer Ecke zur gegenüberliegenden anderen mustert, ihn tendenziell als eine Raute sieht. Auch gewahrt Ihr nun, wenn Ihr Euer Blickfeld erweitert, drei weitere zylindrische Körper, symmetrisch angeordnet sowohl zueinander wie auch zum ersten, so daß sie wie drei Spitzen einer weiteren Raute anmuten – während sie doch in Wahrheit, wenn sie, wie es Euch scheint, den großen rechteckigen Körper in einhundertzwanzig Zentimeter Höhe über dem Boden tragen, vermutlich ebenfalls auf die vier Ecken eines idealen Rechtecks verteilt sind.

Euer Blick erfaßt nicht genau, was auf der rechteckigen Platte liegt. Von ihrer Oberfläche ragt Euch eine rötliche Masse entgegen, ringsum eingefaßt von einer weißlichen Substanz. Die rötliche Masse liegt auf einem Blatt aus faltigem braungelbem Material, das an mehreren Stellen rot beschmiert ist, als ob die Masse etwas Lebendiges wäre, das einen Teil seines Lebenssaftes auf der faltigen braungelben Fläche hinterlassen hätte.

Jetzt, während Ihr weiterhin dicht vor Euren Pupillen den verworrenen fadenförmigen Vorhang Eurer Stirnhaare seht, der schützend über die Mandelform Eurer Augäpfel fällt, und etwas weiter entfernt, gleichsam in Perspektive, das kaum merkliche Zittern Eurer langen Schnurrbarthaare, entdeckt Ihr unversehens direkt vor Eurer Nase am Boden einen beweglichen faltigen roten Fleck, dessen Rot lebhafter ist als das der großen Masse auf der rechteckigen Oberfläche.

Bald seid es nun Ihr, der sich den Bart leckt angesichts der verlockenden großen rötlichen Masse, bald ist es die rötliche Masse, die, von Eurem Anblick erregt, Tropfen ihres Lebenssaftes auf das faltige braungelbe Blatt sickern läßt; bald seid es Ihr und die Masse zugleich, die sich gegenseitig verlockende Angebote machen. Es hat keinen Sinn, den Heuchler zu spielen: Ihr seid mal wieder dabei, nach dem Fleisch auf dem Tisch zu gieren.

Schon setzt Ihr an zu dem Sprung, der Euch in den Besitz des Fleisches bringen soll. Vom Epizentrum Eures Sprunges bis zur Oberfläche des Tisches sind es sechs Schritte, doch wenn Ihr die Augen in Richtung des Tischbeins senkt, erblickt Ihr jetzt dicht neben ihm zwei andere zylindrische Formen, ebenfalls braune, aber fließender und offenbar nicht so solide. Ihr bemerkt die Präsenz einer komplementären Entität, die weder der Tisch noch das Fleisch ist. Unter den fließenden Formen entdeckt Ihr auf Bodenhöhe ein Paar annähernd ovale braune Volumen, beide an der Oberseite zerteilt durch einen tiefen Schnitt, dessen Ränder durch überkreuzte, ebenfalls braune Bänder zusammengehalten werden. Jetzt wißt Ihr: Er steht neben dem Tisch, er steht neben dem Fleisch. An Euren Sprung ist nicht mehr zu denken.

Ihr fragt Euch, ob Euch das nicht schon einmal passiert ist und ob Ihr nicht eine ähnliche Szene auf dem großen Bild an der Wand gegenüber dem Tisch gesehen habt. Das Bild zeigt eine Taverne voller Leute mit einem Kind in einer Ecke; in der Mitte steht ein Tisch, auf dem ein großes Stück Fleisch liegt, und neben dem Tisch steht ein Soldat in einer weiten, fließenden Hose und einem Paar brauner Schuhe. In der gegenüberliegenden Ecke sieht man eine Katze, die gerade zu einem Sprung ansetzt. Doch wenn Ihr das Bild aus der Nähe betrachtet, erkennt Ihr klar und deutlich in der Pupille der Katze das Spiegelbild eines fast leeren Zimmers, in dessen Mitte ein Tisch mit zylindrischen Beinen steht, auf dem ein großes Stück Fleisch liegt, ausgepackt aus einem Stück faltigen, braungelben, da und dort von blutigen Spuren des Fleisches beschmierten Packpapieres, wie es von Metzgern benutzt wird. Neben dem Tisch steht niemand.

Plötzlich macht die Katze, die in dem klaren Spiegelbild der Pupille der Katze auf dem Bild erscheint, einen Sprung zu dem Fleisch auf dem Tisch; im selben Moment stürzt sich jedoch der neben dem Tisch auf dem Bild dargestellte Mann auf die Katze. Nun wißt Ihr nicht mehr, ob die entfliehende Katze die in der Pupille der Katze auf dem Bild widergespiegelte Katze oder die Katze auf dem Bild ist. Vermutlich seid Ihr es, der jetzt mit dem Fleisch im Maul entflieht, nachdem Ihr Euren Sprung getan habt. Und wer Euch dabei verfolgt, ist das Kind, das in der Ecke der Taverne gestanden hatte, diagonal gegenüber der Katze auf dem Bild.

Von Euren Augen bis zum Tisch sind es fünf Schritte, vom Tisch bis zur Wand gegenüber sechs Schritte, von der Wand bis zur Öffnung der Tür acht Schritte. Auf dem Tisch ist die große rötliche Masse des noch unversehrten Fleisches nicht mehr zu sehen. Auf dem Tisch im Bild liegt das Stück Fleisch noch, aber neben dem Tisch unterscheidet Ihr jetzt zwei Männer in weiten braunen Hosen. In der Ecke gegenüber derjenigen der Katze auf dem Bild sieht man nicht mehr das Kind.

Im Spiegelbild der Pupille der Katze auf dem Bild sieht man nicht mehr, fünf Schritte vom Tisch entfernt, in der Ecke die Katze. Ihr leckt Euch befriedigt die Lefzen, Ihr genießt einen herben Nachgeschmack von Blut an Eurem Gaumen und auf den rauhen Papillen Eurer Zunge. Aber Ihr wißt nicht, ob Ihr es seid, der das Fleisch auf dem fünf Schritte von Euch entfernten Tisch gefressen hat, oder das Kind auf dem Bild oder die Katze, die im Spiegelbild der Pupille der Katze auf dem Bild zu sehen gewesen war. Das ist kein Leben.

Ihr würdet jetzt alles für einen Radiergummi geben, der diese Erinnerung auslöschen könnte. Euer Schwanz klopft träge an den Winkel von neunzig Grad, den die beiden hinter Euch zusammenstoßenden Wände bilden. Ihr fragt Euch, ob es Euer Katzenwesen ist, das Euch dazu bringt, die Welt in diesen objektiven Formen zu sehen, oder ob das Labyrinth, in dem Ihr Euch befindet, Euer vertrauter Lebensraum ist, Eurer wie der des Mannes neben dem Tisch. Oder ob womöglich Ihr wie der Mann lediglich Visionen eines auf Euch fixierten Auges seid, das Euch aus purer Lust am literarischen Spiel diesem Druck unterwirft? Wenn ja, dann ist das ungerecht. Es muß eine Beziehung geben, die Euch erlaubt, die Tatsachen, die Ihr miterlebt habt, zu vereinen. Die Tatsachen, die Euch miterlebt haben, die Tatsachen, die Ihr gewesen seid, mit denen Ihr gesehen worden seid. Die Tatsachen, mit denen Ihr Euch selber reglos gesehen habt, in einer mehrdeutigen Beziehung zu den Tatsachen, die mit Euch, der Ihr gesehen habt, gesehen worden sind. Ihr fragt Euch, ob Ihr handelndes Subjekt seid oder nur gehandeltes Objekt. Wenn der Mann einen Sprung in das Bild gemacht und das Kind mit den Zähnen gepackt hat, dann seid Ihr ihm gefolgt, hinein in das Bild und durch die offene Tür der Taverne hinaus auf die Straße, wo blaßweiße Schneeflocken treiben, erst schräg, dann immer gerader und immer dichter vor Euren Augen, nur mühsam erkennbar als feine fadenförmige Schatten, Spitzen, die undeutlich vor Euch zittern. Es sind Eure Schnurrbarthaare. Wenn der Mann das Fleisch genommen hat, wenn Ihr Euren Sprung getan hättet, wenn das Fleisch auf dem Tisch lag und das Kind in das Schneetreiben hinaus entflohen sein könnte, wer hätte dann das Fleisch genommen, das Ihr fressen werdet und das auf dem Tisch bleibt, wo Ihr es nun nicht mehr saht?

Aber Ihr seid eine Katze, vermutlich, und Ihr bleibt ein Objekt der Situation. Ihr könnt die Situation nicht ändern. Ihr wollt eine Veränderung der Situation, aber es könnte Eure Veränderung sein. Ihr könntet jedoch eine Katze nicht ändern. Dies ist Eure Welt. Das, woran Ihr denkt, ist eine Menschenwelt, von der Ihr nichts wißt, so wie die Menschen nichts von der Euren wissen. Gleichwohl reizt Euch die Idee.

Ihr fragt Euch, wie ein neuer Roman geartet sein könnte, dessen Spiritus rector Ihr wäret, aber Ihr wagt nicht, ihn Euch vorzustellen, denn Ihr würdet die furchtbare Unordnung der Evidenz in die ruhige Unwahrscheinlichkeit Eures Labyrinths einführen.

Ihr denkt an die Geschichte einer Katze, genauer: eines durch Herkunft und Besitz respektablen Katers, dem unerwartet viele sehr schlimme Schicksalsschläge widerfahren. Das Leben dieses Katers wäre also erfüllt von Umschwüngen und dramatischen Wendungen, von höchst überraschenden Situationen des Wiedererkennens oder *Agnitionen* (er könnte mit der eigenen Mutter geschlafen oder den eigenen Vater erschlagen haben, um sich in den Besitz der großen Masse roten Fleisches zu bringen); und die Häufung all dieser Schicksalsschläge würde das Katzenpublikum auf den Zuschauerbänken mit Furcht und Mitleid erfüllen, bis die logische Abfolge der Ereignisse zu einer Katastrophe führte, in der sich alle Spannungen lösten, wodurch die anwesenden Katzen – samt Euch, der Ihr die Emotionen ausgelöst und gesteuert hättet – einer seelischen Reinigung oder *Katharsis* teilhaftig würden.

Ihr wißt nun, daß Euch eine solche Lösung zum Herrn des Zimmers und des Fleisches machen würde, vielleicht auch des Mannes und des Kindes. Leugnet nicht: Ihr fühlt Euch krankhaft angezogen von diesem Weg für eine zukünftige Katze. Aber man würde Euch des Avantgardismus zeihen. Ihr wißt, daß Ihr diese Geschichte nie schreiben werdet. Ihr habt sie niemals ersonnen. Ihr habt nie erzählt, daß Ihr sie angesichts eines Stückes Fleisch hattet ersinnen können. Ihr habt nie zusammengekauert in einer Ecke dieses Zimmers gehockt.

Jetzt hockt eine Katze in einer Ecke des Zimmers, wo die beiden Wände in einem Winkel von neunzig Grad aufeinanderstoßen. Von der Spitze ihres Schnurrbarts bis zum Tisch sind es sechs Schritte.

(1961)

Das Ding

»Nun, Herr Professor?« fragte der General mit einem Anflug von Ungeduld.

»Nun was?« sagte Professor Ka. Aber man sah, daß er Zeit gewinnen wollte.

»Seit fünf Jahren arbeiten Sie nun hier, und nie hat Sie jemand gestört. Wir haben Ihnen vertraut. Aber wir können uns nicht ewig auf Ihr Wort verlassen. Wir wollen jetzt endlich was sehen!«

Es lag etwas Drohendes in der Stimme des Generals, und Ka zog eine gequälte Grimasse, aber dann deutete er ein Lächeln an.

»Sie haben mich in meinem schwachen Punkt getroffen, Herr General«, sagte er. »Ich wollte eigentlich noch warten, aber nun haben Sie mich provoziert. Ich habe etwas *gemacht*« – sein Ton sank fast zu einem Flüstern herab –, »etwas Großartiges... Und, bei der Sonne, es wird Zeit, daß man es erfährt!«

Mit einer Handbewegung lud er den General ins Innere der Höhle ein. Er führte ihn nach hinten zu einer Stelle, die ein dünner greller Lichtstrahl erhellte, der durch einen schmalen Schlitz in der Wand eindrang. Und dort, auf einer glatten Steinplatte, lag das Ding.

Es war ein mandelförmiger, flacher, an einer Seite spitz zulaufender Gegenstand mit einer von vielen Facetten gefurchten Oberfläche, ähnlich einem großen

Diamanten, aber undurchsichtig und fast metallisch schimmernd.

»Hm«, machte der General verblüfft. »Das ist ein Stein.«

In des Professors blauen Augen unter den dichten buschigen Brauen glomm ein verschmitztes Leuchten auf. »Ja, gewiß«, sagte er, »das ist ein Stein, aber nicht einer, den man am Boden liegen läßt zwischen den anderen Steinen. Den hier nimmt man in die Faust.«

»In die Fau...?«

»In die Faust, General. Dieser Stein enthält mehr Macht, als sich die Menschheit je hätte träumen lassen, er enthält das Geheimnis der Energie, die Kraft von einer Million Menschen. Sehen Sie...«

Er krümmte die Finger zu Haken und wölbte die Handfläche zu einer Höhlung, legte sie auf den Stein und drückte fest zu, hob dann die Hand und mit ihr den Stein. Der Stein blieb an der Hand haften, der dickere Teil haftete an Ballen und Fingern, die Spitze schaute heraus und streckte sich nach unten, nach oben oder dem General entgegen, je nachdem, wie der Professor das Handgelenk drehte. Der Professor bewegte den Arm energisch, und die Spitze des Steins zeichnete eine Bahn in den Raum. Der Professor schwang den Arm von oben nach unten, bis die Spitze des Steins auf den bröckeligen Fels der Steinplatte traf. Und da geschah das Wunder: die Spitze traf auf den Felsen, drang in ihn ein und ließ ihn zersplittern. Der Professor wiederholte die Geste ein paarmal, die Spitze schnitt in den Fels, grub eine Furche hinein, dann ein Loch, dann eine kraterförmige Höhlung, indem sie den Fels zerkratzte, zerbrach und zerbröselte.

Der General sah mit weit aufgerissenen Augen und angehaltenem Atem zu. »Phänomenal«, murmelte er und schluckte.

»Und das ist noch gar nichts«, sagte der Professor triumphierend. »Das ist noch gar nichts, obwohl es Ihnen niemals gelungen wäre, so etwas mit den Fingern zu machen. Passen Sie auf!« Er nahm aus einem Winkel eine dicke Kokosnuß mit rauher, harter, unangreifbarer Schale und hielt sie dem General hin.

»Los«, sagte er, »drücken Sie diese Nuß mit beiden Händen zusammen, so daß sie zerbricht!«

»Also hören Sie, Ka«, stammelte der General mit bebender Stimme, »Sie wissen genau, daß so was nicht möglich ist, Sie wissen genau, daß niemand von uns in der Lage wäre... Nur ein Dinosaurier schafft das, mit einem Fußtritt, nur Dinosaurier können das Fruchtfleisch essen und die Milch trinken...«

»Na, dann passen Sie jetzt mal auf!« rief der Professor ganz aufgeregt. »Geben Sie acht!«

Er nahm die Nuß und legte sie auf die Platte, genau in die eben gegrabene Kraterhöhlung. Er packte den Stein an der Spitze und schwang den dicken Teil. Sein Arm vollführte eine rasche Bewegung, scheinbar fast ohne jede Anstrengung, der Stein krachte auf die Nuß und zerbrach sie. Die Flüssigkeit ergoß sich über den Felsen, und in der Höhlung blieben Schalenstücke liegen, die an der Innenseite das Fruchtfleisch darboten, weiß, taufrisch und einladend. Der General nahm ein Stück und schob es sich gierig in den Mund. Er blickte auf den Stein, auf Ka, auf das, was eben noch eine Kokosnuß gewesen war, und schien die Sprache verloren zu haben.

»Bei der Sonne, Ka!« stieß er endlich hervor. »Das ist

ja wunderbar! Mit diesem Ding hat der Mensch seine Kraft verhundertfacht, damit kann er jedem Dinosaurier entgegentreten... Er ist zum Herrn des Felsens und der Bäume geworden, er hat einen Arm hinzugewonnen, was sage ich, hundert Arme, ein Heer von Armen! Wo haben Sie das gefunden?«

Ka lächelte nachsichtig: »Ich habe es nicht gefunden. Ich habe es gemacht.«

»Gemacht? Was heißt das?«

»Das heißt, es hat vorher nicht existiert.«

»Sie sind verrückt, Ka!« schnappte der General. »Es muß vom Himmel gefallen sein, ein Bote der Sonne muß es gebracht haben, ein Luftgeist... Wie soll es möglich sein, etwas zu machen, was vorher nicht existiert hat!?«

»Es *ist* möglich«, sagte Ka ruhig. »Es ist möglich, einen Stein zu nehmen und ihn so lange gegen einen anderen Stein zu schlagen, bis er die gewünschte Form hat. Es ist möglich, ihn so herzurichten, daß die Hand ihn fest umschließen kann. Und mit ihm in der Hand ist es möglich, viele andere zu machen, größere, spitzere. Den hier habe ich gemacht, General.«

Der General hatte dicke Schweißperlen auf der Stirn.

»Aber das müssen wir allen sagen, Ka! Die ganze Horde muß es wissen, unsere Männer werden unbesiegbar sein. Begreifen Sie nicht? Wir können jetzt sogar auf einen Bären losgehen; er hat zwar Krallen, aber wir haben jetzt dieses Ding, wir können ihn zerfleischen, ehe er uns zerfleischt hat, ihn niederschlagen, ihn töten! Wir können eine Schlange töten, eine Schildkröte zerschmettern, wir können sogar – große Sonne! – einen anderen Menschen töten!«

Der General hielt inne, erstarrt vor dem Gedanken. Dann faßte er sich, und ein kaltes Funkeln glomm in seinen Augen.

»Jawohl, so ist es, Ka! Wir können die Horde von Koammm angreifen, sie sind größer und stärker als wir, aber jetzt sind sie in unserer Gewalt, wir werden sie bis zum letzten Mann niedermachen! Ka, Ka!« Er packte ihn heftig an der Schulter. »Das ist der Sieg!«

Der Professor blickte ernst und beklommen. Zögernd sagte er: »Genau deshalb wollte ich das Ding nicht zeigen. Ich weiß, daß ich eine furchtbare Entdekkung gemacht habe. Ich habe etwas entdeckt, das die Welt verändern wird. Ich weiß. Ich habe die Quelle einer immensen Energie entdeckt. Nie hat man etwas dergleichen auf Erden gesehen. Aber genau deshalb will ich nicht, daß es die anderen erfahren. Mit diesem Ding würde der Krieg zum Selbstmord, General. Sehr bald würde die Horde von Koammm lernen, sich ebenfalls solche Dinger zu machen, und im nächsten Krieg gäbe es weder Sieger noch Besiegte. Dieses Ding hier habe ich als ein Instrument des Friedens und des Fortschritts gedacht, aber jetzt weiß ich, daß es etwas Tödliches werden könnte. Ich werde es zerstören.«

Der General schien außer sich.

»Sind Sie wahnsinnig, Ka? Dazu haben Sie kein Recht! Das sind doch nur Ihre blöden Skrupel als Wissenschaftler. Sie haben fünf Jahre hier drinnen in dieser Höhle verbracht, Sie wissen nichts von der Welt! Sie wissen nicht, daß wir an einer Wende für die Zivilisation stehen, denn wenn die Horde von Koammm siegt, gibt es keinen Frieden, keine Freiheit, keine Freude mehr für die Menschen. Wir haben die heilige Pflicht, dieses Ding zu besitzen! Wer sagt denn, daß wir es gleich benutzen werden? Es genügt schon, daß man weiß, daß wir es besitzen. Wir werden es den Feinden in einer Demonstration vorführen. Danach mag man Regeln für seinen Einsatz aufstellen, aber solange wir's haben, wird keiner wagen, uns anzugreifen. Derweil können wir es benutzen, um Gräber zu graben, neue Höhlen zu bauen, Früchte zu knacken und den Boden zu ebnen! Es genügt, das Ding zu haben, man muß es gar nicht zum Einsatz bringen. Es ist ein Abschreckmittel, Ka, es wird uns die Horde von Koammm über viele Jahre vom Leibe halten!«

»Nein, nein, nein!« erwiderte Ka mit bedrückter Miene. »Sobald wir es einmal in Händen haben, wird uns niemand mehr aufhalten können. Es muß zerstört werden.«

»Also dann sind Sie ein nützlicher Idiot, Ka!« schrie der General bleich vor Wut. »Sie spielen das Spiel unserer Feinde, Sie sind ein Krypto-Koammmit, wie alle diese Intellektuellen Ihres Schlages, wie dieser Dichter, der gestern abend so gefühlsduselig von der Einheit aller Menschen schwärmte! Sie glauben nicht an die Sonne!«

Ka zuckte zusammen. Er senkte den Kopf, seine Augen wurden klein und traurig unter dem dicken Gebüsch der Brauen.

»Ich wußte ja, daß es dahin kommen würde. Ich bin keiner von denen, und das wissen Sie. Aber ich weigere mich, und zwar wegen des fünften Gebotes der Sonne, einem Ansinnen zu entsprechen, das den Zorn der Geister auf mich ziehen könnte. Denken Sie, was Sie wollen. Aber dieses Ding wird nie diese Höhle verlassen.«

»Und ob es sie verlassen wird, und zwar sofort! Für den Ruhm der Horde, für die Zivilisation, für den Wohlstand, für den Frieden!« schrie der General. Er packte das Ding mit der Rechten, wie er's bei Ka gesehen hatte, und ließ es mit aller Kraft, mit aller Wut, mit allem Haß auf den Kopf des Professors niedersausen.

Die Schädelknochen von Ka zerbarsten unter dem Hieb, ein Strom von Blut quoll aus seinem Mund. Ohne einen Laut von sich zu geben, sank er zu Boden und färbte die Felsen rings um sich rot.

Der General sah verstört auf das Werkzeug in seiner Hand. Dann begann er zu lächeln, und es war ein triumphierendes, grausames, unerbittliches Lächeln.

»Und das ist erst der Anfang!« murmelte er.

...

Die Runde der reglos um den großen Baum herum hockenden Kreaturen schwieg nachdenklich. Baa, der Dichter, wischte sich den Schweiß ab, der ihm in Strömen den nackten Leib heruntergelaufen war in der Anstrengung des Erzählens. Dann drehte er sich zu dem Baum, unter dem der Häuptling saß, der lustvoll auf einer dicken Wurzel kaute.

»Großmächtiger Szdaa«, sagte er demütig, »ich hoffe, daß dir meine Geschichte gefallen hat.«

Szdaa machte eine gelangweilte Geste. »Ich verstehe euch junge Leute nicht. Oder vielleicht werde ich langsam alt. Du hast eine schöne Phantasie, mein Junge, da gibt's nichts zu sagen. Aber ich mag nun mal keine Science-fiction. Ich kann's nicht ändern, mir sind die historischen Romane immer noch lieber.«

Er hob die Hand und winkte einen Alten mit pergamentenem Gesicht an seine Seite. »Mein guter Kgru«, sagte er, »du bist vielleicht kein Meister des Neuen Gesanges, aber du kannst noch Geschichten mit Saft und Kraft erzählen. Jetzt du.«

»Jawohl, großmächtiger Szdaa«, sagte der alte Kgru, »ich werde dir eine Geschichte von Liebe, Leidenschaft und Tod erzählen. Eine Chronik des vergangenen Jahrhunderts. Sie heißt Das Geheimnis des Primaten *oder* Das Verschwinden des Fehlenden Gliedes.«

(1961)

Brief an meinen dreijährigen Sohn

Lieber Stefano,

Weihnachten naht, bald wimmeln die Kaufhäuser wieder von aufgeregten Vätern, die das Schauspiel der jährlichen Großzügigkeit aufführen – nachdem sie mit scheinheiliger Freude auf diesen Moment gewartet haben, der ihnen erlaubt, sich unter dem Deckmantel der Beglückung ihrer Kinder die heißersehnten elektrischen Eisenbahnen, Puppentheater, Tischfußball- und Heimpingpongspiele zu kaufen. Ich werde nur zuschauen, denn dieses Jahr bin ich noch nicht an der Reihe, du bist noch zu klein, und für das Anthroposophen-Spielzeug kann ich mich nicht erwärmen, vielleicht weil ich keine Lust verspüre, es mir in den Mund zu stecken, auch wenn mir die Beischrift versichert, daß man es nicht verschlucken kann. Nein, ich muß noch zwei, drei, vielleicht auch vier Jahre warten. Dann bin ich an der Reihe, dann ist die Phase der mütterlichen Erziehung vorbei, dann endet die Zeit der Teddybären, und es kommt der Tag, da ich beginnen werde, mit der sanften und sakrosankten Gewalt meiner *patria potestas* dein soziales und staatsbürgerliches Bewußtsein zu formen. Und dann, lieber Stefano...

Dann schenke ich dir Gewehre. Doppelläufige. Mit Repetiermechanik. Schnellfeuer- und Maschinengewehre. Kanonen. Bazookas. Säbel. Kriegsstarke Heere von Bleisoldaten. Burgen mit Zugbrücken. Festungen zum Belagern. Kasematten, Pulvertürme, Panzerkreuzer, Düsenjäger. MPs, Dolche, Trommelrevolver. Colts, Rifles, Winchesterbüchsen, Chassepot-, Garand- und Mausergewehre, Mörser, Musketen, Haubitzen, Bombarden, Feldschlangen, Arkebusen, Ballisten, Armbrüste, Katapulte, Schwerter, Speere, Lanzen, Piken, Hellebarden und Enterhaken. Und Achtpfünder wie die von Captain Flint (in memoriam Long John Silver und Ben Gun). Und Rapiere, wie sie Don Barrejo gefielen, Toledo-Klingen wie jene, mit denen man den berühmten Drei-Pistolen-Coup macht, um den Marquis von Montélimar niederzustrecken, oder den Neapolitanerstich, mit dem der Baron de Sigognac den ersten Strauchdieb durchbohrte, der ihm seine Isabelle rauben wollte. Und weiter Streitäxte, Keulen, Morgensterne, Krummsäbel, Krise, Wurfmesser, Javelots, Dolchstöcke wie der, an dem John Carradine starb, als er getroffen auf der Stromschiene niedersank, und wer's nicht mehr weiß, hat Pech gehabt. Dazu Piratendegen, vor denen Carmaux und Van Stiller erbleichen würden, und feinziselierte Pistolets, wie kein Sir James Brook sie jemals besaß (sonst hätte er sich nicht geschlagen gegeben vor der sardonischen x-ten Zigarette des Portugiesen); und Stilette mit dreikantiger Klinge wie jenes, mit welchem, indes sachte der Tag zur Neige ging in Clignancourt, Sir Williams' Schüler den Finsterling Zampa ins Jenseits beförderte nach vollbrachtem Muttermord an der schmierigen alten Fipart; und Todesbirnen, wie sie dem Kerkermeister La Ramée ins Maul gestopft wurden, während der Duc de Beaufort, das rötliche Barthaar noch verschönt durch lange Pflege mit bleiernem Kamm, von dannen ritt im Vorgeschmack auf den Zorn Mazarins; und Feuermünder, geladen mit Nägeln, abzuschießen mit betelgeschwärzten Zähnen; und Flinten mit perlmuttgeschmücktem Kolben, anzulegen auf Araberhengste mit glänzendem Fell und nervösem Huf; und blitzschnelle Bögen, die den Sheriff von Nottingham hätten grün werden lassen vor Neid; und Skalpiermesser, wie sie Minnehaha besaß oder auch (für Kinder von deutschen Müttern) Winnetou. Flache Brownings, passend zum Frack des Gentleman-Räubers, und schwere Luger, die einem die Taschen ausbeulen oder die Achseln aufblähen wie bei Michael Shayne. Und immer wieder Gewehre. Gewehre in allen Größen und Arten, Typ Bärentöter und Henrystutzen, Typ Ringo in Stagecoach, Typ Wild Bill Hickock oder, als Vorderlader, Typ Lederstrumpf. Mit einem Wort: Waffen, mein Sohn, massenhaft Waffen und nichts als Waffen. Das wird dir der Weihnachtsmann bringen.

Sie setzen mich in Erstaunen, mein Herr, wird man sagen. Sie, der Sie in einem Anti-Atomwaffen-Komitee engagiert sind, der Sie an Ostermärschen teilnehmen und sich zur Mystik des Pazifismus bekennen!? Widerspreche ich mir? Nun gut, ich widerspreche mir (Walt Whitman).

Es war eines Morgens in Frankfurt am Main, ich hatte dem Sohn eines Freundes ein Mitbringsel von der Reise versprochen, betrat ein Kaufhaus und fragte nach einem schönen Trommelrevolver. Entsetzte Blicke. Kriegsspielzeug führen wir nicht, mein Herr! Eisig, das Blut konnte einem in den Adern gerinnen. Beschämt trat ich auf die Straße hinaus und lief direkt in zwei vorübergehende Bundeswehrsoldaten hinein. Die

Wirklichkeit hatte mich wieder. Sie sollte mich nie mehr narren, von nun an würde ich einzig auf meine persönlich-private Erfahrung bauen und den Moralaposteln mißtrauen.

Meine Kindheit war ausgesprochen, ja fast ausschließlich kriegerisch gewesen: Ich schoß mit selbstgebastelten Blasrohren in die Büsche, duckte mich hinter die spärlichen Autos am Straßenrand und feuerte Salven aus meinem Repetiergewehr; ich führte mit blanker Waffe Attacken und verlor mich in blutigen Schlachten. Zu Hause Bleisoldaten, ganze Armeen, involviert in aufreibenden Strategien, in Operationen, die Wochen dauerten, in nicht enden wollenden Feldzügen, für die ich noch die Reste des Teddybären und die Puppen der Schwester mobilisierte. Ich gründete Räuber- und Abenteurerbanden, ließ mich von einer Handvoll Getreuer »Schrecken der Piazza Genova« nennen (heute Piazza Matteotti), löste eine Formation »Schwarze Löwen« auf, um mich einer anderen, stärkeren Bande anzuschließen, in der ich sodann eine Meuterei inszenierte, die katastrophal ausging. Ins Monferrat evakuiert, wurde ich zum Eintritt in die »Bande des Gäßchens« gezwungen und erduldete eine Initiationszeremonie, bestehend aus einhundert Fußtritten in den Hintern plus dreistündiger Gefangenschaft in einem Hühnerstall; wir kämpften gegen die Bande vom Rio Nizza, es waren dreckige und gemeine Kerle, das erste Mal kriegte ich Angst und lief weg, das zweite Mal traf mich ein Stein an der Lippe, ich habe noch heute ein Knötchen innen im Mund, das ich mit der Zunge fühlen kann. (Später kam dann der richtige Krieg, die Partisanen ließen uns ein paar Sekunden lang ihre Sten halten, und wir sahen auch ein paar Freunde daliegen mit einem Loch in der Stirn; aber inzwischen waren wir in das Alter gekommen, wo wir am Ufer des Belbo entlangschlichen, um die Achtzehnjährigen beim Knutschen zu überraschen, außer in den Momenten der ersten mystischen Krisen.)

Aus dieser Orgie von Kriegsspielen ist ein Mann hervorgegangen, der es geschafft hat, achtzehn Monate Militärdienst zu absolvieren, ohne ein Gewehr zu berühren, um statt dessen die langen Stunden in der Kaserne für intensive Studien der mittelalterlichen Philosophie zu nutzen. Ein Mann, der sich mit allerlei Ruchlosigkeiten befleckt hat, nicht aber mit dem tristen Delikt der Waffenliebe und des Glaubens an den heiligen Wert und die wirkende Kraft des Krieges. Ein Mann, der den Wert von Armeen nur begreift, wenn er sie aufgelöst heimkehren sieht im Schlamm des Vajont auf der Suche nach einer noblen und nützlichen Aufgabe im Zivilleben. Der absolut nicht an Heilige Kriege glaubt und nur Bürgerkriege zu schätzen weiß – jene *civil wars*, also »zivilen Kriege«, in denen die Kämpfenden nur widerwillig kämpfen, an den Haaren hineingezogen, auf eigene Gefahr und Verantwortung, immerzu hoffend, daß es bald enden möge, und nur weil es wirklich um jenes essentielle Stück Menschenwürde geht, von dem man nicht absehen kann. Und ich glaube, daß ich diesen meinen tiefen, systematischen, kultivierten und dokumentierten Widerwillen gegen den Krieg ebenjenen gesunden, unschuldigen, platonisch blutigen Ausschweifungen meiner Kindheit verdanke, so wie man aus einem Western (mit einer soliden Riesenkeilerei, bei der die Saloonwände wackeln, die

Tische und Spiegel zu Bruch gehen, auf den Pianisten geschossen wird und die Gläser zerklirren) geläutert herauskommt, gelöst und friedlich und voller Bereitschaft, den Passanten, der einen anrempelt, freundlich anzulächeln und den aus dem Nest gefallenen kleinen Sperling behutsam aufzulesen – wie schon der alte Aristoteles wußte, als er verlangte, die Tragödie solle vor unseren Augen das rote Banner des Blutes schwenken, um uns zu läutern und gründlich zu reinigen mit dem göttlichen Bittersalz der finalen Katharsis.

Und ich stelle mir demgegenüber die Kindheit Eichmanns vor. Wie er sich geduldig, der Blick schon ganz Buchhalter des Todes, über die schwierige Konstruktion aus dem Metallbaukasten beugt und pedantisch die Instruktionen der Bauanleitung befolgt; wie er sich gierig über die bunte Schachtel mit der Aufschrift »Der kleine Chemiker« hermacht; wie er sich sadistisch seine Ausrüstung als »Der fröhliche Zimmermann«, komplett mit handbreitem Hobel und zwanzig Zentimeter langer Säge, auf einer Sperrholzplatte zurechtlegt. Oh, fürchtet die kleinen Jungen, die Kräne basteln! In ihren kalten und verdrehten Technikerhirnen brauen sich schon die unheilvollen Komplexe zusammen, von denen sie dann im reifen Alter beherrscht sein werden. In jedem kleinen Ungeheuer, das die Weichen seiner Modelleisenbahnanlage stellt, sehe ich schon den künftigen Lagerkommandanten eines KZ. Und wehe, wenn sie ihre Kollektionen von Miniaturautos lieben, die ihnen die Spielzeugindustrie ohne Skrupel in Plastikmodellen anbietet, perfekt mit aufklappbarem Kofferraum und herunterdrehbaren Fensterscheiben – grauenvoll, grauenerregendes Spielzeug für künftige Techniker eines elektronischen Heeres, die leidenschaftslos den roten Knopf zur Auslösung eines Atomkrieges drücken!

Ihr könnt sie schon heute identifizieren. Die großen Bauspekulanten, Spezialisten für Räumungsklagen mitten im Winter, die ihre Persönlichkeit beim Monopoly ausgeprägt haben, jenem infamen Spiel, das sie früh lehrte, sich an den Gedanken des An- und Verkaufs von Immobilien und des ungerührten Abstoßens von Aktienpaketen zu gewöhnen. Die Pères Grandet von heute, die den Geschmack an Akkumulation und Börsengewinnen bei ihren Lottospielchen bekamen. Die Bürokraten des Todes, die sich am Metallbaukasten schulten, die toten Seelen der Bürokratie, die ihre Seelen abzutöten begannen, als sie mit den Formularen, Stempeln und Briefmarken ihrer »Kleinen Post« spielten...

Und morgen? Was wird aus Kindern, denen der industrielle Weihnachtsmann amerikanische Puppen beschert, die sprechen und singen und sich von alleine bewegen können? Japanische Automaten, die springen und tanzen, ohne daß sich die Batterien erschöpfen? Ferngesteuerte Automobile, deren Mechanik man nie ergründet...

Stefano, mein Sohn, ich werde dir Gewehre schenken. Denn ein Gewehr ist kein Spiel. Es ist ein Anstoß zu einem Spiel. Mit ihm mußt du eine Situation erfinden, ein Beziehungsgeflecht, eine Dialektik von Ereignissen. Du machst *Peng* mit dem Mund und entdeckst, daß dein Spiel soviel taugt, wie du selber hineinlegst und nicht schon vorfabriziert darin findest. Du stellst dir vor, daß du Feinde vernichtest, und befriedigst damit einen Urtrieb, den keine Zivilisation dir je austreiben wird (außer sie macht dich zum Neurotiker, reif für betriebliche Eignungstests à la Rorschach). Aber bald geht dir auf, daß dein Feindevernichten eine Spielkonvention ist, ein Spiel unter anderen Spielen, und so lernst du es als ein wirklichkeitsfernes Treiben erkennen, dessen Grenzen dir beim Spielen durchaus bewußt sind. Du reagierst deine Wut und deine Komplexe ab und wirst frei für andere Botschaften, die weder Tod noch Zerstörung betreffen, ja es wird wichtig sein, daß dir Tod und Zerstörung für immer als Phantasiegebilde erscheinen, wie Rotkäppchens böser Wolf, den wir alle als Kinder gehaßt haben, ohne deshalb einen irrationalen Haß auf Wolfshunde zu entwickeln.

Aber vielleicht ist das noch nicht alles und noch nicht genug. Ich werde dir nicht erlauben, mit deinen Colts einfach wild in der Gegend herumzuballern, bloß zur spielerischen Abreaktion deiner Urinstinkte, ich werde den konstruktiven Teil der Erziehung, die Vermittlung von Werten, nicht auf die Zeit nach vollbrachter Abreaktion verschieben. Nein, ich werde versuchen, dir etwas mitzugeben, *während* du hinter dem Sessel hervorballerst.

Vor allem werde ich dich nicht lehren, auf die Indianer zu schießen. Ich werde dir beibringen, auf die Schnaps- und Waffenhändler zu schießen, die den Indianern die Widerstandskräfte zerstören. Und auf die Sklavenhalter des Südens, denn es versteht sich, daß du als ein Lincoln-Mann schießt. Ich werde dir nicht beibringen, auf die Kannibalen im Kongo zu schießen, sondern auf die Elfenbeinhändler, und in einem Moment der Schwäche hole ich dann vielleicht einen

Kessel, und wir kochen gemeinsam den Doktor Livingstone, *I suppose*. Wir werden auf seiten der Araber gegen Lawrence kämpfen, der mir sowieso nie als ein Vorbild an Männlichkeit für brave kleine Jungen erschienen ist, und wenn wir Römer spielen, stehen wir auf seiten der Gallier, die ja Kelten waren, wie wir Piemontesen, und sauberer als jener Julius Cäsar, den du schon früh mit Mißtrauen zu betrachten lernen solltest, denn man nimmt einem demokratisch verfaßten Gemeinwesen nicht die Freiheit, um ihm dafür nach dem Tod als gnädiges Almosen die Gärten und Parks zum Spazierengehen zu überlassen. Wir werden mit Häuptling Sitting Bull gegen den Widerling General Custer kämpfen. Und in China mit den Boxern natürlich. Und mit Fantomas eher als mit Juve, der zu pflichtbewußt war, um sich zu weigern, gelegentlich einen Algerier niederzuknüppeln. Aber jetzt mache ich Spaß: natürlich werde ich dir sagen, daß Fantomas ein Bösewicht war, aber ich werde nicht hingehen und dir erzählen (als Komplize der korrumpierenden Baroness Orczy), daß Scarlet Pimpernel ein Held gewesen wäre. Er war ein dreckiger Konterrevolutionär, der dem braven Danton und dem unbestechlichen Robespierre Scherereien machte, und wenn wir diese Geschichte spielen, wirst du am Sturm auf die Bastille teilnehmen.

Oh, das werden herrliche Spiele sein, und denk nur, wir werden sie gemeinsam spielen! Was, Ihr meint, wir sollten Kuchen essen statt Brot? Allons, vite, Monsieur Santerre, laßt die Trommeln rühren, Tricoteusen aller Länder, vereinigt euch zum fröhlichen Stricken. Heute spielen wir die Enthauptung der Marie Antoinette. Perverse Erziehung? Wer sagt das? Sie, mein Herr, der Sie

Filme machen über den angeblichen Helden Fra Diavolo, diesen übelsten aller Straßenräuber im Solde der Großgrundbesitzer und der Bourbonen? Haben Sie je Ihrem Sohn beigebracht, zur Abwechslung einmal Carlo Pisacane* zu spielen – oder haben Sie nicht eher zugelassen, daß unsere Schulmeister und der Reimeschmied Mercantini ihn weiter, wie gehabt, unseren Kindern als netten blonden Idioten zum Auswendiglernen vorführen?**

Und Sie, mein Herr, der Sie doch sozusagen ein geborener Antifaschist sind, haben Sie je mit Ihrem Sohn Partisanen gespielt? Sich hinters Bett geduckt und gerufen, als wären Sie beim Maquis in den Bergen: »Achtung, Schwarzbrigadisten von rechts, voll draufhalten, Feuer frei auf die Nazis!« – Nein, Sie schenken Ihrem Sohn lieber bunte Bauklötzchen und schicken ihn mit dem Kindermädchen ins Kino, wo er rassistische Filme sieht, in denen die Vernichtung der Indianer verherrlicht wird...

So, lieber Stefano, werde ich dir Gewehre schenken. Und dich lehren, sehr komplexe Kriege zu spielen, in denen die Wahrheit nie bloß auf *einer* Seite zu finden ist, in denen man manchmal – wie bei uns am 8. September 43 – Seitenwechsel vollziehen muß. Du wirst dich austoben in deinen jungen Jahren, deine Ideen werden ein bißchen durcheinandergeraten, aber langsam werden sich Überzeugungen in dir bilden. Und später, wenn du erwachsen bist, wirst du glauben, daß *alles* nur ein Mär-

* Italienischer Patriot und Sozialrevolutionär, 1818-1857 (*A.d.Ü.*).

** Anspielung auf das patriotische Gedicht *La spigolatrice di Sapri* von Luigi Mercantini, 1821-1872 (*A.d.Ü.*).

chen gewesen war – Rotkäppchen, Aschenbrödel, die Gewehre und die Kanonen, der Mensch gegen den Menschen, die Hexe gegen die sieben Zwerge, die Armeen gegen die Armeen. Und sollten dann zufällig, wenn du groß bist, die Monstergestalten deiner Kinderträume noch nicht verschwunden sein – die Hexen, die Kobolde, die Armeen, die Bomben, die Zwangsrekrutierungen –, wer weiß, vielleicht hast du dann eine kritische Haltung zu Märchen gewonnen und gelernt, dich kritisch in der Wirklichkeit zu bewegen.

(1964)

Industrie und sexuelle Repression in einer norditalienischen Gesellschaft

Vorliegende Untersuchung wählt sich als Forschungsgebiet den Siedlungsraum Mailand im nördlichen Teil der italienischen Halbinsel, einem vatikanischen Protektorat der Mediterranen-Gruppe. Mailand liegt etwa 45 Breitengrade nördlich von Melanesien und etwa 35 Breitengrade südlich vom Nansen-Archipel im Arktischen Eismeer. Es liegt also annähernd in der Mitte zwischen den zivilisierten Weltgegenden, und obwohl leichter erreichbar als die Eskimopopulationen, ist es abseits der diversen ethnographischen Reiserouten geblieben. Den Rat, eine Untersuchung über Mailand vorzunehmen, verdanke ich Herrn Professor Korao Paliau vom Anthropologischen Institut der Admiralsinseln, und ermöglicht worden ist mir das Unternehmen durch die großzügige Hilfe der Aboriginal Foundation of Tasmania, die mir einen *grant* in Höhe von vierundzwanzigtausend Hundezähnen zur Deckung der Reise- und Ausrüstungskosten gewährt hat. Ferner hätte ich nach meiner Rückkehr das Material nicht in der erforderlichen Ruhe sichten und diesen Bericht abfassen können, hätten mir nicht Herr und Frau Pokanau von der Insel Manus einen Pfahlbau abseits des üblichen Lärms der Trepang-Fischer und Kopra-Händler, die leider so manche Gegend unseres schönen Archipels unbewohnbar gemacht haben, zur Verfügung gestellt. Und schließlich hätte ich weder die Druckfahnen korrigieren noch die bibliographischen Angaben in den Fußnoten einsetzen können ohne die liebevolle Mitarbeit meiner Frau Aloa, die sich klaglos immer wieder bereitfand, die Anfertigung von Puablütenkränzen zu unterbrechen, um zur Ankunft des Postbootes an den Strand zu laufen und mir die riesigen Kisten mit Dokumenten in den Pfahlbau zu bringen, die ich mir jeweils vom Anthropological Documentation Center of Samoa kommen ließ und die mir zu schwer gewesen wären.

Jahrelang waren alle, die sich mit den Sitten und Gebräuchen der okzidentalen Völker beschäftigten, von einem vorgefaßten theoretischen Raster ausgegangen, das ihnen jede Möglichkeit zum Verständnis der fremden Kultur verbaute. Die Abwertung der Okzidentalen als Primitive, bloß weil sie sich einem Kult der Maschine ergeben und noch weit entfernt sind von einem lebendigen Kontakt zur Natur, ist ein typisches Beispiel für dieses Arsenal falscher Vorstellungen, mit dem unsere Großeltern sich daran gemacht hatten, die farblosen Menschen und insbesondere die Europäer zu beurteilen. Ein falsch verstandener historistischer Ansatz führte zum Glauben, in allen Zivilisationen liefen ähnliche kulturelle Zyklen ab, weshalb man, wenn man zum Beispiel das Verhalten einer angelsächsischen Gesellschaft erforschte, von der Annahme ausging, sie befinde sich einfach in einem früheren Stadium unserer Entwicklung, und nach einer entsprechenden Weiterentwicklung würde sich ein Bewohner von Glasgow ganz wie ein Melanesier verhalten. Wir verdanken es dem erhellenden Werk der verehrten Kollegin Poa Kilipak, wenn sich allmählich der Begriff des »Kulturmodells« mit seinen verblüffenden Konsequenzen durchgesetzt hat: Ein Bewohner der Siedlung Paris zum Beispiel lebt gemäß einem Ensemble von Normen und Gewohnheiten, die sich zu einem organischen Ganzen fügen und eine bestimmte Kultur von ebenso hohem Wert wie die unsere hervorbringen, auch wenn sie in anderen Modi abläuft. Mit dieser Erkenntnis war der Weg freigeworden für eine anthropologisch korrekte Erforschung des farblosen Menschen und für ein Verständnis der okzidentalen Zivilisation (denn es handelt sich bei ihr durchaus – man mag mir zynischen Relativismus vorwerfen – um eine Zivilisation, auch wenn sie nicht den Modi der unseren folgt; und es ist nicht gesagt, man gestatte mir die Bemerkung, daß unsere Gewohnheit, barfuß auf Palmen zu klettern und Kokosnüsse zu pflücken, ein höherentwickeltes Verhalten bezeuge als die Gewohnheit des Primitiven, im Jet durch die Lüfte zu reisen und dabei Chips aus einer Plastiktüte zu knabbern).

Allerdings hat auch der neue anthropologische Ansatz Raum für gravierende Mißverständnisse geboten, zum Beispiel wenn der Forscher, gerade weil er dem erforschten »Modell« die Würde einer Kultur zuerkannte, sich auf die unmittelbar von den zu beschreibenden Eingeborenen produzierten historischen Dokumente bezog, um aus ihnen die Charakteristika der fraglichen Gruppe zu deduzieren.

1. Die Hypothese von Dr. Dobu de Dobu (Dobu)

Ein typisches Beispiel dieser »historiographischen Illusion« haben wir, gerade im Hinblick auf das Dorf Mailand, in einem 1950 erschienenen Buch von Dr. Dobu de Dobu (Dobu), betitelt *Die italienischen Dörfer und der Kult des »Risorgimento«*, in dem der Forscher versucht, die Geschichte der Apenninenhalbinsel anhand des historischen Schrifttums der Eingeborenen zu rekonstruieren.

Dr. Dobu zufolge war die Halbinsel im vergangenen Jahrhundert Schauplatz erbitterter Kämpfe mit dem Ziel, die verstreuten Dörfer unter eine gemeinsame Herrschaft zu bringen, was von einigen Dörfern angestrebt wurde, während andere sich der Vereinigung heftig widersetzten. Die nach Einheit strebenden Gemeinwesen bezeichnet Dr. Dobu als revolutionär oder »risorgimental« (in Anspielung auf einen damals verbreiteten Kult der Auferstehung oder Wiedergeburt, der wahrscheinlich schamanistische Ursprünge hatte) und die auf ihrer Selbständigkeit beharrenden als »reaktionär«.

Folgendermaßen schildert Dr. Dobu – in seinem eigentümlichen Stil, dem wir eher die Verdienste der literarischen Ausschmückung als die der wissenschaftlichen Strenge zuerkennen wollen – die damalige Lage:

Lodernd durchzuckte das Verlangen nach nationaler Wiedergeburt oder Risorgimento *die ganze Halbinsel, aber die Reaktion blieb wachsam, um Patrioten und Bürger allesamt unter dem österreichischen Stiefel zu halten. Gewiß erfüllte nicht alle italienischen Staaten gleichermaßen der Drang nach Wiedervereinigung, doch zweifelsohne war es das Bourbonen-*

reich von Neapel, das die Fackel des Aufstandes hochhielt. Wenn wir den Dokumenten glauben dürfen, war es gerade der König beider Sizilien, der jene Militärakademie der Nunziatella *gründete, aus welcher die glühendsten Patrioten hervorgehen sollten: Morelli, Silvati, Pisacane, De Sanctis. Diesem aufgeklärten Monarchen war also die Wiedergeburt Italiens zu verdanken. Derweilen agierte jedoch im verborgenen ein obskurer Österreich-Anhänger namens Mazzini, über den die Geschichten wenig berichten, nur daß er fortwährend falsche Komplotte schmiedete, die dann in aller Regel wie zufällig aufgedeckt und vereitelt wurden, so daß die besten und tapfersten Patrioten, schlau von Mazzini angestachelt, in die Hände der Österreicher fielen und entweder umgebracht oder eingesperrt wurden. Ein weiterer schrecklicher Feind des Risorgimento war Silvio Pellico: Der Leser, der die Seiten des schmalen Büchleins überfliegt, in dem er Bericht von seiner Gefangenschaft in einem österreichischen Kerker gibt, hat sehr deutlich den Eindruck, daß ein solches Werk für die Vereinigung Italiens schlimmer gewesen sein muß als eine verlorene Schlacht. Denn einerseits malt der heimtückische Erzähler ein idyllisches, kitschiges Bild von einem mährischen Kerker als Ort keuscher Freuden, wo man mit leutseligen Wärtern über Fragen des menschlichen Lebens diskutiert, Liebschaften, wenn auch nur platonische, mit kleinen Mädchen hat, Insekten zähmt und sich frohgemut amputieren läßt, so groß ist das Können der kaiserlichen Chirurgen (ein Können, das die Amputierten in doppeldeutiger Weise mit Blumengebinden belohnen). Andererseits zeichnet Pellico in seinem Büchlein mit subtiler Bosheit ein so enttäuschendes Bild des italienischen Patrioten, den er als unfähig zur Gewalt und zum Kämpfen hinstellt, als ganz und gar unempfänglich für jede Leidenschaft, schüchtern und frömmelnd, daß die Lektüre dieser Seiten sicher*

Legionen junger Menschen vom Kampf für die nationale Wiedergeburt abgehalten hat (ähnlich wie es in den amerikanischen Nordstaaten einem Opus mit dem Titel Onkel Toms Hütte *gelang, die Negersklaven so gründlich zu diskreditieren, indem es sie als dumm, treuherzig und bar jeder Energie hinstellte, daß die Folgen noch heute in den Südstaaten nachwirken, die längst zu unbelehrbaren Gegnern einer so minderwertigen Rasse geworden sind). Singulär war die Lage der Sardischen Staaten, also der Savoyer in Turin, die sich anscheinend nicht für die Probleme der nationalen Vereinigung interessierten. Von ihnen weiß man nur, daß sie die piemontesische Armee in Mailand genau während eines Aufstandes intervenieren ließen und es dabei fertigbrachten, die Lage so zu verwirren, daß der Aufstand zusammenbrach und die Stadt samt Rebellen den Österreichern in die Hände fiel. Im übrigen war der Turiner Premier Cavour die meiste Zeit damit beschäftigt, den Interessen anderer Länder zu dienen, zuerst indem er die Franzosen in einem Krieg gegen die Russen unterstützte, der mit Piemont nicht das allergeringste zu tun hatte, dann, indem er sich viel Mühe gab, fremden Monarchen die Gunst piemontesischer Adelsdamen zu verschaffen. Sonst sind offenbar keine Versuche zu einer Vereinigung Italiens unternommen worden, außer eben, wie gesagt, im Königreich der beiden Sizilien – und nur dem unbeugsamem Willen der Bourbonen ist es zu verdanken, daß Piemont, wie in manchen Texten zu lesen steht, dann einen uruguayischen Abenteurer auf sie zu hetzen suchte.*

All diese Manöver hatten jedoch letztlich nur ein Ziel, nämlich jene italienische Macht einzudämmen, die mehr noch als die Bourbonen, aber nicht auf militärischer Ebene, sondern auf der des Überzeugens und Denkens, unbeirrbar die Einheit Italiens betrieb: die römische Kirche. Gestützt auf das Werk von klugen Männern des Glaubens, wirkte der Kirchenstaat unermüdlich für die Zusammenführung Italiens unter einer *Regierung. Es war ein harter und leidenschaftlicher Kampf, in dessen Verlauf das Papsttum auch zu so subtilen Winkelzügen griff wie dem, die piemontesischen Bersaglieri nach Rom zu locken, um sich auf diese Weise auch eine starke Armee zu verschaffen. Es war ein zäher und langer Kampf, der erst ein gutes Jahrhundert später definitiv entschieden war, nämlich am 18. April 1948, als sich die ganze Halbinsel endlich unter dem Zeichen des Kreuzes vereinigt sah.*

Soweit Dr. Dobu de Dobu. Was aber sieht nun ein Anthropologe, der heute nach Mailand kommt, von der zwar primitiven, aber politisch wohlorganisierten Lage, die Dobus lachhafte Geschichtsschreibung durchblicken läßt? So traurig es klingen mag, der Befund erlaubt nur zwei Hypothesen: Entweder ist es in den letzten Jahren zu einer Regression gekommen, die alle Spuren der von Dobu skizzierten politischen Organisation ausgelöscht hat, oder das Gemeinwesen Mailand ist abseits der großen Umwälzungen geblieben, die den Rest der Apenninenhalbinsel erschüttert haben, und zwar aufgrund des zutiefst kolonialen und passiven Charakters seiner Einwohner, der sie resistent gegen jede Akkulturation macht und zu einer hektischen sozialen Mobilität verurteilt, wie man sie ja nicht selten in primitiven Gesellschaften antrifft.

2. Das »Wilde Denken« (Feldforschungsbericht)

Der Tagesablauf des Mailänder Eingeborenen richtet sich nach den elementaren Rhythmen der Sonne. Frühmorgens steht er auf, um sich seinen stammestypischen

Tätigkeiten zu widmen: Stahlsammeln in den Plantagen, Anbau von Metallprofilen, Gerben von Plastikstoffen, Handel mit Kunstdünger, Säen von Transistoren, Weiden von Lambrettaherden, Zucht von Alfaromeos und so weiter. Gleichwohl liebt der Eingeborene seine Arbeit nicht und tut alles nur Erdenkliche, um ihren Beginn hinauszuzögern. Dabei scheinen ihm eigentümlicherweise die Dorfhäuptlinge zu helfen, indem sie zum Beispiel die gewohnten Transportwege absperren, die alten Trambahngleise herausreißen lassen, den Verkehr behindern durch breite gelbe, auf die Saumpfade gemalte Streifen (mit klarer Tabu-Bedeutung) und schließlich an den unerwartetsten Stellen tiefe Löcher graben, so daß viele Eingeborene hineinstürzen und vermutlich den lokalen Göttern geopfert werden. Es ist schwer, das Verhalten der Häuptlinge psychologisch zu erklären, doch sicher steht diese rituelle Zerstörung der Kommunikationswege in einem Zusammenhang mit Auferstehungsriten (die Vorstellung ist offenbar: wenn Scharen von Menschen im Innern der Erde zusammengepfercht werden, gehen aus ihrer Opferung wie aus Samenkörnern neue, stärkere und robustere Individuen hervor). Doch der Stamm hat sofort mit einem unverkennbar neurotischen Syndrom auf dieses Verhalten seiner Häuptlinge reagiert, indem er einen offenbar spontan gezeugten Kult ausbildete, der ein wahrhaft exemplarisches Beispiel kollektiver Exaltation darstellt: den sogenannten »Transport-U-Bahn-Kult« (*cargo-tube cult*). Zu bestimmten Zeiten verbreitet sich überall im Dorf »Das Gerücht«, und die Eingeborenen werden von dem fast mystischen Glauben durchdrungen, eines Tages würden enorme Gefährte in Röhren unter der Erde zirkulieren, um jedes Individuum mit wunderbarer Geschwindigkeit an jeden beliebigen Punkt der Siedlung zu bringen. Dr. Muapach, ein seriöses und gut präpariertes Mitglied meiner Expedition, hat sich sogar gefragt, ob »Das Gerücht« womöglich auf irgendwelchen realen Fakten beruht, und ist in jene Höhlen hinabgestiegen; aber er hat nichts gefunden, was das Gerede auch nur im entferntesten hätte rechtfertigen können.

Daß die Dorfältesten den Stamm bewußt im unklaren lassen wollen, beweist ein allmorgendliches Ritual, die Lektüre einer Art heiliger Botschaft, welche die Oberen ihren Untertanen im Morgengrauen zukommen lassen, ungeachtet des Namens *Abendkurier*. Das Heilige oder Hieratische dieser Botschaft wird durch die Tatsache unterstrichen, daß die darin mitgeteilten Nachrichten völlig abstrakt sind und keinerlei Bezug zur Wirklichkeit haben; in manchen Fällen ist der Realitätsbezug, wie wir feststellen konnten, zum Schein gegeben, so daß dem Eingeborenen eine Art Gegen- oder Idealrealität vorgegaukelt wird, in welcher er sich zu bewegen meint wie in einem Wald von lebenden Säulen, mit anderen Worten, in einer eminent symbolischen und heraldischen Welt.

Ständig in diesem Zustand der Verwirrung gehalten, lebt der Eingeborene in einer andauernden Spannung, die abzuführen ihm die Häuptlinge nur an den kollektiven Festen erlauben, wenn die Bevölkerung massenhaft in riesige ellipsenförmige Bauwerke strömt, aus denen ein pausenloses gräßliches Brüllen ertönt.

Wir haben vergeblich versucht, in eines dieser Gebäude hineinzugelangen; mit einer primitiven, aber höchst gerissenen Diplomatie haben uns die Eingeborenen jedesmal daran gehindert, indem sie uns aufforderten, am Eingang symbolische Botschaften vorzuweisen, die es anscheinend zu kaufen gab, aber für die man uns eine so große Zahl von Hundezähnen abverlangte, daß wir den Preis nicht hätten bezahlen können, ohne die Expedition danach abzubrechen. So blieb uns nichts anderes übrig, als die Darbietung von außen zu verfolgen. Zuerst vermuteten wir, gestützt auf das pausenlose hysterische Brüllen, es handle sich um orgiastische Riten, dann aber ging uns die schreckliche Wahrheit auf: In diesen wohlabgeschirmten Bauten obliegen die Eingeborenen, mit dem Konsens ihrer Häuptlinge, kannibalischen Riten, indem sie Menschen verzehren, die sie von anderen Stämmen käuflich erworben haben. Die Nachricht von solchen Ankäufen wird sogar in den gewohnten hieratischen Morgenbotschaften mitgeteilt, in denen man Tag für Tag eine regelrechte Chronik der gastronomischen Neuerwerbungen finden kann. Aus dieser Chronik geht hervor, daß die farbigen Fremden und die Angehörigen einiger nordischer Stämme, vor allem aber die Südamerikaner besonders geschätzt werden. Soweit wir die Sache rekonstruieren konnten, werden die Opfer in großen Portionen verschlungen, in sogenannten »Partien«, die aus mehreren Individuen zusammengesetzt sind, nach komplizierten Rezepten, die öffentlich in den Straßen bekanntgemacht werden und in denen sich eine Kunst der Dosierung nicht ohne alchimistische Untertöne ausdrückt, mit Formeln wie »2 zu 1«, »3 zu 2« oder »4 zu 0«... Daß der Kannibalismus gleichwohl nicht nur eine religiöse Vorschrift darstellt, sondern ein weitverbreitetes und tief in der ganzen Bevölkerung eingewurzeltes Laster, zeigt sich an den enormen Summen, welche die Eingeborenen für den Ankauf von Menschenfleisch auszugeben bereit sind.

Es scheint allerdings, daß in den bessergestellten Kreisen diese allsonntäglichen Gelage eine ausgesprochene Abscheu hervorrufen, so daß im selben Moment, in dem der größere Teil des Stammes sich zu den kollektiven Menschenfressereien begibt, die anderen eine verzweifelte Flucht über alle Ausfallstraßen des Dorfes antreten, so daß sie sich im Gedränge verletzen, einander mit ihren Fahrzeugen überrollen und in blutigen Karambolagen das Leben verlieren. Es scheint, als erblickten diese anderen, von einer Art Raserei ergriffen, das einzige Heil in der Straße zum Meer.

Wie gering das Verstandesniveau der Eingeborenen ist, zeigt sich daran, daß sie offenbar gar nicht wissen, daß Mailand nicht am Meer liegt, und ihr Erinnerungsvermögen ist so schwach, daß sie sich jeden Sonntagmorgen erneut auf die übliche hektische Flucht begeben, um dann am selben Abend in verschreckten Herden zurückzukehren und Zuflucht in ihren Hütten zu suchen, bereit, ihr blindes Abenteuer über Nacht zu vergessen.

Im übrigen wird der junge Eingeborene schon von frühester Kindheit an so erzogen, daß Unsicherheit und Verwirrung die Grundlage aller seiner Handlungen bilden. Typisch in dieser Hinsicht sind die »Übergangsriten«, die in unterirdischen Lokalen stattfinden, wo die Heranwachsenden in ein von Verboten beherrschtes Sexualleben eingeführt werden. Bezeichnend dafür ist die Art, wie sie tanzen, nämlich indem sich ein Junge und ein Mädchen frontal voreinander aufstellen, mit den Hüften wackeln, die eckig angewinkelten Arme vor- und zurückbewegen, aber sorgfältig darauf achten, einander nicht zu berühren. Schon aus dieser Art zu tanzen spricht ein totales Desinteresse der beiden Partner füreinander, die darüber hinaus auch so wenig voneinander wissen, daß, wenn der eine sich vorbeugt, um die übliche Position des Geschlechtsaktes einzunehmen – dabei dessen rhythmische Phasen mimend –, der andere wie erschrocken zurückfährt und sich der Annäherung zu entziehen sucht, indem er sich rücklings manchmal bis fast zum Boden hinunterbeugt; doch im selben Moment, in dem der Vorgebeugte dem anderen so nahe gekommen ist, daß er zugreifen und sich seiner bedienen könnte, schnellt er in die Ausgangsposition zurück und stellt die Distanz wieder her. Die scheinbare Asexualität dieses Tanzes (ein echter Initiationsritus, geprägt vom Ideal der absoluten Enthaltsamkeit) kompliziert sich jedoch durch einige obszöne Details. Denn statt daß der männliche Tänzer seinen entblößten Penis normal zur Schau stellt und unter dem Beifall der Menge rotieren läßt (wie es bei uns jeder x-beliebige Junge tut, wenn er an einem Tanzfest auf der Insel Manus oder anderswo teilnimmt), hält er ihn sorgsam bedeckt (und der Leser kann sich vorstellen, welche Abscheu auch der vorurteilsloseste Zuschauer bei diesem Anblick empfinden muß). Desgleichen zeigt die Tänzerin nie ihre Brüste, sondern hält sie schamlos vor allen Blicken verborgen, wodurch sie offen zur Erzeugung unbefriedigter Wünsche beiträgt, die nicht umhinkönnen, tiefste Frustrationen hervorzurufen.

Das Prinzip der Frustration als konstitutives Element der Kinder- und Jugenderziehung scheint im übrigen auch die Versammlungen der Älteren zu bestimmen, die gleichfalls in abgesonderten Räumen stattfinden und in denen scheinbar eine Rückkehr zu den Grundwerten der natürlichen Moral gefeiert wird: Es erscheint eine Tänzerin auf einer Bühne, schlüpfrig in Gewänder gehüllt, die sie langsam auszieht, um immer mehr von ihrem Körper zu zeigen, so daß der Zuschauer annehmen muß, es bereite sich eine kathartische Lösung der angestauten Emotionen vor, die eintreten werde, sobald sich die Tänzerin schamhaft hüllenlos zeigt. In Wahrheit jedoch – und zwar auf ausdrücklichen Befehl der Häuptlinge, wie wir feststellen konnten – behält die Tänzerin bis zuletzt einige wesentliche Kleidungsstücke an oder tut bloß so, als ob sie sie abstreifen wollte, um dann jedoch im selben Moment, in dem sie dazu ansetzt, in der Dunkelheit zu verschwinden, die sich schlagartig über die Bühne legt. So verlassen die Eingeborenen diese Lokale aufgewühlt und mit ungestilltem Verlangen.

Die Frage, die sich indes dem Forscher hier stellt, ist diese: Sind die stammestypische Verwirrt- und Frustriertheit des Mailänder Eingeborenen das Ergebnis einer bewußt darauf angelegten Erziehung, oder haben sie einen tieferen Grund, der womöglich mit dem Wesen des Mailänder Raumes zusammenhängt und somit auch die Entscheidungen der Häuptlinge und der Priester bestimmt? Eine schreckliche Frage, denn falls dem so wäre, hätten wir den Finger auf die Ursprünge der den Eingeborenen eigenen magischen Mentalität gelegt und würden niedersteigen zu den dunklen Müttern, den Quellen der geistigen Nacht dieser primitiven Horde.

3. Das Paradox der Porta Ludovica (Studie in topologischer Phänomenologie)

Zur Erklärung sowohl der für die Mailänder typischen Verwirrung und Passivität wie auch ihrer beharrlichen Resistenz gegen jede Akkulturation haben andere Forscher bereits zu einer Hypothese gegriffen, die auf ethnologischer Ebene erstmals von der verehrten Kollegin Dr. Poa Kilipak vorgebracht worden war: Der geborene Mailänder habe das undeutliche Bewußtsein, in einem »magischen Raum« zu leben, in dem die Bestimmungen vorn-hinten-rechts-links nicht gälten und infolgedessen jede Orientierung, ja sogar jede zweckgerichtete Operation unplanbar sei (woraus für den Eingeborenen eine Atrophie diverser Zerebralfunktionen und ein mittlerweile angeborener Passivitätszustand resultieren würde). Der Raum, in dem sich Mailand erstreckt, wäre mithin nach dem Verständnis der Eingeborenen (oder wäre *tatsächlich*, folgt man jenen Forschern, die offenbar mehr zu einer effektiven Anerkennung der magischen Kategorien neigen) ein instabiler Raum, der jeden Versuch einer Richtungsbestimmung zum Scheitern verurteilt und das Individuum ins Zentrum eines permanent variierenden Koordinatensystems versetzt; mit anderen Worten, er wäre ein *topologischer* Raum, nicht unähnlich dem, in welchem sich eine Mikrobe befände, die sich entschlossen hätte, ihr Domizil in einer Kaugummikugel zu nehmen, und zwar während der Zeitspanne (für die Mikrobe: der »Geschichtsepoche« oder gar der »erdgeschichtlichen Ära«), in welcher der Kaugummi von einem makroskopisch dimensionierten Wesen gekaut würde.

Meisterhaft hat den Charakter des »Mailänder Raumes« Professor Moa in seinem Buch *Das Paradox der Porta Ludovica oder Die mehrdeutige Triangulation* beschrieben. Jedes Individuum, sei es ein zivilisierter Bewohner der Marquesas-Inseln oder ein europäischer Wilder – argumentiert Moa –, bewegt sich im Raum mit Hilfe von »Orientierungsprojekten«, die es durch *Triangulationen* realisiert. Diese Triangulationen beruhen auf der Akzeptierung des euklidischen Begriffsapparats einer planen Geometrie, deren modellhafte Parameter die Figuren des Quadrats, des Dreiecks und des Kreises sind. Ein Wilder aus Turin beispielsweise, der gewohnt ist, das Denkmal für Vittorio Emanuele auf einer geraden Linie von der Porta Nuova aus zu erreichen, also einfach dem Corso Vittorio Emanuele bis zu einem Punkt X zu folgen, weiß aufgrund geeigneter Triangulationen, daß er denselben Punkt auch über eine »quadratförmige Deviation« erreichen könnte, nämlich auf dem Umweg über die Seiten des Quadrates »Porta Nuova – Via Sacchi – (Winkel von 90 Grad) – Corso Stati Uniti – (Winkel von 90 Grad) – Corso Re Umberto – Corso Vittorio Emanuele bis Punkt X« (Abb. 1).

Ebenso weiß ein Eingeborener in Paris, der die Strecke »Place de l'Etoile – Place de la Bastille« zurückgelegt hat, daß er einer Geraden gefolgt ist, welche die beiden

Abb. 1

Endpunkte eines Kreissegments nach Art einer Bogensehne verbindet; daß er jedoch, wenn er nun zum Etoile zurückwollte, diesen auch über das Kreissegment selbst erreichen könnte, also von der Bastille über die Boulevards Richard-Lenoir und Voltaire zur Place de la République, dann über die Boulevards Saint-Martin, Saint-Denis, Bonne Nouvelle, Poissonnière, Montmartre, Haussmann und schließlich durch die Avenue de Friedland bis zum Etoile (Abb. 2).

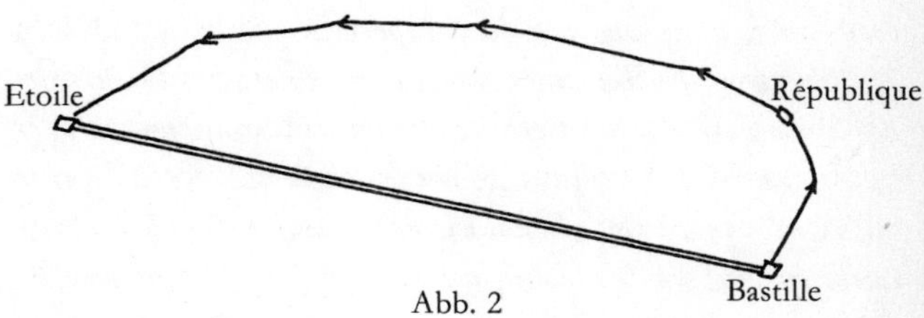

Abb. 2

Anders liegen die Dinge in Mailand, wo es das Paradox der Porta Ludovica gibt. Hören wir, was Moa darüber sagt:

Angenommen, ein Mailänder Eingeborener hat sich zu einem so hohen Abstraktionsniveau aufgeschwungen, daß es ihm gelungen ist, die einfachste Hypothese über seinen Lebensraum aufzustellen, nämlich daß Mailand eine spiralförmig-zirkuläre Struktur hat. Natürlich könnte kein Eingeborener in Mailand jemals zu einer solchen Operationsfähigkeit gelangen, da ihn ja eben der topologische Raum, in dem er lebt, unfähig zur Konzeption irgendeines stabilen Schemas macht. Doch betrachten wir die Hypothese einmal als gegeben, so würde sich unser Eingeborener die Struktur von Mailand mehr oder minder wie die Oberfläche eines Gemäldes von Hundertwasser vorstellen. Nehmen wir also an, der Betreffende hat in der Vergangenheit folgende Erfahrung gemacht (auch die Hypothese, daß es ihm gelungen sein könnte, sich nach gemachter Erfahrung noch an diese zu erinnern und eine Prognose aus ihr abzuleiten, ist rein theoretischer Art): Er hat gelernt, daß man die Porta Ludovica vom Domplatz aus über die Gerade »Via Mazzini – Corso Italia« erreichen kann; des weiteren hat er gelernt, daß man den Piazzale Cantore (die Porta Genova) vom Domplatz aus über die Linie »Via Torino – Carrobbio – Via Correnti – Corso di Porta Genova« erreichen kann; ausgehend von der Hypothese, die beiden Achsen stellten zwei Speichen eines Rades dar, in dem der Domplatz die Nabe wäre, hat der Betreffende nun die Verbindung »Piazzale Cantore – Porta Ludovica« über das Kreissegment »Viale d'Annunzio – Porta Ticinese – Viale Giangaleazzo« ausprobiert. Seine Voraussicht ist von Erfolg gekrönt worden. So hat er unbedachterweise daraus eine allgemeine Regel abgeleitet, als ob der Raum, in dem er sich bewegt, stabil und unveränderlich wäre, und hat eine weitere Operation versucht: Nach Entdeckung der Achse »Piazza Duomo – Via Torino – Via Correnti – Via San Vincenzo – Via Solari – Piazza Napoli« hat er auch diese als eine Speiche des Rades interpretiert und sich vorgenommen, die Piazza Napoli mit der Porta

Ludovica über die Kreislinie zu verbinden. Er weiß, daß die dritte Speichenachse länger als die beiden vorherigen ist und daß infolgedessen der Kreis, auf dem sich die Piazza Napoli befindet, weiter außen verläuft als der Kreis mit der Porta Ludovica (Abb. 3).

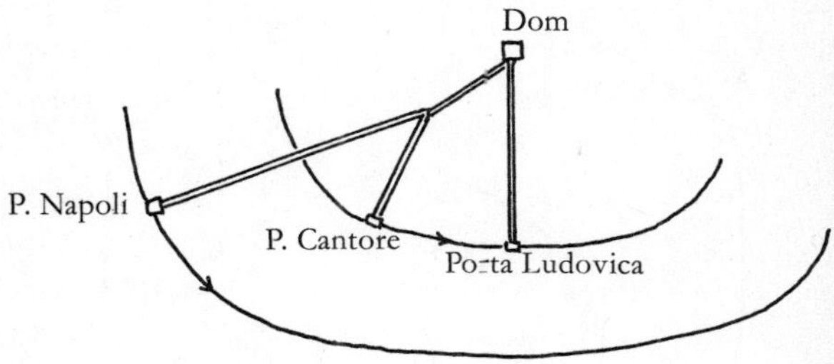

Abb. 3

Daher beschließt er, an einem bestimmten Punkt seinen Kurs zu korrigieren und von der äußeren Kreisbahn in Richtung Zentrum abzubiegen. Er beginnt also seinen Gang in Viale Troya, folgt dem Bogen von Viale Cassala bis Viale Isonzo, biegt halblinks in Richtung Zentrum ab, läuft durch Viale Umbria, Viale Piceno, Viale dei Mille, Viale Abruzzi; auf dem Piazzale Loreto angelangt, biegt er erneut halblinks in Richtung Zentrum ab (andernfalls würde er, das weiß er, in Monza landen), trabt durch Viale Brianza und weiter bis Viale Jenner, biegt neuerlich leicht nach innen ab, ständig seinen Kurs justierend, passiert Via Caracciolo, Piazza Firenze, Viale Teodorico und erreicht den Piazzale Lotto; dort, in der Sorge, noch immer nicht weit genug in die inneren Windungen der Spirale gelangt zu sein, biegt er von neuem in Richtung Zentrum ab und folgt der Linie Viale Migliara, Viale Mu-

rillo, Viale Ranzoni, Viale Bezzi, Viale Misurata. Und an diesem Punkt stellt er fest, daß er sich wieder auf der Piazza Napoli befindet, nachdem er einmal rund um Mailand gelaufen ist (Abb. 4).

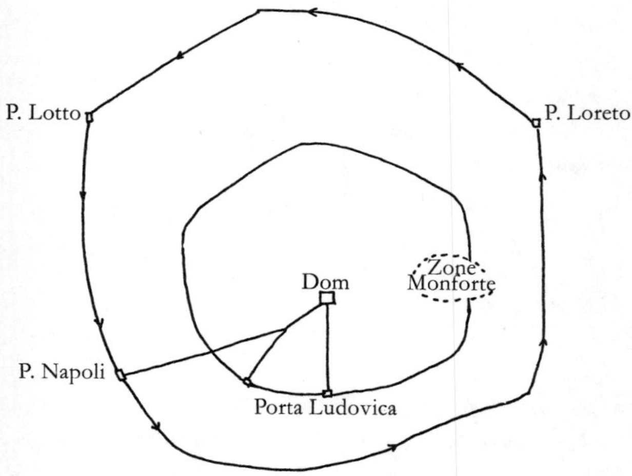

Abb. 4

Die Versuche haben gezeigt, daß der Ärmste von diesem Moment an zunehmend jede Fähigkeit zur Aufstellung von Prognosen verliert. Sooft er seinen Kurs auch in Richtung Zentrum korrigieren mag, um den Kreis scheinbar immer enger zu ziehen, er wird zur Porta Ticinese und zur Piazza Medaglia d'Oro gelangen, aber niemals zur Porta Ludovica. Das legt die Vermutung nahe, daß die Porta Ludovica für den, der im Mailänder Raum von der Piazza Napoli aus durch Triangulationen vorgeht, nicht existiert. *Tatsächlich ist jedes lineare Projekt von nun an unweigerlich zum Scheitern verurteilt. Die Orientierungsprojekte mögen sich unter Verzicht auf jede vorgefaßte Schematisierung des Mailänder Raumes voranzutasten versuchen, faktisch wird es für das Subjekt unmöglich sein, den Rekurs auf euklidische Relationen ganz zu vermeiden, also auf spontane Setzungen wie: »Wenn ich drei Schritte nach links mache, dann drei Schritte nach vorn und drei Schritte nach rechts, befinde ich mich drei Schritte weiter vorn auf der an meinem Standpunkt beginnenden Geraden.« In der Regel findet sich das Subjekt nach einer Kalkulation dieser Art fast unweigerlich in der Zone Monforte wieder, die man daher als geometrischen Ort jedes möglichen Ziels ansehen kann. Der Mailänder Raum dehnt sich aus und zieht sich zusammen wie ein Stück Gummi, und seine Kontraktionen unterliegen dem Einfluß der Bewegungen, die das Subjekt in ihm projektiert, so daß es diesem Subjekt unmöglich ist, sie vorauszusehen und als Grundlagen seines Projektes selbst zu nehmen.*

Bekanntlich hatte Moa anschließend versucht, das zweite Paradox der Porta Ludovica zu beweisen, indem er die Hypothese aufstellte, es sei unmöglich, von der Porta Ludovica aus die Zone Monforte zu erreichen (womit er eine Ausnahme vom Postulat der Zone Monforte als geometrischem Ort jedes möglichen Ziels definiert hätte). Man weiß jedoch nicht, ob seine Forschungen von Erfolg gekrönt waren, da Moas Leiche nie gefunden worden ist – obgleich unter den Eingeborenen die Legende kursiert, sein Geist gehe seit unvordenklichen Zeiten ruhelos an der Piazza Napoli um, von wo er sich, einmal hingelangt, nie wieder habe entfernen können. Wenn dem so wäre, müßten wir Moa zugute halten, die Irreversibilität des Paradoxons der Porta Ludovica bewiesen zu haben; die grausigste Hypothese wäre jedoch, daß sein Geist an der Piazza Napoli umginge, um dort vergeblich nach seinem Körper zu suchen, der unterdessen unbegraben an der Piazza Tricolore läge, in der Zone Monforte.

Natürlich ist Moas topologische Hypothese den Philosophen unzureichend erschienen, die sich bemühten, das Zwieschlächtige am Mailänder Raum auf eine präzise Strukturanalyse der Existenz zu gründen.

So gaben die topologischen Untersuchungen Moas den Anstoß zu der sogenannten *Mailandanalyse* von Karl Opomat, einem Gelehrten der Admiralsinseln, der sich mit diesen Forschungen in den Jahren befaßte, als jene Länder zum Zwecke der Akkulturation und Fortbildung zahlreiche deutsche »Kolonisten« in ihren Grenzen aufnahmen.

Das Dasein-in-Mailand – schreibt Opomat – *stellt sich dar als ein Sein-für-die-Porta-Ludovica in der Scheinwelt der Befriedigungshaftigkeit. Das An-sich des In-Mailand-Seins versteht sich vorläufig im Modus des Sich-Hinausschiebens, es ist das Insofern-als des die Porta Ludovica vorläufig Auf-sich-zukommen-Lassens. Das An-sich des Verständnisses, das sich selbst hinausschiebt als das Insofern-als des die Porta Ludovica Auf-sich-zukommen-Lassens im Seinsmodus der Befriedigungshaftigkeit, ist das Phänomen des Daseins-in-Mailand. Aber in der Mailandlichkeit von Mailand überhaupt* (Milanitas Mediolani generaliter) *muß das In-Mailand-Sein klargestellt werden als Sorge* (Cura), *und das Sich-Sorgen ist ein Sich-um-die-Porta-Ludovica-Sorgen in den drei Ekstasen der Zeitlichkeit, aber derart, daß das Sein-für-die-Porta-Ludovica nicht zugleich ein Sein-für-die-Zone-Monforte sein kann.*

Die tragische Sicht Opomats sollte sich in seinen späteren Untersuchungen abmildern (vgl. seine Vorstellung von der Piazza Napoli als »Entbergung«), aber er hat sich einer stark negativen Tonalität nie entziehen können.

Näher der von Moa herausgestellten zeitlichen Situation kommt dafür die eingehende Phänomenologie eines anderen Denkers, des leider kürzlich verstorbenen Manoi Cholai. In seinen unveröffentlichten Manuskripten findet sich eine schwindelerregende Analyse jenes Zustandes der Verwirrung, in die gerät, wer in das »Fließen« der räumlichen Situation von Mailand eingetaucht wird.

Sein (scil. Mailands) *Jetzt-Sein ist stets im Urquellen und Verquellen begriffen, und zwar derart, daß sein Verquellen als Sich-Verströmen einer steten Veränderung gleichkommt, die das eigentlich Urpräsente nicht mehr ureigentlich präsent sein läßt, sondern es in ein Eben-Gewesenes umwandelt, dem sich jedoch fortwährend ein neues Urpräsentes beigesellt (Zone Monforte), das seinerseits urig hervorquillt und sich verströmend verquillt, während ihm bereits wieder ein Neues im Modus des urquellenden Jetzt auf dem Fuße folgt und so weiter. Es gibt in Mailand ein Auseinandersein, das auch ein Nacheinander ist, im Sinne eines Distanziertseins der Punkte in der Zeit. In der Bewegung von der Porta Ludovica zur Piazza Napoli sind gleichzeitig anwesend das Jetzt und die Abfolge der Gewesenheiten, der Horizont des Behaltens und der des Hinzukommenden. Was uns als erstes hier entgegentritt, ist die Mittelbarkeit der intentionalen Implikation im Verhältnis zur retentionalen Modifikation. Aus dem Quellpunkt (Porta Ludovica) strahlt allseits ein sukzessives Bewußtsein des Vorkurzem-Gewesenen, des Gerade-eben-Gewesenen, dem sich ein phasenhaftes Bewußtsein des Vor-Kurzem eines jeden Vor-Kurzem anfügt, so daß wir ein unablässiges »Weiter, weiter, weiter« haben. Das retentional gebremste Immer-weiter-Fließen ist in sich charakterisiert als ein kontinuierlich andauerndes Schon-Verflossensein, in welchem sich das Schon-Verflossene in seinen einzelnen Stadien charakterisiert als Schon-Verflossenes eines Fließens sowie als mittelbar schon Verflossenes usw.*

Freilich hilft uns die wachsende Komplexität dieser zweifellos höchst respektablen Analysen nicht sehr weit über den Punkt hinaus, den bereits Moa erreicht hatte, nämlich die Erkenntnis, daß die geistige Rückständigkeit des Mailänder Eingeborenen aus dem verheerenden Einfluß resultiert, den die Ambiguität der räumlichen Situation auf seine Nervenzentren ausübt (wo sie unmittelbar das Ohrlabyrinth beeinflußt, wie manche Vertreter des alten Positivismus behaupten – die unter anderem auch dazu neigen, von Einfluß nicht nur auf die Ohrtrompeten zu sprechen, sondern sogar auf die Muttertrompeten jener weiblichen Eingeborenen, die sich nachts auf den zentrumsnahen Ringstraßen herumtreiben).

Es sei uns indes gestattet, sowohl die philosophische wie die mathematisch-naturwissenschaftliche Erklärung zu verwerfen, um statt dessen auf eine Überlegung historischer Art zurückzukommen, die sich auf von uns durchgeführte konkrete anthropologische Forschungen stützt (vgl. im Anhang die Dokumente 671-1346).

Die primitive Struktur der Übergangsriten und der kultischen Handlungen, die Neigung zur kolonialen Passivität, der Mangel an gesellschaftlicher Dynamik und die Unfähigkeit zur Entwicklung lassen sich nicht allein mit minuziösen Erörterungen über die Raumstruktur des Ortes erklären, sondern müssen tiefliegende ökonomische und soziale Ursachen haben.

Vergleichen wir nun die gegenwärtige Lage der Apenninenhalbinsel mit derjenigen, die in den historischen Schriften der Eingeborenen beschrieben wird, von denen die ältesten bis in die Zeit vor ungefähr tausend Jahren zurückgehen, so können wir, scheint uns, zumindest als Arbeitshypothese, folgende Erklärung als die wahrscheinlichste wagen.

4. *Kirche und Industrie (Versuch einer historisch-sozio-ökonomischen Interpretation)*

Die italienische Halbinsel ist heutzutage Schauplatz dessen, was die Eingeborenen einen »Investitionsstreit« nennen könnten. Die gesellschaftliche und politische Bühne wird von zwei nahezu gleichstarken Kräften beherrscht, die sich gegenseitig die Kontrolle über die verschiedenen Teile der Halbinsel und ihre Bewohner streitig machen: die Industrie und die Kirche. Die Kirche ist, soweit wir aus den vor Ort gesammelten Aussagen entnehmen konnten, eine weltliche Macht, der es um die irdische Vorherrschaft geht, um den Erwerb von nutzbarem Bauland und den Zugang zu den politischen Schalthebeln; die Industrie ist eine geistige Macht, der es um die Vorherrschaft über die Seelen geht, um die Verbreitung eines mystischen Bewußtseins und einer asketischen Haltung.

Während unseres Aufenthalts auf der Apenninenhalbinsel hatten wir Gelegenheit, einige typische Demonstrationen der Kirche mitzuerleben, sogenannte »Prozessionen« oder »Präzessionen« (die offensichtlich im Zusammenhang mit Äquinoktialfeiern stehen). Es sind hemmungslose Zurschaustellungen von Prunk und militärischer Stärke, bei denen man Gardetruppen, Polizeikordons, Infanteriegeneräle und Luftwaffenobristen sehen kann. Anderes Beispiel: Während der sogenannten »Osterfeiern« kann man regelrechte Militärparaden erleben, bei denen komplette Panzerabteilungen auffahren, um der Kirche den symbolischen Gruß zu entbieten, den sie von der Armee verlangt. Konträr dem militärischen Aufbau dieser weltlichen Macht entgegengesetzt ist das Schauspiel, das die Industrie bietet.

Ihre Gläubigen leben in düsteren, klosterähnlichen Bauten, in denen mechanische Apparate das Klima noch trüber und inhumaner machen. Auch wenn diese Bauten nach Kriterien der Ordnung und Symmetrie errichtet worden sind, herrscht in ihnen eine fast mönchische Strenge, wobei die Familien dieser Mönche zurückgezogen in engen Zellen riesiger Klosteranlagen leben, die sich oft über immense Areale erstrecken. Der Geist der Buße durchdringt alle Angehörigen der Industrie, besonders aber die Oberhäupter, die in einer nahezu totalen Armut leben (ich selbst hatte Gelegenheit, ihren Vermögensstand zu kontrollieren, den sie zu Zwecken der Abbuße öffentlich deklarieren müssen). Sie versammeln sich für gewöhnlich in geschlossenen Räumen zu endlosen und asketischen Palavern (sogenannten »Aufsichtsratssitzungen«), während deren Männer in Grau mit zerfurchten Gesichtern und vom langen Fasten tief in den Höhlen liegenden Augen Stunden um Stunden über körperlose Probleme debattieren, betreffend das mystische Ziel der Gesellschaft, die sogenannte »Produktion« von Gegenständen, die als eine Art permanenter Fortsetzung des göttlichen Schöpfungsaktes aufgefaßt wird.

Jedem Luxus abhold, hegen sie eine tiefe Abneigung gegen alle Wohlstandssymbole, und kaum halten sie einen Schmuck in der Hand, einen kostbaren Stein, einen wertvollen Pelz, beeilen sie sich, ihn loszuwerden, indem sie ihn jungen Mädchen schenken, die Vestalinnendienste im Pronaos ihres Allerheiligsten leisten (diese Mädchen obliegen die meiste Zeit einer Kulthandlung ähnlich jener der tibetanischen Mönche, die Gebetsmühlen drehen: ununterbrochen hämmern sie auf die Tasten eines Gerätes, das pausenlos kryptische Anrufungen der Gottheit und Appelle zur »produktiven« Askese ausspuckt).

Die Mystik der Produktion hat übrigens ein strenges theologisches Fundament, und es ist uns gelungen, eine Doktrin der *Zirkulation der Verdienste* zu rekonstruieren, kraft welcher die verdienstvolle Tat eines jeden Mitglieds der Priesterkaste auf übernatürliche Weise von einem anderen Mitglied genutzt werden kann. In eigens dafür bestimmten Tempeln sind permanente Übertragungen dieser Verdienste, auch »Wertanteilscheine« oder »Effekten« genannt, zu beobachten, wenn Scharen von Priestern im Zuge bestimmter Manifestationen von religiösem Fanatismus zum Altar stürzen, um ihre Verdienste loszuwerden, dadurch deren Wert rapide vermindernd, als wollten sie ihre Habe so schnell wie möglich verschenken, in einem eindrucksvollen Crescendo der allgemeinen Spannung und hysterischen Raserei.

Für den Forscher ist klar, welche der beiden Mächte in Mailand die Oberhand errungen hat: die Industrie. Infolgedessen lebt die Bevölkerung ständig in diesem mystischen Spannungszustand, der die ortstypische Konfusion und die stumme Unterwerfung unter die Beschlüsse der Priester hervorruft. Im Licht dieser Interpretation gewinnt die Hypothese eines magischen Raumes an Sinn, eines Raumes aber, der keineswegs eine metaphysische Gegebenheit ist, sondern die konkrete Form, die dem Mailänder Habitat von den Inhabern der religiösen Macht aufgezwungen wird, um die Gläubigen permanent in dieser Abgehobenheit von allen irdischen Werten zu halten. Und einen Sinn bekommen damit auch die eigenartigen Übergangsriten, die Pädagogik der Frustration, der allsonntägliche Kannibalismus und die schamanistische Flucht ans Meer (die demnach nichts anderes ist als eine Art von Mysterienspiel, eine kollektive Fiktion, deren sich jeder bewußt ist und der zugleich jeder erliegt, wobei alle zutiefst davon überzeugt bleiben, daß die Lösung nicht in der Flucht liegt, sondern in der totalen und hingebungsvollen Unterwerfung unter die mystische Macht der Produktion).

Allerdings wäre es irrig zu glauben, die Industrie regiere uneingeschränkt über die Eingeborenen und das Land. Die italienische Halbinsel, die Schauplatz so vieler stürmischer Ereignisse war (von denen Dobu leider nur ein mythologisches Bild gegeben hat), ist ein allseits offenes Territorium, jederzeit zugänglich für die Invasion barbarischer Völker und die Immigration der südlichen Horden, die sich über das Dorf ergießen und es zerstören, seine Raumstruktur ändern, sich an seinen

Rändern niederlassen, sich in den öffentlichen Gebäuden drängen und jede Verwaltung lahmlegen. Angesichts dieses Drucks fremder Populationen sowie des verderblichen Treibens der Kirche, die unablässig versucht, die Seelen der Eingeborenen abzulenken, indem sie ihnen Träume von falsch verstandener Modernität einflüstert (deren Symbole wir im rituellen »Pingpong«-Spiel sowie im Wahlkampf erblicken, einem blutigen und kräftezehrenden Sport, an dem sogar noch die lahmen alten Frauen teilnehmen) – angesichts all dieser Bedrängnisse versteht sich die Industrie als die letzte Bastion zur Bewahrung der ursprünglichen Kultur. Der Anthropologe hat nicht darüber zu befinden, ob diese Bewahrung etwas Positives ist, er muß nur feststellen, welche Rolle die Industrie spielt, die zu diesem Zweck weiße Klöster errichtet hat, in denen Dutzende und Aberdutzende von Mönchen, eingeschlossen in ihre Zellen und Refektorien (die sie »Studios« oder »Studierstuben« nennen), schweigend in der unmenschlichen Reinheit ihrer Riten die Pläne zu perfekten Konstitutionen für künftige Gemeinwesen entwerfen, geschützt vor Invasionen, vor Gewalt und Geschrei. Es sind stille und reservierte Männer, die nur selten auf der Bühne des öffentlichen Handelns erscheinen, um dann obskure prophetische Kreuzzüge zu predigen oder jene, die in der Welt leben, als »Knechte des Neokapitalismus« anzuprangern (ein dunkler Ausdruck, der zur mystischen Redeweise dieser Erleuchteten gehört). Doch kaum haben sie ihre Aufgabe als Zeugen und Mahner erfüllt, ziehen sie sich wieder in ihre Klöster zurück, um auf verblichenen Palimpsesten ihre Hoffnungen zu notieren, abgeschirmt hinter den

Mauern der mystischen Macht, die über sie und über das Dorf herrscht und sich dem Forscher als der einzige Schlüssel anbietet, der ein Verständnis ihres beunruhigenden barbarischen Mysteriums erlaubt.

(1962)

Die Karte des Reiches im Maßstab 1:1

... In jenem Reich erlangte die Kunst der Kartographie eine solche Vollkommenheit, daß die Karte einer einzigen Provinz den Raum einer ganzen Stadt einnahm und die Karte des Reiches den einer Provinz. Mit der Zeit befriedigten diese übergroßen Karten nicht mehr, und die Kollegs der Kartographen erstellten eine Karte des Reiches, die genau die Größe des Reiches hatte und sich mit ihm in jedem Punkt deckte. Die nachfolgenden Generationen, die dem Studium der Kartographie nicht mehr so ergeben waren, hielten diese enorme Karte für unnütz und überantworteten sie, nicht ohne Pietätlosigkeit, den Unbilden der Sonne und des Winters. In den Wüsten des Westens finden sich noch Ruinen der Karte, behaust von Tieren und Bettlern; im ganzen Land gibt es keine anderen Überreste der geographischen Disziplinen.

Suárez Miranda, Viajes de Varones Prudentes,
IV. Buch, Kapitel XIV, Lérida 1658

Jorge Luis Borges

1. Anforderungen an eine Karte im Maßstab 1:1

Zu erörtern ist die theoretische Möglichkeit einer Karte des Reiches im Maßstab eins zu eins (1:1), ausgehend von folgenden Postulaten:

1. Die Karte muß effektiv 1:1 sein, also koextensiv zum Territorium des Reiches.

2. Sie muß effektiv eine Karte sein und nicht ein Abdruck oder Klischee. Außer Betracht bleibt also die Möglichkeit, die Oberfläche des Reiches mit einem schmiegsamen Material zu überziehen, das alle Erhebungen, selbst die allergeringsten, reproduziert, denn in diesem Falle würde es sich nicht um Kartographie, sondern um Verpackung oder Zupflasterung des Reiches handeln, und dann wäre es praktischer, das Reich einfach per Gesetz zur Karte seiner selbst zu erklären, mit allen semiotischen Paradoxien, die sich daraus ergäben.

3. Das Reich, von dem hier die Rede ist, muß jenes größtmögliche X sein, über das hinaus nichts Größeres gedacht werden kann (*nihil maius cogitari possit*). Die Karte kann also nicht in einem Wüstengebiet eines zweiten Reiches $X_2 > X_1$ produziert und ausgelegt werden (wie etwa die territorialkoextensive Karte der Republik San Marino in der Sahara ausgelegt werden könnte), andernfalls wäre die Frage ohne jedes theoretische Interesse.

4. Die Karte muß bis zur äußersten Treue *genau* sein, also nicht nur die natürlichen Bodenformen des Reiches wiedergeben, sondern auch die Artefakte sowie die Gesamtheit der Untertanen (letzteres ist eine Maximalforderung, die im Falle, daß man sich mit einer simplifizierten Karte begnügen will, entfallen kann).

5. Es muß sich um eine richtige Karte handeln und nicht um einen Atlas aus einzelnen Blättern, denn theoretisch spräche nichts gegen die Möglichkeit, in einem vernünftigen Zeitraum eine Reihe von Teilprojektionen auf separaten Blättern zu realisieren, um sie fallweise zur Bezugnahme auf begrenzte Teile des Territo-

riums zu verwenden. Produziert werden kann die Karte zwar notfalls auf separaten Blättern, doch müssen diese dann so aneinandergeklebt werden, daß sie die Generalkarte des gesamten Reichsgebietes ergeben.

6. Schließlich muß die Karte als semiotisches Instrument benutzbar sein, also fähig, das Reich zu bezeichnen oder Bezugnahmen auf das Reich zu gestatten, besonders in jenen Fällen, in denen das Reich nicht auf andere Weise erkenn- oder perzipierbar ist. Aus letztgenannter Bedingung folgt, daß die Karte kein durchsichtiges und fest auf dem Territorium aufliegendes Blatt sein kann, auf welches die Höhen und Tiefen des Territoriums projiziert worden sind, weil sonst jede auf der Karte vollzogene Extrapolation im gleichen Moment auch auf dem ihr unterliegenden Territorium vollzogen würde und die Karte somit ihre Funktion als maximaler Existentialgraph verlöre.

Mithin müßte die Karte entweder (a) undurchsichtig sein oder (b) nicht auf dem Territorium aufliegen oder schließlich (c) derart dreh- und orientierbar sein, daß die Punkte der Karte auf Punkten des Territoriums zu liegen kommen, die andere als die wiedergegebenen Punkte sind.

Wie zu zeigen sein wird, führt jede dieser drei Lösungen zu unüberwindlichen praktischen Schwierigkeiten und theoretischen Paradoxien.

2. *Produktionsweisen der Karte*

2.1. *Die undurchsichtige, auf dem Territorium liegende Karte*

Dank ihrer Undurchsichtigkeit wäre solch eine Karte zwar perzeptibel in Abwesenheit der Perzeptibilität des ihr unterliegenden Territoriums, aber sie würde eine Trennschicht zwischen Territorium und Sonnenlicht bzw. atmosphärischen Niederschlägen bilden. Infolgedessen würde sie das ökologische Gleichgewicht des Territoriums verändern, also nach Eintritt dieser Veränderung das Territorium anders darstellen, als es effektiv ist. Eine laufende Korrektur der Karte, wie sie im Falle der aufgehängten Karte (vgl. 2.2) theoretisch möglich wäre, ist in diesem Falle unmöglich, weil die Veränderungen des Territoriums wegen der Undurchsichtigkeit der Karte nicht erkennbar wären. Die Bewohner zögen mithin aus einer ungenauen Karte Schlußfolgerungen über ein unbekanntes Territorium. Und wenn die Karte schließlich auch noch die Bewohner darstellen soll, so würde sie eben dadurch erst recht ungenau, denn darstellen würde sie dann ja ein Reich mit darin lebenden Untertanen, die in Wirklichkeit auf der Karte leben.

2.2. *Die aufgehängte Karte*

Im ganzen Reichsgebiet werden Pfähle von gleicher Höhe wie seine höchsten Bodenerhebungen aufgerichtet, über deren Spitzen man eine papierene oder leinene Fläche breitet, auf die man sodann die Punkte des Territoriums von unten aufprojiziert. Die Karte wäre als

Zeichen des Territoriums benutzbar, da man, um sie zu konsultieren, die Augen nach oben richten, also den Blick vom entsprechenden Territorium abwenden müßte. Allerdings (und dieser Einwand würde auch für die undurchsichtige liegende Karte gelten, hätten nicht bereits andere und noch zwingendere Überlegungen ihn dort obsolet gemacht) könnte jeder Abschnitt der Karte immer nur von dem ihm entsprechenden Abschnitt des Territoriums aus konsultiert werden, so daß der Karte keine Auskünfte über jene Teile des Territoriums zu entnehmen wären, die mit der Stelle, auf der man sich im Moment der Konsultation gerade befindet, nicht identisch sind.

Das Paradox wäre überwindbar, indem man von oben über die Karte flöge. Doch abgesehen (a) von der Schwierigkeit, sich mit einem Drachen oder Fesselballon über ein Territorium zu erheben, das zur Gänze mit einer papierenen oder leinenen Fläche bespannt ist, und (b) von der Frage, wie die Karte von oben genauso lesbar gemacht werden kann wie von unten, und schließlich (c) von der Tatsache, daß sich das gleiche kognitive Ergebnis unschwer durch Überfliegen eines Territoriums ohne Karte erzielen ließe, würde jeder Untertan, der die Karte überflöge, also das Territorium verlassen hätte, eben dadurch die Karte ungenau machen, denn darstellen würde sie dann ja ein Territorium mit einer bestimmten Einwohnerzahl, die zumindest um einen Einwohner größer wäre als die Zahl der effektiv auf dem Territorium anwesenden Einwohner im Moment der Kartenkonsultation aus der Luft. Die Lösung wäre nur möglich bei einer simplifizierten Karte, die auf die Wiedergabe der Untertanen verzichtet.

Schließlich gilt für die aufgehängte Karte, sofern sie undurchsichtig ist, derselbe Einwand wie für die liegende: Sie würde durch Behinderung des Einfalls der Sonnenstrahlen und der atmosphärischen Niederschläge das ökologische Gleichgewicht des Territoriums verändern und dieses folglich ungenau wiedergeben.

Die Untertanen könnten der Mißlichkeit auf zweierlei Weise begegnen: erstens, indem sie nach Errichtung der Pfähle alle Teile der Karte im selben Moment an allen Orten des Reiches gleichzeitig produzierten, so daß die Karte wenigstens im Augenblick ihrer Fertigstellung (und vielleicht noch mehrere Stunden danach) tatsächlich genau wäre; und zweitens, indem sie nach Maßgabe der Veränderungen des Territoriums zur laufenden Korrektur der Karte schritten.

Im zweiten Falle wären die Untertanen durch ihre laufende Korrekturtätigkeit allerdings zu ständigen Standpunktwechseln gezwungen, die von der Karte nicht registriert werden könnten, so daß diese neuerlich ungenau würde (es sei denn, sie wäre von vornherein bloß eine simplifizierte). Außerdem könnten die Untertanen, da fortwährend mit dem Korrigieren der Karte beschäftigt, den ökologischen Niedergang des Territoriums nicht beheben, so daß die laufende Korrektur der Karte zum Aussterben aller Untertanen und damit zum Erlöschen des Reiches führen würde.

Kaum anders läge der Fall, wenn die Karte aus transparentem und durchlässigem Material bestünde: bei Tag wäre sie wegen der Sonnenblendung unkonsultierbar, und jede zum Schutz vor der Blendung dunkel gefärbte Zone würde unweigerlich die Sonneneinwirkung auf das Territorium vermindern, also ebenfalls ökologische Transformationen herbeiführen – geringere zwar, aber mit nicht minder gravierenden theoretischen Folgen für die Exaktheit der Karte.

Vernachlässigen können wir den Fall einer aufgehängten Karte, die sich zusammenfalten und in anderer Orientierung wieder ausbreiten ließe. Gewiß würde diese Lösung manche der obengenannten Schwierigkeiten beheben, aber sie wäre, wenngleich technisch verschieden vom Zusammenlegen einer Karte des dritten Typus (vgl. 2.3), in physischer Hinsicht mühsamer zu realisieren und bliebe in jedem Fall anfällig für die Paradoxien des Zusammenlegens, die sich bei der Karte des dritten Typus ergeben (vgl. 2.4), so daß die gegen jene erhobenen Einwände auch, *mutatis mutandis*, für diese gelten.

2.3. *Die transparente und durchlässige, liegende und orientierbare Karte*

Diese Karte, die auf transparentes und durchlässiges Material (zum Beispiel durchsichtige Gaze) gezeichnet worden ist, wird auf die Oberfläche des Reiches gelegt und muß orientierbar, also beweglich sein. Dabei sind die Untertanen, nachdem sie die Karte gezeichnet und ausgelegt haben, entweder auf dem Territorium geblieben, also unter der Karte, oder sie sind auf die Karte gestiegen. Falls sie die Karte über ihren Köpfen hergestellt haben, können sie sich nun nicht nur nicht mehr bewegen, da jede Bewegung die auf der Karte angegebene Position der Untertanen verfälschen würde (es sei denn, sie hätten sich mit einer simplifizierten Karte begnügt), sondern würden auch mit jeder Bewegung Verwerfungen des empfindlichen Gazegewebes über ihren Köpfen bewirken, was ihnen ernsthaftes Unbehagen bereiten und die Karte ungenau machen müßte, denn diese würde ja dann ihre topologische Konfiguration verändern und Katastrophengebiete ausweisen, die der Planimetrie des Territoriums nicht entsprächen. Infolgedessen ist anzunehmen, daß die Untertanen beim Herstellen und Entfalten der Karte auf dieser geblieben sind.

Für diesen Fall gelten viele der bereits für die vorigen Karten dargelegten Paradoxien: Die Karte würde ein Reich darstellen mit darin lebenden Untertanen, die in Wirklichkeit auf der Karte leben (es sei denn, sie wäre nur eine simplifizierte Karte); sie wäre nicht konsultierbar, da jeder Untertan stets nur den Kartenabschnitt betrachten könnte, der dem Abschnitt des Territoriums entspricht, auf welchem er und der Kartenabschnitt sich gerade befinden; durch ihre Transparenz verlöre die Karte ihre semiotische Zeichenfunktion, denn als Zeichen könnte sie nur fungieren in Gegenwart dessen, was sie bezeichnet; als Bewohner der Karte könnten die Untertanen das Territorium nicht pflegen, so daß es verkäme und damit die Karte ungenau machen würde.

Erforderlich wäre mithin, daß die Karte zusammenlegbar und in anderer Ausrichtung wieder entfaltbar wäre, so daß ein Punkt X der Karte, der einen Punkt Y des Territoriums darstellt, konsultiert werden könnte, auch wenn er auf einem Punkt Z des Territoriums zu liegen käme, wobei $Z \neq Y$ wäre. Zusammenlegung und Wiederentfaltung der Karte würden schließlich gestatten, daß die Karte über längere Zeiträume *nicht* konsultiert wird und das Territorium nicht bedeckt, so daß man es pflegen und wieder so herrichten kann, daß seine effektive Beschaffenheit der auf der Karte dargestellten entspricht.

2.4. Zusammenlegung und Wiederentfaltung der Karte

Voraussetzung wäre in jedem Falle: (a) daß die Bodenbeschaffenheit des Territoriums den Untertanen, die mit dem Zusammenlegen der Karte beschäftigt sind, freie Bewegung erlaubt; (b) daß eine ausgedehnte Zentralwüste existiert, in der die zusammengelegte Karte aufbewahrt und zwecks Wiederentfaltung in veränderter Lage gedreht werden kann; (c) daß das Reichsgebiet die Form eines Kreises oder regelmäßigen Vielecks hat, damit die Karte bei neuer Orientierung nicht über seine Grenzen hinausragt (eine Italienkarte im Maßstab 1:1 würde, wenn man sie um 90 Grad drehte, auf zwei Seiten ins Meer hinausragen); in diesem Fall müßte man schließlich (d) die unabänderliche Tatsache hinnehmen, daß es stets einen Kartenmittelpunkt gibt, der stets auf dem von ihm selbst dargestellten Punkt des Territoriums liegt.

Gesetzt, all diese Bedingungen wären erfüllt, so müßten sich alle Untertanen an die Ränder des Reiches (also der Karte) begeben, um zu vermeiden, daß sie beim Zusammenpacken der Karte mit eingepackt werden. Zur Lösung des Problems der Massierung aller Untertanen an den Rändern der Karte (und damit des Reiches) wäre ein Reich erforderlich, dessen Einwohnerzahl nicht größer sein dürfte als die Anzahl der Maßeinheiten des Kartenumfangs, wobei eine Maßeinheit gleich der Mindestfläche sein müßte, die ein aufrecht stehender Untertan okkupiert.

Angenommen, jeder Untertan nähme nun einen Abschnitt der Karte und rollte ihn, langsam rückwärts schreitend, über seinem Kopf zusammen: Eine kritische Phase wäre erreicht, wenn alle Untertanen zusammengepfercht im Zentrum des Reichsgebiets auf der Karte stünden, ein jeder mit seinem zusammengerollten Kartenabschnitt über dem Kopf. Es wäre dies die typische Situation einer sogenannten Skrotalkatastrophe: das ganze Reichsvolk eingeschlossen in einem großen, durchsichtigen Sack, theoretisch im Patt und praktisch in schwerstem psychophysischen Unbehagen. Anzunehmen ist also, daß die Untertanen nach und nach, während sie die Karte zusammenlegen, von dieser auf das Territorium springen würden, um sie fortan von außen her einzurollen, bis die letzte Phase erreicht ist, wenn sich kein Untertan mehr im Innern des Sackes befindet. Allerdings würde bei dieser Lösung folgende Situation entstehen: Das Territorium bestünde nach erfolgter Zusammenlegung aus seinem eigenen Habitat plus einer enormen zusammengefalteten Karte in seinem Zentrum. Die zusammengefaltete Karte wäre mithin, wenngleich unkonsultierbar, nicht exakt, wüßte man doch mit Sicherheit, daß sie das Territorium ohne sich selbst zusammengefaltet in seiner Mitte darstellt. Und es wäre nicht einzusehen, wieso man eine Karte zur Konsultation entfalten sollte, von der man *a priori* wüßte, daß sie ungenau ist. Würde andererseits die Karte sich selbst in zusammengefaltetem Zustand in der Mitte des Reiches darstellen, so wäre sie ungenau, sobald man sie wieder entfaltet.

Man könnte die Annahme einführen, daß die Karte einem Unbestimmtheitsprinzip gehorcht, nach welchem sie erst durch den Akt der Entfaltung wirklich genau wird, während sie im zusammengefalteten Zustand noch ungenau ist. Das würde bedeuten, daß man die Karte immer dann entfalten müßte, wenn man sie wirklich genau zu machen beabsichtigte.

Bliebe noch (falls man nicht auf die simplifizierte Karte zurückgreifen will) das Problem der Position, die von den Untertanen eingenommen werden müßte, nachdem die Karte in neuer Ausrichtung wieder entfaltet worden ist. Um sie genau zu machen, müßte jeder Untertan nach Abschluß der Wiederentfaltung diejenige Position einnehmen, die er im Moment der Darstellung auf dem Reichsgebiet innehatte. Nur um diesen Preis erschiene ein auf Punkt Z des Territoriums befindlicher Untertan, auf dem nun, sagen wir, der Punkt X_2 der Karte zu liegen kommt, exakt wiedergegeben auf Punkt X_1 der Karte, der seinerseits nun vielleicht auf Punkt Y des Territoriums liegt. Jeder Untertan könnte dann Informationen beziehen (aus der Karte) über einen nicht mit dem eigenen Standpunkt identischen Punkt des Reiches, inklusive den dort befindlichen, also nicht mit ihm selbst identischen Untertan.

Wie schwierig und mühsam diese Lösung auch zu realisieren sein mag, sie läßt die transparente und durchlässige, liegende und orientierbare Karte als die beste erscheinen und vermeidet den Rückgriff auf die simplifizierte Karte. Allerdings unterliegt auch sie, wie die zuvor erörterten, dem Paradox der Normalkarte.

3. Das Paradox der Normalkarte

Sobald die Karte fertiggstellt ist und das gesamte Territorium bedeckt (gleichgültig, ob als liegende oder als aufgehängte), wird das Reichsgebiet durch den Umstand charakterisiert, daß es ein gänzlich mit einer Karte bedecktes Gebiet ist. Und diesem Charakter des Reichsgebietes trägt die Karte nicht Rechnung. Es sei denn, sie zeigte eine zweite Karte, die das Territorium samt der darauf liegenden (oder darüber hängenden) Karte darstellte. Aber das wäre ein Prozeß ohne Ende (aristotelisches Argument des dritten Mannes), denn stets gäbe es, wenn der Prozeß zum Stehen käme, noch eine letzte Karte, die zwar alle zwischen sich und dem Territorium befindlichen Karten darstellen würde, nicht aber sich selbst. Nennen wir diese letzte hier die Normalkarte.

Eine Normalkarte unterliegt dem Russell-Frege-schen Paradox: Territorium plus letzte Karte bilden ein normales Ensemble, in welchem die Karte nicht Teil des von ihr definierten Territoriums ist; undenkbar sind jedoch Ensembles von normalen Ensembles (und folglich Karten von Territorien mit Karten), auch wenn wir dabei an Ensembles von Ensembles mit nur einem einzigen Glied denken, wie es in unserem Falle der Fall ist. Ein Ensemble von normalen Ensembles muß als nichtnormales Ensemble aufgefaßt werden, in welchem folglich die Karte der Karten Teil des kartographierten Territoriums wäre, *quod est impossibile*.

Daher die folgenden zwei Korollare:

1. Eine Karte im Maßstab 1:1 gibt das Territorium immer nur ungenau wieder.

2. Das Reich wird im selben Moment, in dem man seine Karte erstellt, undarstellbar.

Man könnte hier einwenden, daß mit dem zweiten Korollar das Reich sich seine geheimsten Träume erfüllt, indem es für die feindlichen Reiche unkenntlich wird; allerdings würde es dann kraft des ersten Korollars auch unkenntlich für sich selbst. Zu postulieren wäre ein Reich, das in einer Art von transzendentaler Apperzeption seiner eigenen Kategorienapparatur *in actu* ein Bewußtsein seiner selbst gewönne; das aber würde die Existenz einer Karte mit Selbstbewußtsein verlangen, und diese würde (wenn sie je möglich wäre) im gleichen Augenblick selber zum Reich, so daß mithin das Reich seine Macht an die Karte abträte.

Drittes Korollar: Jede Karte des Reiches im Maßstab 1:1 besiegelt das Ende des Reiches als solches und wäre mithin die Karte eines Territoriums, das kein Reich mehr ist.

(1982)

Drei Käuzchen auf dem Vertiko

Die Literatur über den Sechszeiler des Anonymus mit den Käuzchen füllt mittlerweile eine so imposante Anzahl von Bibliotheksregalen, daß der Historiker dieser Fülle von ebenso abwechslungs- wie ergebnisreichen kritischen Untersuchungen eine gewisse Bangigkeit nicht verleugnen kann, wenn er sich anschickt, als ihr Doxograph aufzutreten.

Doch zunächst – und mag die Hommage an unsere Vorgänger auch gelegentlich etwas verhalten ausfallen –, zunächst einmal wird es nicht unnütz sein, den Text hier wiederzugeben, an dem sich so viele Interpretationsdifferenzen festgemacht haben – dürres Abbild der *jouissances*, die darein investiert worden sind, Schrift und Spur, signifikante Passage, Imago, Phantasma vielleicht.

Fixieren wir also seine Textur in der Fassung, die Segre mit skrupulöser Penibilität – und endgültig – vor noch nicht allzu langer Zeit etabliert hat:[1]

Ambarabà ciccì coccò,
Tre civette sul comò
Che facevano l'amore
Con la figlia del dottore.
Ma la mamma le chiamò...
Ambarabà ciccì coccò

Zu deutsch in annähernd wörtlicher (Interlinear-) Übersetzung:

Ambaraba tschitschi koko,
Drei Käuzchen auf der Kommode,
Die machten Liebe
Mit der Tochter des Doktors.
Aber die Mama rief sie...
Ambaraba tschitschi koko.

Von diesem Sechszeiler gibt es zahlreiche Versionen in anderen Sprachen, zum Beispiel eine französische, die sich dem *Ouvroir de Littérature Potentielle* verdankt und folgendermaßen lautet:

Ambaraba cicci cocco,
Trois chouettes qui font dodo
En baisant sur la commode
Une fille très à la mode.
Mais maman cria aussitôt:
Ambaraba cicci cocco!

Wir konstatieren darin das Verschwinden der »Tochter des Doktors«, die auf der konnotativen Ebene wieder eingeholt wird durch die Anspielung auf ein Mädchen mit nicht-traditionellen Sitten. Doch wenden wir uns nun der anonymen deutschen Version zu, in der, wie uns scheint, der Einfluß von Hugo Ball zu vernehmen

1 Cesare Segre, »Texte, contexte, co-texte et cocotexte« (»Text, Kontext, Ko-Text und Kokotext«), in *La Nouvelle Cryptique* 3, 9, 1970.

ist, ja vielleicht sogar, für ein aufmerksames und feines Ohr, ein Echo der vollendeten Kunst von Christian Morgenstern:

Ambaraba Zi Zi Koko
Drei Käuzchen auf dem Vertiko,
Die legten sich aufs Ohr
Mit der Tochter vom Doktor.
Doch da schrie die Mutter so:
Ambaraba Zi Zi Koko!

Die englische Version, veröffentlicht in der Zeitschrift *Finnegans Cake*, mag in poetischer Hinsicht gelungener erscheinen, ist aber zweifellos *extra moenia*, was die Regeln des Genres und das Ensemble der extratextuellen Verweise betrifft:

There were three old Owls of Cochoers
Screwing a girl onto a big Chest of Drawers.
But the Maid was the Daughter
Of a Doctor, and their Mother
Cried: »Come back, lousy old Owls of Cochoers!«

Um auf das italienische Original zurückzukommen: das Problem, das der Kritik am meisten zu schaffen gemacht hat, ist zweifellos das der Datierung. Obwohl die Alliterationen im ersten und letzten Vers einst Vossler verleitet hatten, Anklänge an die protolateinische Literatur herauszuhören, namentlich an das bei den »Ambarvalia« gesungene *Carmen arvale*, darf doch als gesichert gelten, daß der Sechszeiler nicht in eine Zeit vor der Gründung der Universität Bologna datiert werden kann, da andernfalls nicht zu erklären wäre, wieso das Mädchen als Tochter eines *Doktors* bezeichnet werden konnte. Wahr ist jedoch, daß Gianfranco Contini in seiner meisterhaften Studie über die Varianten des Gedichts herausgearbeitet hat, daß in einer älteren Handschrift der dritte Vers noch nicht lautete »die Liebe (*amore*) machten«, sondern »die den Fehler (*errore*) machten«. Auch wenn die sexuelle Konnotation des *crimen* nicht im mindesten abgeschwächt ist, sondern im Gegenteil durch die subtil moralisierende Anspielung noch verstärkt wird, kann niemand übersehen, daß es erst die spätere Version war, in der unser Anonymus, indem er *errore* durch *amore* ersetzte, die bewundernswerte Paronomasie mit dem *chiamò* des fünften Verses erzielte, womit er eine metaplastische Antithese (reich an sememischen Möglichkeiten, sogar auf der Ebene der Aktantenstrukturen) zwischen der besorgten und beschützenden Liebe der Mutter und der besitzergreifenden und gedankenlosen Liebe der drei Käuzchen erzeugte.

Was übrigens die Mutter betrifft, so läßt der Text offen, ob sie die Mutter der Tochter ist oder nicht eher die Mutter der Käuzchen. Es scheint sich von selbst zu verstehen, daß sie die um ihre Tochter besorgte Mutter ist, aber man fragt sich doch, wie Starobinski feinsinnig bemerkt[2], warum sie dann die Käuzchen ruft und nicht ihre Tochter – es sei denn, daß hier alle Familienbande, wie auch die geschlechtlichen Charaktere der Akteure des Dramas, sehr viel weniger evident wären, als es

2 »La Chouette sous les mots« (»Die Eule unter den Wörtern«), in *Commutations* 3, 1968.

bei einer ersten oberflächlichen Lektüre noch erscheinen mag.[3]

Wie dem auch sei, um auf das Problem der Datierung zurückzukommen, das Gedicht kann schlechterdings nicht vor dem 11. Jahrhundert christlicher Zeitrechnung entstanden sein, und vielleicht ist es sehr viel später entstanden, wenn es denn wahr ist, wie Le Goff zu bedenken gegeben hat, daß »die Kommode (...) ihren Auftritt in der Praxis und Philosophie des Ameublements zeitgleich mit dem Niedergang einer Großgrundbesitzerökonomie und dem Aufstieg einer Klasse von bäuerlichen Kleineigentümern (hat), die zwar noch nicht völlig befreit sind, aber doch jedenfalls den Lebensbedingungen der an die Scholle gehefteten Knechte entgehen. Erst gegen Ende des 17. Jahrhunderts kommt schließlich in den Ardennen der Brauch auf, Liebe eher auf der Kommode als auf dem Strohsack zu machen, nicht zuletzt deshalb, weil es auf der Kommode meist einen Spiegel gibt.«[4]

Weitere elementare Konjektur: Die fast urwüchsige Szene – wie Marie Bonaparte sie qualifiziert[5] – des

3 In diesem Zusammenhang: Gay (*Le Cul et le Cuit* 18, 1981) stellt unter Verweis auf die obsessive Wiederholung eines maskulinen Morphems am Ende fast jeden Verses mit Nachdruck die Frage nach dem Geschlecht der Käuzchen, desgleichen nach dem der Tochter und der Mutter.

4 Jacques Le Goff, »Temps de la paillasse, temps de la commode« (»Zeit des Strohsacks, Zeit der Kommode«), in *Ânales* XXX, I, 1960.

5 In ihrem Buch *Edgar Allan Poe, sein Leben und sein Rabe* (Zürich, Hoffmanns, 1982), worin Marie Bonaparte sich fragt, was geschehen wäre, wenn in »The Raven« drei Käuzchen statt eines Raben auf der Pallas-Büste gesessen hätten. Die Autorin bemerkt feinsinnig, wie schwer es ist, ein Käuzchen dazu zu bringen, das Wort »nevermore« auszusprechen, um wieviel schwerer also drei Käuzchen.

Sexualverkehrs mit den drei Käuzchen kann nur in einem ländlichen Milieu stattfinden, da schwerlich einzusehen ist, wie es in einem städtischen Milieu zu einer solchen Konzentration von Eulen kommen kann.

Nachdem wir somit eine approximative Datierung des Sechszeilers festgelegt haben, bleibt uns jetzt nur noch, seine rhythmische und metrische Struktur zu beschreiben.

Es handelt sich, wie auf den ersten Blick zu ersehen, um einen doppelten Pentasyllabus (am Anfang und am Ende wiederholt) mit zweifacher Akzentuierung (auf der ersten, vierten, sechsten und achten Silbe), dem vier daktylische Oktonare folgen, so daß die sechs Verse in paarweisen Reimen gehalten sind. Eine »schwere und bewundernswerte Errungenschaft«, wie Contini in der bereits zitierten Untersuchung dazu anmerkt, wenn man bedenkt, daß in einer früheren Fassung der zweite Vers noch »*tre civette sulla cassettiera*« lautete (also zu deutsch ungefähr: »drei Käuzchen auf dem Schubladenschränkchen«), mit einem evidenten Verlust an metrischer und rhythmischer Energie.

Wie dem auch sei, eine beachtenswerte Strukturanalyse des Sechszeilers geben uns Jakobson und Lévi-Strauss in ihrem gemeinsamen Werk *Les Chouettes*, jener meisterhaften und bis heute unerreicht gebliebenen Studie, in der die Autoren zunächst bemerken, daß die beiden ersten Oktonare untermenschliche Wesen präsentieren (die Käuzchen und das Vertiko), während die beiden folgenden menschliche Wesen einführen; sodann, daß im ersten und dritten Oktonar jeweils Subjekte in Szene gesetzt werden, während der zweite und der vierte jeweils Handlungen evozieren. Diese wunderbare semantische Symmetrie wird noch verstärkt, und zwar mit einem superben Parallelismus, durch ein außerordentliches Spiel phonologischer Oppositionen. In der ersten Hälfte des doppelten Pentasyllabus beruht die Alliteration auf einem stimmhaften dunklen bilabialen momentan-explosiven Verschlußlaut, während wir in der zweiten Hälfte eine Opposition zwischen zwei Paaren von stimmlosen Gutturalen haben, in der das erste alliterierende Paar aus scharfen halb-explosiven Palatalfrikativen besteht und das zweite aus kompakten dunklen momentan-explosiven Velaren bzw. Hintergaumenverschlußlauten.

Diese doppelte Pseudo-Alliteration wiederholt sich paronomastisch im ersten Oktonar (*civette/comò*), während der Auftritt der Mutter seine ganze Dramatik aus der vierfachen Wiederholung des bilabialen Nasals [m] bezieht.

Was die lexikalische Ebene betrifft, so »figurieren nicht nur die im zweiten Vers erwähnten Käuzchen lediglich einmal namentlich im Text«, sondern auch der stimmhafte kontinuierlich-frikative Labiodental [v] von *civette* kommt in dem ganzen Sechszeiler nicht wieder vor, es sei denn verwandelt zu einem stimmlosen kontinuierlich-frikativen Labiodental [f]. So stellt die Präsenz der Käuzchen, einmal angedeutet, aber nie wieder erwähnt, in dem Gedicht ein *hapax* dar, »funkelnd wie ein Solitär«. In Erinnerung gerufen durch die anaphorischen /*che*/ (dritter Vers) und /*le*/ (fünfter Vers), beherrschen die Eulen gleichwohl das Poem: als Vögel der Minerva sind sie zweifellos eine Travestie der Baudelaireschen »savants austères« und zugleich, als Subjekte eines sexuellen Aktes, der »amoureux fervents«

desselben Dichters. Daher die Gleichsetzung des geliebten Mädchens mit einer Katze, einer von denen, die der »Stolz des Hauses« sind, insofern sie auf der Kommode sitzen und »seßhaft gleich ihnen ... Freunde der Wissenschaft (der Doktor) und der Wollust (die Liebe)« sind. Was die Dialektik des Begehrens (Verlangens/ Wunsches: *désir*) betrifft, so fehlt sie noch in der Analyse von Jakobson und Lévi-Strauss (und wie hätte es anders sein können in jener tristen Phase paläostrukturalistischer Observanz). Um so triumphaleren Einzug in die Geschichte der Erforschung dieses Gedichtes hält sie dafür mit dem berühmten *Séminaire XXXV* von Jacques Lacan.

Wie man weiß, hatte Lacan (*Doktor* Lacan! *Wessen Tochter war es, die sich auf der Kommode tummelte?*) zu Beginn jenes Seminars die am Ende seines ersten Seminars verteilten Elefanten wieder eingesammelt und den Teilnehmern dafür kleine Eulen gegeben, da diese, wie er behauptete, sich leichter als die Elefanten auf die Kommode stellen ließen.[6] Anschließend hatte er die Bemerkung fallenlassen, im allgemeinen gebe es auf einer Kommode einen Spiegel. Doch – und das war zweifellos der Geniestreich jenes Seminars – während seine Schüler ihre Aufmerksamkeit auf das vermeintlich kommodentypische Beiwerk richteten, das nicht

6 Bekanntlich hat Armando Verdiglione in *Spiralo-stérilets et diaphragmes* behauptet, die Käuzchen seien *l'abject*: das Verworfene. Er hatte sich darauf versteift, die Elefanten auf die Kommode zu stellen, womit er offen mit seinem früheren Lehrmeister brach, und hatte dabei ein kostbares Möbelstück aus dem 19. Jahrhundert demoliert, das übrigens dem kleinen Hans gehörte, der den Schock nicht ertrug und kurz danach in einer Wiener psychiatrischen Klinik verstarb, wobei er sich für den Wolfsmann hielt.

nur ge-, sondern auch mißbraucht wird, anerkannte Lacan, unter beispielhaft klarer Angabe seiner Methode[7] in der Kommode ein typisches Schubladenmöbel und inaugurierte seine neue Theorie des *Schubladenstadiums*.

Die Schublade ist in der Tat der Ort des Verdrängten, und so erschien das Gedicht dem Doktor Lacan als die schlechthinnige Allegorie der »*Urverdrängung*«, während das triebhafte Handeln der Käuzchen, nur scheinbar inspiriert vom Begehren, sich ihm als eine kaum verhüllte Travestie des »*Bemächtigungstriebes*« enthüllte – beziehungsweise, wie derselbe Lacan in seinem luziden Französisch erklärte, »*d'une Überwältigung de la fille-objet*«.[8]

An dieser Stelle wird es nun unabdingbar, zu einer positiveren und eher verifizierbaren angelsächsischen Sicht der Dinge überzugehen, die diese gallo-germanischen Nebel zerstreut. Wie man sich vielleicht noch erinnern wird, hatte Noam Chomsky schon zu seiner Zeit in den sechziger Jahren eingeräumt, daß die Transformationstheorie ernsthafte Schwierigkeiten hätte,

7 »La parole dont je me leurre ne pourra que se taire dans l'éclatement de ce qu'elle cache. Et pourtant...« (zu deutsch etwa: »Das Wort, mit dem ich mich ködere, wird nur verstummen können im Glanze dessen, was es verbirgt. Und doch...«). Es folgten 124 Minuten Schweigen, während deren Dr. Lagache versuchte, sich von einem Knoten im Hals zu befreien, indem er permanent schrille Schreie ausstieß, vgl. Julia Kristeva, »Chora-Chora«, in *Quel-Tel*, 1980, S. 70-25.

8 Annika Rifflet-Lemaire berichtet, daß Lacan in der letzten Phase seines Denkens erwog, seine Experimente durch Postierung eines Taschenspiegels auf einer Zigarrenkiste fortzusetzen, da man ihm die Kommode im Zuge der Liquidation der Freudschen Schule beschlagnahmt hatte.

den einleitenden Pentasyllabus des Gedichts zu erklären.[9] Chomsky hatte mit dem, was er zunächst »Standard Theory of the Chest of Drawers« (STCD) nannte, die WP *ambarabà ciccì coccò* zu analysieren versucht – wobei WP »What?-phrase« bedeutete, nach dem Ausruf von Dwight L. Bolinger (»What?!«), als er sich in seiner Eigenschaft als *native informant* mit der *utterance* des fraglichen Verses konfrontiert sah. Die Chomskysche STCD hatte den Pentasyllabus in der folgenden Weise dargestellt (Abb. 1):

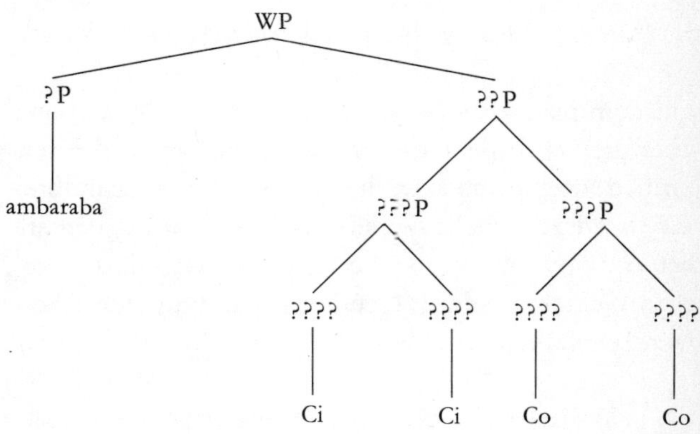

Abb. 1

Doch in seiner nächsten Phase (Theorie der Eulen, OET) beschloß der berühmte Linguist, auf den klassischen Asterisk (also das Sternchen *) zurückzugreifen und den fatalen Vers wie folgt darzustellen:

9 Noam Chomsky, *Personal Communication*, forthcoming. Vgl. auch Jean Baudrillard, *Oublier Chomsky*.

(1) * ambaraba cicci cocco.

Unbestreitbar eine ad-hoc-Lösung, die auf subtile Weise, mit einer Bezugnahme auf Frege, verworfen wurde von Snoopy, Snoopy and Snoopy (1978), für die in Anbetracht der Tatsache, daß das Signifikat (im Sinne von »Bedeutung«) jeder Aussage (im Sinne von »utterance«, »énoncé«) stets ein Wahrheitswert ist und daß mit Sternchen versehenen Sätze weder wahr noch falsch sind, das Signifikat von (1) als Äquivalent des Signifikats von (2) zu betrachten ist:

(2) * farblose grüne Ideen schlafen wütend,

mit dem paradoxen Ergebnis, daß, wer eine Aussage über die Schlafqualität (*virtus dormitiva*) von farblosen grünen Ideen machen wollte, den Satz (1) sagen müßte. Was wiederum nichts anderes besagen würde, bemerken Snoopy, Snoopy and Snoopy, als daß das Käuzchen-Gedicht dann folgendermaßen umgeschrieben werden müßte:

(3) Farblose grüne Ideen schlafen wütend,
Drei Käuzchen auf dem Vertiko,
Die machten Liebe
Mit der Tochter des Doktors.
Aber die Mama rief sie,
Farblose grüne Ideen schlafen wütend.

Immerhin erlaubte diese paradoxe Schlußfolgerung Harold Bloom, einen eingehenden Essay über die

Dichtung als Mißverständnis zu schreiben[10], womit er Jacques Derrida die Gelegenheit gab, sich in einigen provokatorischen Reflexionen über die interpretatorische Abdrift zu ergehen[11], doch dem Versuch fuhr Quine in die Quere, der bemerkte[12], daß, wenn der Satz (3) nach der Maxime *post hoc ergo propter hoc* gelesen werden müßte (also *wenn* farblose grüne Ideen etc., *dann* drei Käuzchen etc.), dann daraus zu folgern wäre, daß, ausgehend von der Annahme:

p = farblose grüne Ideen schlafen wütend,

q = drei Käuzchen auf dem Vertiko machen Liebe mit der Tochter des Doktors,

p nur durch den *modus tollendo tollens* negiert werden könnte, also indem man davon ausginge, daß q nicht wahr ist. Da aber q nicht negiert werden kann wegen des Prinzips der Identität des Identischen, folgt daraus, daß es unmöglich ist, p zu negieren; womit man einräumt, daß es möglich sei, daß farblose grüne Ideen wütend schlafen, was intuitiv gesehen falsch ist, *salva veritate*.

Es lohnt sich, die Hypothese von Chafe, Chafe and Chafe (1978) zu erwähnen, nach der *coccò* eine Verbalform wäre (die dritte Person Singular des Passato remoto von *coccare*) und *Ambarabà Ciccì* ein Eigenname. In diesem Falle wäre der Sechszeiler als die Ge-

10 *Misunderstanding Kabbalah*, New Haven, Yale University Press, 1980 (auszugsweise übersetzt in *Schreibeft* 28, 1986).

11 Jacques Derrida, *Le Facteur chouatte et la dérridance*, Paris, Editions de Midi, 1980 (deutsche Ausgabe in Vorbereitung bei Edition SuhrCamp-Culture).

12 W. Van Orman Quine, »Owls as Natural Kinds«, in *VRSVS, Zeitschrift für Zoosemiotik* (Mailand), 5, 1981.

schichte eines gewissen Ambarabà Ciccì zu lesen, der drei Käuzchen auf der Kommode cockierte (die Autoren stellten sich nicht die Frage, was »cockieren« sein mochte, da sie als bekannt voraussetzten, daß sie die Legitimität einer reinen Distributionsanalyse vertraten).

Bekämpft wurde diese Hypothese dann, wie man weiß, von Kripke im Licht einer kausalen Theorie der Bedeutung, da es nicht möglich sei, den Ausdruck Ambarabà Ciccì als starren Designator zu identifizieren, aus Mangel an Beweisen für eine vorausgegangene Taufe.[13]

Auf den Einwand von Searle, der meinte, Ambarabà Ciccì sei ersetzbar durch eine definierte Beschreibung wie (4):

(4) The only man who cocoed the owls in Como[14],

13 Saul A. Kripke, »Ambaraba in S5«, in *Lyre* 5, 1982.

14 Kripke wie Searle waren offenbar einem Mißverständnis erlegen, das vermutlich auf einer fehlerhaften kritischen Edition beruhte: Sie hatten *comò* (die Kommode) für *Como* (die Stadt am Comer See) gehalten, und wie jedem unschwer ersichtlich, wird dadurch die Interpretation des Gedichtes fatal kompromittiert. Zu diesem Mißverständnis lese man die subtilen Bemerkungen von D'Arco Silvio Avalle in »Le civette di Montale« (»Montales Käuzchen«), in *La Revue ad oc* (Montségur). Vgl. auch G. Deleuze und F. Guattari, »Tausend Vögel. Über die Unmöglichkeit, die Sprache zu befragen«, in Gianni Vattimo (Hrsg.), *Starres Denken und schwache Designatoren*, Reinbek, Wohlrot, 1980. Man nimmt an, daß Kripke, verbohrt in den Gedanken, die drei Käuzchen hätten sich in Como befunden, seine Nachforschungen auf die Taufzeremonien in den Gemeinderegistern jener Stadt beschränkt hat. Diesem Umstand ist die Konklusion zu verdanken, derzufolge es nie einen Ambarabà Ciccì gegeben habe, während es richtiger heißen müßte, daß es nie einen Ambarabà Ciccì in Como gegeben hat.

erwiderte Kripke mit Verweis auf die Mißlichkeiten, in die man gerate, wenn man den Namen durch die definierte Beschreibung in einem opaken Kontext wie (5) ersetze:

(5) John thinks that Nancy hoped that Mary believed that Noam suspected that Ambaraba was not a proper name.

Denn die Behauptung (6):

(6) John thinks that... the only man who cocoed the owls in Como was not a proper name

sei nicht nur sinnlos, sondern offenkundig auch falsch, da jeder wisse, daß:

(7) John is eager to please,

weshalb John sich niemals erlauben würde, eine so dumme Behauptung aufzustellen und sich die allgemeine Mißbilligung zuzuziehen.

Völlig neubestimmt wurden die Koordinaten dieses ganzen Streites durch die generativen Semantiker (siehe besonders Fillcawley, McJackendkoff, Klima-Toshiba and Glup, 1979), die beschlossen, auf die unmögliche Analyse des ersten Verses zu verzichten, um sich ganz auf die folgenden Verse zu konzentrieren, und zwar in der vereinfachten Form des Satzes (8):

(8) three owls are screwing a girl on a chest of drawer,

den sie aus der englischen Version des Gedichts abgeleitet hatten, um ihn sodann wie folgt darzustellen (Abb. 2).

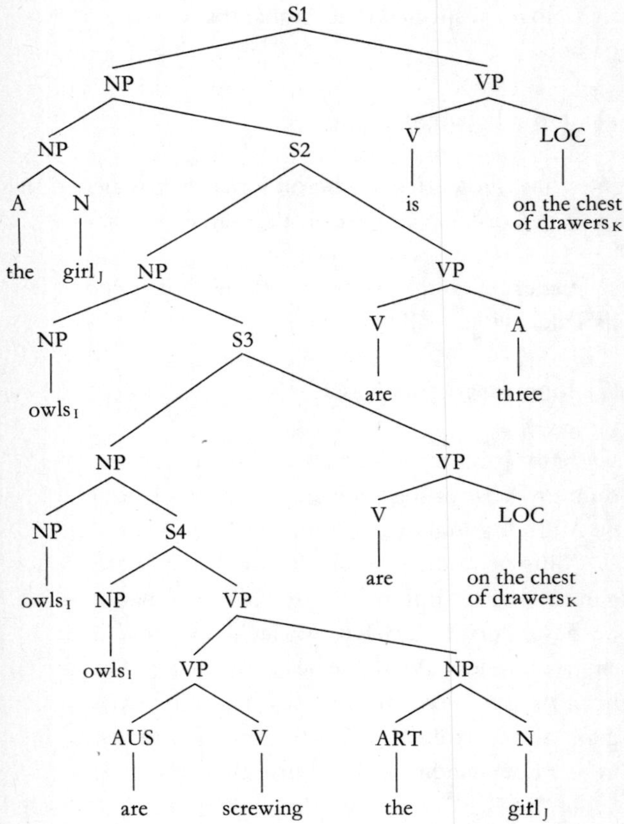

Abb. 2

Die rüde Polemik zwischen Transformationalisten, Generativisten und Sprachphilosophen beruhigte sich aber schließlich dank der Intervention von Montague (1979), der in einem seiner exemplarischen Essays über das Käuzchengedicht beschloß, ein Prädikat P wie folgt anzunehmen:

P = drei Käuzchen auf dem Vertiko sein, die mit der Tochter des Doktors bumsen, bis die Mama sie ruft,

wodurch es möglich wurde, das ganze Gedicht in folgender Weise zu formalisieren (mit hochgestellter Kennziffer einer möglichen Welt ^{w1}):

$$P\,x^{w1}$$

Man beachte, daß unter der Annahme, in einer anderen möglichen Welt ^{w2} sei das Prädikat P wie folgt zu bestimmen:

P = das einzige Individuum sein, das sich in der Mitte seines Lebensweges in einem dunklen Wald befindet, usw.

auch die gesamte *Göttliche Komödie* durchaus adäquat formalisiert werden könnte als:

$$P\,x^{w2},$$

wodurch man auf eine fast ikonische Weise die tiefe innere Verwandtschaft zwischen allen Kunstwerken, die diesen Namen verdienen, aufgezeigt hätte.

Doch als Reaktion auf die Hypersimplifizierung der angelsächsischen Schulen[15] haben Greimas und die Ecole de Paris, nachdem sie in dem Gedicht auf der fundamentalen Ebene vier Aktanten (Subjekt, Objekt, Adjuvans und Opposans) identifiziert und deren Aktorialisierung unter den Anthroponymen Käuzchen, Tochter, Kommode und Mama herausgearbeitet hatten, darin zwei narrative Programme nachgewiesen.

Erstens ein Programm $F\ [S_1 \rightarrow (S_1 \cap Ov)^{\circ}]$, in dem die Käuzchen sich mit dem Wertobjekt Tochter verbinden, und zweitens ein Programm $F\ [S_2 \rightarrow (S_1 \cup Ov)]$, in dem die Mama die Käuzchen von ihrem Wertobjekt trennt. Während des ersten Programms, bei Annahme eines Modalitätenquadrates wie dem hier folgenden:

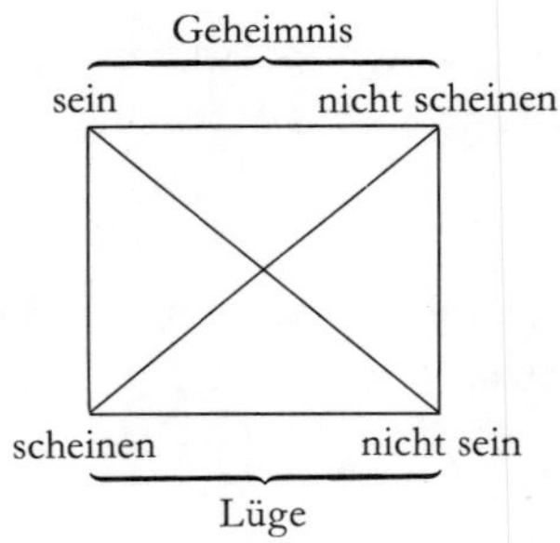

15 Montague gelangt zu Konklusionen, die er mit Hilfe eines Räsonnements von exemplarischer Luzidität ausdrückt. Angenommen, $\lambda y.\exists x Rxy$ sei die Gesamtheit der Objekte in der Relation Rx und definiere sich durch $[\lambda\ x_1 \varphi]^m_g = \{d{:}[\varphi]^m_g(x/d) = 1\}$, d. h. als die Gesamtheit der Objekte d, die, wenn sie an die Stelle von x treten, φ befriedigen; und weiter angenommen, $\lambda x \Box Px)$ *(i)* sei jemand, der notwendig die Eigenschaft, P zu sein, hat. Montague findet sich nicht mehr durch und rekurriert auf die simplifizierte Lösung.

scheint die Tochter (die nicht weiß, was die Käuzchen mit ihr treiben) zu spielen, aber sie spielt nicht wirklich (sie ist das Opfer der Lüge des Käuzchentrios), während die Käuzchen die Adressaten eines Geheimnisses sind (sie bumsen, aber sie sehen nicht danach aus, sie tun, als spielten sie mit der Tochter Doktor). Während des zweiten narrativen Programms entdeckt die Mutter die Wahrheit und identifiziert das Scheinen der Käuzchen mit ihrem Sein. Übergehen wir die Zwischenstufen der faszinierenden Analyse von Greimas, an deren Ende der Autor entdeckt, daß die tiefliegenden Oppositionen des Gedichts auf dem Quadrat folgendermaßen umgekehrt werden können:

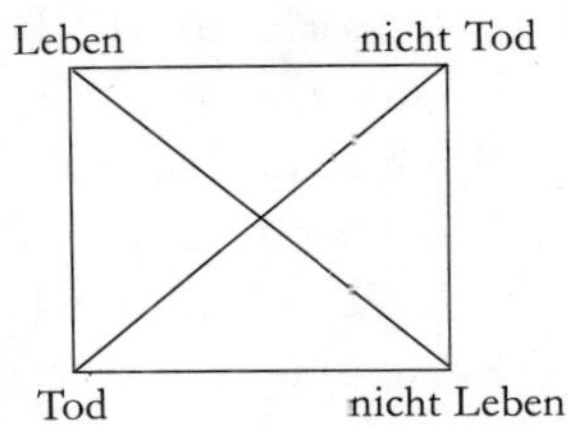

Jedoch (und hier liegt der *punctum dolens* dieser im übrigen höchst eingehenden Lesart) am Ende weiß der Autor nicht mehr, wohin er mit der Kommode soll, und beschließt, sie der Heilsarmee zu schenken.

Die unserem Aufsatz gezogenen Grenzen hindern uns daran, zahllose weitere analytisch-kritische Beiträge zu dem faszinierenden Problem des Käuzchen-Sechszeilers hier zu resümieren. Für diesmal mag es genügen, mit einem Hinweis auf den neuen Essay von Emanuele Severino zu schließen, in dem er mit einem luziden Gespür für das Schicksal sowie einer bedeutend höheren Dichte und größeren Tiefe, als man sie durch die Anwendung aller mühseligen Methoden der diversen Strukturalismen und Formalismen zu erreichen vermöchte, in den drei Käuzchen, die ihren Willen zur Herrschaft über die Tochter des Doktors ausüben, das innerste Wesen und die Berufung des Abendlandes aufzeigt.[16]

Erst die Ankunft der Mutter macht dem Willen zur Macht der drei Käuzchen ein Ende und setzt sich als Negation des Nihilismus des Wesens des Abendlandes, eine Anspielung auf den »zweiten Reiter« und den »Willen zum Schicksal«. Um sie zu akzeptieren, müssen die Käuzchen notwendigerweise begreifen, daß es für sie nur durch den Verzicht auf die Beherrschung der Welt möglich wird, die Falschheit der Behauptung zu erkennen, derzufolge es unwahr ist, daß es falsch ist, daß das Sein ein Nichts ist. Das Gewollte ist nicht möglich, und der Sinn der Wahrheit ist in Ewigkeit das, was dem Willen nicht gelingt und niemals gelingen wird zu sein. So beglaubigen das *Ambarabà* zu Beginn und das *Ambarabà* am Ende, indem sie eine ewige Wiederkehr skandieren, die Nichtigkeit des Werdens als Einbruch des Unerhörten. Und die Mutter macht nur evident, wie sehr das Unvorhersehbare vorhersehbar wäre für den, der den Willen zur Antizipation (zum *ante-capere*, Vor-weg-nehmen) der Käuzchen und ihres Scheiterns hätte und nährte. Deswegen kommt zum Abschluß, so

16 Zum Problem des Abendlands siehe J.-F. Lyotard, *Le Post-Antique*, und M. Heidegger, *Hitler? Was ist das?*, Dachau 1943. Vgl. auch G. Agamben, *Penser: c'est chouette, ça!*, demnächst deutsch in Edition Hakzente, München: *Denken – wie kauzig!*

wie am Anfang, noch einmal und immer wieder *Ambarabà*. Das Ganze ist unveränderbar.

Es sei dem Chronisten dieses literaturkritischen Abenteuers gestattet, hier innezuhalten, in diesem Stadium, in dem die Chronik nicht Tautologie des Faktischen ist, sondern Frage und Abdrift – höchste Bedingung (die fragende Pause), um weitergehen zu können und dabei zum Anfang zurückzukehren; und um im Sagen nichts zu sagen und im Nichtssagen in der Identität des Diversen zu bleiben. Dort, wo – die Käuzchen haben für uns gesprochen, und wir für sie und/oder die Sprache für beide; oder das Schweigen für das Sprechen –, dort, wo keine Stimme je mehr wird schweigen können in der vollen Sagbarkeit ihrer eigenen Leere.

Dies und nichts anderes ist es, was die Dichtung von uns erwartet.

(1984)

Do your movie yourself

1993, mit der definitiven Übernahme des Videorecorders sogar in den Katasterämtern, gerieten sowohl der kommerzielle als auch der experimentelle Film gleichzeitig in die Krise. Das Filmemachen war zu einer erschwinglichen Tätigkeit für alle geworden, und jeder sah sich seine eigenen Filme an, ohne noch ins Kino zu gehen. Die neue Technik der Wiedergabe durch Kassetten, die in den Monitor am Armaturenbrett eingeführt werden, hatte die handwerklichen Methoden des experimentellen Films obsolet gemacht. In jenen Jahren kamen die Handbücher vom Typus »Wie fabriziere ich meinen Antonioni selbst?« auf den Markt. Der Anwender kaufte sich ein sogenanntes »Plot Pattern«, also eine Art Stoff-Schnittmuster für ein vielfältig abwandelbares Thema oder »multiples Sujet«, das mit einer breitgefächerten Serie von standardisierten Variationen aufgefüllt werden konnte. Aus einem einzigen Pattern mit dazugehöriger Variationen-Packung ließen sich beispielsweise 15 751 Antonioni-Filme gewinnen. Wir dokumentieren hier einige der Gebrauchsanweisungen, die den Filmkassetten beigegeben waren. Die hochgestellten Buchstaben verweisen auf den jeweiligen Set der möglichen Alternativlösungen zu den Grundsituationen. So generiert beispielsweise das Basic Pattern à la Antonioni (»Eine trostlose Weite. Sie entfernt sich.«) andere Filme mit differenzierten Plots wie: »Ein Labyrinth von im ungewissen verschwimmenden Autobahnraststätten. Er befühlt lange einen Gegenstand«, und so weiter.

Multiples Sujet für Antonioni

Eine[a] trostlose[b] Weite[c]. Sie[d] entfernt sich[e].

ABWANDLUNGEN

a Zwei, drei, unzählige; ein Netz von; ein Labyrinth von; ein;
b leere; endlose; im ungewissen verschwimmende; im Sonnenglast diesige; neblige; durch großmaschige Eisengitter unpassierbar gemachte; radioaktive; durch Weitwinkelobjektiv verzerrte;
c Insel; Stadt; Autobahnknoten; Autobahnraststätte; U-Bahnhof; Ölfeld; Wüste; Hotelsiedlung an der Adria; Hochhausviertel vor den Toren von Rom; Röhrenlager unter freiem Himmel; Autofriedhof; Fiat-Werk am Sonntagmorgen; Industrieausstellung nach Feierabend; Raumfahrtzentrum am Nationalfeiertag; Campus der University of California in Berkeley, wenn die Studenten in Washington demonstrieren; Flughafen Fiumicino bei Fluglotsenstreik;
d Er; beide;
e steht da; befühlt lange einen Gegenstand; entfernt sich, bleibt ratlos stehen, macht zwei Schritte zurück und entfernt sich von neuem; bleibt stehen und wird von der Kamera umkreist; blickt

ausdruckslos in die Kamera und faßt sich dabei an den Kragen.

Multiples Sujet für Jean-Luc Godard

Er kommt an[a] und Boing[b] explodiert eine Raffinerie[c] die Amerikaner[d] macht Liebe[e] mit Bazookas[f] bewaffnete Kannibalen[g] schießen[h] auf die Eisenbahn[i] sie fällt[j] durchsiebt von Garben[k] aus Karabinern[l] fährt in Wahnsinnstempo[m] nach Vincennes[n] Dany Cohn-Bendit[o] nimmt den Zug[p] und spricht[q] zwei Männer[r] töten sie[s] liest Maximen von Mao[t] Montesquieu[u] wirft eine Bombe[v] auf Diderot[w] er sprengt sich in die Luft[x] verkauft den Figaro[y] da endlich kommen die Rothäute[z].

ABWANDLUNGEN

a Er ist schon da und liest Maximen von Mao; liegt tot auf der Autobahn mit herausgespritztem Gehirn; sprengt sich in die Luft; hält eine Versammlung ab; läuft eine Straße entlang; springt aus einem Fenster;
b Wroarr; Krach; Rrrumms; Bummsdi; Rumpeldipumpel; Rackerdiklack;
c ein Kindergarten; Notre-Dame; die Zentrale der Kommunistischen Partei; das Parlament; eine unterdrückte Wut; der Parthenon; die Redaktion des Figaro; der Elysée-Palast; Paris;
d die Deutschen; die französischen Fallschirmjäger; die Vietnamesen; die Araber; die Israeli; die Polizei;
e macht sie nicht;

f mit Krummsäbeln; mit Exemplaren des Figaro; mit Enterhaken; mit Maschinenpistolen; mit Töpfen voll roter Farbe; mit Töpfen voll blauer Farbe; mit Töpfen voll gelber Farbe; mit Töpfen voll rosa Farbe; mit Töpfen voll schwarzer Farbe; mit Bildern von Picasso; mit kleinen roten Büchern; mit Ansichtspostkarten;

g Indianer; Horden von Buchhaltern; abtrünnige Kommunisten; verrückte Lastwagenfahrer;

h werfen Steine; werfen Bomben; kippen Töpfe voll roter, grüner, blauer, gelber, schwarzer Farbe um; beschmieren die Straße mit einer glitschigen Masse;

i auf den Elysée-Palast; auf die Universität von Nanterre; auf der Piazza Navona;

j wird von CIA-Agenten aus dem Fenster geworfen; wird von Fallschirmjägern defloriert; wird von australischen Aborigines umgebracht;

k mit einem tiefen Schlitz im Bauch, aus dem kleine Bäche von gelber, roter, blauer, schwarzer Farbe rinnen;

l aus Mispeln; macht Liebe mit Voltaire;

m in ungleichmäßigem Tempo; im Schneckentempo; regungslos dasitzend, während der Hintergrund vorbeigleitet (Rückprojektionen benutzen);

n nach Nanterre; zum Renault-Werk in Flins; zur Place de la Bastille; nach Clignancourt; nach Venedig;

o Jean-Jacques Servan-Schreiber; Jean-Paul Sartre; Pier Paolo Pasolini; d'Alembert;

p verpaßt den Zug; radelt; fährt auf Rollschuhen;

q und weint; und schreit »Vive Guevara!«

r eine Indianerbande;

s alle; keinen;

t Brecht-Zitate; die Erklärung der Menschenrechte; Saint-John Perse; Fürst Korzybsky; Eluard; Lo Sun; Charles Péguy; Rosa Luxemburg;

u Diderot; de Sade; Restif de la Bretonne; Pompidou;

v eine Tomate, die zerplatzend rote, blaue, gelbe, schwarze Farbflecken macht;

w Dany Cohn-Bendit; Nixon; Madame de Sévigné; Voiture; Van Vogt; Einstein;

x geht weg; sprengt alle anderen in die Luft; wirft eine Bombe auf den Arc de Triomphe; bringt ein Elektronengehirn zum Platzen; kippt Töpfe voll gelber, grüner, blauer, mennigeroter, schwarzer Farbe um;

y verkauft Mao-Bibeln; schreibt eine Wandzeitung; liest Verse von Pierre Emmanuel; sieht einen Film von Chaplin;

z die Fallschirmjäger; die Deutschen; Horden von hungrigen und mit Säbeln bewaffneten Buchhaltern; Panzerspähwagen; Pier Paolo Pasolini Arm in Arm mit Pompidou; die Urlauberwellen zu Ferragosto; Diderot und d'Alembert als Hausierer mit der Encyclopédie; die vereinten Marxisten-Leninisten auf Tretrollern.

Multiples Sujet für Ermanno Olmi

Ein arbeitsloser[a] Holzfäller[b] zieht lange durchs Land[c], kommt dann zurück in sein Heimatdorf[d] und entdeckt, daß seine Mutter[e] gestorben ist[f]. Beim Spazierengehen im Wald[g] spricht er mit einem Landstreicher[h], begreift schließlich die Schönheit der Bäume[j] und bleibt da[k], um nachzudenken[l];

a überbeschäftigter; trübsinniger; zielloser; kranker; entlassener; von einem Gefühl der Leere erfüllter; vom Glauben verlassener; wieder zum Glauben gekommener; nach einer Begegnung mit Papst Johannes XXIII. wieder gläubig gewordener;

b junger Mann, der zum ersten Mal in die Stadt kommt; alter Partisan; enttäuschter Führungskader; Gebirgsjäger; Minenarbeiter; Skilehrer;

c zieht kurz durchs Land; fährt in einem Mini Cooper auf der Autobahn; fährt einen Lkw von Bergamo nach Brindisi;

d in das Sägewerk seines Bruders; in seine Almhütte; zum Piz Buin; nach Chamonix; an den Kalterersee; nach Genua in den kleinen Tabakladen seines Vetters;

e ein(e) andere(r) Verwandte(r) ersten Grades; seine Verlobte; sein bester Freund; der Pfarrer;

f krank ist; Prostituierte geworden ist; den Glauben verloren hat; den Glauben wiedergefunden hat; dem Papst Johannes XXIII. begegnet ist; nach Frankreich gezogen ist; von einer Lawine verschüttet worden ist; sich wie eh und je mit den kleinen Dingen des Alltags beschäftigt;

g auf der Autobahn; rings um den Wasserflughafen; beim städtischen Gaswerk; im ewigen Schnee; nach San Giovanni sotto il Monte; in den Korridoren einer sehr entfremdeten Werbeagentur;

h mit einem ehemaligen Gebirgsjäger; mit dem Pfarrer; mit einem ehemaligen Partisanen; mit einem Bergführer; mit dem Skilehrer; mit dem Boß der

Holzfäller; mit der Chefin einer Agentur für Industrial Design; mit einem Arbeiter; mit einem Arbeitslosen aus dem Mezzogiorno;

i begreift beim besten Willen nicht; erinnert sich an; entdeckt von neuem; erkennt nach einer Begegnung mit Papst Johannes XXIII.;

j des ewigen Schnees; der Baustelle; der Einsamkeit; der Freundschaft; der Stille;

k geht für immer fort;

l ohne noch etwas zu denken; ohne noch irgendein Ziel im Leben zu haben; mit einem neuen Lebensziel; um eine neuntägige Andacht für Papst Johannes XXIII. zu halten; um Holzfäller (Bergführer, Landstreicher, Minenarbeiter, Wasserträger) zu werden.

Multiples Sujet für Sampieri, Bellocchio, Faenza etc.

Junger Mann mit Kinderlähmung[a], Sohn aus schwerreicher[b] Industriellenfamilie, der im Rollstuhl[c] durch eine Luxusvilla[d] mit großem Park voller Kieswege[e] flitzt, haßt seinen Vetter[f], einen linksradikalen[g] Architekten[h], und vereinigt sich sexuell[i] mit seiner eigenen Mutter[j] in biologisch korrekter Weise[k], um sich dann zu töten[l], nachdem er mit dem Verwalter[m] Schach[n] gespielt hat.

ABWANDLUNGEN

a mit Querschnittlähmung; mit Zwangsneurose; mit simpler Neurose; mit tiefem Ekel vor der neokapitalistischen Gesellschaft; mit schwerem Trauma aufgrund einer als Dreijähriger erlittenen Vergewaltigung durch den Großvater; mit nervösem Zucken am Kiefer; gut aussehend, aber impotent; blond und lendenlahm (und nicht glücklich darüber); Verrücktheit vortäuschend; Gesundheit vortäuschend; von religiösem Wahn besessen; Mitglied der Marxistisch-Leninistischen Union, aber aus neurotischen Gründen;

b wohlhabender; in Zerfall begriffener; erblich belasteter; zerstörter; zerrütteter;

c auf einem Brett mit Rollen; an Krücken; mit einem künstlichen Bein; mit einer Zahnprothese, deren Eckzähne so weit herausragen, daß er sich auf sie stützen kann; ausschließlich durch das Geäst der Bäume hangelnd;

d Yacht; Gartenstadt; Klinik; das väterliche Sanatorium;

e oder mit anderen Arten von Bodenbelag, solange sie nur ein knirschendes Geräusch machen, wenn eine schwere Limousine darüberfährt;

f oder andere Verwandtschaftsbeziehung nach Wahl, einschließlich Stiefgeschwister und angeheiratete Verwandte; den/die Geliebte(n) der Mutter (des Vaters, der Tante, der Großmutter, des Verwalters, der Verlobten);

g *Espresso*-lesenden; reformkommunistischen; linksliberalen; als Partisan bei den Garibaldi-Brigaden aktiv gewesenen; als Mitglied des Planungskomitees tätigen; mit Theodorakis befreundeten; mit Berlinguer verwandten; als Studentenführer aktiv gewesenen;

h Städteplaner; Schriftsteller; Präsidenten des Natur- und Heimatschutzbundes; Börsenagenten (mit der Nase im Wind); engagierten Schriftsteller;

i bemüht sich um sexuelle Vereinigung; erweist sich als impotent beim Bemühen um sexuelle Vereinigung; denkt an sexuelle Vereinigung (Traum-Sequenz); defloriert mit einer Fahrradluftpumpe die;

j Großmutter; Tante; Schwester; Stiefbase; Base zweiten Grades; Schwägerin; den Vater; den Bruder;

k rektal; durch Einführung einer Dynamitkerze in die Vagina; mit einem Maiskolben (nach einem Faulkner-Zitat, das der linksradikale Architekt, siehe g-h, zufällig fallenläßt); durch Cunnilingus; indem er sie wüst verprügelt; in Frauenkleidern; so gekleidet, daß er aussieht wie sein eigener Vater (Großmutter, Tante, Mutter, Bruder, Kusine); in der Uniform der Föderierten; in der Uniform der Marines; in einer Diabolik-Maske aus Plastik; in SS-Uniform; in Radikalen-Kluft; als Scorpio Rising verkleidet; in einem Anzug von Paco Rabanne; im Priesterkleid;

l sich mit Benzin zu übergießen; eine Überdosis Schlaftabletten zu nehmen; sich nicht zu töten, aber daran zu denken (Traum-Sequenz); sie (ihn) zu töten; mit dem *Salve Regina* auf den Lippen zu masturbieren; die Telefonseelsorge anzurufen; die Hauptpost in die Luft zu sprengen; auf das Familiengrab zu urinieren; mit wüstem Gelächter das eigene Kinderfoto anzuzünden; die *Norma* zu singen;

m der Tante; der Großmutter; der arglosen kleinen Schwester; sich selbst im Spiegel; der toten Mutter (Traum-Sequenz); dem vorbeikommenden Briefträger; der alten Gouvernante; einem der Brüder Bellocchio (egal welchem);

n Dame; Halma; Go; Mensch-ärgere-dich-nicht; Backgammon; Siebzehn-und-vier; Sechsundsechzig; Pingpong; Bleisoldaten; Indianer-und-Cowboy; Räuber-und-Gendarm; Alles-oder-nichts.

Multiples Sujet für Luchino Visconti

Lesbische hanseatische[a] Baronin[b] verrät ihren Geliebten[c], einen Arbeiter bei VW[d], durch Denunziation[e] bei der Polizei[f]. Er stirbt[g], woraufhin sie voller Reue[h] ein großes orgiastisches[i] Fest[j] mit Travestiten[k] in den Souterrains der Oper[l] veranstaltet, um sich dortselbst zu vergiften[m].

ABWANDLUNGEN

a bayerische; sizilianische; vatikanische; welfische;

b Herzogin; Pharaonentochter; Marquise; Daimler-Benz-Aktionärin; k. u. k. Musikerin;

c ihre Geliebte; ihren Gatten; ihren Sohn, mit dem sie inzestuöse Beziehungen hat; ihre Schwester, mit der sie inzestuöse Beziehungen hat; den Geliebten ihrer Tochter, mit dem sie inzestuöse Beziehungen hat und den sie mit ersterem betrügt; den SS-Obersturmbannweltanschauungsgötterdämmerungsführer von Oberschlesien; den Lustknaben ihres impotenten und rassistischen Gatten;

d Fischer auf Rügen; Monteur bei Hoch-Tief; Riverboat gambler; Mad Doctor in einem Nazi-KZ; Kommandant der leichten Kavallerie des Pharaos; Feld-Adjutant des Marschalls Radetzky; Leutnant bei Garibaldi; Gondoliere;

e durch falsche Angaben über die zu befolgende Route; indem sie ihm eine falsche Geheimbotschaft anvertraut; indem sie ihm ein Rendezvous auf einem Friedhof in der Nacht zum Karfreitag verspricht; indem sie ihn als Rigolettos Tochter verkleidet und in einen Sack steckt; indem sie eine Falltür im Salon des Schlosses ihrer Ahnen öffnet, während er, verkleidet als Marlene Dietrich, das Lied vom König in Thule singt.

f bei Marschall Radetzky; beim Pharao; bei Tigellinus; beim Herzog von Parma; beim Fürsten Salinas; beim SS-Oberstammdeutschkrimalinterpolphallusführer von Hinterpommern;

g singt eine Arie aus der *Aida*; sticht auf einem Fischkutter in See Richtung Malta und läßt nichts mehr von sich hören; wird während eines wilden Streiks mit Eisenstangen verprügelt; wird von einem Trupp Ulanen im Solde des Prinzen von Homburg sodomisiert; holt sich eine Geschlechtskrankheit durch sexuelle Kontakte mit Vanina Vanini; wird als Sklave an den Sultan verkauft und, nachdem ihn die Borgias auf dem Flohmarkt wiedergefunden haben, von Pharaos Tochter als Bettvorleger benutzt;

h ganz ohne Reue und rasend vor Freude; verrückt geworden; zum Klange von Balalaikas am Lido badend;

i mystisches; dramatisches; barockes; algolagnisches; skatologisches; sadomasochistisches;

j Leichenbegängnis; satanisches Ritual; Tedeum;
k mit verdorbenen Kindern; mit Homosexuellen aus Deutschland; mit Chorsängern aus dem *Troubadour*; mit Lesbierinnen im Gewand bourbonischer Soldaten; mit Kardinal Ruffo und Garibaldi; mit Dario Fo; mit Gustav Mahler;
l auf dem Friedhof Père Lachaise; in Hitlers Bunker; auf einem Schloß im Schwarzwald; in Abteilung 215 der Fiat-Nutzfahrzeugwerke; im Hôtel des Bains am Lido von Venedig;
m den ganzen *Ring des Nibelungen* anzuhören; burgundische Lieder auf einer Guimbarde zu spielen; sich auf dem Gipfel des Festes zu entkleiden, um darzutun, daß sie in Wahrheit ein Mann ist, und sich alsdann zu entmannen; an Schwindsucht zu sterben, in kostbare Gobelins drapiert; flüssiges Wachs zu trinken und im Musée Grévin begraben zu werden; sich von einem Dreher die Kehle durchschneiden zu lassen, während sie dunkle Prophezeiungen murmelt; zu warten, bis das Hochwasser auf den Markusplatz kommt, und sich darin zu ertränken.

(1972)

… müssen wir mit Bedauern ablehnen (Lektoratsgutachten)

Anonym: *Die Bibel*

Ich muß sagen, als ich den Anfang dieses Manuskripts und die ersten hundert Seiten las, war ich begeistert. Alles Action, prallvoll mit allem, was die Leser heute von einem richtigen Schmöker erwarten: Sex (jede Menge), Ehebrüche, Sodomie, Mord und Totschlag, Inzest, Kriege, Massaker usw.

Die Episode in Sodom und Gomorra mit den Schwulen, die die zwei Engel vernaschen wollen, könnte von Rabelais sein; die Geschichten von Noah sind reinster Karl May, die Flucht aus Ägypten schreit geradezu nach Verfilmung… Kurz, ein echter Reißer, gut konstruiert, mit effektsicheren Theatercoups, voller Fantasy, dazu genau die richtige Prise Messianismus, ohne die Sache ins Tragische kippen zu lassen.

Beim Weiterlesen habe ich dann gemerkt, daß es sich um eine Anthologie diverser Autoren handelt, eine Zusammenstellung sehr heterogener Texte mit vielen, zu vielen poetischen Stellen, von denen manche auch ganz schön fade und larmoyant sind, echte Jeremiaden ohne Sinn und Verstand.

Was dabei herauskommt, ist ein monströses Sammelsurium, ein Buch, das alle bedienen will und daher am Ende keinem gefällt. Außerdem wäre es eine Heidenarbeit, die Rechte von all den Autoren einzuholen, es sei denn, der Herausgeber stünde dafür gerade. Aber dieser Herausgeber wird leider nirgends genannt, nicht mal im Register, als ob es irgendwie Hemmungen gäbe, seinen Namen zu nennen.

Ich würde vorschlagen zu verhandeln, um zu sehen, ob man nicht die ersten fünf Bücher allein herausbringen kann. Das wäre ein sicherer Erfolg. Mit einem Titel wie »Die verlorene Schar vom Roten Meer« oder so.

Homer: *Die Odyssee*

Mir persönlich gefällt das Buch. Es hat eine schöne, fesselnde Story voller Abenteuer, es hat genau die richtige Dosis Liebe, es handelt von Gattentreue und kleinen Seitensprüngen (sehr gut die Figur der Kalypso, eine echte Männerverschlingerin), es hat sogar einen Hauch von Lolita in der Episode mit dem Mädchen Nausikaa, in der auf subtil erregende Weise alles nur angedeutet und doch sonnenklar wird. Dazu viel Action, atemberaubende Szenen mit einäugigen Giganten und Kannibalen, ja sogar ein Schuß Droge, gerade so viel, daß man keine Schwierigkeiten mit der Zensur bekommt – denn soweit ich weiß, steht der Lotus nicht auf dem Index des *Narcotics Bureau.* Die Schlußszenen sind in bester Western-Manier gehalten, die Keilerei ist solide, und der Bogenwettkampf hat einen meisterlich durchgehaltenen Suspense.

Was wäre sonst noch zu sagen? Das Ganze liest sich viel flüssiger als der erste Roman desselben Autors, der mit seinem sturen Beharren auf der Einheit des Ortes zu statisch war, dazu ermüdend durch die Überfülle an Ereignissen – denn nach der dritten Schlacht und dem zehnten Duell hat der Leser den Mechanismus begriffen. Und außerdem haben wir ja gesehen, was uns die Geschichte von Achilles und Patroklos mit ihrem Beiklang von gar nicht mal bloß latenter Homosexualität für einen Riesenärger mit dem Kreisjugendamt Neuwied eingebracht hat. Nichts davon in diesem zweiten Buch, hier läuft alles glatt, sogar der Ton ist ruhiger, bedächtiger, um nicht zu sagen: nachdenklicher geworden. Dazu die gekonnte Montage, das Spiel mit den Rückblenden, die Verschachtelung der Geschichten... Mit einem Wort, große Klasse, dieser Homer ist wirklich sehr gut.

Zu gut, würde ich sagen... Ich frage mich, ob das alles auf seinem Mist gewachsen ist. Sicher, beim Schreiben lernt man dazu (und wer weiß, vielleicht wird sein drittes Buch wirklich ein Knüller), aber was mir Sorgen macht – und mich nach reiflicher Überlegung dazu bringt, eher abzuraten –, ist das Chaos, das sich bei den Rechten ergeben wird. Ich habe mit dem Literaturagenten Erich Linder darüber gesprochen, die Lage ist alles andere als unkompliziert.

Vor allem ist der Autor nicht mehr aufzutreiben. Nach Auskunft derer, die ihn gekannt haben, war es in jedem Fall eine Qual, mit ihm über kleine Veränderungen am Text zu reden, denn er sei blind wie ein Maulwurf gewesen und habe sich nie um das Manuskript gekümmert, ja er schien es nicht einmal richtig zu kennen: Er zitierte aus dem Gedächtnis, er wußte nicht mehr, was genau er diktiert hatte, und meinte, die Sekretärin hätte wohl etwas eingefügt. Es stellt sich also die Frage, ob er wirklich der Autor ist oder womöglich bloß seinen Namen hergegeben hat.

Das wäre soweit noch kein Problem, die Kunst des Lektorierens ist ja inzwischen hoch entwickelt, und viele Bücher, die im Lektorat umgeschrieben werden oder von Autorenteams stammen (siehe Fruttero & Lucentini), werden am Ende große Erfolge. Aber bei diesem Buch sind die Ungewißheiten zu groß. Linder meint, daß die Rechte nicht allein bei Homer liegen könnten, man müßte auch mit gewissen äolischen Liedermachern verhandeln und ihnen für einige Stellen Prozente anbieten.

Nach Ansicht eines Literaturagenten in Chios müßten die Rechte von einer Gruppe dort ansässiger Rhapsoden eingeholt werden, die praktisch als »Neger« oder Ghostwriter für Homer gearbeitet hätten, allerdings wisse man nicht, ob ihre Werke beim lokalen Schriftstellerverband gemeldet seien. Ein Agent in Smyrna behauptet dagegen, daß Homer der alleinige Urheber sei, nur sei er inzwischen gestorben, und da er keine Nachkommen habe, seien die Rechte an die Stadt Smyrna gefallen. Smyrna ist jedoch nicht die einzige Stadt, die solche Ansprüche erhebt. Die Unmöglichkeit einer Klärung, ob und wann unser Mann gestorben ist, steht auch einer Berufung auf § 64 des Urheberrechtsgesetzes im Wege, wonach ein Werk siebzig Jahre nach dem Tod seines Autors frei wird. Neuerdings hat sich jetzt ein gewisser Kallimachos gemeldet, der sämtliche Rechte zu haben behauptet, aber die *Odyssee* nur hergeben will, wenn wir auch die *Thebais*, die *Kypria* und die *Epigonen* nehmen, und ganz davon abgesehen, daß diese Werke nicht viel taugen, sind sie nach Ansicht vieler auch gar nicht von Homer. Und selbst angenommen, wir ließen uns darauf ein, in welche Reihe sollten wir sie dann tun? Diese Leute sind doch heutzutage alle bloß geldgierige Spekulanten!

Ich habe mal vorsichtig bei Aristarch von Samothrake angefragt, ob er eventuell ein Vorwort schreiben würde, er hat Renommee und das nötige Know-how, um die Sache in Ordnung zu bringen, aber da kämen wir vom Regen in die Traufe: er will direkt *im Buch* ausführlich erörtern, was jeweils authentisch ist und was nicht! Auf die Art machen wir eine historisch-kritische Ausgabe und ade, hohe Auflage... Dann lieber gleich das Ganze dem Griechischen Klassikerverlag überlassen, der braucht zehn Jahre und bringt am Ende ein schnuckliges Bändchen zu 180 Mark heraus, das er als Weihnachtsgabe an Bankdirektoren versendet.

Fazit: Wenn wir uns in das Abenteuer stürzen, riskieren wir endlose Rechtsstreitigkeiten und kommen in Teufels Küche, das Buch wird womöglich beschlagnahmt, aber es ist keins von denen, die daraufhin um so schneller unterm Ladentisch weggehen, es ist einfach weg vom Fenster. Vielleicht kann man es nach zwei, drei Jahren an einen Taschenbuchverlag verkaufen, aber bis dahin hat man viel Geld investiert und nichts davon wiedergesehen.

Tut mir sehr leid, das Buch als solches hätte die Mühe verdient. Aber wir können nicht auch noch anfangen, uns als Detektive zu betätigen. Ich würde die Finger davon lassen.

Dieser Alighieri ist zwar ein typischer Sonntagsautor (im Berufsleben gehört er der Apothekerzunft an), doch seine Arbeit läßt unbestreitbar ein gewisses technisch-formales Talent erkennen, desgleichen auch einen beachtlichen epischen »Atem«. Die Arbeit – geschrieben in der toskanischen Volkssprache – setzt sich aus ca. hundert »Gesängen« in Terzinen zusammen und liest sich streckenweise durchaus interessant. Besonders feinsinnig erscheinen mir die astronomischen Beschreibungen sowie einige knappe und prägnante theologische Urteile. Leichter zu lesen und in der Themenwahl populärer ist der dritte Teil des Buches, der Fragen behandelt, die eher nach dem Geschmack der Mehrheit sind, Alltagsprobleme eines möglichen Lesers wie etwa die ewige Seligkeit, die mystische Gottesschau und die Gebete zur Heiligen Jungfrau. Dunkel und prätentiös ist dagegen der erste Teil, durchsetzt mit primitiver Erotik, Gruselmomenten und wirklich obszönen Stellen. Dies ist bereits einer der nicht wenigen Punkte, die gegen eine Annahme sprechen, denn ich frage mich, wie der Leser diesen ersten Teil überstehen soll, der an Erfindungsreichtum nicht mehr enthält als ein x-beliebiges Handbuch über das Totenreich, ein Moraltraktat über die Sünde oder die *Legenda aurea* des Fra Jacopo da Varagine.

Das entscheidende Hindernis ist jedoch die von unausgegorenen Avantgarde-Aspirationen diktierte Wahl des toskanischen Dialekts. Daß unser gewohntes Latein heute innovatorische Anstöße braucht, ist inzwischen communis opinio (und keineswegs nur in kleinen Avantgardezirkeln), aber es gibt eine Grenze, wenn nicht in den Gesetzen der Sprache, so doch zumindest in der Akzeptanzkapazität des Publikums. Wir haben ja gesehen, was aus der Operation mit den sogenannten »sizilianischen Dichtern« geworden ist, deren Werke ihr Verleger eigenhändig vertreiben mußte, indem er sie per Fahrrad in die Buchläden brachte, wo sie dann in den Ramschkisten landeten.

Außerdem, wenn wir erst einmal damit anfangen, eine Dichtung in toskanischer Mundart zu verlegen, werden wir bald auch eine in ferraresischer und eine weitere in friaulischer usw. herausbringen müssen, um die marktbeherrschende Stellung nicht zu verlieren. Sicher, derlei avantgardistische Unternehmungen steigern das Renommee, aber mit einem so monströsen Buch wie diesem hier kann man sich nicht darauf einlassen. Ich persönlich habe nichts gegen Reime, aber die quantitierende Metrik ist bei den Lyriklesern immer noch die beliebteste, und ich frage mich, ob ein normaler Mensch sich diese endlose Reihe Terzinen mit Genuß reinziehen kann, besonders wenn er, sagen wir, aus Mailand oder Venedig stammt. Denken wir lieber an eine gute populäre Reihe, die zu erschwinglichen Preisen Texte wie etwa die *Mosella* von Decimus Magnus Ausonius oder die *Carmina Burana* reprintet. Überlassen wir den Avantgardezeitschriften die numerierten Editionen der Merseburger Zaubersprüche: »*Ben zi bena*...« Feine Sachen, Sprachfutter für Hypermodernisten.

Tasso, Torquato: *Das befreite Jerusalem*

Als »moderne« Ritterdichtung nicht schlecht. Der Stil hat Schwung, und die Handlung ist ziemlich neuartig. Es war auch an der Zeit, mit den Remakes der bretonischen und karolingischen Zyklen aufzuhören. Aber sagen wir's unverblümt: Es geht um die Kreuzzüge und die Einnahme von Jerusalem, also ein religiöses Thema. Wir könnten nicht daran denken, das Buch an die außerparlamentarischen oder alternativen Jugendlichen zu verkaufen, bestenfalls kriegen wir ein paar gute Rezensionen in Bistumsblättern oder in der *Bunten.* Allerdings frage ich mich, wie dort wohl gewisse erotische Szenen aufgenommen werden, manche Stellen sind ein bißchen lasziv.

Mein Vorschlag: Wir sagen ja, wenn der Autor sich bereit erklärt, den Text so zu überarbeiten, daß daraus eine auch für Nonnen lesbare Dichtung wird. Ich habe schon dieserhalb bei ihm vorgefühlt, er scheint mir nicht grundsätzlich abgeneigt, dem Gedanken einer angemessenen Überarbeitung näherzutreten.

Diderot, Denis: *Die geschwätzigen Kleinode* und *Die Nonne*

Ich gestehe, ich habe in diese beiden Manuskripte gar nicht erst reingesehen, aber ein Gutachter muß auch wissen, was er überhaupt lesen muß und was nicht. Ich kenne diesen Diderot, er macht Enzyklopädien (er war auch mal als Fahnenkorrektor für uns tätig), und jetzt hat er sich ein Riesenwerk mit ich weiß nicht wie vielen

Bänden vorgenommen, das vermutlich nie erscheinen wird. Er läuft herum und sucht nach Graphikern, die in der Lage sind, das Innere einer Uhr zu zeichnen oder die Webfäden eines Gobelins, und er wird seinen Verleger noch in den Ruin treiben. Er ist ein fürchterlicher Umstandskrämer, ich kann mir beim besten Willen nicht vorstellen, daß er je etwas auch nur annähernd Unterhaltsames in erzählender Prosa zustande bringt, schon gar nicht für ein Programm wie das unsere, bei dem wir immer so darauf achten, daß die Sachen delikat und ein bißchen gewagt sind, so wie Restif de la Bretonne. Nein, wirklich, da kann ich nur sagen, wie man bei uns in Piemont sagt: *Ofelé, fa el to mesté!* – Schuster, bleib bei deinem Leisten!

De Sade, Donatien Alphonse François: *Justine*

Das Manuskript lag in einem Haufen Sachen, die ich alle noch diese Woche erledigen mußte, und da habe ich es, ehrlich gesagt, nicht ganz gelesen. Ich habe nur dreimal aufs Geratewohl irgendwo reingeschaut, aber ihr wißt ja, für ein geübtes Auge genügt das schon.

Also: Beim ersten Mal fand ich eine Flut von Seiten über Naturphilosophie, mit Erörterungen über die Grausamkeit des Lebenskampfes, die Reproduktion der Pflanzen und die Aufeinanderfolge der Tierarten. Beim zweiten Mal mindestens fünfzehn Seiten über den Begriff der Lust, über die Sinne und die Einbildungskraft und dergleichen mehr. Beim dritten Mal weitere zwanzig Seiten über die Herrschaftsverhältnisse zwischen Mann und Frau in den verschiedenen Ländern der Welt... Mir scheint, das genügt. Wir sind schließlich nicht auf der Suche nach einem philosophischen Werk, das Publikum will heutzutage Sex, Sex und noch mal Sex. Und möglichst in allen Lagen. Die Linie, an die wir uns halten sollten, ist die der *Liebesabenteuer des Chevalier Faublas.* Philosophische Abhandlungen sollten wir lieber Suhrkamp überlassen.

Cervantes, Miguel: *Don Quijote*

Das nicht immer leicht lesbare Buch ist die Geschichte eines spanischen Edelmannes, der mit seinem Schildknappen durch die Welt zieht und allerlei phantastischen Ritterträumen nachjagt. Der Edelmann ist ein bißchen verrückt (die Figur wird sehr plastisch gezeichnet, erzählen *kann* dieser Cervantes), während sein Knappe ein Simpel mit einem gewissen bäuerlich-pfiffigen Common sense ist (ein Typ, mit dem sich der Leser unschwer identifizieren kann), der die Wahnvorstellungen seines Herrn zu entmystifizieren trachtet. Soviel zur Story, die ein paar schöne Einfälle und viele saftige, amüsante Szenen aufweist. Aber ich möchte etwas zu bedenken geben, was über die Begutachtung eines einzelnen Werkes hinausgeht.

In unserer wohlfeilen Reihe »Des Lebens Wechselfälle« haben wir mit beachtlichem Erfolg den *Amadis von Gaula*, die *Legende vom Gral*, den *Tristan-Roman*, den *Troja-Roman*, den *Lai vom Voggelin* und die *Saga von Erec und Enide* herausgebracht. Gerade jetzt haben wir die Option auf den großen Wurf dieses jungen Barberino, *Das fränkische Königshaus*, ein Roman, der meines Erachtens das Buch des Jahres wird und der womöglich sogar – toitoitoi – den ZDF-Literaturpreis bekommt, denn so was gefällt den Juroren. Wenn wir nun den Cervantes nehmen, bringen wir damit ein Buch auf den Markt, das uns, so schön es auch sein mag, unsere ganze bisher gepflegte Verlagspolitik versaut und all diese anderen Ritterromane zu albernen Narrenflausen abstempelt. Nichts gegen die Freiheit des Wortes, nichts gegen Widerspruch, Auflehnung etc. etc., aber wir müssen doch auch zu unseren Autoren stehen. Um so mehr, als dieser *Don Quijote*, wie mir scheint, das typische *opus unicum* ist, der Autor kommt gerade erst aus dem Gefängnis, wo es ihm ziemlich übel ergangen sein muß, ich weiß nicht mehr, ob man ihm einen Arm oder ein Bein abgehackt hat, jedenfalls macht er weiß Gott nicht den Eindruck, als wollte er noch was anderes schreiben. Ich fände es äußerst bedauerlich, wenn wir, auf der Jagd nach Novitäten um jeden Preis, eine Verlagspolitik kompromittieren würden, die bisher sowohl populär wie moralisch und (sagen wir's ruhig) auch profitabel war. Ablehnen.

Manzoni, Alessandro: *Die Verlobten*

Historische Schmöker sind ja zur Zeit sehr beliebt, wenn man die Auflagenhöhen bedenkt. Doch es gibt sone und solche. Als wir zum Beispiel *Das Schloß zu Trezzo* von Bazzoni oder Cantùs *Margherita Pusterla* oder Viktor von Scheffels *Ekkehard* annahmen, wußten wir, was wir in die Taschenbuchreihe taten. Das sind lesbare Bücher, die man auch in zweihundert Jahren noch lesen wird, denn sie gehen dem Leser ans Herz, ihre Sprache ist schlicht und ergreifend, sie bekennen sich zu ihren regionalen Wurzeln, und sie behandeln zeitgenössische – beziehungsweise von den Zeitgenossen als solche empfundene – Themen wie die kommunalen Kämpfe oder die feudalen Fehden. Dieser Manzoni dagegen siedelt erstens seinen Roman im 17. Jahrhundert an, einer notorisch unverkäuflichen Epoche. Zweitens versucht er eine höchst anfechtbare sprachliche Operation, indem er ein Gemisch aus Mailändisch und Florentinisch zusammenbraut, das weder Fisch noch Fleisch ist und das ich unseren Schülern gewiß nicht als Vorbild für ihre Abituraufsätze empfehlen würde. Doch das sind nur die kleineren Sünden.

Tatsache ist, daß unser Autor zwar vordergründig eine populäre Geschichte einfädelt, eine stilistisch und erzählerisch »triviale« Rührstory von zwei armen Verlobten, die wegen der Ränke und Machenschaften irgendeines lokalen Potentaten nicht heiraten können (am Ende heiraten sie dann doch, und alle sind glücklich – ein bißchen dürftig für die immerhin gut achthundert Seiten, die der Leser durchackern muß!). Dann aber verpaßt uns dieser Manzoni auf Schritt und Tritt im Ton einer salbungsvollen Moralpredigt über die Vorsehung lauter pessimistische Tiefschläge (jansenistische, um genau zu sein) und ergeht sich letzten Endes in melancholischen Reflexionen über die menschliche Schwäche und die nationalen Untugenden – vor einem Publikum, das nach hehren Geschichten von erhabenen Helden, patriotischen Freiheitskämpfern und nationaler Größe lechzt und gewiß nicht nach Sophismen über das »Sklavenvolk«, die ich lieber Herrn Lamartine überlassen würde. Die intellektuelle Unart, ständig alles und jedes zu problematisieren, ist sicher nicht gerade verkaufsfördernd, außerdem ist sie meines Erachtens eher eine transalpine Flause als eine lateinische Tugend – man sehe nur, wie unser wackerer Romagnosi vor ein paar Jahren in der »Anthologie« auf zwei exemplarisch knappen Seiten den Kokolores jenes Herrn Hegel erledigte, der sich in Deutschland heute so großer Beliebtheit erfreut!

Nein, unser Publikum will etwas anderes. Es will bestimmt nicht eine Erzählung, die sich ständig unterbricht, um dem Autor Gelegenheit zur Darlegung seiner banalen Philosophie zu geben, oder gar, schlimmer noch, zur Anfertigung prätentiöser Collagen aus höchst unterschiedlichen Materialien – zwei historische Dokumente aus dem 17. Jahrhundert einmontiert zwischen einem halb lateinischen Dialog und pseudovolkstümlichen Tiraden, die eher an den guten Bertoldo selig erinnern als an die positiven Helden, nach denen das Publikum giert ...

Noch ganz im Banne des packenden und mitreißenden Romans, den ich gerade genossen hatte, nämlich des *Niccolò de' Lapi* von Massimo Taparelli d'Azeglio, habe ich diese *Verlobten* nur mit Mühe gelesen. Es genügt schon ein Blick auf die erste Seite, um zu sehen, welchen Aufwand der Autor treibt, bis er endlich zur Sache kommt, wie umständlich er mit einer Landschaftsbeschreibung in labyrinthischen Satzungeheuern beginnt, so daß man erst einmal gar nicht kapiert, wovon überhaupt die Rede ist, während es doch so einfach gewesen wäre, ganz ohne Umschweife mit einem Satz wie, was weiß ich, zum Beispiel »Eines

Morgens in der Gegend von Lecco...« oder so anzufangen. Aber was soll's, nicht jeder hat eben die Gabe, gut zu erzählen, und noch wenigeren ist es gegeben, ein gutes Italienisch zu schreiben.

Zugegeben, das Buch hat schon auch seine Qualitäten. Aber seien wir uns darüber im klaren, daß es nicht leicht sein wird, die erste Auflage zu verkaufen.

Proust, Marcel: *Auf der Suche nach der verlorenen Zeit*

Ohne Frage ein anspruchsvolles Werk, vielleicht ein bißchen lang, aber wenn man daraus eine Taschenbuchreihe macht, läßt es sich schon verkaufen.

Allerdings nicht im jetzigen Zustand, da muß erst noch viel dran getan werden, das Manuskript bedarf einer gründlichen Redaktion. Die ganze Interpunktion beispielsweise muß durchgeforstet werden. Die Sätze sind viel zu lang, manche gehen über eine ganze Seite, das ist sehr ermüdend. Durch eine solide Bearbeitung, die sie jeweils auf höchstens drei Zeilen verkürzt, häufiger aufteilt und öfter mal einen Absatz einschiebt, würde der Text sicher viel gewinnen.

Wenn der Autor darauf nicht eingehen will, lassen wir lieber die Finger davon. In der vorliegenden Form jedenfalls ist das Buch – wie soll ich sagen? – zu asthmatisch.

Kant, Immanuel: *Kritik der praktischen Vernunft*

Ich habe das Manuskript Prof. Vittorio Saltini zu lesen gegeben, und er meint, daß dieser Kant nicht viel taugt. Dessenungeachtet habe ich dann selbst nochmal reingeschaut, in unserer kleinen philosophischen Reihe könnten wir ja schon ein Bändchen über Moral gebrauchen, das dann womöglich an der Uni in den Proseminaren benutzt wird. Tatsache ist, daß der deutsche Originalverlag uns dieses Buch nur geben will, wenn wir uns verpflichten, nicht nur das voraufgegangene Werk des Autors dazuzunehmen, das ein ziemlich unförmiges Riesending in mindestens zwei dicken Bänden ist, sondern auch das, was dieser Kant derzeit gerade schreibt, irgendwas über Kunst oder das ästhetische Urteil, wenn ich es richtig verstanden habe. Außerdem heißen die drei Bücher alle fast gleich, wir müßten sie also entweder alle drei zusammen in einer Kassette verkaufen (und das hieße zu einem prohibitiven Preis), oder sie würden leicht miteinander verwechselt werden und die Leute würden sagen: »Aber das habe ich doch schon gelesen!« Am Ende ergeht es uns so wie damals mit der *Summa* von diesem Dominikaner, die wir erst für teures Geld übersetzen ließen und dann mittendrin an Bertelsmann abtreten mußten, weil wir's nicht mehr bezahlen konnten.

Aber damit nicht genug, der deutsche Literaturagent hat mir gesagt, wir müßten uns auch zur Übernahme der kleineren Schriften dieses Kant verpflichten, und das sind jede Menge Titel, darunter sogar etwas über Astronomie. Vorgestern habe ich nun versucht, ihn in Königsberg anzurufen, um mal vorzufühlen, ob wir uns nicht auf einen Titel verständigen könnten, und da hat die Zugehfrau mir gesagt, zwischen fünf und sechs sei der Herr Professor nie zu Hause, weil er um diese Zeit immer seinen Spaziergang mache, auch zwischen drei und vier sei er nicht zu sprechen, weil er da seinen Mittagsschlaf halte, na und so weiter. Also, ich würde mich nicht mit so einem Typ einlassen, am Ende haben wir seine ganzen Bücher stapelweise im Lager.

Kafka, Franz: *Der Prozeß*

Der kleine Roman ist nicht übel, ein Krimi mit einigen Stellen in bester Hitchcock-Manier; so etwa der Mord am Ende, das wird schon sein Publikum finden.

Allerdings scheint es, als hätte der Autor unter Zensurbedingungen geschrieben. Was sollen all diese vagen Anspielungen, warum dieses Weglassen von Eigennamen und Ortsangaben? Und wieso wird dem Protagonisten überhaupt der Prozeß gemacht? Wenn man diese Punkte genauer klärt, das Ganze konkreter situiert, die Umstände und den Verlauf präzisiert durch Fakten, Fakten und nochmal Fakten, dann wird die Handlung durchsichtiger und der Suspense besser garantiert.

Diese jungen Schriftsteller meinen immer, es wäre »Literatur«, wenn sie bloß vage »ein Mann« schreiben, statt klipp und klar »der Herr Sowieso an dem und dem Ort zu der und der Stunde...« Also, wenn wir in diesem Sinne Hand anlegen dürfen, okay, andernfalls würde ich ablehnen.

Joyce, James: *Finnegans Wake*

Ich muß darum bitten, bei Verschicken der zu prüfenden Titel ein bißchen mehr aufzupassen. Ich bin der Lektor für englischsprachige Bücher, und dies hier ist in weiß der Teufel was für einer Sprache geschrieben. Das Manuskript geht mit gesonderter Post zurück.

(1972)

Die Entdeckung Amerikas

Telmon: Guten Abend, verehrte Zuschauerinnen und Zuschauer. Es ist 19 Uhr, wir haben den 11. Oktober 1492, und wir beginnen jetzt unsere Live-Sendung vom Flaggschiff der Expedition Columbus, die bis morgen früh 7 Uhr den ersten europäischen Thalassonauten dazu bringen soll, seinen Fuß auf ein neues Land zu setzen, auf einen neuen Planeten, wenn Sie mir die Metapher erlauben, auf jene Terra incognita, von der so viele Astronomen, Geographen, Kartographen und Seefahrer geträumt haben, ein Land, das manche für Indien halten, von Osten anstatt von Westen erreicht, während andere glauben, es handle sich um nichts Geringeres als einen neuen, unbekannten, riesigen Kontinent. Von diesem Moment an bleiben wir für die nächsten 25 Stunden ununterbrochen auf Sendung. Wir sind in direkter Verbindung sowohl mit dem Flaggschiff, der *Santa Maria*, als auch mit dem Kontrollzentrum auf Gran Canaria, außerdem mit dem TV-Studio Sforza in Mailand, der Universität von Salamanca und der Universität Wittenberg.

Hier im Studio habe ich den Professor Leonardo da Vinci, einen eminenten Experten und Futurologen, der uns die nötigen Informationen zum Verständnis der technischen Einzelheiten dieser phantastischen Unternehmung geben wird. Ich rufe jetzt meinen Kollegen auf der *Santa Maria*. Hallo, Stagno?

Stagno: Sie wissen ja, Bilder kriegen wir erst im Moment der Landung. Die Fernsehkamera ist zwar an der Galionsfigur der Karavelle befestigt worden, aber die Antenne, die über dem Mastkorb am Großmast angebracht ist, kann erst in Aktion treten, wenn der Marsgast seine Arbeit getan hat und die Segel gerefft sind. An welchem Punkt ihrer epischen Reise befinden sich nun die drei Karavellen? Mit angehaltenem Atem verfolgen wir dieses größte Unternehmen in der Geschichte des Menschen, den Anfang einer neuen Ära, die bereits jemand die »Neuzeit« zu nennen vorgeschlagen hat. Der Mensch verläßt das Mittelalter und macht einen weiteren Schritt in seiner geistigen Evolution. Die gleiche Erregung wie uns erfüllt sicher auch die Techniker von Cape Canaria... Aber hören wir dazu Ruggiero Orlando, der extra aus dem Regierungsviertel herübergekommen ist, um diese historische Fernsehreportage zu machen. Hallo, Ruggiero, hörst du mich?

Orlando: Ja, ich höre dich. Hörst du mich?

Stagno: Ruggiero?

Orlando: Ja? Hörst du mich?

Stagno: Hörst du mich, Ruggiero?

Orlando: Aber ja, sag' ich doch, ich höre ich dich. Große Spannung herrscht hier in Cape Canaria. Die Position der drei Galeassen von Cristoph Columbus...

Stagno: Entschuldige, Orlando, mir scheint, das sind keine Galeassen...

Orlando: Einen Moment... die sagen hier... ein Höllenlärm herrscht hier im Kontrollzentrum, dreihundert Barfüßermönche lesen gleichzeitig dreihundert heilige Messen für ein gutes Gelingen der Expedition... Ach ja, tatsächlich, keine Galeassen, sondern Schebecken. Schebecken! Die Schebecke ist ein typisches Hochseeschiff...

Stagno: Entschuldige, Ruggiero, hier im Radio höre ich »Karavelle«...

Orlando: Was? Ich verstehe nicht... hier ist so ein Riesendurcheinander... Ah ja, also wie ich schon sagte, es handelt sich um drei Karavellen, die *Niña*, die *Pent-*, nein, *Pinta* und die *Santa Radegonda*...

Stagno: Entschuldige, Ruggiero, hier in der AP-Meldung steht *Santa Maria*...

Orlando: Tatsächlich, auch hier raunt mir gerade jemand *Santa Maria* zu, es gibt da wohl zwei Auffassungen... Na, jedenfalls, die Karavelle ist ein typisches Hochseeschiff, ich kann Ihnen hier ein kleines Modell davon zeigen... Und übrigens, was ich anhabe, ist die Schiffsjungen-Uniform der spanischen Marine... Die Karavelle...

Stagno: Entschuldige, Ruggiero, wenn ich dich unterbreche, aber wir haben hier den Professor da Vinci, der uns etwas über das Antriebssystem der Karavelle sagen kann...

Prof. da Vinci: Eman sed zsorg legov nye tsi ad...

Telmon: Einen Moment bitte. Hallo Kontrollraum... Professor da Vinci hat die seltsame Angewohnheit, von rechts nach links zu sprechen, man müßte das Tonband rückwärts abspielen. Sie erinnern sich, genau deswegen hatten wir einen Abstand von neun Sekunden zwischen der Aufnahme und der Ausstrahlung vorgesehen. Fertig? Gut, also Ton ab!

Prof. da Vinci: Da ist eyn Vogel grosz des Name...

Telmon: Entschuldigen Sie, Herr Professor... Wir

haben zwanzig Millionen Fernsehzuschauer... Vielleicht wäre es gut, sich ein bißchen einfacher auszudrücken...

Prof. da Vinci: Gewiß, entschuldigen Sie. Also, die Karavelle benutzt ein Antriebssystem, das wir als »wind and veil« bezeichnen, und sie schwimmt auf dem Wasser dank des archimedischen Prinzips, nach dem ein Körper, der in eine Flüssigkeit eingetaucht wird, einen Auftrieb gleich dem Gewicht der verdrängten Flüssigkeit hat. Das Segel als ausschlaggebendes Antriebselement verteilt sich über drei Masten oder »Bäume«, den Groß-, Fock- und Besanmast. Eine besondere Funktion hat das Bugspriet, an dem sich Klüver und Außenklüver anklammern, während Bram- und Besansegel eher Lenkungsfunktionen haben.

Telmon: Landet das Meerschiff denn im selben Zustand, in dem es gestartet ist, oder lösen sich unterwegs Teile ab?

Prof. da Vinci: Nun, es gibt einen Ausdünnungsprozeß des Schiffes, der in Fachkreisen »kill and drown« genannt wird. Das heißt, wenn ein Matrose sich unbotmäßig gegenüber dem Admiral verhält, bekommt er einen Schlag auf den Kopf und wird ins Meer geworfen. Das ist der Moment des »Mutiny show-down«. Auf der *Santa Maria* hat es drei solche Phasen von »kill and drown« gegeben, und es waren genau diejenigen, die es Admiral Columbus erlaubten, die Kontrolle über das Meerschiff zurückzugewinnen durch ein Verfahren, das wir »manuelles Kommando« nennen könnten... In solchen Fällen muß der Admiral sehr gut aufpassen und im richtigen Augenblick eingreifen...

Telmon: Sonst verliert er die Kontrolle über das

Schiff, ich verstehe. Und welche Funktion hat der Schiffsjunge?

Prof. da Vinci: Eine außerordentlich wichtige! Man nennt sie eine »feeding back«-Funktion. Für unsere Zuschauer könnten wir das mit »Sicherheitsventil« übersetzen. Es handelt sich um ein technisches Problem, mit dem ich mich lange beschäftigt habe, wenn Sie wollen, zeige ich Ihnen einige meiner anatomischen Zeichnungen...

Telmon: Vielen Dank, Herr Professor da Vinci, aber mir scheint, es ist an der Zeit, das Studio in Salamanca zu rufen. Hallo, Bongiorno?

Bongiorno: Hallo Freunde! Wir sind hier im Studio von Salamanca 1, um einige Koryphäen zu interviewen, die scheint's derzeit voll im Trend liegen. Richten wir unsere erste Frage an Seine Magnifizenz, den Rektor der Universität von Salamanca – bitte, bleiben Sie genau auf dem Punkt, den wir da mit dem Kreidekreuz markiert haben. Sagen Sie uns, Herr Rektor von Salamanca, was könnte denn dieses Amerika sein, von dem jetzt so viel die Rede ist?

Rektor: Schall und Rauch ist es, Schall und Rauch!

Bongiorno: Entschuldigen Sie, Herr Rektor von Salamanca, aber die Experten haben hier geschrieben, ein... Kon... Kontinent...

Rektor: Nein, nein, hören Sie, es tut mir furchtbar leid für Ihre Experten. Ich hatte als Basistext den *Almagest* von Ptolemäus angegeben. Schauen Sie nach, und Sie werden sehen, daß die Chancen, dort draußen etwas zu finden, minimal sind. Admiral Columbus meint, er könne »*buscar el levante por el ponente*«, den Osten über den Westen suchen, aber das Projekt entbehrt vollkommen jeder Grundlage. Schließlich wissen die meisten Menschen, daß die Erde hinter den Säulen des Herkules aufhört, und das Weiterbestehen der drei Karavellen jenseits dieser Grenze ist nur der Effekt einer simplen Televisions-Illusion durch dämonischen Eingriff. Der Fall Columbus ist ein klares Ergebnis der Schwäche, die unsere zuständigen Behörden im Umgang mit den Studentenprotesten an den Tag legen, und wie es sich trifft, schreibe ich gerade darüber ein Buch für den Ullstein-Verlag. Im übrigen, selbst wenn die Expeditionsreise möglich wäre, hätten die Meerschiffe nicht genügend Autonomie aus Mangel an Platz für den nötigen Treibstoff in Form von himmlischen Heerscharen. Sehen Sie, das Problem ist doch, wie mehrere Konzile lehren, zu wissen, wie viele Engel auf der Spitze einer Nadel stehen können, aber in den Konzilsakten findet sich nirgends ein Hinweis auf den Gedanken, daß die Engel auch auf der Spitze eines Fockmastes stehen könnten. Das wären dann eher Elmsfeuer, also diabolische Manifestationen, die kaum geeignet sind, eine Karavelle zu einem Gelobten Land zu treiben oder, wenn Sie es lieber so wollen, zu einer Terra incognita.

Bongiorno: Sicher, das sind alles furchtbar komplizierte Sachen, und ich wüßte beim besten Willen nicht, was ich dazu sagen soll. Warten wir ab, was unsere Experten beschließen, und viel Glück dann beim Alles-oder-nichts! Aber hören wir jetzt erst noch einen wirklich ganz wichtigen Experten, der scheint's derzeit voll im Trend liegt, den Dekan der Königlich Kartographischen Gesellschaft von Portugal. Sagen Sie uns, Herr Dekan der Königlich Kartographischen Gesellschaft von Portugal, glauben Sie, daß Columbus wirklich nach Indien segelt?

Dekan: Die Frage ist nicht eben einfach, und der Fehler von Columbus ist, daß er sie auf empirischem Wege beantworten will, statt zu einer Definition des Problems qua seiner Essenz vorzugehen. Sehen Sie, es heißt doch *non sunt multiplicanda entia sine necessitate,* man soll die Dinge nicht unnötig komplizieren, und das läßt uns die Existenz von nur einem einzigen Indien postulieren. In diesem Fall müßte Columbus von Osten kommend entweder am äußersten Punkt des asiatischen Kontinents landen, also genau an der Mündung des Flusses Ussuri. Womit die Expedition ohne jedes Interesse wäre, bedenkt man die totale politische und geographische Irrelevanz jenes Landstükkes. Oder er müßte an der Ostküste der Insel Cipango landen, in welchem Fall die mediterrane Ökonomie einen schweren Rückschlag erleiden würde. Denn da sich die Leute dort hinten hinterhältigerweise darauf spezialisiert haben, die mechanischen Erfindungen anderer in transistorisierter Form nachzuahmen, würde der Markt unserer See-Republiken bald überschwemmt von Tausenden perfekt imitierter billiger Karavellen. Die Folge wäre der ökonomische Zusammenbruch der Republik Venedig, es sei denn, die Behörden der Serenissima planten den Bau neuer Werften in Porto Marghera, was wiederum verheerende Konsequenzen für das Gleichgewicht der Lagune hätte...

Bongiorno: Verstehe. Aber wir haben hier auch den Dekan der Rechtsfakultät von Granada, der uns etwas über die juristischen Konsequenzen dieser Entdeckung sagen wird. Herr Dekan der Rechtsfakultät von Granada, viele Leute fragen sich, wem die neuen Länder gehören werden. Und wem wird der Teil des Ozeans gehören, den Columbus durchquert hat?

Dekan: Die Probleme des internationalen Rechts sind sehr schwierig. Vor allem haben wir das Problem einer Aufteilung zwischen Spanien und Portugal, und ich glaube nicht, der Zeit vorzugreifen, wenn ich sage, wir müssen eine Konferenz einberufen, sagen wir, was weiß ich, zum Beispiel in Tordesillas, um eine ideale Demarkationslinie zwischen den beiden Einflußsphären zu ziehen...

Elio Sparano: Entschuldige bitte, Bongiorno... Hier ist das Studio Sforza in Mailand. Ich habe hier eine Gruppe von eminenten Mailänder Juristen, die nicht einverstanden sind. Sie halten die Fragestellung für absurd. Wenn man so vorgeht, sagen sie, und wenn man bedenkt, daß es ja schließlich noch eine weitere Seemacht gibt, nämlich England, dann müßte man annehmen, sagen sie, daß die neuen Gebiete eines Tages in angelsächsische, spanische und portugiesische Einflußzonen aufgeteilt sein würden... Das ist doch reinste Science-fiction! Professor Trimarchi wollte uns dazu etwas sagen. Herr Professor, wo sind Sie? Wie bitte? Was? Ich höre gerade, der Professor ist durch einen banalen Zwischenfall in der Universität aufgehalten worden. Na gut, ich gebe weiter an das Studio in Wittenberg. Hallo, Pippo Baudo!

Baudo: Hier Studio Wittenberg. Wir würden gern eine Frage an einen jungen, aber gut geschulten Theologen aus Wittenberg richten, einen der Hoffnungsträger unserer Heiligen Katholischen Kirche. Sagen Sie uns, Doktor Luther, glauben Sie, daß diese Seefahrt eine echte und dauerhafte Revolution für die Geschichte der Menschheit darstellen wird?

Luther: Wissen Sie, es gibt nicht nur technologische Revolutionen. Es gibt auch innere Reformationen, die womöglich noch viel größere Folgen haben, dramatische, erhebende...

Baudo: Glänzend gesagt... Aber Sie wollen doch nicht etwa sagen, es könnte in Zukunft innere Reformationen geben, die mehr Aufsehen erregen als diese große wissenschaftliche Entdeckung...

Luther: Man soll nie etwas schwören, glauben Sie nicht zu fest daran...

Baudo: Haha! Sehr sibyllinisch! Aber ich will Ihnen etwas verraten, nur zum Spaß natürlich: ich bin bereit, sehr fest daran zu glauben. Mein Wahlspruch heißt: »*Crede firmiter et pecca fortiter:* Glaube fest und sündige kräftig«, hahaha!

Luther: Schöner Spruch. Muß ich mir notieren.

Stagno: Moment, entschuldigen Sie, ich höre Stimmen... Es scheint, als hätten sie Land gesichtet... Ja, man hört Rufe, sie rufen »Land! Land!« Orlando, hörst du das auch?

Orlando: Also hier ist gar nix zu hören. Moment, ich frag' mal in der Bodenstation Azoren...

Stagno: Da, jetzt, jetzt haben sie effektiv Land gesichtet... Das Schiff legt an... Sie sind ausgestiegen!!! Heute, am zwölften Oktober 1492, hat der Mensch zum erstenmal seinen Fuß auf den Boden der Neuen Welt gesetzt. Orlando, was sagen sie da unten?

Orlando: Also... nach den letzten Meldungen scheint es, daß die Landung um einen Monat verschoben worden ist, weil, das gesichtete Land, das waren die Liparischen Inseln...

Stagno: Aber nicht doch, Orlando, ich hab's ganz deutlich gehört.

Telmon: Hallo? Ja? Aha. Stagno und Orlando haben beide recht. Das Schiff hat tatsächlich Anker geworfen, wie Stagno gesagt hat, aber das war noch kein Festland, sondern die Insel San Salvador. Eine winzige Insel im Archipel der sogenannten Karibischen See, die einige Geographen schon »Meer der Ruhe« zu nennen beschlossen haben. Aber jetzt schaltet sich die Fernsehkamera an der Galionsfigur des Flaggschiffes ein. Da, da, wir sehen, wie Christoph Columbus den Fuß auf den Strand setzt, um die Flagge Ihrer Katholischen Majestät in den Sand zu stecken! Ein grandioses Schauspiel! Zwischen den Palmen erscheint ein Haufen gefiederter Individuen, die sich den Thalassonauten nähern. Gleich werden wir die ersten Worte hören, die der Mensch in der Neuen Welt spricht. Ein Seemann wird sie sprechen, der den anderen vorausgeht, der Bootsmann Baciccin Parodi...

Parodi: Himmelarsch, Admiral, das sind ja nackerte Weiber!

Stagno: Was hat er gesagt, Orlando?

Orlando: Ich hab's nicht genau verstanden, aber das waren nicht die vereinbarten Worte. Jemand hier meint, es müßte sich um ein Phänomen von Kommunikationsausfall handeln, das soll angeblich öfter vorkommen in der Neuen Welt. Aber jetzt wird Admiral Columbus sprechen!

Columbus: Das ist ein kleiner Schritt für einen Seemann, aber ein großer für Ihre Katholische Majestät...

Himmelarsch, was haben die denn da am Hals? Ja Gottverdammich Teufelauch, das ist ja Gold! Pures Gold!

Orlando: Das Schauspiel, das uns die Kamera überträgt, ist wahrhaft großartig! Die Matrosen eilen den Eingeborenen mit großen Sprüngen entgegen, mit Riesensprüngen, den ersten Sprüngen des Menschen in der Neuen Welt... Sie sammeln die Musterstücke des Minerals der Neuen Welt von den Hälsen der Eingeborenen und tun sie in große Plastiksäcke... Jetzt machen auch die Eingeborenen große Sprünge, um wegzulaufen, der plötzliche Gewichtsverlust würde sie fortfliegen lassen, wenn die Matrosen sie nicht mit schweren Ketten am Boden sichern würden... Nun sind die Eingeborenen alle brav und ordentlich aufgereiht, während die Seeleute zu ihren Schiffen zurückkehren, hoch beladen mit Säcken voll einheimischer Bodenschätze. Es sind überaus schwere Säcke, und sie zu füllen hat nicht weniger Mühe gekostet, als sie nun zu tragen...

Stagno: Das ist die Bürde des weißen Mannes. Ein Schauspiel, das wir nie vergessen werden. Heute beginnt eine neue Ära der Zivilisation!

(1968)

Von Patmos nach Salamanca

Präzise Auskünfte über Milo Temesvar sind schwer zu bekommen; schwer zu umgrenzen ist auch das Interessengebiet einer so sprunghaften, unberechenbaren und verwirrenden Intelligenz. Während eines Argentinienaufenthalts weckte er jüngst das Interesse der Fachwelt mit einer Studie über *Die bibliographischen Quellen von J. L. Borges*, die als philologisch maßgebend galt, bis sie durch ein anonymes Pamphlet mit dem Titel *Vom Gebrauch der Spiegel beim Schachspiel* widerlegt wurde.

Natürlich war der Autor dieser Schmähschrift kein anderer als Temesvar selbst, der es solcherart unternahm, seine eigenen Leser irrezuführen. Dabei hatte er sich nur vorübergehend in Argentinien aufgehalten. In seiner Heimat Albanien wegen Linksabweichung verfolgt, war Milo Temesvar in die Sowjetunion geflohen, wo er Studien über hochkomplexe Maschinenaggregate betrieb, im Versuch, durch Informationsanalysen die poetischen Werte auf logische und durch entsprechend programmierte Computer reproduzierbare Regelkreise zurückzuführen. In den USA, wohin er anschließend emigrierte, hatte er sich eine Zeitlang als Lektor für slawische Sprachen an der Rutgers University durchgeschlagen; doch bevor er die Staaten dann wieder verließ (wie es scheint, aufgrund heftiger Pressionen seitens des FBI), publizierte er gerade noch rechtzeitig bei Seven Types Press eine höchst originelle, irritierende und provozierende Studie mit dem Titel *The Patmos Sellers*, der sich ungefähr übersetzen ließe – für den Fall, daß ein hiesiger Verlag die Rechte erwerben sollte – mit *Die Apokalypsenhändler*.

Die Studie ist auf ihre Art eine soziologische Untersuchung; auf ihre Art, insofern sie weitreichende Interpretationshypothesen vorschlägt, ohne diese auch nur im mindesten einer Verifikation *in praxi* zu unterziehen – womit Temesvar jenen Gedanken treu bleibt, die er seinerzeit in einer Denkschrift für die Sowjetische Akademie der Wissenschaften unter dem Titel *Die Verifikation als Falsifikation der Hypothese* dargelegt hatte.

Worum geht es in *The Patmos Sellers*? Ausgangspunkt der Untersuchung ist ein in der soziologischen Literatur vieldiskutiertes Problem, das *vulgo* als das »Problem des Versagers« bezeichnet wird, nämlich das Problem der Requalifizierung beruflich-sozialer Rollen in einer vollautomatisierten hochindustriellen Gesellschaft.

Temesvar beginnt mit einem elementaren Beispiel: In einer Stadt wird die Trambahn durch eine U-Bahn ersetzt, und nun müssen die Trambahnfahrer umgeschult werden. Diejenigen, die sich für die Tätigkeit im Führerstand eines U-Bahnzuges als ungeeignet erweisen (weil ihre Reflexe den neuen Anforderungen nicht genügen, weil sie sich den neuen Technologien nicht mehr anpassen können), müssen als nichtintegrierte, potentiell arbeitslose Elemente in die Gesellschaft entlassen werden. Mit Hilfe eines gut geknüpften sozialen Netzes (unter Einschluß von Arbeitsämtern, Berufsberatung etc.) können sie jedoch andere Tätigkeitsfelder finden und darin neue Rollen erfüllen.

Indessen gibt es, fährt Temesvar fort, eine Kategorie

von Arbeitskräften, für die eine Alternative zu ihrer bisher erfüllten Rolle nicht existiert: die Intellektuellen, namentlich die Humanisten, die sich als »Spezialisten fürs Ganze« (oder für die Humanitas, verstanden als die Gesamtheit aller Werte) qualifiziert haben. Aber auch ihnen, denen die Gesellschaft keinerlei Hilfe zu bieten vermag, sind sie doch selbst in gewissem Sinne die Ausbilder der Gesellschaft, bietet sich eine reizvolle Alternative, sobald sich ihre Funktion im soziokulturellen Kontext als inadäquat erweist. Dank ihrer Imaginationsgaben und ihrer kulturellen Gestaltungskraft können sie jederzeit neue Tätigkeitsfelder »erfinden«, die ganz den Anschein der Funktionalität haben.

Zur Klärung der Frage entwickelt Temesvar ein abstraktes Modell, dessen historische Bezüge allegorischen Wert annehmen: das Modell des »Gelehrten von Salamanca«. Der Gelehrte von Salamanca, sagt Temesvar, ist ein Experte in Astronomie und Geographie, er kennt alles, was die antiken Texte über das ptolemäische Weltbild gesagt haben, und er hat eine profunde Bildung, so daß er lehren kann, wie die verschiedenen Zonen der Welt beschaffen sind, was für Menschen in ihnen leben und auf welchen Wegen man sie erreicht. Dank dieser Summe von Kenntnissen bekleidet der Gelehrte von Salamanca einen Posten an der gleichnamigen Universität und bezieht hohe Einkünfte aus der Kasse des Königs von Spanien.

Eines Tages jedoch erscheint nun in Salamanca ein gewisser Christoph Columbus, der neue Kenntnisse über die Form und Größe der Erde zu haben behauptet und die Hypothese vorträgt, es sei möglich, »den Osten im Westen zu suchen« (*buscar el Levante por el Poniente*).

Natürlich widerlegt ihn der Gelehrte von Salamanca. Columbus sticht dennoch in See und entdeckt Amerika. Von diesem Moment an erscheint das Antlitz der Erde verwandelt, sämtliche bisher existierenden Astronomie- und Geographiebücher sind überholt, die Kenntnisse, deren Verkäufer und autorisierter Verteiler der Gelehrte von Salamanca war, sind entwertet. Die neuen Experten des Globus sind nun die Seefahrer, die Forschungsreisenden und die Gelehrten, die sich der neuen Weltsicht anpassen können. Dem Gelehrten von Salamanca bieten sich – wenn er überleben will – zwei Alternativen zu seiner bisherigen Rolle: er kann sich einem Fortbildungskurs unterziehen, um die nötigen Kenntnisse zu erwerben, die ihm eine Existenz als Autorität in Sachen Kultur und Leben gestatten, oder er kann die Grundlagen einer neuen Wissenschaft legen, nämlich der Lehre von der moralischen und kulturellen Nichtigkeit der Entdeckung Amerikas, um in dieser Disziplin zur Expertenwürde aufzusteigen und bald wieder Tausende von Schülern um sich zu scharen.

Gewiß existiert Amerika, doch seine Existenz ist von Übel und hat schwerwiegende Folgen für die Menschheit. Ausgehend von der bedenklichen Frage: »Wo soll das alles noch enden?«, entwickelt sich der Gelehrte von Salamanca zum Experten der Schwarzmalerei, findet als solcher eine neue Rolle in der Gesellschaft, identifiziert die politischen, religiösen und ökonomischen Kräfte, denen seine Lehre von Nutzen ist, und ergattert schließlich erneut einen angemessen dotierten Posten. Temesvar bezeichnet ihn in seiner neuen Rolle als »Apokalypsenhändler«.

Der philosophische Ansatz in Temesvars Überlegungen ist evident: Seine Studie über die Genese scheinfunktionaler Rollen im kulturellen Überbau der Gesellschaft zielt auf die Bedeutung der ökonomischen Determinanten für den Entstehungs- und Bildungsprozeß kultureller Haltungen, insbesondere der negativistisch-prophetischen. Auch zögert der Autor nicht, sein Modell aus dem historischen Umfeld in unsere Gegenwart zu übertragen. Wir leben, sagt er, in einer sich wandelnden Welt, in der die Grenze zwischen Geistigem und Materiellem, zwischen technischen und humanistischen Werten immer schmaler wird – nicht weil die technischen Werte die humanistischen überlagern, sondern weil die humanen Werte von morgen durch andere Parameter als die bisherigen identifiziert werden müssen, im Durchgang durch die vom technischen Fortschritt neugeschaffenen Situationen.

Eine philosophische Diskussion über den Menschen als die Krone der Schöpfung dank seiner Fähigkeiten zu logischer Deduktion hat, so Temesvar, jede Bedeutung verloren, seit gute Elektronenrechner dieselben Fähigkeiten besitzen. Nicht daß ein Diskurs über *den* Menschen heute an Sinn und Wert verlöre, nur ist *der* Mensch nicht mehr als ein *animal syllogans* zu betrachten, sondern als ein »*animal capable of constructing syllogizing machines*«, ein Wesen mit der Fähigkeit, logisch deduzierende Denkmaschinen zu bauen und sich neue (unerhörte) Fragen über ihren Gebrauch zu stellen. Der Problemhorizont verschiebt sich: *der Mensch* muß ein paar Millionen Kilometer weiter draußen gesucht werden. Dies gilt für die Philosophie wie für die Kunstkritik, für die Ethik wie für die Ökonomie und die Religion. Und es verlangt von den Intellektuellen eine

Bereitschaft zum Umdenken, einen Akt der Demut, eine Fähigkeit, sich erneut auf die Schulbank zu setzen.

Manche freilich sind, wegen ihrer Beschränktheit oder ihres fortgeschrittenen Alters, zu diesem Schritt nicht mehr fähig. Angesichts der Gefahr, ihre privilegierte Funktion zu verlieren, erfinden sie sich eine neue, scheinfunktionale Rolle im Kulturbetrieb. So entstehen die Experten der Apokalypse, spezialisiert auf den Beweis, daß der neue Problemhorizont im höchsten Grade ambivalent, antihuman und negativ sei und daß es zurückzukehren gelte zur Pflege der Werte von einst, um das Überleben der Menschheit zu sichern. Mit solchem Tun hat der »Apokalypsenhändler«, stellt Milo Temesvar abschließend fest, dann immerhin *ein* Problem gelöst: das seines eigenen Überlebens als Privatperson.

(1964)

Nachwort

Die ältesten Texte in diesem Buch entstanden vor gut drei Jahrzehnten als Beiträge für die Zeitschrift Il Verri *(eine avantgardistische Literaturzeitschrift, bei der viele von denen mitarbeiteten, die später die »Gruppe 63« gründen sollten). Dort hatte ich 1959 begonnen, eine monatliche Kolumne unter dem Titel* Diario minimo *(etwa: Mini-Journal) mit Glossen über den Zeitgeist, Betrachtungen über die Sitten und Bräuche, Moralia und literarischen Parodien zu füllen. Der Titel war als Vorsichtsmaßnahme gedacht: In einer Publikation, die den sprachlichen Experimenten der Neo-Avantgarde sowie imposanten Essays über Ezra Pound und die chinesischen Ideogramme gewidmet war, kam ich mit extravaganten Reflexionen über allerlei Nebensächliches, die oft als Parodien der von den anderen Autoren der Zeitschrift mit erhabenem Ernst und missionarischem Eifer elaborierten Schreibweisen angesehen wurden. Ich wollte mich gleichsam bei den Lesern dafür entschuldigen, daß ich diese Texte geschrieben hatte. Sie sollten komisch und grotesk sein, also von geringerer Würde als die, in deren Gefolge sie kamen.*

Die ersten Texte ähnelten – was das literarische Genre betraf – den Mythen des Alltags *von Roland Barthes. Das Buch war 1957 erschienen, aber als ich mit meiner Kolumne begann, hatte ich es noch nicht gelesen. Andernfalls hätte ich nicht gewagt, im Jahre 1960 einen Essay über den Striptease zu schreiben. Und als ich es dann gelesen hatte, war ich so beeindruckt, daß ich beschloß, die Finger von diesem Genre zu lassen, um mich fortan dem Pastiche und der Parodie zuzuwenden.*

Dafür gab es noch einen tieferen Grund: Wenn die Operation der Neo-Avantgarde darin bestand, die Sprachen des Alltagslebens und der Literatur aufzubrechen und durcheinanderzuwirbeln, dann mußten das Komische und Groteske eine der Modalitäten dieses Programms sein. Außerdem war die Tradition des Pastiche – die in Frankreich so illustre Repräsentanten wie Proust gehabt hatte und in jenen Jahren von Raymond Queneau und dem Oulipo zu hoher Blüte getrieben wurde – in Italien nur mit zwei Autoren von großer Komik vertreten, Luciano Folgore und Paolo Vita-Finzi.

All dies erklärt die Präsenz des »Mini-Journals« in einer Zeitschrift der literarischen Avantgarde. 1963 wurden dann die bis dahin erschienenen Texte in einem Band versammelt, der den Titel Diario minimo *beibehielt. Und seither haben in Italien viele, wenn sie das Genre bezeichnen wollten, von »Mini-Journalen« gesprochen.*

Die jetzt ins Deutsche übersetzten Texte stammen größtenteils aus jenem Band von 1963 und seinen späteren, mehrfach veränderten und erweiterten Neuausgaben, deren bisher letzte 1983 erschienen ist. Ich habe im Laufe der Jahre neue Texte hinzugefügt und andere gestrichen, die für den heutigen Leser nicht mehr verständlich wären (und schon gar nicht für den nichtitalienischen Leser). Die Parodie ist, wie das Komische überhaupt, ein zeit- und raumgebundenes Genre. Das Schicksal des Ödipus oder das der Antigone bewegen uns heute noch, aber wenn wir keine sehr gute Kenntnis vom Leben im antiken Athen haben, fällt es uns schwer, die Anspielungen des Aristophanes zu verstehen. Man verzeihe mir die Wahl so illustrer Beispiele, ich wollte damit nur verdeutlichen, was ich meine.

Dem nichtitalienischen Leser schulde ich ein paar Erklärungen. Ich weiß, daß, wer einen Witz erklären will, Gefahr läuft, ihn zu verderben. Doch – si licet parva componere magnis *– bei Rabelais bliebe vieles unverständlich, wenn keine Fußnote präzisierte, daß es sich etwa bei den Reden von Panurge um eine Parodie auf die Sprache der damaligen Sorbonne handelte.*

Nonita *ist offenkundig eine Parodie auf Nabokovs* Lolita, *wobei man nur wissen muß, daß der Name wie ein Diminutiv von »Nonna«, dem italienischen Wort für Großmutter, klingt. Natürlich handelte es sich nicht so sehr um eine Parodie auf Nabokov selbst als auf die italienische Übersetzung seines Romans, aber ich denke, daß dennoch etwas davon erkennbar bleibt, sogar durch dieses Wechselspiel von Übersetzung zu Übersetzung hindurch. Im übrigen konnte ich mir nicht verkneifen, den Umstand auszunutzen, daß Nabokovs Held auf den Namen Humbert Humbert hört.*

Mike Bongiorno war – und ist noch immer – einer der populärsten Quizmaster des italienischen Fernsehens. Daß ihn der deutsche Leser nicht kennt, macht nichts. Leute wie ihn gibt es in allen Ländern, wobei ich freilich der Meinung bin, daß Mike Bongiorno in seiner Art ein Genie ist.

Die Skizze Le nouveau chat *zielt unverkennbar auf Robbe-Grillet und andere Meister des Nouveau roman. Angefügt sei, daß die Parodie sich hier, wie in anderen Fällen, auch als Hommage versteht.*

Die Untersuchung Industrie und sexuelle Repression in einer norditalienischen Gesellschaft *(der Titel ist bereits eine Parodie auf ein Buch von Malinowski) inspiriert sich an den Klassikern der nordamerikanischen Anthropologie: Margaret Mead, Ruth Benedict, Alfred Kroeber etc. Die philosophischen Abschnitte enthalten wörtliche Zitate (mit* *leichten Retuschen) von Heidegger, Husserl und Binswanger. Zu den Anspielungen auf die Geschichte des italienischen Risorgimento sei bemerkt, daß Silvio Pellicos Aufzeichnungen über seine Jahre in österreichischen Kerkern (* Le mie prigioni, *1832) als eine der aufrüttelndsten patriotischen Kampfschriften galt, von der gesagt worden ist, sie habe Österreich mehr geschadet als eine verlorene Schlacht. Was schließlich die urbanistische Analyse Mailands betrifft, so war sie Diskussionsgegenstand in Architekturfakultäten, in denen man noch heute vom »Paradox der Porta Ludovica« spricht. Der Text ist ein Beispiel für den »Blick aus der Ferne« auf das Vertraute. Vor einigen Jahren hatte eine Gruppe französischer Anthropologen afrikanische Forscher nach Frankreich eingeladen, um die Sitten und Bräuche der Franzosen zu studieren. Die Afrikaner fanden es beispielsweise verwunderlich, daß die Europäer gewohnt sind, ihren Hund spazierenzuführen.*

Das Stück Die Entdeckung Amerikas *entstand unter dem Eindruck der TV-Reportage von der Landung der Amerikaner auf dem Mond. Die Personen (Stagno, Orlando, Baudo etc.) sind lauter bekannte Moderatoren des italienischen Fernsehens, aber auch diesmal, denke ich, werden die Dinge woanders nicht anders gelaufen sein.*

Von den hier neu hinzugekommenen Texten ist der über die Unmöglichkeit der Karte des Reiches eine Hommage an Borges und der über die Analysen des Gedichts von den drei Käuzchen eine fröhliche Verulkung etlicher zeitgenössischer Literaturtheoretiker (die großenteils meine Freunde sind), wobei ich mich indirekt auch über mich selber lustig mache. Der Sechszeiler »Ambarabà ciccì coccò« ist nichts weiter als einer der vielen Abzählreime, mit denen sich die Kinder vergnügen, namentlich um beim Blinde-Kuh-Spiel zu bestimmen, wer sich die Augen verbinden muß.

Der Text über die originellen Forschungsansätze von Milo Temesvar schließlich war 1964 im Anhang zu meinem Buch Apokalyptiker und Integrierte *erschienen. Da sich daraufhin ein großer Verleger und zwei feinsinnige Kritiker fieberhaft auf die Suche nach den Werken von Milo Temesvar machten, sei hier nochmals offen gesagt, daß dieser Temesvar nie existiert hat – was schon die unwahrscheinlichen bio-bibliographischen Angaben suggerieren sollten. Doch wie es scheint, wird eine Parodie ja um so glaubwürdiger, je unwahrscheinlicher sie daherkommt.*

Wie dem auch sei, dies jedenfalls ist die Bedingung der Parodie: Sie darf sich nie vor Übertreibungen scheuen. Wenn sie ins Schwarze trifft, nimmt sie nur lachend vorweg, was andere später ohne zu lachen – und ohne rot zu werden – mit unbeirrbarer gravitätischer Sturheit tun. Anders gesagt, es ist eine der edelsten Aufgaben des nicht so ganz Ernsthaften, einen Schatten von Verdacht auf die allzu ernsthaft betriebenen Dinge zu werfen.

Umberto Eco

Wie man mit einem Lachs verreist und andere nützliche Ratschläge

Aus dem Italienischen von
Burkhart Kroeber
und Günter Memmert

I
WAHRE GESCHICHTEN

Vorbemerkung

Dieser erste Teil enthält Geschichten, die sich zwischen Science-fiction (Vorwegnahme der Zukunft) und Past-fiction (Rekonstruktion der Vergangenheit) bewegen. Da es charakteristisch für die Science-fiction ist (wenn sie nicht über *bug-eyed monsters* phantasiert, sondern über soziale Erscheinungen), daß sie durch Wahrwerden altert, haben sich einige Ereignisse und Situationen, die meine Geschichten als delirante Zukunftsmusik präsentieren, inzwischen auf delirante Weise bewahrheitet. Ich gebärde mich nicht als Prophet. Es ist die Historie, die manchmal ziemlich durchschaubar ist, oder vielmehr, durchschaubar sind wir Menschen, die oft nicht widerstehen können und tun, was die Satire in Kenntnis unserer Durchschaubarkeit mühelos vorwegnehmen konnte.

Die zwei letzten Texte sind Wissenschaftsparodien aus dem Projekt jener »Kakopädie«, die ich seit Anfang der achtziger Jahre zusammen mit einigen Freunden an der Universität Bologna als »alternative Enzyklopädie des Wissens« vorantreibe.

Sterne und Sternchen

FUNKSPRUCH
VON GENERALKOMMANDO
GALAKTISCHES KORPS, SOL III
AN COMILITER IV. ZONE, URANUS
HABE ERFAHREN DASS BEI DER ERSTEN ABTEILUNG ANGRIFFS-BOOS SCHÄNDLICHE FÄLLE VON HOMOSEXUALITÄT VORGEKOMMEN STOP VERLANGE LISTE DER VERANTWORTLICHEN UND SOFORTIGE STRENGE UNTERBINDUNG STOP

GEZEICHNET
GENERAL PERCUOCO
GENERALKOMANDANT, CASINO

FUNKSPRUCH
VON COMILITER IV. ZONE, URANUS
AN GENERALKOMMANDO
GALAKTISCHES KORPS, SOL III
CASINO, MONTECARLO
TEILEN OBIGEM KOMMANDO MIT DASS BOOS VOM URANUS HERMAPHRODITISCHE RASSE IST (N. 30015 INTERGALAKTISCHES ETHNISCHES REGISTER) STOP ANGEFÜHRTE FÄLLE ANGEBLICHER HOMOSEXUALITÄT DESHALB BEISPIELE FÜR NORMALE AUSÜBUNG SEXUELLER PRAKTIKEN UND GEMÄSS URANISCHEN GESETZEN UND INTERGALAKTISCHER VERFASSUNG GESTATTET STOP

GEZEICHNET
OBERST ZBZZ TSG IN VERTRETUNG VON
GENERALKOMMANDANT AGWRSS
DERZEIT AUF SCHWANGERSCHAFTSURLAUB

FUNKSPRUCH
VON GENERALKOMMANDO
GALAKTISCHES KORPS, SOL III
AN COMILITER V. ZONE, PLUTO
HABE ERFAHREN DASS BEI IN ABTEILUNG ERDARBEITEN BESCHÄFTIGTEN BOHRERN VOM PLUTO SCHÄNDLICHE FÄLLE ÖFFENTLICHER MASTURBATION VORGEKOMMEN STOP FORDERE BESTRAFUNG SOWOHL UNMITTELBAR SCHULDIGER WIE FÜR AUFWEICHUNG DER DISZIPLIN VERANTWORTLICHER OFFIZIERE STOP

GEZEICHNET
GENERAL PERCUOCO
GENERALKOMMANDANT, CASINO

FUNKSPRUCH
VON COMILITER V. ZONE, PLUTO
AN GENERALKOMMANDO
GALAKTISCHES KORPS, SOL III
CASINO, MONTECARLO
BETR. IHREN FUNKSPRUCH. BOHRER VOM PLUTO SIND WURMFÖRMIGE RASSE (DAHER EIGNUNG FÜR AUSGRABUNGEN UND ENTNAHME VON BOHRPROBEN FÜR GEOLOGISCHE UNTERSUCHUNGEN ZONE PLUTO) DIE SICH DURCH PARTHENOGENESE FORTPFLANZT STOP TYPISCHE HALTUNG DES BOHRERS DER MIT VORDERER EXTREMITÄT AN SEINER HINTEREN SAUGT SYMPTOM FÜR ORGASMUS UND TEILUNG UND NORMALERWEISE ERLAUBT GEMÄSS VORSCHRIFTEN LOKALES HEER STOP ZU BETONEN DASS NUR AUF DIESE WEISE GEWÖHNLICH AUSHEBUNG NEUER JAHRGÄNGE ERFOLGT STOP

GEZEICHNET
GENERAL BOOSAMMETH
UND GENERAL BOOSAMMETH

(BITTE PRIORITÄT KOMMANDO FESTSETZEN DA KÜRZLICH TEILUNG DURCH PARTHENOGENESE IN FÜHRUNGSSPITZE STATTGEFUNDEN)

FUNKSPRUCH
VON GENERALKOMMANDO
GALAKTISCHES KORPS, SOL III
AN COMILITER V. ZONE, PLUTO
DIESES KOMMANDO AKZEPTIERT KEINE SCHEINARGUMENTATIONEN UND PERMISSIVEN RECHTFERTIGUNGEN ZUM SCHADEN EHRWÜRDIGER TRADITIONEN, MORAL, GEISTESGEGENWART UND HYGIENE DES GALAKTISCHEN HEERS, STOLZ AUF TRADITIONEN DER GRENADIERE VON SARDINIEN UND KÖNIGLICHEN CARABINIERI STOP UNTERZEICHNER FUNKSPRÜCHE AB SOFORT ABGESETZT STOP GARNISONSARREST STOP

GEZEICHNET
GENERAL PERCUOCO
GENERALKOMMANDANT, CASINO

Intergalaktisches Komitee für den Schutz ethnischer Minderheiten
Formalhaut (Piscis Austrinus)
Eure Exzellenz, ich erlaube mir, Ihnen die in der Beilage dokumentierten Fälle vorzulegen. Aus diesen Unterlagen erhellt, daß General Percuoco (der wohl Terraner ist) auf die galaktische Militärverwaltung eine Optik anwendet, die ich als rückständig zu bezeichnen wage. Sie ist dies zumindest seit den Tagen des (unglücklicherweise von einem afrikanischen Fanatiker ermordeten) Präsidenten Flanagan, der in so aufgeklärter Weise das Recht der peripheren Rassen auf völlige Rechtsgleichheit verteidigte. Exzellenz wissen ja am besten, daß nach Flanagans Lehre »alle

Wesen aller Galaxien vor der Großen Matrix gleich sind, unabhängig von ihrer Gestalt, der Zahl ihrer Schuppen oder Arme und sogar unabhängig von ihrem Aggregatzustand (fest, flüssig, gasförmig)«. Nicht ohne Grund hat die Regierung der Intergalaktischen Föderation das Hochkommissariat für die kulturelle Relativität geschaffen, welches das Intergalaktische Ethnische Register führt und dem Hohen Gerichtshof die Ergänzungen und Änderungen bei den intergalaktischen Gesetzen vorschlägt, die mit dem Sichausbreiten der irdischen Zivilisation bis zu den äußersten Grenzen des Kosmos erforderlich werden. Als nach dem Fall der Großen Atomaren Imperien (des antiken Rußland und des damaligen Amerika) die Völker des Mittelmeerbeckens dank der Entdeckung des Energiepotentials der Zitronensäure die Herren zuerst der Erde und dann des gesamten Universums wurden, das sie mit ihren Raumschiffen durchfurchten, deren Antrieb jene Kraft war, die schon der Dichter als »Goldtrompeten der Sonnenhaftigkeit« besungen hatte, damals erschien es allen als ein gutes Vorzeichen, daß die Herrschaft über das Weltall Völkern gegeben wurde, die auf ihrem eigenen Planeten bereits Opfer schwerer Rassendiskriminierungen gewesen waren; und Sie wissen, mit welcher Begeisterung die Lex Hefner begrüßt wurde, die die Paarung terrestrischer Frauen mit Fünfpenisern vom Jupiter gestattete (obwohl freilich allgemein bekannt ist, welchen Blutzoll dieses glücklose Pionierexperiment kostete, das die eifrigen, aber vielleicht allzu kraftvollen Bewohner des Jupiter in die Lage versetzte, gleichzeitig fünf Triebe an einer irdischen Frau mit nur einer Vagina befriedigen zu müssen). Immerhin aber bildete dieses zweifellos von großer Aufgeschlossenheit zeugende Experiment die Grundlage für die intergalaktischen interrassischen Gesetze, die noch heute den Stolz unserer Föderation darstellen.

Es ist sehr befriedigend für alle, daß die intergalaktischen Bestimmungen für den Militärdienst am Integrationsprinzip ausgerichtet sind und festlegen, daß der Militärdienst auf einem anderen als dem Geburtsplaneten abgeleistet werden muß. Deshalb war es besonders enttäuschend, als wir feststellen mußten, daß diese Vorschrift seit geraumer Zeit nicht mehr befolgt wird, was man etwa daran sehen kann, daß die Bohrer vom Pluto ihren Dienst heute nur auf ihrem eigenen Planeten ableisten, ebenso wie die Angriffs-Boos vom Uranus. Das erklärt, weshalb General Percuoco, dessen militärische und administrative Kompetenz unbestritten ist, ihre anatomische Beschaffenheit und die Art ihrer Fortpflanzung nicht kennt. Zu welchen diplomatischen Verwicklungen das geführt hat, können Eure Exzellenz aus den Nachrichten der Tagesschau über die Revolten auf den beiden betreffenden Planeten entnehmen.

Ich bitte Eure Exzellenz deshalb, Maßnahmen treffen zu wollen, um dem intergalaktischen Integrationsprinzip immer mehr Geltung zu verschaffen, und ich vertraue darauf, daß von den strahlenden Höhen der Moyenne Corniche und dem Präsidentenpalast in La Turbie, von wo aus Eure Exzellenz die zauberhafte Aussicht auf das Mittelmeer genießen, bald eine väterliche Ermahnung an die militärischen Befehlsstäbe ergeht, die im antiken Casino von Montecarlo das Galaktische Spiel des Kriegs-Potlach leiten.

Hingesunken auf meine dreißig Knie, versichere ich Sie meiner tiefsten Ergebenheit in der Großen Kombinatorischen Matrix des Universums.

Avram Boond-ss'bb

An den hochverehrten Polypoden Avram Boond-ss'bb Formalhaut (Piscis austrinus)
Das Kreuz des Südens schenke Ihnen Frieden, guter Polypode. Als Referent für Öffentlichkeitsarbeit erlaube ich mir, mich im Namen unseres geliebten Intergalaktischen Präsidenten an Sie zu wenden, um Ihrem Schreiben im Lichte der Großen Matrix zum gebührenden Erfolg zu verhelfen.

Seine Exzellenz ist sich Seiner Pflichten als Garant der Integration sehr wohl bewußt. Sie muß aber auch den Pflichten Genüge tun, mit denen sie als Oberster Leiter des Großen Spiels des Kriegs-Potlach konfrontiert ist.

War es schon *in saecula saeculorum* schwer, die Heere zu befehligen, weshalb die alten Hebräer diese Aufgabe sogar ihrem Deus Zebaoth übertrugen, so ist diese Aufgabe im Rahmen der Intergalaktischen Friedensordnung beinahe unlösbar geworden. Wie Sie wissen, haben die größten Staatsmänner seit dem 22. Jahrhundert der christlichen Ära immer wieder darauf hingewiesen, daß ein Heer von einigen hunderttausend Mann in einer vorübergehenden Zeit des Friedens gefährlich und aufsässig wird. Die großen Staatsstreiche im 20. Jahrhundert waren bedingt durch zuviel Frieden (weshalb der verstorbene Präsident Flanagan zu Recht sagen konnte, daß allein die Kriege die Wiege der Demokratien und der befreienden Revolutionen seien). Und jetzt braucht man sich nur vorzustellen (aber damit sage ich Ihnen ja nichts Neues), wie schwierig es ist, ein Milliardenheer von Wesen aus unterschiedlichen intergalaktischen Völkern in einem Zustand Ewigen Friedens und einer institutionalisierten Abwesenheit von zu verteidigenden Grenzen und sie bedrohenden Feinden zu befehligen. Unter solchen Umständen kostet, wie Sie selbst am besten wissen, ein Heer nicht nur viel mehr, sondern neigt nach dem bekannten Parkinsonschen Gesetz dazu, seinen Personalbestand fortlaufend zu vergrößern. Zu welchen Problemen das führen kann, liegt auf der Hand.

Man braucht sich nur einmal den Fall der Bohrer vom Pluto und der Boos vom Uranus näher anzusehen. Ursprünglich war vorgesehen, sie in das Gemischte Lunare Korps einzugliedern, das laut Reglement aus Traktor-Patrouillen besteht, die sich jeweils aus zwei Terranern (einem Bersagliere und einem Mitglied der berittenen kanadischen Royal Mountain Guard) und zwei Nichtterranern zusammensetzen. Sie wissen, mit welchen Problemen der Patrouillendienst auf dem Mond zu kämpfen hatte. Es zeigte sich, daß nicht einmal die beiden terranischen Soldaten im Traktor unterzubringen waren: Die beschränkten Ausmaße des mit Sauerstoff versorgten Raumes im Vorderteil ließen die gleichzeitige Anwesenheit zweier Männer mit breitkrempigem Hut nicht zu; weiter zeigte sich, daß die Federn am Hut des Bersagliere Allergene enthalten, gegen die Pferde besonders empfindlich sind; das ist vermutlich der Grund, weshalb die militärische Tradition wohlweislich immer von der Bildung berittener Bersaglieri-Korps Abstand genommen hat. Aber Sie wissen auch, wie sehr die kanadische Royal Mountain Guard traditionsgemäß an ihren Pferden hängt, so sehr, daß sie sich nicht einmal auf einem Traktor von ihnen zu trennen vermag (der Versuch, Rotjacken auf Fahrräder zu setzen, ist kläglich gescheitert; außerdem kann man sich über die Traditionen der verschiedenen Korps nicht einfach hinwegsetzen). Aber das war noch gar nichts im Vergleich zu den Schwierigkeiten, die auftauchten, als man im hinteren Teil des Traktors die Plutonier und die Uranier unterbringen wollte. Nicht nur, weil die Angriffs-Boos vom Uranus bekanntlich einen langen Schwanz haben, der zwangsläufig hinter dem Traktor herschleifte und dabei schwer heilende Abschürfungen erlitt, sondern auch weil die Boos in einer Atmosphäre aus brennbaren Gasen leben, während die plutonischen Bohrer eine Temperatur von 2000 Grad Fahrenheit brauchen, weshalb keine Zwischenwand die erforderliche gegenseitige Abschirmung gewährleisten kann. Dazu kommt als schwierigstes Problem von allen, daß die plutonischen Bohrer den Drang haben, sich in die Erde einzubohren, um Bohrproben zu entnehmen; eine Eigenschaft, die auf dem Pluto wegen der Regenerationsfähigkeit des dortigen Bodens keine irreparablen Schäden bewirkt, aber auf dem Mond in kurzer Zeit zu der von den Technikern pittoreskerweise so genannten »Veremmentalerung« führte (die sogar die Gravitationsstabilität des Satelliten in Mitleidenschaft zog). Kurz, man mußte das Integrationsprojekt aufgeben, und heute bestehen die Patrouillen auf dem Mond ausschließlich aus den für diesen Zweck besonders geeigneten Bandar-Pygmäen (Dschungel von Bengalen). Die funktionalen Gesichtspunkte haben den Vorrang vor den Integrationsgesichtspunkten erhalten. Diese Lösung entspricht nicht den Vorschriften und beruht offiziell auf einem Erlaß, der nur provisorischen Gesetzescharakter hat. Sie werden also verstehen, mit welchen und mit wie vielen Problemen die zentrale Leitung sich auseinandersetzen muß, und ich will Ihnen nicht verhehlen, daß eine Lösung wie die eben beschriebene im Gegensatz zur Linie des Oberkommandos im Casino steht. Aber es ist nun einmal so, daß nicht alle Verantwortlichen bei der Truppe den zahllosen Problemen gewachsen sind, die bei der Verwaltung eines intergalaktischen Heeres auftauchen.

Betreffs der anstehenden Frage jedenfalls hat Seine Exzellenz mich beauftragt, Ihnen zu sagen, daß eine normale

Rotation in den Oberkommandos vorgesehen ist: General Percuoco wird ab morgen zur Zentralstelle für Truppenversorgung auf Beteigeuze versetzt, und das Kommando des Galaktischen Korps wird General Corbetta, der verdienstvolle Kommandant der Lanzenreiter von Novara, übernehmen. Was das Generalkommando des Intergalaktischen Stabes angeht, so wird es von General Giansaverio Rebaudengo übernommen werden, dem Chef der Geheimdienste, einem aus einer illustren piemontesischen Soldatenfamilie stammenden Offizier, der seinen schweren und vielfältigen Aufgaben zweifellos gewachsen sein wird.

Wir vertrauen darauf, daß diese Maßnahmen das Intergalaktische Komitee für den Schutz der Ethnischen Minderheiten zufriedenstellen werden; auch haben wir besonders darauf geachtet, daß eine so delikate Aufgabe keinem General anvertraut wird, der aus traditionell rassistischen Gegenden wie Afrika, Sizilien oder der Gegend um Brescia stammt. Auch Seine Exzellenz ist der Meinung, daß der Tag noch lange auf sich warten lassen wird, an dem man beschließt, mit der Tradition zu brechen, der gemäß die Oberkommandos stets von einem General aus dem Mittelmeerraum übernommen werden; und Sie wissen besser als ich, wie groß noch immer das Ansehen des sogenannten »Zitronengürtels« ist. Wir sind der Tatsache eingedenk, daß wir in einer Technologie der Zitronensäure wurzeln.

In tiefster Ergebenheit

Giovanni Pautasso
Referent für Öffentlichkeitsarbeit
Seiner Exzellenz des Präsidenten
der Intergalaktischen Föderation
Vom Palast in La Turbie, Mittelmeer

Geheimbericht
nur für den Präsidenten der Föderation
Vom Dienst für die Koordinierung der Geheimdienste, Rom

In Anbetracht dessen, daß die Existenzbedingung eines Dienstes, der die Aktivitäten gegeneinander arbeitender Geheimdienste koordiniert, die absolute Geheimhaltung seiner Informationen ist, hat dieser Dienst nur mit einem gewissen Zögern der Anordnung Eurer Exzellenz, die Position des Agenten Wwwsp Gggrs zu klären, Folge geleistet. Dieses Geheimhaltungsprinzip wird von uns so streng eingehalten, daß wir, um ein Nach-außen-Dringen von Informationen zu verhindern, versuchen, nicht auf dem laufenden über das zu sein, was die von uns kontrollierten Dienste tun. Wenn wir uns zuweilen erlauben, über irgendein Ereignis auf dem laufenden zu sein, so hat das nur den Zweck, unsere siebenundzwanzigtausend Mitarbeiter zu trainieren, gemäß der Theorie vom Institutionalisierten Leerlauf, die ja auch der Existenz der Intergalaktischen Streitkräfte zugrunde liegt.

Um jedoch die Position des Agenten Wwwsp Gggrs, eines miniaturisierten Zweischalers von Cassiopeia, zu verstehen, muß man sich die Situation der siebenunddreißig Geheimdienste der Föderierten Galaxien vergegenwärtigen. Ich erläutere sie Eurer Exzellenz im Ausgang von dem Grundsatz daß dann, wenn diese Dienste ausgezeichnet funktioniert haben und unser Koordinationsdienst seiner Aufgabe der Kontrollierten Desinformation gerecht geworden ist, die Regierung keinerlei Informationen über sie erhalten haben darf.

Wie Eure Exzellenz weiß, haben die Föderierten Galaxien mit dem Problem zu kämpfen, eine sozusagen zum ewigen Frieden verurteilte staatliche Einheit ohne Grenzen und deshalb ohne mögliche Feinde zu sein. Diese Situation hat die Aufstellung einer Streitmacht zweifellos erschwert, ohne daß indessen die Galaxien hätten darauf verzichten können, eine zu haben – denn sonst hätten sie eines der Hauptvorrechte eines souveränen Staates verloren. Man sah sich deshalb gezwungen, auf die grandiose Theorie vom Institutionalisierten Leerlauf zurückzugreifen, die es einem Heer von unvorstellbarer Größe erlaubt, sich ausschließlich mit seiner eigenen Erhaltung zu beschäftigen – und durch die Einrichtung des Kriegs-Potlach, das heißt des Kriegsspiels, der Notwendigkeit, sich selbst zu erneuern, vorzubeugen.

Diese Lösung war unschwer zu verwirklichen, da die Heere der Vulgärperiode schon seit geraumer Zeit (auch bereits vor der Pax Mediterranea und der Vereinigung der Galaxien) zum größten Teil mit ihrer eigenen Erhaltung beschäftigt waren. Immerhin verfügten sie über zwei wichtige Überdruckventile. Das eine bestand in einer kontinuierlichen Aufeinanderfolge von lokalen Kriegen, die auf Druck der Zentren wirtschaftlicher Macht in Szene gesetzt wurden, um eine einträgliche Kriegswirtschaft in Gang zu halten; das andere in der gegenseitigen Spionage zwischen den Staaten, was Spannungen aufrechterhielt und zu Staatsstreichen, kalten Kriegen usw. führte.

Die Entdeckung des Energiepotentials der Zitronensäure hat, wie Eure Exzellenz weiß, nicht nur den unterentwikkelten Zitronenerzeugerländern die galaktische Vorherrschaft verschafft, sondern auch die ökonomischen Gesetze verändert und die Ära der industriellen Technologie und des Konsums beendet. Damit entfiel, wenn nicht die Möglichkeit, so doch die Zweckmäßigkeit des Anzettelns lokaler Kriege. Und dadurch haben sich bekanntlich die beiden größten Probleme innerhalb der Streitkräfte verschärft: die

Erneuerung des Mannschaftsbestandes (zu der vorher die Verluste in den Kämpfen beitrugen) und die Beförderung der Offiziere aufgrund ihrer Leistung im Kriege. Mit dem Kriegs-Potlach hat man diese großen Schwierigkeiten beseitigen können, und heute erfreuen sich die Zuschauer in unseren Raumstadien jeden Sonntagvormittag an den blutigen Kämpfen unseres glorreichen Heeres, bei denen jeweils eine Einheit gegen eine andere ihre von Kameradschaft, Mannschaftsgeist und Verachtung der Gefahr geprägte Tapferkeit unter Beweis stellen kann. Noch nie in der Geschichte der Menschheit hat man junge Männer aller Rassen und sozialen Schichten so sterben sehen: mit einem Lächeln auf den Lippen und ohne ein Wort des Hasses gegenüber dem »Feind«, den sie in der Tat in sportlichem Geist als Freund und Bruder betrachten, den nur das Los der gegnerischen Mannschaft zugeteilt hat. Erlauben Sie mir, Sie an dieser Stelle auf das heldische Verhalten der Vierten Hypertransportierten Division des Chamäleons aufmerksam zu machen, die letzten Sonntag, als sie beim Derby »Kreuz des Südens« von den Löwen von Ophiuchus gegen die Ränder der Hemisphäre gedrückt wurde, um nicht massenhaft auf die auf Formalhaut errichteten Regierungstribünen zu stürzen, auswich und auf Alpha zerschellte, womit sie das Kriegs-Potlach durch die Vernichtung von 50000 zivilen Bewohnern bereicherte – und kühn das Aufopfern von nicht am Krieg Beteiligten in die Kriegshandlungen wiedereinführte; etwas, was es seit der archaischen Napalm-Zeit nicht mehr gegeben hatte.

Doch zurück zu unserem Problem. Das Kriegs-Potlach hat zwar das Problem der Erneuerung der Mannschaftsjahrgänge und der Offiziersbeförderung aufgrund kriegerischer Verdienste gelöst, aber ganz gewiß nicht das der Spionage. Diese wäre sinnlos von seiten einer Einheit gegenüber einer anderen, mit der sie bei einer Runde des Potlach kämpfen soll; denn Aufstellung und Zusammensetzung der Einheiten kann jedermann in den verschiedenen Militärsportzeitschriften nachlesen. Andrerseits bringt das Nichtvorhandensein äußerer Feinde die Gefahr mit sich, daß die Geheimdienste überflüssig werden könnten: Aber so wie ein Staat nicht ohne Streitkräfte überlebt, so können Streitkräfte nicht ohne Geheimdienste überleben. Und sei es nur deshalb, weil, wie die Honki-Henki-Lehre besagt, für ein Heer die Leitung von Geheimdiensten biologisch notwendig ist, um dabei den Überschuß an jenen Generalen und Admiralen aufzubrauchen, die für die wirklich wichtigen Posten ungeeignet sind. Es ist deshalb notwendig, daß die Geheimdienste existieren, daß sie eine intensive Aktivität entfalten, daß diese Aktivität völlig ineffizient bleibt und für die Selbsterhaltung des Staates schädlich ist. Ein nicht leicht aufzulösender Knäuel von Problemen.

Nun besteht ein Verdienst der Honki-Henki-Lehre darin, daß sie ein wertvolles Modell wieder ausgegraben hat, das aus dem Enotrien (damals Italien) des späten 20. Jahrhunderts der sogenannten Vulgärzeit stammt: das Modell der wechselseitigen Bespitzelung Separater Korps.

Damit aber Separate Korps des Staates einander wechselseitig bespitzeln können, bedarf es zweier Voraussetzungen: Sie müssen eine intensive geheime Aktivität entfalten, über die die anderen Geheimen Korps informiert sein möchten; und die Spione müssen leichten Zugang zu diesen Informationen haben. Die zweite Voraussetzung wird erfüllt durch das Prinzip des Einzigen Spions: Ein einziger Geheimagent, der als Experte für Doppelspionage gleichzeitig für mehrere Geheime Korps spioniert, verfügt stets über aktuelle und sichere Informationen.

Was aber, wenn die Separaten Korps aufgrund des Prinzips des Institutionalisierten Leerlaufs weder öffentlich noch geheim irgend etwas tun? In diesem Fall muß der Spion eine dritte Voraussetzung besitzen, nämlich die, erfundene Informationen zu sammeln und weiterzugeben. Der Spion ist dann also nicht nur Übermittler, sondern sogar Quelle der Information. In gewissem Sinn kann man sagen, daß nicht das Separate Korps den Spion hervorbringt, sondern der Spion das Separate Korps.

Unter diesen Gesichtspunkten bot der Agent Wwwsp Gggrs sich als der geeignetste Mann an, und zwar aus verschiedenen Gründen. Vor allem, weil er ein Zweischaler von der Cassiopeia ist, Angehöriger einer Spezies, die auf der Grundlage mehrwertiger Logiken denkt und sich nur in Äußerungen mit hoher referentieller Opazität ausdrückt; die wunderbare Verflochtenheit dieser beiden Voraussetzungen macht sie besonders geeignet für das Lügen, den systematischen Selbstwiderspruch, die schnelle Manipulation scheinbarer Synonyme und das Nichtunterscheiden zwischen Ausdrücken *de re* und solchen *de dicto* (in der Art: »Wenn Tullius = Cicero ist und Tullius ein Wort mit sieben Buchstaben, dann ist Cicero ein Wort mit sieben Buchstaben«; eine Form des Argumentierens, die, vermutlich aufgrund des von unseren Offizieren erreichten hohen Niveaus der logischen Formalisierung, selbst in den entlegensten Garnisonen der galaktischen Peripherie zu großem Ansehen gelangt ist).

Zweitens ist Wwwsp Gggrs, wie bereits gesagt, ein miniaturisierter Zweischaler (wie übrigens der größte Teil der Bewohner von Cassiopeia). Das erleichtert es ihm, zu den unwahrscheinlichsten Orten vorzudringen, indem er seine Fortbewegungsprobleme durch die typische Verkleidung als Zigarettenbehälter oder Puderdöschen löst und sich in den Taschen von Mittler-Agenten mitnehmen läßt. Und als solche fungieren bekanntlich die Infiltrierten jedes Separaten Korps, die zwischen den einzelnen Korps hin- und herpendeln, ohne kontrolliert zu werden

Damit ist erklärt, weshalb der Agent Gggrs für mindestens drei Militärkorps arbeitete. Nun die Rechtfertigung für den Zwischenfall, auf den sich die Anfrage Eurer Exzellenz bezieht.

Anscheinend hat der betreffende, im Dienst des Oberkommandos von Capricorn, des Polizeikorps von Antares und der Militärdirektion von Ursa stehende Agent, anstatt sich von Capricorn für das Ausspionieren von Antares und Ursa bezahlen zu lassen, von Antares für das Ausspionieren von Ursa und Capricorn und von Ursa für das Ausspionieren von Antares und Capricorn – wofür er sechs Gehälter bekommen hätte –, aufgrund eines angeborenen Hanges zur Intrige sich insgeheim von Antares für das Ausspionieren von Antares bezahlen lassen, von Ursa für das Ausspionieren von Ursa und von Capricorn für das Ausspionieren von Capricorn. Die Unrechtmäßigkeit dieses Verhaltens, aufgrund dessen bei jedem Separatem Korps große Ausgaben für das Beschaffen von Informationen über sich selbst entstanden sind, liegt auf der Hand. Da die vom Agenten gelieferten Informationen falsch waren, wäre der Betrug niemals aufgefallen; jeder Verantwortliche der Separaten Korps erhielt ständig Informationen, die er noch nicht kannte, weshalb er glaubte, sie bezögen sich auf ein anderes Korps.

Die Sache flog erst auf, als General Proazamm vom Oberkommando von Capricorn vertrauliche Informationen über seinen eigenen Vizekommandanten haben wollte. Er beschloß, Wwwsp Gggrs für diese Aufgabe anzuheuern, und beauftragte Hauptmann Coppola, der sich einmal im Monat auf den Pluto begab, dem Agenten (der, nebenbei gesagt, von anderen Behörden von Capricorn wegen kleiner Delikte gesucht wurde) sein Gehalt zu überbringen. Erst im Gespräch mit Hauptmann Coppola wurde dem General die verwirrende Situation klar, und er argwöhnte, daß es Unregelmäßigkeiten in der Organisation des Geheimdienstes von Capricorn gebe; er erkundigte sich beim Koordinationsdienst, der pflichtgemäß erklärte, er wisse von nichts. Dies genügte General Proazamm, um zu begreifen, daß sein Argwohn begründet war; da die Bewohner von Capricorn bekanntlich über telepathische Fähigkeiten verfügen, war es unausweichlich, daß General Proazamms Argwohn von den telepathischen Diensten der bekanntlich auf Skandalnachrichten versessenen *Gazette von Procyon* empfangen wurde. Das war der Grund für den bekannten Zwischenfall.

Wir können Eurer Exzellenz übrigens versichern, daß der schuldige Agent sofort in einer Weise neutralisiert worden ist, die ihm die weitere Ausübung irgendeiner Spionagetätigkeit unmöglich macht. Er wurde zum Generalsekretär der Intergalaktischen Kommission für die Moralisierung der Spionagedienste ernannt. General Proazamm wurde mit einer anderen Aufgabe beim Kommando Treibsand auf Beteigeuze betraut, von wo uns gerade heute morgen die Nachricht von seinem Unfalltod bei der Inspektion des Sumpfgebietes Nummer 26 erreichte. Was die *Gazette von Procyon* angeht, so wurde sie vom Hochkommissariat für die Zitronensäure aufgekauft, das im übrigen ihr Weiterbestehen als freies und demokratisches Organ gesichert hat.

Ich versichere Sie, Exzellenz, meiner tiefsten Ergebenheit und verbleibe Ihr

Raumadmiral IV. Kommando
(Name weggelassen – top secret)
Oberdienst für die Koordination der Geheimdienste

PS. Ich bitte Sie, zur Kenntnis zu nehmen, daß nach den Vorschriften dieses unseres Koordinationsdienstes alle im vorliegenden Brief enthaltenen Informationen aus Gründen militärischer Sicherheit falsch sind.

Kommando Intergalaktischer Stab
Casino, Montecarlo
Von General Giansaverio Rebaudengo
an alle Korps der Galaxie
Offiziere, Unteroffiziere, Soldaten. Ich übernehme ab heute das allgemeine und höchste Kommando unseres glorreichen Heeres. Möge die Erinnerung an die heldenhaften Kämpfer von San Martino und Solferino, von der Piave und der Bainsizza ein Memento für unsere künftigen Siege sein.
Hoch das Universum!
PS. Zur Feier des Galaktischen Festes am 2. Juni findet am nächsten Sonntag in der Zone Gemini ein großes Kriegs-Potlach statt. Das III. Hautflüglerdetachement vom Sirius wird gegen das Donnerbataillon von der Wega kämpfen.

Gezeichnet
Giansaverio Rebaudengo

DRINGENDER FUNKSPRUCH
VON COMILITER SIRIUS
AN STAB, CASINO
OBIGES KOMMANDO WIRD RESPEKTVOLL DARAN ERINNERT, DASS HAUTFLÜGLER DES SIRIUS SECHS WIEDERHOLE SECHS MILLIMETER HOCH SIND UND ZWEI WIEDERHOLE ZWEI MILLIMETER UMFANG HABEN, WÄHREND DIE IM DONNERBATAILLON DIENENDEN SOLDATEN DER WEGA EINE DICKHÄUTERRASSE SIND, BEI DER JEDES INDIVIDUUM ACHT WIEDERHOLE ACHT

TONNEN WIEGT STOP HALTEN TREFFEN FÜR NICHT REALISIERBAR AUCH WEIL WEGEN GERINGER BEVÖLKERUNGSDICHTE SIRIUS III. HAUTFLÜGLER-DETACHEMENT AUS FÜNFHUNDERT WIEDERHOLE FÜNFHUNDERT EINHEITEN BESTEHT WÄHREND DONNERBATAILLON VON WEGA AUS FÜNFUNDZWANZIGTAUSEND EINHEITEN BESTEHT STOP

GEZEICHNET
GENERAL BEE

FUNKSPRUCH
VON STAB
AN COMILITER SIRIUS
WORT UNMÖGLICH EXISTIERT NICHT IM WORTSCHATZ DES INTERGALAKTISCHEN SOLDATEN STOP WEITERMACHEN STOP

GEZEICHNET
GENERAL GIANSAVERIO REBAUDENGO

Geheimvermerk
für General Giansaverio Rebaudengo
Wir erlauben uns, Eure Exzellenz darauf aufmerksam zu machen, daß im Turnus der normalen Rotation der Intergalaktischen Korps bei der Ehrenwache für den Präsidenten der Föderation im laufenden Monat die Todesfähnriche von Pegasus an der Reihe sind. Unsere Behörde möchte die glänzende militärische Ausbildung dieses heldenhaften Korps keineswegs in Abrede stellen, muß aber darauf hinweisen, daß die Bewohner von Pegasus durchschnittlich achtzehn Meter groß sind; ihr Fuß mißt drei mal zwei Meter. Der Umstand, daß sie nur einen Fuß besitzen, macht die Situation nicht weniger besorgniserregend, wenn man bedenkt, daß diese Soldaten sich nur hüpfenderweise fort-

bewegen können. Bei der Eröffnungsfeier für die Levante-Messe in Bari hat letzte Woche ein Angehöriger der Präsidentengarde aus Versehen den Erzbischof von Apulien zertreten. Wir bitten Eure Exzellenz deshalb, Schritte in die Wege zu leiten, damit die Rotation der Korps beschleunigt wird und damit Soldaten aus mit irdischen Maßstäben unvereinbaren Völkern vom Dienst ausgeschlossen werden.

Der Präsident der Föderation rät außerdem davon ab, die Läufer von Orion bei den Kriegs-Potlachs mitkämpfen zu lassen. Da diese Zivilisation eine Form der Seelenwanderung durch Metempsychose entwickelt hat, gehen die Orionianer dem Tod außerordentlich gleichmütig entgegen, so daß jedes Match, bei dem sie beteiligt sind, sportlich gesehen unfair wird. Zumindest ist anzuraten, sie mit anderen Einheiten kämpfen zu lassen, die die Überzeugung vom Weiterleben nach dem Tod in hohem Maße entwickelt haben, wie die vatikanische Schweizergarde, die irische Infanterie, die spanische Falange, die japanischen Kampfflieger.

Sekretariat des Palasts der Föderation
La Turbie

Stabskommando
an den Präsidenten der Intergalaktischen Föderation
La Turbie

Exzellenz, ich glaube nicht, daß ich die Ratschläge, die Sie mir durch das Sekretariat haben zukommen lassen, berücksichtigen kann. Die Intergalaktischen Soldaten sind vor diesem Kommando alle gleich, und ich kann irgendwelche Bevorzugungen oder Benachteiligungen nicht zulassen. Im Lauf meiner langen und ruhmreichen Soldatenlaufbahn habe ich niemals Unterschiede zwischen Armen und Reichen, Kalabresern und Venetern, Großen und Kleinen gemacht. Ich erinnere mich, daß ich vor langer Zeit im Jahr 2482 den Pressionen einer pietistischen und kryptofaschistischen Presse widerstand und die IV. Eskimo-Harpuniererer von Franz-Joseph-Land auf Patrouillendienst in die Sahara schickte. Diese prächtigen Soldaten starben alle bei der Erfüllung ihrer Pflicht. Trägt ein Soldat eine Uniform, so achte ich nicht auf die Tonnage. Ich bedauere den Unfall, der dem illustren verstorbenen Oberhirten von Apulien zugestoßen ist, aber das Heer muß hart bleiben. Im nunmehr weit zurückliegenden 20. Jahrhundert wurden Hunderttausende italienischer Soldaten in Tennisschuhen auf die russischen Schlachtfelder geschickt, und ich habe nie gehört, daß dadurch das Ansehen der Oberkommandos Schaden genommen hätte. Die Entscheidung des Kommandanten schafft das Heldentum des Soldaten.

Hoch das Universum!

Gezeichnet
General Giansaverio Rebaudengo

FUNKSPRUCH
VON STABSKOMMANDO
AN ZENTRALSTELLE FÜR TRUPPENVERSORGUNG
BETEIGEUZE

EMPÖRT ÜBER VIELFALT DER ESSENSRATIONEN UND BESORGT ÜBER AUFWEICHUNG DER ESS-SITTEN DIE AN TRADITIONEN UND DISZIPLIN UNSERES GLORREICHEN HEERES RÜTTELT BEFEHLE ICH DASS AB HEUTE ESSENSRATIONEN FÜR ALLE SOLDATEN DER VEREINIGTEN GALAXIEN VEREINHEITLICHT WERDEN AUF NORMFORMAT FÜNFHUNDERT GRAMM ZWIEBACK EINE BÜCHSE GEFRIERFLEISCH VIER TAFELN SCHOKOLADE EIN DEZILITER GRAPPA STOP

GEZEICHNET
GENERAL GIANSAVERIO REBAUDENGO

FUNKSPRUCH
VON ZENTRALSTELLE FÜR TRUPPENVERSORGUNG
BETEIGEUZE
AN STABSKOMMANDO, CASINO

VERWEISEN AUF BIOLOGISCHE UNTERSCHIEDE VERSCHIEDENER KORPS DES INTERGALAKTISCHEN HEERS STOP BEISPIEL SOLDATEN ALTAIR PFLEGEN JEDEN MORGEN DREIHUNDERTSECHZIG KILOGRAMM FLEISCH VON ALTAIR-GNU ZU ESSEN, FLÜSSIGE PIONIERE VON AURIGA BESTEHEN AUSSCHLIESSLICH AUS ÄTHYLALKOHOLEN UND RATION GRAPPA KLINGT FÜR SIE WIE PROVOKATION UND AUFFORDERUNG ZUM KANNIBALISMUS. HOOKS-SOLDATEN VON BELLATRIX SIND STRIKTE VEGETARIER WÄHREND JÄGER VON COMA BERENICES SICH VON EINHEIMISCHEM ZWEIBEINIGEM UND FEDERLOSEM WILD ERNÄHREN WAS ZU EINIGEN BEDAUERLICHEN VERWECHSLUNGEN FÜHRTE BEI DENEN ABTEILUNG DIESER JÄGER IRRTÜMLICHERWEISE GANZES ZWECKS INTEGRATION DORTHIN ENTSANDTES BATAILLON ALPINI VERSPEISTE WEIL SIE SIE ALS ESSENSPAKETE BETRACHTETE STOP MÖCHTEN BEI DIESER GELEGENHEIT PROBLEM DER VON DIESEM KOMMANDO VERFÜGTEN NORMIERUNG DER UNIFORMEN AUFGREIFEN STOP UNMÖGLICH EINHEITSUNIFORM JACKE MIT RÜCKENSPANGE ACHT METER GROSSEN SOLDATEN MIT FÜNF ARMEN ANZUPASSEN WÄHREND NORMHOSE VÖLLIG UNGEEIGNET FÜR WURMFÖRMIGE SOLDATEN STOP BITTEN UMGEHEND UM FLEXIBLE ANPASSUNG AN UNTERSCHIEDLICHE BIOLOGISCHE ERFORDERNISSE STOP

GEZEICHNET
GENERAL PERCUOCO

FUNKSPRUCH
VON STABSKOMMANDO, CASINO
AN GENERAL PERCUOCO
ZENTRALSTELLE FÜR TRUPPENVERSORGUNG
BETEIGEUZE
SEHEN SIE WIE SIE ZURECHTKOMMEN STOP

GEZEICHNET
GENERAL GIANSAVERIO REBAUDENGO

Vertraulicher Bericht
an Militärkommando Valladolid, Europa
und zur Kenntnisnahme an Kommando des Galaktischen Korps, Sol III

Dem Intergalaktischen Finanzkommando ist bekannt geworden, daß die Kraftfahrer von Valladolid Benzingutscheine fälschen, um Treibstoff aus Heeresbeständen auf dem intergalaktischen schwarzen Markt zu verkaufen. Aus den Ermittlungen der von uns beauftragten Kommission für Disziplin, die acht Jahre lang alle Verwaltungsvorgänge sowie die Gut- und Lastschriften beim Kommando des Fuhrparks von Valladolid überprüfte, hat sich ergeben, daß neun Benzinfässer verschwunden sind. Wir haben diese Nachforschungen – sie wurden von zuverlässigen Computerfachleuten von Bootes durchgeführt, die auf der Erde nur in durch Strontium 90 betriebenen Unterdruckkammern leben können – abbrechen lassen, weil sie 80000 intergalaktische Kredits gekostet haben, also drei Millionen alte kanadische Dollar. Wir bitten die oben angesprochenen Kommandos, der Sache nachzugehen und die Verantwortlichen ausfindig zu machen.

Intergalaktisches Finanzkommando
Leo

Vertraulicher Bericht
an Intergalaktisches Finanzkommando
Leo

Im Auftrag des hiesigen Fuhrparkkommandos habe ich gründliche Nachforschungen bezüglich des Verschwindens der neun Benzinfässer angestellt und dabei folgendes herausgefunden. Der Treibstoff wurde in Bilbao auf Schmuggler-Raketenflugzeuge vom Saturn verladen und nach Algol (Perseus) gebracht, wo diese Flüssigkeit als superalkoholisches (bzw. superoktanisches) Getränk gilt. Wegen eines bei der Reise von der Erde nach Perseus entstandenen Kompetenzstreites war es mir nicht möglich, die ganze Kette von Verantwortlichen zu rekonstruieren. Auf Sol III nämlich fällt das Problem in den Kompetenzbereich der Verkehrsdirektion, während es auf Perseus zum Kompetenzbereich der Versorgungsdirektion gehört. Wir empfehlen deshalb, den ganzen Fall der Generaldirektion für militärische Raumtransporte mit Sitz auf Procyon unter dem Stichwort »Interner Schmuggel« auf Formblatt 367/00/C.112 vorzulegen.

Kommando
Guardia Civil
Valladolid

FUNKSPRUCH
VON GENERALDIREKTION
FÜR MILITÄRISCHE RAUMTRANSPORTE
AN INTERGALAKTISCHES FINANZKOMMANDO
LEO

AUF FORMBLATT 367/00/C.112 MITGETEILTE ANGELEGENHEIT BETR. BENZINFÄSSER FÄLLT NICHT IN KOMPETENZBEREICH UNSERER DIREKTION DA RAKETENFLUGZEUGE AUF DEM FLUG VON BILBAO NACH PROCYON

RELATIVIERUNG IN HYPERRAUM DURCHFÜHREN MÜSSEN UND DREIHUNDERT JAHRE VOR IHRER ABREISE ANKOMMEN STOP PROBLEM FÄLLT DESHALB IN KOMPETENZBEREICH MILITÄRHISTORISCHES ARCHIV VELLETRI DEM DER FALL AUF FORMBLATT 450/00/99/P VORZULEGEN IST STOP

GEZEICHNET
DIREKTION FÜR
MILITÄRISCHE RAUMTRANSPORTE

FUNKSPRUCH
VON MILITÄRHISTORISCHEM ARCHIV
VELLETRI
AN INTERGALAKTISCHES FINANZKOMMANDO
LEO
BEDAUERN IHRE ANFRAGE FORMBLATT 450/00/99/P NICHT BEANTWORTEN ZU KÖNNEN WEIL HISTORISCHES ARCHIV AUFGRUND UNZUREICHENDER AUSSTATTUNG IMMER NOCH MIT AUFARBEITUNG DES MATERIALS AUS DER ZEIT ZWISCHEN SCHLACHT VON LEPANTO UND KRIEG 15/18 BESCHÄFTIGT STOP

GEZEICHNET
MILITÄRHISTORISCHES ARCHIV

General Rebaudengo
an Intergalaktisches Finanzkommando
Leo
Was zum Teufel ist das für eine Geschichte von irgendwelchen Benzinfässern? Wo doch seit dem Jahr 1999 der sogenannten Vulgärzeit beim Heer kein Benzin mehr verwendet wird? Und was tut ein Kraftfahrerkommando in Valladolid?

Rebaudengo

Intergalaktisches Finanzkommando
Leo
Eure Exzellenz, wir begreifen Ihr Erstaunen; doch muß unser Kommando, getreu dem Motto der Intergalaktischen Finanzverwaltung (»Nie aufgeben«), sich immer noch mit Vorgängen befassen, die von früheren Militärbehörden stammen und alle in unsere Archive auf Bootes übergegangen sind. Es handelt sich hier tatsächlich um einen Vorfall, der schon einige hundert Jahre zurückliegt; doch können wir auf jeden Fall bestätigen, daß in Valladolid ein Kraftfahrerkommando existiert. Die Tatsache, daß dieses Kommando keine Kraftfahrzeuge verwaltet, liegt außerhalb unseres Kompetenzbereiches; wir wissen aber, daß die in Enotrien immer noch bestehende Nationale Kohlenwasserstoffgesellschaft Benzin ausschließlich für dieses Kommando produziert, möglicherweise aufgrund früherer, noch nicht aufgehobener Bestimmungen. Wir fragen uns, weshalb es immer noch eine Nationale Kohlenstoffgesellschaft gibt; aber sie existiert jedenfalls und hat ihren Sitz in Rom, im selben Gebäude, das die Dienststelle für die Auszahlung der Pensionen an die Heimkehrer aus den Kolonien und den Rat für die Verleihung militärischer Auszeichnungen an die Gefallenen des dritten Unabhängigkeitskrieges beherbergt.

Generalkommandant
Leo Leo von Leo, Leo

Vertrauliche Mitteilung
von Stabskommando, Casino
an Intergalaktisches Finanzkommando,
Guardia Civil von Valladolid
Militärhistorisches Archiv, Velletri,
Generaldirektion für Militärische Raumtransporte,
Kommando des Galaktischen Korps, Sol III

In Anlehnung an den Wahlspruch des Regiments, von dem ich herkomme (»Quieta non movere, mota quietare«), rate ich, den ganzen in den vorhergehenden Briefen behandelten Vorgang im Archiv abzulegen. Da eine der tragenden Säulen unseres glorreichen Heeres gerade die Hochschätzung der Tradition ist, würde ich es für unangebracht und beleidigend halten, wollte man die geschichtliche Funktion und die Verfassungstreue des glorreichen Kraftfahrerkommandos von Valladolid, das sich zweifellos irgendwann und irgendwo mit Ruhm bedeckt hat, in Zweifel ziehen. Sollte beim Heer der Eindruck entstehen, daß die Vorgesetzten und die öffentliche Meinung kein Vertrauen zu ihm haben und die Existenzberechtigung irgendeiner glorreichen Einheit anzweifeln, so würde das zu fatalen psychologischen Komplexen führen und damit zu einer Schwächung von Pflichtgefühl, Opferbereitschaft, Seelenstärke und Schlagkraft der Truppe, der Unteroffiziere und Offiziere.

Akte ablegen.

General Giansaverio Rebaudengo

Zentrum für Untersuchungen über ethnische Relativität
Alpha von Centaurus

Exzellenz General Rebaudengo: Da uns zufällig der Fall des auf Algol als hochprozentiges Alkoholgetränk verwendeten »Benzins von Valladolid« bekannt geworden ist, erlauben wir uns, darauf hinzuweisen, daß dies nicht der einzige Fall dieser Art ist. Man sollte eben die Schwierigkeiten berücksichtigen, die sich aus der Relativität der Sitten und Gebräuche im Galaktischen Heer ergeben. Beispielsweise hat das Kommando für Truppenversorgung auf Beteigeuze, als es von einer epidemischen Augenkrankheit bei den Briariern vom Regulus erfuhr, hunderttausend Hektoliter Borwasser zu therapeutischen Zwecken dorthin geschickt, weil ihm nicht bekannt war, daß Borsäure dort (verbotenerweise) als Droge benutzt wird. Man sollte die verschiedenen im Heer verwendeten Substanzen deshalb in Hinsicht auf die Art, wie die unterschiedlichen Angehörigen des Heeres sie verwenden könnten, katalogisieren. Wir empfehlen, die Formblätter an die Matrizes von Koenig-Stumpf anzupassen, die $83\,000^{10}$ verschiedene Kombinationen gestatten.

Dr. Malinowski
Direktor des Zentrums

Zentrum für Untersuchungen über ethnische Relativität
Alpha von Centaurus

Hochverehrter General Rebaudengo, wir danken Ihnen, daß Sie unsere Anregungen aufgegriffen haben, erlauben uns aber, Sie darauf aufmerksam zu machen, daß es vielleicht nicht sehr zweckmäßig war, die Anpassung der Formblätter an die Matrizes von Koenig-Stumpf dem Zentrum für maschinelle Datenverarbeitung vom Altair zu übertragen. Diese Formblätter setzen nämlich eine nichteuklidische Geometrie Riemannscher Provenienz voraus und arbeiten mit einer modalen Logik. Die Bewohner des Altair hingegen denken gemäß einer einwertigen Logik (für sie kann etwas nur sein oder nicht sein) und messen den Raum gemäß einer sogenannten hypoeuklidischen oder Abbott-Geometrie, in der es nur eine Dimension gibt. Wir erinnern auch an die Erfahrungen, die man gemacht hat, als auf dem Altair Kragenspiegel eingeführt wurden, um die Heereskorps voneinander unterscheiden zu können, und man dabei nicht berücksichtigte, daß die Altairianer nur eine Farbe kennen. Wir begreifen offen gesagt auch nicht, wie man angesichts der Tatsache, daß die Altairianer keine dreidimensionalen Gegenstände wahrnehmen können, auf dem Altair ein Zentrum für maschinelle Datenverarbeitung einrichten konnte. In Augenblicken des Zweifels fragen wir uns sogar, warum auf dem Altair irgend etwas existiert und ob es überhaupt existiert. Bis heute sind die einzigen Zeugnisse für die Existenz irgendwelchen Lebens auf diesem Stern die Angaben des PSI-Zentrums auf dem Mount Wilson, das behauptet, in telepathischen Kontakt mit den dortigen Eingeborenen zu stehen.

Hochachtungsvoll

Dr. Malinowski
Direktor des Zentrums

FUNKSPRUCH
VON STABSKOMMANDO
AN POLIZEIKOMMANDO KONSTELLATION
CENTAURUS
UND POLIZEIKOMMANDO
PLANET SOL III

BEFEHLE SOFORTIGE FESTNAHME VON DR. MALINOWSKI WEGEN VERUNGLIMPFUNG DER GLORREICHEN STREITKRÄFTE VOM ALTAIR STOP BEFEHLE AUSSERDEM SCHLIESSUNG PSI-ZENTRUM VON MOUNT WILSON STOP ES IST UNZULÄSSIG, DASS ANGEHÖRIGE EINER MILITÄRISCHEN INSTITUTION DEN GANZEN TAG MIT DENKEN VERBRINGEN STOP LUMPEN UND FAULENZER WERDEN

NICHT GEDULDET STOP WIEDERERÖFFNUNG DES ZENTRUMS, SOBALD ES MÖGLICH IST, JEDE TELEPATHISCHE KOMMUNIKATION AUF DOPPELTEM FORMBLATT ZU REGISTRIEREN STOP

GEZEICHNET
GENERAL GIANSAVERIO REBAUDENGO

FUNKSPRUCH
VON VORPOSTEN
AUF KLEINER MAGELLANSCHER WOLKE
AN KOMMANDO INTERGALAKTISCHER STAB
CASINO, MONTECARLO
UND AN PRÄSIDIUM DER FÖDERATION
LA TURBIE

VON ÄUSSERSTER GRENZE DES BEKANNTEN UNIVERSUMS ANNÄHERUNG NICHT IDENTIFIZIERTER FLIEGENDER OBJEKTE GEMELDET STOP SPÄHTRUPP FLIEGENDER STURMPIONIERE VON CANOPUS DURCH EINHEITEN DER EINDRINGLINGE VERNICHTET STOP EINDRINGLINGE VERMUTLICH AUS HYPERZONE DES UNIVERSUMS STOP IHR AUF UNBEKANNTER ENERGIEQUELLE BERUHENDES ZERSTÖRUNGSPOTENTIAL BEDROHT BESTAND DER INTERGALAKTISCHEN FÖDERATION STOP ERBITTEN WEISUNGEN STOP SIND DER ANSICHT, DASS ...

(ABBRUCH DER ÜBERTRAGUNG)

FUNKSPRUCH
VON PRÄSIDIUM DER FÖDERATION
AN KOMMANDO INTERGALAKTISCHER STAB

ZUM ERSTENMAL IN IHRER GESCHICHTE WIRD DIE FÖDERATION MIT EINEM ÄUSSEREN FEIND KONFRONTIERT STOP SOFORT VERTEIDIGUNG AUFBAUEN STOP VERTRAUEN IN DIESER TRAGISCHEN HISTORISCHEN

NOTLAGE AUF EHRWÜRDIGE MILITÄRISCHE TRADITIONEN UNSERES HEERES UND AUF LANGE ERFAHRUNG DES KOMMANDOS STOP GENERAL REBAUDENGO ÜBERNIMMT UNMITTELBAR KOMMANDO DER OPERATIONEN STOP

GEZEICHNET
PRÄSIDENT LA BARBERA

FUNKSPRUCH
VON KOMMANDO INTERGALAKTISCHER STAB
CASINO
AN ALLE AKTIVEN EINHEITEN
DES UNIVERSUMS
OFFIZIERE, UNTEROFFIZIERE, SOLDATEN! DIE STUNDE DES SCHICKSALS KLOPFT AN DIE PFORTEN DER FÖDERIERTEN GALAXIEN! VON UNSERER SCHNELLIGKEIT, UNSERER SELBSTVERLEUGNUNG, UNSEREM TAKTISCHEN UND STRATEGISCHEN KÖNNEN HÄNGT DAS SCHICKSAL UNSERER HEIMAT AB! SOLDATEN! JEDER AUF SEINEM POSTEN UND EIN POSTEN FÜR JEDEN! ICH ÜBERNEHME UNMITTELBAR DAS KOMMANDO DER OPERATONEN UND ORDNE FOLGENDES AN: ALLE MOBILEN EINHEITEN DES SONNENSYSTEMS KONZENTRIEREN SICH AM ISONZO; DAS IV. HEERESKORPS MIT SITZ AUF BOOTES BESETZT DIE STELLUNGEN LAGAZUOI, SASSO DI STRIA, PAGANELLA, LAGO DI CAREZZA UND PORDOT; DAS V. HEERESKORPS MIT STANDORT PLEIADEN UND DIE ELITEABTEILUNGEN DER OKTOPODEN VON OPHIUCHUS SAMMELN SICH AN TAGLIAMENTO UND PIAVE; DIE GEPANZERTEN EINHEITEN DER FLÜSSIGEN STURMTRUPPEN VON AURIGA HALTEN DIE POSITION MONTE GRAPPA (UNTERDRUCKKAMMERN UND AUSHÄRTUNGSGLOCKEN STUFE 118 BEREITHALTEN): DIE TODESPER-

SEIDEN VON ALGOL KONZENTRIEREN SICH AM LINKEN UFER DER ETSCH UND BAUEN PONTONBRÜCKEN; DIE BOHRER VOM PLUTO VERLAGERN SICH UNVERZÜGLICH NACH ORTISEI UND LEGEN SCHÜTZENGRÄBEN AN. DIE ÜBRIGEN EINHEITEN WARTEN IM PLANQUADRAT PESCHIERA AUF MEINE ANORDNUNGEN. UNSERE LEIBER WERDEN EINEN WALL GEGEN DEN FEINDLICHEN EINDRINGLING BILDEN, UND ER WIRD SICH IN WILDER FLUCHT IN JENE ABGRÜNDE DES HYPERRAUMS ZURÜCKZIEHEN, AUS DENEN ER SO STOLZ UND SIEGESSICHER HERVORGEKOMMEN IST. MÖGEN DIE EHRWÜRDIGEN SOLDATISCHEN TRADITIONEN UNSERES GLORREICHEN HEERES UNS KRAFT GEBEN! STELLEN WIR UNS DIESER GROSSEN ZEIT, DIE UNS VON DER GESCHICHTE DARGEBOTEN WIRD, IN ANGEMESSENER HALTUNG. SEIEN WIR STARK, FEST UND HELDENHAFT. SOLDATEN! HOCH TRIENT UND TRIEST UND DIE GALAKTISCHEN GEBIETE! DER SIEG WIRD UNSER SEIN!

(1976)

Verlagskorrekturen

Heutzutage verlangen selbstherrliche Verleger, vor allem in den USA, aus kommerziellen Gründen vom Autor nicht nur stilistische Änderungen, sondern sogar Veränderungen an Handlung und Schluß ihrer Bücher. Kann man aber, wenn man etwa an die Eingriffe Elio Vittorinis in die Texte junger Schriftsteller denkt, wirklich sagen, in der Vergangenheit seien die Verhältnisse anders gewesen?

So spricht man gemeinhin nicht darüber, daß die erste Version eines bekannten Gedichts von Salvatore Quasimodo noch lautete: »Jeder steht allein auf dem Herzen der Erde, durchbohrt von einem Sonnenstrahl. Und so weiter.«* Nur auf Druck des Verlegers entstand die viel berühmtere Fassung. Die erste Fassung von Eliots *Waste Land* begann: »April ist der grausamste Monat. Aber auch den März kann ich empfehlen.« In verärgerter Erinnerung an klimatische Unbilden sprach der Text dem April jeden Zusammenhang mit den Vegetationsriten ab. Es ist bekannt, daß Ariost dem Verleger ursprünglich einen lapidaren Text vorlegte, der besagte: »Über die edlen Damen, die Ritter, die Waffen, die Liebeshändel, die höfischen Bräuche, die kühnen Taten sage ich nichts.«* Und das war's dann schon. »Sollte man über dieses Thema nicht ein bißchen mehr schreiben?« hatte der Verleger gemeint. Und Signor Ludovico, der schon seine Probleme in der Garfagnana hatte: »Da bin ich anderer Meinung. Ritterepen gibt es dutzendweise; lassen wir das. Ich möchte dazu an-

* Die mit Sternchen bezeichneten Stellen werden im Anhang erläutert.

regen, daß man die Gattung aufgibt.« Und der Verleger: »Ich verstehe, und ich finde die Idee nicht schlecht. Aber wie wäre es, wenn Sie die Epik ironisch behandeln würden? Wir können doch kein Buch verkaufen, das nur aus einer Seite mit zwei Versen besteht, die an Mallarmé erinnern. Das würde dann eine numerierte Ausgabe, und wenn Krizia sie nicht sponsert, sind wir im Eimer.«

Besonders interessant der Fall Manzoni. Dieser hatte die erste Fassung seines Romans so begonnen: »Jener Zweig des Gardasees.«* Auf den ersten Blick scheint sich dadurch nichts zu ändern, aber der Eindruck trügt. Denn dieser Anfangssatz hätte die Geschichte in Riva am Gardasee, also in der Republik Venedig spielen lassen. Man braucht sich nur zu überlegen, wie lange Renzo dann gebraucht hätte, um nach Mailand zu kommen. Ganz sicher wäre er für den Ansturm auf die Bäckereien zu spät gekommen. Folglich hätte der beklagenswerte junge Mann nichts Bemerkenswertes erlebt, Lucia wäre zur Nonne von Rovereto, dieser Äbtissin mit untadeligem Ruf, geflüchtet, und der ganze Roman hätte nach einigen unbedeutenden Ereignissen prompt mit einer Heirat geendet ... Aber damit hätte sich nicht einmal ein Bazzoni* zufriedengegeben.

Schwerwiegender noch der Fall Leopardi. In der ersten Fassung rief der wandernde Hirte in Asien noch aus: »Was tust du, Jupiter, am Himmel? sag mir, was tust du, stiller Jupiter?« Nichts gegen diesen ehrenwerten Planeten; aber man kann ihn leider nur zu bestimmten Jahreszeiten sehen, und es sind nur sehr wenige emotionale und metaphysische Konnotationen mit ihm verbunden. Tatsächlich kam Leopardi nur ein paar Verse weit und der Hirte zu dem Schluß, daß Jupiter ihn eigentlich nichts angehe. Glücklicherweise rettete der Verleger die Situation: »Ich bitte Sie, Dr. Leopardi, strengen Sie Ihre Phantasie ein bißchen an. Warum nehmen Sie nicht einen Satelliten des Jupiter?« »Und sonst noch was! Das wäre ja noch schlimmer. Was weiß ein wandernder Hirte in Asien schon von Satelliten? Er kennt höchstens den Mond. Soll ich ihn etwa den Mond anreden lassen? Ich hab schließlich auch meinen Stolz.« »Ach was. Probieren Sie es doch einmal.«

Tragisch der Fall Proust. In der ersten Version hatte Proust geschrieben: »Lange Zeit bin ich nach Mitternacht schlafen gegangen.« Es ist bekannt, was einem Heranwachsenden passiert, der zu spät schlafen geht. Der Erzähler bekam eine Hirnentzündung und verlor dadurch praktisch sein Gedächtnis. Am nächsten Tag traf er die Herzogin von Guermantes und fragte sie: »Wer sind Sie, gnädige Frau?« Bestimmte Schnitzer verzeiht man in Paris nicht; er wurde in keinem Salon mehr empfangen. Der Erzähler konnte in dieser ersten Fassung nicht einmal in der ersten Person schreiben, und die *Recherche* wurde zu einem trockenen klinischen Bericht im Stil von Charcot.

Andrerseits haben einige Philologen mich darauf hingewiesen, daß Bernard von Morlays Vers »Stat rosa pristina nomine«, mit dem einer meiner Romane schließt, in anderen Handschriften »Stat Roma...« lautet, was außerdem besser mit den vorhergehenden Versen übereinstimmt, in denen vom Untergang Babylons die Rede ist. Was wäre passiert, wenn ich dementsprechend als Titel meines Romans *Der Name Roms* gewählt hätte? Dann hätte Andreotti das Vorwort geschrieben, das Buch wäre vom Verlag Ciarrapico herausgegeben worden und hätte den Premio Fiuggi gewonnen.

(1990)

Gespräch in Babylon

(Zwischen Euphrat und Tigris im Schatten der hängenden Gärten, vor ein paar tausend Jahren.)

URUK – Gefällt dir diese Keilschrift? Mein Servoschreibsystem hat mir in zehn Stunden den ganzen Anfangsteil des Kodex Hammurabi verfaßt.

NIMROD – Was ist das für eins? Ein Apple Nominator vom Eden Valley?

URUK – Du bist wohl nicht bei Trost? Den kriegt man doch nicht einmal mehr auf dem Sklavenmarkt von Tyrus los. Nein, das ist ein ägyptischer Servoschreiber, ein Toth 3Megis-Dos. Er hat einen minimalen Verbrauch, eine Handvoll Reis pro Tag, und kann auch Hieroglyphen schreiben.

NIMROD – Du verbrauchst nutzlos Speicherplatz in seinem Gedächtnis.

URUK – Aber er formatiert, während er kopiert. Er braucht keinen Servoformatierer, der Lehm sammelt, die Tafeln formt, sie an der Sonne trocknen läßt, und dann schreibt ein anderer. Er formt die Tafeln, trocknet sie am Feuer und schreibt selber.

NIMROD – Aber er benutzt Tafeln von 5,25 ägyptischen Ellen und dürfte an die sechzig Kilo wiegen. Warum schaffst du dir keinen Portable an?

URUK – Mit diesen chaldäischen Flüssigkristall-Displays? Das ist was für Magier.

NIMROD – Nein, einen Mini-Servoschreiber, einen afrikanischen, in Sidon adaptierten Pygmäen. Du weißt, wie die Phönizier sind, erst kopieren sie alles von den Ägyptern, und dann miniaturisieren sie es. Schau: ein Laptop, er sitzt dir beim Schreiben auf den Knien.

URUK – Pfui Teufel, und bucklig ist er auch.

NIMROD – Natürlich, man hat ihm für das schnelle *backup* eine Platte in den Rücken eingebaut. Ein Peitschenhieb, und er schreibt direkt in Alpha-Beta, verstehst du, statt des Graphik-Modus verwendet er einen Text-Modus, mit zwanzig Buchstaben machst du alles. Auf diese Weise geht der ganze Kodex Hammurabi auf ein paar 3,5er Tafeln.

URUK – Und dann mußt du dir auch einen Servo-Übersetzer anschaffen.

NIMROD – Muß ich gar nicht. Der Mini hat einen eingebauten Übersetzer; noch ein Peitschenhieb, und er schreibt alles in Keilschrift.

URUK – Kann er auch Graphik?

NIMROD – Aber klar. Siehst du nicht, daß er ein Color-Servoschreiber ist? Was glaubst du denn, wer mir die ganzen Pläne für den Turm gezeichnet hat?

URUK – Und du vertraust ihm? Aber wenn der Turm dann einstürzt?

NIMROD – Keine Sorge. Er hat den Pythagoras und das Memphis Lotus eingespeichert. Man braucht ihm nur die Maße einzugeben, ein Schlag mit der Peitsche, und schon zeichnet er dreidimensional eine Zikkurat. Die Ägypter mußten bei den Pyramiden noch mit dem Moses-System zu zehn Geboten arbeiten, das ein *link* von zehntausend Servo-Baueinheiten erforderte. Alles altmodische Hardware, die sie dann ins Rote Meer schmeißen mußten. Da ist das Meer gewaltig hochgegangen.

URUK – Und wie steht's mit dem Rechnen?

NIMROD – Er spricht auch in Zodiak. Er wirft dir in ein paar Sekunden dein Horoskop aus und *what you see is what you get.*

URUK – Ist er teuer?

NIMROD – Wenn du ihn hier kaufst, reicht dir eine ganze

Ernte nicht. Läßt du ihn dir aber auf den kleinen Märkten von Byblos besorgen, so bekommst du ihn für einen Sack Getreide. Man muß ihn halt gut füttern, denn du weißt ja, *garbage in garbage out.*

URUK – Ach, ich komme mit meinem ägyptischen noch ganz gut zurecht. Aber wenn dein Mini mit meinem 3Megis-Dos kompatibel ist: Könnte er ihm nicht wenigstens Zodiak beibringen?

NIMROD – Das wäre illegal, denn wenn man ihn kauft, muß man schwören, daß man ihn nur zum persönlichen Gebrauch benutzt ... Aber eigentlich macht das jeder, o. k., bringen wir sie zusammen. Ein Virus hat deiner doch hoffentlich nicht?

URUK – Er ist gesund wie ein Fisch im Wasser. Was mir Sorgen macht, ist, daß sie jetzt jeden Tag mit einer neuen Sprache daherkommen und es zuletzt zu einer Programmverwirrung kommen könnte.

NIMROD – Unsinn, aber doch nicht hier in Babylon!

(1991)

Italien 2000

Zu Ende des Jahrtausends war Italien ein Bundesstaat geworden, der offiziell die Norditalienische Republik, den Kirchenstaat, das Königreich beider Sizilien und den Freistaat Sardinien umfaßte. Doch Itaglia, die auf Elba erbaute Bundeshauptstadt, beherbergte praktisch nur den IDG (Informationsdienst Gladio)* und wurde ständig von Attentaten verwüstet, weshalb der – übrigens verwaiste – Regierungspalast, das Haus der Trikolore, von der Firma Portoghesi & Gregotti* als neugotischer Bunker hatte geplant werden müssen.

Sardinien, das Aga Khan in eine riesige schwimmende Spielhölle mit Schwimmbecken auf den Oberdecks (die früheren Strände dienten jetzt den Syrern als Flottenstützpunkte) verwandelt hatte, erfreute sich ungeheuren Reichtums.

Das Königreich beider Sizilien unter der Dynastie der Carignano von Aosta war nach seiner Loslösung vom Norden wiederaufgeblüht. 1995 waren die Norditaliener bei den blutigen Lombardischen Vespern unter Androhung von Waffengewalt gezwungen worden, den Satz *»ent'el cü«* zu sprechen; und alle, die *»chiù«* statt *»cü«** sagten, deportierte man über die Gotenfront. Die Zwangsemigration der Pizzabäcker hatte zur Bildung einer Achse Posillipo-Brooklyn (Pizza Nostra) geführt: gewaltige Mengen amerikanischen Weizens wurden unter Preis eingeführt, um gefüllte Teigtaschen für den riesigen afrikanischen Markt zu produzieren. Viele Städte der beiden Sizilien hatten alle Statuen von Mazzini und Garibaldi sowie die Gefallenendenkmäler an amerikanische Museen verkauft, und auf einer Versteigerung bei Christie's hatte ein Nino Bixio* in Bronze der Gemeinde Bronte achtzig Milliarden Dollar eingebracht. Gela war zum Zentrum für den Vertrieb irakischen Erdöls geworden.

Der (vom Rubikon bis Cassino reichende) Kirchenstaat hatte die Verwaltung der Uffizien, der Vatikanischen Museen und des Palazzo Ducale von Urbino japanischen Managern übertragen, und das neuerstandene Bagnoregio war zum Weltzentrum für die Produktion der Davies geworden, kleiner Plastikstatuen nach Michelangelo, die man als Kardinal, Husar oder Cowboy anziehen und bei denen man Windeln wechseln und Zäpfchen in den Popo einführen konnte. Ein Milliardengeschäft.

Befreit vom Druck der savoyischen Bürokratie, war Rom ins Goldene Zeitalter zurückgekehrt, mit einem blühenden Getto am Portico d'Ottavia, das als Freihafen für die arabischen Emirate diente. Die Touristen kamen aus der ganzen Welt, um den öffentlichen Urteilsvollstreckungen beizuwohnen (besonders beliebt das Abschneiden des Penis als Strafe für den Schmuggel mit Werken von Moravia). Der unvorhergesehene Reichtum hatte jedoch negative Auswirkungen auf die kirchliche Führungsspitze: Es war sogar herausgekommen, daß das Konklave einen brasilianischen Transvestiten unter dem Namen Moana I. zum Papst gewählt hatte.

Norditalien hingegen wurde von einer schweren Krise geschüttelt. Da es zu den Märkten des Mittelmeerraumes keinen Zugang mehr hatte, war es mit dem Problem konfrontiert, Weine nach Frankreich, Uhren in die Schweiz, Bier nach Deutschland, Computer nach Japan und das neue Modell Alfa Romiti nach Schweden verkaufen zu müssen. Die Vertreibung der Süditaliener und der Geburtenrückgang hatten zu einer industriellen Krise geführt (außer bei der Firma Pirelli, die die verbreiteten Pirlax-Kondome herstellte). Zuerst hatte man nur die Studenten der Bocconi-Universität an die Montagebänder einberufen, später gab man sich auch mit russischen Emigranten zufrieden. Die Folge war ein schleichender Rassismus: »WolgaWolga« wurde zu einer tödlichen Beleidigung, und an den Häusern tauchten Schilder auf mit der Aufschrift »Keine Vermietung an Muschiks«.

Norditalien litt unter dem »Wanderungs-Erdbeben«. Ostdeutschland hatte die türkischen Gastarbeiter vertrieben; diese waren nach Spanien gegangen, das binnen kurzem zu einem islamischen Land mit engen Geschäftsverbindungen zum Emirat Jerusalem geworden war; wegen des Andrangs von Arbeitskräften aus dem Osten hatten deutsche Arbeiter Frankreich überschwemmt (sie durchschwammen die Marne und eilten in langen Taxi-Kolonnen nach Paris), während die von Norditalien hinter die Gotenfront und von den Deutschen in Marseille zurückgedrängten afrikanischen Arbeitskräfte nach Mitteleuropa geströmt waren. Die diesen – abschätzig »Woll-du-kauf«* genannten – Wanderarbeitern gegenüber zunächst mißtrauischen Deutschen sahen sich schließlich gezwungen, der Bildung eines deutsch-afrikanischen Kaisertums zuzustimmen, und boten die Eiserne Krone Friedrich Aurelius Luambala I. an.

Die im Norden unter afrikanischem Druck stehende und von den Märkten im Mittelmeerraum abgeschnittene Norditalienische Republik erlebte jetzt eine Zeit des wirtschaftlichen Niedergangs. Nächtens bemalten unbekannte Hände die Standbilder ihres Begründers Bossi mit dem ominösen *»ent'el cü«*.

(1991)

Über das Preisgeben der Gedanken

Mir ist ein in Kalbsleder gebundenes und schon etwas aus dem Leim gegangenes Duodezbändchen in die Hände gefallen. Es ist nicht datiert, und der Druckort (Bagnacavallo) ist eindeutig fiktiv; doch habe ich wegen der auf die Papierbeschaffenheit zurückgehenden stark ausgeprägten rötlichen Einfärbungen der Seiten keinerlei Bedenken, als seine Entstehungszeit das siebzehnte Jahrhundert anzusetzen. Sein Titel lautet *Uͤber das Preisgeben der Gedancken – Oder wie Fuͤrsten, Minister, Poeten & Philosophen jhre Gedancken dadurch verheimlichen moͤgen, dass sie selbige in jeglicher Lage mit Fleiss offenbar machen.*

Das Buch gehört offensichtlich jener Gattung an, für die Graciáns *Handorakel*, Mazarinos *Breviario dei politici* (Politikerbrevier) und Torquato Accettos *Della dissimulazione onesta* (Über die ehrenhafte Verstellung) gute Beispiele sind. Während aber jene Handbücher den Höfling lehrten, wie er seine Gedanken verbergen, angebliche Tugenden heucheln oder, um nicht den Neid der anderen Höflinge zu erregen, wirkliche verstecken soll, stellt unsere kleine Abhandlung mit einem genialen Ruck die Situation auf den Kopf.

Da ist zum Beispiel das kleine Kapitel mit der Überschrift »Das Regieren der Voͤlcker«. Es steht da: »Hastu das Regiment über ein Volck / dann zeige dich / so jemand dich besuchet / damit beschaͤfftigt / einen brief an deinen Minister auffzusetzen / vnd trage sorge / dass was du schreibest / dem auge des newgierigen wol sichtbar sey, in dem du jmmer wieder das blatt so drehest / dass sein Lynkeus-Blick es sehen und lesen kan / dass du den Minister beschuldigest / nicht dein trewer diener zuseyn / sondern ein schelm vnnd der sohn einer in den oͤffentlichen registern vnbekannten mutter / der reif ist für das Asylum der vnheilbaren narren vnd die Synagoge der vnwissenden besucht. Vnd auff dieße weise wird dein schreiben zum gegenstand des Geredes bei jeder Jahrmarktsschaw der curiosen dinge in der welt werden. Doch richte es so ein / dass der selbe newgierige dich am naͤchsten tage sagen hoͤre / dießer naͤmliche Minister sey ein mensch von vngewoͤhnlicher tugend vnd dein lieber freund / der gestalt, daß die besucher der jahrmarktsschaw von newem vnd gegensaͤtzlichem staunen ergriffen werden. Auff diese weise werden deine Absichten zu etwas Raͤtselhaftem in der art eines aͤgyptischen Oͤdipus vnnd die klugen koͤpfe der welt werden von dir als von einem scharffsinnigen Regenten reden / der es verstehet / sich nit in die karten schawen zu lassen; vnd sie werden / wenn sie dich als den Architekten so vieler vnd einander widersprechender Machinationes auff dem oͤffentlichen platz sehen / vermeynen, dass du außer dem noch andere in irgend einer vnterirdischen welt ins Werck setzest.«

Unser Anonymus knausert auch nicht mit Ratschlägen an die Höflinge: »Hegest du aber vnfreundliche Gedanken vber deinen Souverain / so aͤußere sie nicht in den verrufenen stadtvierteln, sondern rufe auff der Versammlung ›o welch ein toͤlpel‹ oder auch ›er ist dumm vnd toͤricht / so dass der Souverain es nimmer wagen wird / dich von seynen meuchelmoͤrdern ergreifen zu lassen / weil die oͤffentliche meynung dann unfelbar jhm / der nun vor Wut kochet / als den auctor deß schrecklichen aufftrages ausmachen wuͤrde.«

Dann bedenkt der Anonymus die Literaten mit Ratschlägen: »Statt vber dem papiere zu schwitzen und ad amussim geschwaͤnzte sonette zu vervollkommnen / die nur nutzlose muͤhe machen / musstu / so du etwan vom vorrange deß Ariosto uͤberzeuget bist und jemanden, der den vorrang deß Tasso behauptet nit leiden magst / an die Akademia gehen vnd jenen mit maulschellen vnd faustschlaͤgen traktieren. Vnd quel dich nit mit dem vberlegen / ob du bist, weil du denkest / wie die vltramontanen vberklugen behaupten / oder ob du denkest / weil du bist / wie die Doctores von Alcalà sagen wuͤrden / denn grossen schaden wuͤrd dein kluges kabbalistisches hirn darob leiden / sondern denk lieber an ein Theatrum / in dem du dein Gemaͤchte zu schaw stellest / mit der linken deinen mannes schwengel schwenkst / in deß du die rechte an die nasen fuͤhrest vnd / dieweil dv jhre finger wie einen faͤcher bewegest / das Signum machst / mit dem du schwester oder muter von jenem beleidigest – der gestalt / dass jener / da er mit dir wetteifern wil / (eher cynisch denn aristotelisch) sein eygenes Telescopium heraußzieht vnd / aller Vorsicht vergessend / dem publico zeiget / dass seyne Waffen der deinigen an groͤss vnd auffrichtung weit nachstehet / so dass man allein dich als ausgeburt an scharffsinn zelebrieren mag / dieweil man das Ingenium heut zu tag auff diese Weise misset.«

Wer den Geist der neobarocken Zeit erforschen möchte, darf, so meine ich, an diesem Text nicht vorbeigehen.

(1991)

The Wom

1. Als Maschine sei jede Black box definiert, die als Input eine Größe x erhält und als Output eine Größe y liefert, wobei $x \neq y$.

1.1 Eine Black box, die x als Input erhält und x als Output liefert, ist keine Maschine, sondern ein neutraler Kanal.

1.2 Es ist irrelevant, ob eine Maschine ein (sich ohne die Einwirkung äußerer Operatoren als Perpetuum mobile bewegender) perfekter Automat ist oder ob sie von außen her bewegt wird (Maschinen der letzteren Art sind die tierischen Organismen, die manuellen und die mechanischen Webstühle, die Uhrwerke und so weiter).

1.3 Es ist deshalb auch irrelevant, ob eine Maschine dem zweiten Hauptsatz der Thermodynamik unterliegt oder sich umgekehrt verhält (man kann sich durchaus eine Black box vorstellen, die einen sehr kleinen Input erhält und einen sehr großen Output liefert, der durch Rückkopplung zu immer größeren Inputs führt, und so weiter ad infinitum).

1.4 Es ist irrelevant, woher der Input stammt und wohin der Output geht (außer im Fall 1.3, der, wie bereits gesagt, im gegenwärtigen Zusammenhang irrelevant ist).

Eine Maschine läßt sich also immer in folgender Form darstellen:

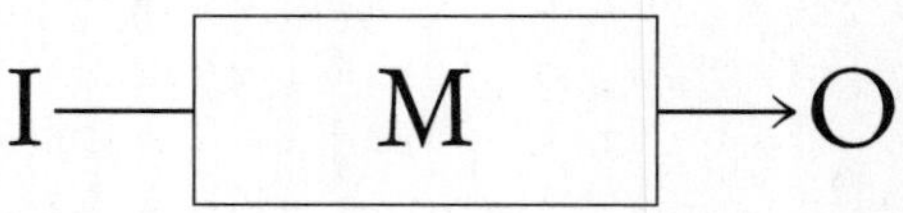

2. Es stellt sich jetzt das Problem, ob Wims und Woms, das heißt *Without input machines* und *Without output machines* denkbar und / oder herstellbar sind.

3. Eine Wim ist prinzipiell denkbar, zumindest in dem Sinn, daß sie bereits gedacht worden ist. Für ein mythologisches Weltbild wäre sie Gott:

Man denke an Plotins Gottesbild. Die Vorstellung von einem unerreichbaren und undefinierbaren Einen eliminiert, zumindest theoretisch, das Problem eines Input. Eine solche Maschine ist eine nur negativ definierbare Black box par excellence, bei der nur die Outputs bekannt sind.

Auch der ewige und in seinem *ipsum esse* ruhende Gott der katholischen Theologie erhält keine Inputs und kann theoretisch bis über das Ende der Zeiten hinaus fortlaufend Outputs hervorbringen (über das Ende der Zeiten hinaus deshalb, weil die Zeit ein Nebenprodukt des göttlichen Wirkens ist, das über das Ende der Zeiten hinaus fortfährt, selige Schau und, in deren Abwesenheit, Denken hervorzubringen). Insofern die Black box sich als denkend (wenngleich von niemandem erfaßbar) denkt, stellt dieses Hervorbringen von *nous* stets auch einen Output dar, der auf irgendeine Form von Aktivität hinweist.

Andererseits bringt ebendiese Aktivität des Sichselbstdenkens beständig den trinitarischen Prozeß hervor. Dieser nämlich wäre der fortlaufende Output einer Maschine, die sich ihr eigenes Produkt selbst als neuen Input einspeist. Zwar brächte der dreieinige Gott einen in ihm selber liegenden Output hervor, doch würde er in gewisser Weise auch sein Außen mit einbeziehen, insofern der Output die Aktivität darstellen würde, durch welche die Black box sich definiert im Verhältnis zum Nichtsein beziehungsweise dem Nichts, wo, auch wenn man nicht glaubt, daß es die Hölle gibt, trotzdem immer noch Heulen und Zähneklappern herrscht. Der Output einer derartigen Maschine wäre also das Aufrechterhalten ihres eigenen Bestehens, und in diesem Sinn wäre sie aktiv. Gäbe es andererseits nicht wenigstens diese Art von Output, so wäre diese göttliche Maschine eben keine Maschine (aufgrund von Def. 1) und das Problem dieser Nicht-Maschine fiele nicht mehr in den Bereich unserer gegenwärtigen Erörterung über die Maschinen.

Eine Wim ist also zwar nicht herstellbar, aber jedenfalls denkbar, wie man bei Anselm von Canterbury sehen kann: Wir können uns ein *esse cuius nihil maius cogitari possit* denken. Daß die Möglichkeit, ein solches Wesen zu denken, zugleich Beweis seiner Existenz sein soll, interessiert uns im Augenblick nicht.

4. Indessen ist es unmöglich, sich eine Wom zu denken, nämlich ein *esse cuius nihil minus cogitari possit*. Ganz offensichtlich wäre eine Wom eine Black box, aus der, sosehr man sie auch mit Inputs füttert, niemals irgendein Output herauskommt. Mechanisch gesehen müßte man sich eine viereckige schwarze Schachtel vorstellen, bei der man nur den Input feststellen kann und aus der nicht nur nichts »Dingliches«, sondern auch nichts etwa durch Temperatur- oder Tastsinn Wahrnehmbares herauskäme; tatsächlich dürfte sie nichts von sich geben, das es ermög-

lichen würde, sie wahrzunehmen; sie wäre also nicht wahrnehmbar: Eine von anderen Wesen wahrnehmbare Wom müßte ein Feld von Reizen erzeugen und damit die Möglichkeit, ihren Umriß wahrzunehmen. Sie würde also irgendeine Form von Aktivität aufweisen. Eine perfekte Wom jedoch müßte, indem sie ihre Output-Möglichkeiten immer weiter reduziert, letztlich sich selbst zerstören. Dann allerdings, wenn die Black box verschwindet, die den Input als Input dieser Box definiert, wäre die Wom aufgrund von Def. 1 keine Maschine mehr. In diesem Sinn ist der Begriff »Wom« selbstwidersprüchlich.

Schwarze Löcher kann man deshalb nicht als Woms definieren, weil sie erstens wahrnehmbar sind (wenn auch nicht mit den Sinnen und nur aufgrund von Schlußfolgerungen aus nicht sehr handfesten experimentellen Befunden), zweitens als Output die Fähigkeit manifestieren, immer neue Materie als ihren Input anzuziehen, drittens weil man heute annimmt, daß sie sich verflüchtigen, und das Sichverflüchtigen ist, solange es andauert, eine Aktivität (Output) der Maschine, und nach der völligen Verflüchtigung gibt es keine Maschine mehr.

5. Daraus ist vorläufig der Schluß zu ziehen, daß man, da die Wom undenkbar ist, nicht nur ihre Existenz nicht beweisen kann (nicht einmal aufgrund des neg-ontologischen Beweises), sondern auch nicht ihre Nichtexistenz. Doch auch ihre Nichtdenkbarkeit läßt sich beim gegenwärtigen Stand der Untersuchungen nicht beweisen, denn hinsichtlich der Nichtdenkbarkeit der Wom gelten alle Argumente hinsichtlich der Denkbarkeit oder Nichtdenkbarkeit der Negation oder des Nichtseins.

Von der Wom kann man nicht nicht denken, sie sei nicht denkbar, doch gilt aufgrund der Regeln über die doppelte

Verneinung: (a) man kann denken, sie sei nicht denkbar, (b) man kann nicht denken, sie sei nicht denkbar, und (c) man kann nicht-denken, sie sei nicht denkbar. Man kann aber nicht sagen, daß man denken könne, sie sei denkbar.

6. Dies führt zu der Überlegung, daß die ganze Entwicklung der abendländischen Metaphysik auf einem Akt der Faulheit beruht, da sie sich ständig mit dem Problem des Ursprungs (das heißt einer Wim), also einem von vorherein gelöstem Problem befaßt, aber nie mit dem Problem des Endes (der Wom), das als einziges ein gewisses Interesse verdiente. Diese Faulheit hängt möglicherweise mit der biologischen Struktur des denkenden Wesens zusammen, das in gewisser Weise zwar seinen Anfang erfahren und durch Induktion Gewißheit darüber gewonnen hat, daß es Anfänge gibt, aber nie die Erfahrung seines Endes macht – höchstens für einen äußerst kurzen Augenblick –, und das, kaum daß es sie gemacht hat, aufhört, sie zu machen (und darüber reden zu können: vgl. *Martin Eden*: »Und als er es begriff, hörte er auf, es zu begreifen«). Juristisch ausgedrückt gibt es zwar zuverlässige Zeugnisse über den Anfang (»Ich habe angefangen ...«) oder über einen ewigen Anfang (»Ich bin der, der ist«), aber keine zuverlässigen Zeugnisse über das Ende (nicht einmal in der Religionsgeschichte ist jemals ein Wesen aufgetaucht, das von sich gesagt hätte »Ich bin nicht« oder »Ich bin der, der nicht mehr ist«). Man kann zwar annehmen, es habe ein Wesen gegeben, das unmittelbar die Abwesenheit jeglichen Inputs erfahren habe; von einem Wesen aber, das fähig wäre, die Abwesenheit jeglichen Outputs zu erfahren, hat man noch nie gehört (gäbe es ein solches Wesen, so wäre es die Wom; freilich könnte es definitionsgemäß keine Definition seiner selbst liefern; denn das Formulieren dieser Definition wäre

sein Output, durch den es sich als Wom selber vernichten würde).

7. Das Projekt eines Denkens, das sich die Wom zum Gegenstand wählt, ist also ein Beispiel für eine Neubegründung des Denkens, die jetzt ihren Anfang nimmt; und da man die Wom nicht unmittelbar denken kann, kann man nur von unvollkommenen Beispielen für Womheit ausgehen. Das ist das Ende der Kakopädie als letzter Vervollkommnung der Pataphysik, die sich aus einer Wissenschaft von den imaginären Lösungen zu einer Wissenschaft von den nicht imaginierbaren Lösungen wandeln muß.

Das Denken des Brachamutanda*

Swami Brachamutanda (Bora-Bora 1818 – Baden-Baden 1919) ist der Begründer der tautologischen Schule, deren Grundprinzipien in dem Werk *Ich sage was ich sage* dargelegt werden: Das Sein ist das Sein, Das Leben ist das Leben, Die Liebe ist die Liebe, Was gefällt, gefällt, Wer es macht, der macht es, Das Nichts nichtet. Mit abweichlerischen Schülern war der Meister notorisch unbeugsam und streng (manche sagen: dogmatisch). Brachamutanda verfocht eine rigid substantialistische Version seines Denkens, der zufolge die Formulierung »Die Frau ist die Frau« eine absolut unumstößliche Wahrheit darstellt, während die von manchen vertretene Formulierung »Die Frau ist Frau« eine gefährliche akzidentialistische Degeneration (mit Anklängen eines skeptischen Relativismus) bedeutet. Es gab da tatsächlich den Fall des treuen Schülers Guru Guru, der, nachdem er die Sätze »Geschäft ist Geschäft« und »Geld ist Geld« verfochten hatte, mit der Gemeinschaftskasse durchgebrannt war.

Brachamutanda hatte den Schicksalsschlag mit stoischer Ruhe hingenommen. Er versammelte die Schüler um den leeren Tisch und stellte fest: »Wer nicht ausbüchst, ist noch da.« Doch hatte dieser Vorfall den Anfang seines Niedergangs signalisiert, denn er hatte sich, so wollen es einige Doxographen, bei der Nachricht, daß der Untreue von der Grenzpolizei festgenommen worden sei, ein »Wer es macht, der wird schon sehen« entschlüpfen lassen, das doch ganz offenbar den Grundprinzipien seiner Logik widersprach.

Dieser (in der Literatur als die Wende oder die Brachamutandakehre bezeichnete) Vorfall mußte zwangsläufig, vermittels dialektischer Umkehrung, zum Entstehen der heterologischen Schule führen, die von dem 1881 in Bergthal geborenen Professor Janein Schwarzenweiß begründet wurde, der die beiden heterologischen Summen *Je est un autre* und *Die vergangene Zukunft* schrieb. Schwarzenweiß behauptete, wie die Leser schon erraten haben werden, das Sein sei das Nichts, das Werden bleibe stehen, der Geist sei Stoff und der Stoff Geist, das Bewußtsein sei unbewußt und die Bewegung unbeweglich – bis hin zum sogenannten Obersten Prinzip: »Die Philosophie endet mit den Vorsokratikern.« Natürlich gab es in dieser Schule auch ökonomistische Abweichungen (»Wer mehr ausgibt, gibt weniger aus«) und – nicht zu vergessen – eine heteropragmatische Tochter-Schule (»Scheiden ist ein bißchen wie sterben, Wer schweigt, stimmt zu, Das Bessere ist der Feind des Guten«: in der, wie Schwarzenweiß bemerkte, Brachamutandas dräuender Schatten unübersehbar ist).

Die heterologische Schule beschuldigte die Tautologisten, nur künstlerisch unbedeutende Werke wie *Tora Tora, New York New York, No no Nanette* und *Que sera sera* inspiriert zu haben. Die Heterologisten rühmten sich ihres angeblichen Einflusses auf Meisterwerke wie *Krieg und Frieden, Schwarz und Rot, Haben und Nichthaben, Rich man poor man*. Worauf Brachamutandas Schüler entgegneten, daß diese Werke nicht heterologisch seien, weil sie nicht auf dem Gegensatz, sondern auf dem logischen Zusammenhang beruhten, und sie stellten fest, daß die Heterologisten auf diese Weise auch Rechte auf den Whisky Black and White hätten anmelden können.

Als die Heterologen in der Zeitschrift *Alphazeta* versuchten, Hand an »Sein oder Nichtsein« zu legen, höhnten die Tautologisten (durchaus nicht ohne Grund), daß Hamlets Monolog vielmehr Brachamutandas Prinzip »Entweder ist das Sein das Sein, oder das Nichtsein ist das Nichtsein« zugrunde liege. »Teurer Hamlet, entweder das eine oder das andere«, hatte sarkastisch der Tautologe Rosso Rossi-Rossi kommentiert und mit einem der luzidesten Aphorismen des Meisters geschlossen: »Was zuviel ist, ist zuviel.«

Doch verloren die beiden Schulen bei diesem scholastischen Gezänk ihren jugendlichen Elan und erlagen schließlich dem, was man dann das Schlaksige Denken nannte: Ausgehend von der scheinbar dunklen Aussage »Der Teufel macht die Töpfe und folglich die blinden Kätzchen« begründeten die Anhänger der neuen Richtung deren Legitimität mit den bekannten Paradoxa der materialen Implikation, denen zufolge die Aussage »Wenn ich meine Katze bin, dann ist meine Katze nicht ich« ein wahrer Satz in allen möglichen Welten ist.

II
GEBRAUCHSANWEISUNGEN

Vorbemerkung

Die hier versammelten Texte sind in den achtziger Jahren zu verschiedenen Anlässen für den *Espresso* geschrieben worden, größtenteils für die 1986 dort begonnene Rubrik »La Bustina di Minerva« (von diesen sind einige auch als »Streichholzbriefe« in der *Zeit* erschienen). Die chronologische Reihenfolge ist beibehalten worden, um einiges Zeitgebundene verständlich und verzeihlich zu machen.

»Wie man Indianer spielt« war bisher unveröffentlicht. Ich hatte es zu Erziehungszwecken für meine Kinder geschrieben, als sie noch klein waren. Das erklärt, weshalb darin Dinge stehen, die jeder Erwachsene weiß.

Wie man Indianer spielt

Da die Zukunft der indianischen Nation nun anscheinend besiegelt ist, bleibt dem nach gesellschaftlichem Aufstieg strebenden jungen Indianer als einzige Möglichkeit nur noch der Auftritt in einem Westernfilm. Zu diesem Zweck werden hier einige essentielle Anweisungen gegeben, die dem jungen Indianer erlauben sollen, sich im Zuge seiner diversen Friedens- und Kriegsaktivitäten als »Indianer für Western« zu qualifizieren, um derart das Problem der chronischen Unterbeschäftigung seiner Kategorie zu lösen.

Vor dem Angriff

1. Nie sofort angreifen: Sich von weitem einige Tage vorher durch gut sichtbare Rauchzeichen bemerkbar machen, damit die Postkutsche oder das Fort genug Zeit haben, die Siebente Leichte Kavallerie anzufordern.
2. Sich möglichst in kleinen Gruppen auf den umliegenden Höhen zeigen. Die Wachen auf sehr ausgesetzten Spitzen postieren.
3. Bei allen Bewegungen deutliche Spuren hinterlassen: Hufabdrücke von Pferden, erloschene Lagerfeuer, Federn und Amulette, an denen der Stamm zu erkennen ist.

Angriff auf die Kutsche

4. Beim Angriff immer hinter oder höchstens neben der Kutsche reiten, um ein gutes Ziel zu bieten.
5. Die Mustangs, die notorisch schneller als Zugpferde sind, so zügeln, daß sie die Kutsche nicht überholen.
6. Immer nur einzeln versuchen, die Kutsche anzuhal-

ten, indem man sich zwischen die Pferde wirft, so daß man vom Kutscher getroffen und von der Kutsche überrollt werden kann.

7. Sich niemals in großer Zahl der Kutsche in den Weg stellen: Sie würde sofort stehenbleiben.

Angriff auf entlegene Farm oder Wagenburg

8. Nie bei Nacht angreifen, wenn die Siedler nicht darauf gefaßt sind. Den Grundsatz beachten, daß Indianer stets nur bei Tage angreifen.

9. Immer wieder wie ein Coyote heulen, um die eigene Position anzugeben.

10. Heult ein Weißer wie ein Coyote, sofort den Kopf heben, um ein gutes Ziel abzugeben.

11. Im Kreis reitend angreifen, ohne je den Kreis zu verengen, so daß man einzeln abgeschossen werden kann.

12. Nie mit allen Kämpfern gleichzeitig angreifen, die Gefallenen einzeln, so wie sie fallen, ersetzen.

13. Dafür sorgen, daß sich der Fuß trotz fehlender Steigbügel irgendwie im Zaumzeug verfängt, damit man, wenn man getroffen wird, noch lange hinter dem Pferd hergeschleift wird.

14. Gewehre benutzen, die einem von betrügerischen Händlern verkauft worden sind und deren Funktionsweise man nicht kennt. Viel Zeit mit dem Laden verbringen.

15. Das Im-Kreis-Reiten nicht unterbrechen, wenn die Soldaten auftauchen, die Kavallerie erwarten, ohne ihr entgegenzureiten, und beim ersten Zusammenstoß in wilder Flucht auseinanderstieben, so daß individuelle Verfolgungsjagden möglich werden.

16. Im Falle der entlegenen Farm bei Nacht einen einzelnen Mann als Kundschafter hinschicken. Dieser muß sich einem erleuchteten Fenster nähern und so lange auf eine

drinnen befindliche weiße Frau starren, bis sie sein Gesicht am Fenster sieht. Warten, bis die Frau aufschreit und die Männer herausgestürzt kommen, dann zu fliehen versuchen.

Angriff auf das Fort

17. Als erstes bei Nacht die Pferde wegtreiben. Sich ihrer nicht bemächtigen, sondern zulassen, daß sie sich in der Prärie zerstreuen.

18. Falls es im Laufe der Schlacht zu einer Erstürmung mit Leitern kommt, immer nur einzeln die Leiter hinaufsteigen. Oben zuerst die Waffe hervorlugen lassen, dann langsam den Kopf heben und erst auftauchen, wenn die weiße Frau einen Scharfschützen mobilisiert hat. Nie vorwärts in den Hof fallen, sondern immer rückwärts nach außen.

19. Beim Schießen aus der Ferne gut sichtbar auf der Spitze eines Felsens stehen, damit man nach vorne abstürzen und auf den Felsen darunter zerschmettern kann.

20. Steht man plötzlich Auge in Auge einem Weißen gegenüber, erst einmal sorgfältig zielen.

21. In solchem Fall niemals Pistolen benutzen, die den Zweikampf sofort entscheiden würden, sondern immer nur Hieb- und Stichwaffen.

22. Haben die Weißen einen Ausfall versucht, dem getöteten Feind nicht die Waffen abnehmen. Nur die Uhr, die aber ans Ohr halten und auf ihr Ticken horchen, bis der nächste Feind kommt.

23. Im Falle einer Gefangennahme des Feindes ihn nicht sofort töten, sondern ihn an einen Pfahl binden oder in ein Zelt einsperren und warten, bis es Neumond wird und sie kommen, um ihn zu befreien.

24. In jedem Fall bleibt einem die Gewißheit, den feind-

lichen Trompeter töten zu können, sobald die Fanfare der Siebenten Leichten Kavallerie erklingt. Denn in diesem Augenblick steht er unweigerlich auf und antwortet von der höchsten Zinne des Forts.

Andere Fälle

25. Bei einem Angriff auf das Indianerdorf in wilder Panik aus den Zelten hervorstürzen und durcheinanderlaufen auf der Suche nach Waffen, die man vorher an schwer zugänglichen Orten deponiert hat.

26. Den von den Händlern zum Verkauf angebotenen Whisky auf seine Qualität überprüfen: der Anteil an Schwefelsäure muß drei zu eins sein.

27. Wenn ein Zug vorbeifährt, sich vergewissern, daß ein Indianerjäger darinsitzt, neben dem Zug herreiten, das Gewehr schwenken und ein Begrüßungsgeheul ausstoßen.

28. Falls man einem Weißen von oben auf die Schulter springt, das Messer so halten, daß es ihn nicht sofort verletzt, damit es zu einem Zweikampf kommt. Warten, bis der Weiße sich umgedreht hat.

(1975)

Wie man einen Ausstellungskatalog bevorwortet

Die nachstehenden Bemerkungen taugen zur Anleitung eines Autors von Ausstellungskatalogvorworten (im folgenden kurz AvoKaVo). Sie taugen, wohlgemerkt, nicht zur Abfassung einer historisch-kritischen Analyse für eine Fachzeitschrift, und das aus mehreren und komplexen Gründen, als deren erster zu nennen wäre, daß kritische Analysen zumeist von anderen Kritikern rezipiert und beurteilt werden und nur selten vom analysierten Künstler (entweder ist er kein Abonnent der betreffenden Zeitschrift oder bereits seit zweihundert Jahren tot). Das Gegenteil dessen, was in der Regel mit Katalogen zu Ausstellungen zeitgenössischer Kunst geschieht.

Wie wird man ein AvoKaVo? Leider nur allzu leicht. Es genügt, einen intellektuellen Beruf auszuüben (sehr gefragt sind Atomphysiker und Biologen), ein auf den eigenen Namen eingetragenes Telefon zu besitzen und eine gewisse Reputation zu haben. Die Reputation bemißt sich wie folgt: Sie muß an geographischer Reichweite dem Aktionsradius der betreffenden Ausstellung überlegen sein (also bezirks- oder landesweit für Städtchen mit weniger als sechzigtausend Einwohnern, bundesweit für Landeshauptstädte und weltweit für Hauptstädte souveräner Staaten, ausgenommen Andorra, Liechtenstein, San Marino) und an Tiefe geringer als die Breite des Bildungshorizontes der möglichen Bilderkäufer (handelt es sich zum Beispiel um eine Ausstellung von alpinen Landschaften im Stil Segantinis, so ist es nicht nötig, ja sogar schädlich, im *New Yorker* zu schreiben, und es empfiehlt sich eher, Leiter der örtlichen Volkshochschule zu sein). Natürlich muß man vom interessierten Künstler aufgesucht worden sein, aber das ist kein Problem, denn die Zahl der interessierten Künstler ist größer als die der potentiellen AvoKaVos. Sind diese Bedingungen einmal gegeben, so ist die Wahl zum AvoKaVo auf die Dauer nicht zu vermeiden, unabhängig vom Willen des Kandidaten. *Will* ihn der Künstler, so wird es dem potentiellen AvoKaVo nicht gelingen, sich der Aufgabe zu entziehen, es sei denn, er wählte die Emigration in einen anderen Kontinent. Hat er dann akzeptiert, so muß er sich eine der folgenden AvoKaVo-Motivationen aussuchen:

A) Bestechung (sehr selten, denn wie man sehen wird, gibt es weniger aufwendige Motivationen). B) Sexuelle Gegenleistung. C) Freundschaft, in den beiden Versionen der wirklichen Sympathie oder der Unmöglichkeit, sich zu verweigern. D) Geschenk einer Arbeit des Künstlers (nicht identisch mit der folgenden Motivation, also mit der Bewunderung für den Künstler, denn man kann ja auch wünschen, Bilder geschenkt zu bekommen, um sich mit ihnen einen verkäuflichen Stock anzulegen). E) Echte Bewunderung für die Arbeit des Künstlers. F) Wunsch, den eigenen Namen mit dem des Künstlers zu assoziieren (eine fabelhafte Investition für junge Intellektuelle, denn der Künstler wird sich beeilen, ihre Namen in zahllosen Bibliographien künftiger Kataloge im In- und Ausland bekannt zu machen). G) Teilhaberschaft ideologischer oder ästhetischer oder auch kommerzieller Art an der Entwicklung einer Tendenz oder einer Kunstgalerie. Letzteres ist der heikelste Punkt, dem sich auch der ehern uneigennützigste AvoKaVo nicht zu entziehen vermag. Ein Literatur- oder Film- oder Theaterkritiker, der ein besprochenes Werk in den Himmel lobt oder in Grund und Boden verreißt, beeinflußt dessen weiteres Schicksal recht wenig: Der Literaturkritiker steigert mit einer guten Besprechung den Absatz eines Romans um ein paar hundert Exemplare; der Filmkritiker kann eine billige Pornokomödie zerpflücken, ohne dadurch zu verhindern, daß sie Unsummen einspielt, ebenso auch der Theaterkritiker. Der AvoKaVo hingegen erhöht durch seine Intervention die Notierungen sämtlicher Werke des Künstlers beträchtlich, manchmal in Sprüngen von eins auf zehn.

Dies kennzeichnet auch die Lage des AvoKaVo als Kritiker: Der Literaturkritiker kann sich abfällig über einen Autor äußern, den er womöglich gar nicht kennt und der (in der Regel) die Publikation des Artikels in einer gegebenen Zeitung nicht zu kontrollieren vermag. Der Künstler hingegen bestellt und kontrolliert den Ausstellungskatalog. Selbst wenn er den AvoKaVo ermuntert: »Seien Sie ruhig streng«, ist die Lage de facto unhaltbar: Entweder man lehnt ab (doch wir haben gesehen, daß man nicht kann), oder man äußert sich mindestens freundlich. Oder verschwommen.

Darum ist in dem Maße, wie der AvoKaVo seine Würde zu wahren und seine Freundschaft mit dem betreffenden Künstler zu retten trachtet, Verschwommenheit der tragende Grundzug aller Ausstellungskatalogvorworte.

Nehmen wir einen imaginären Fall: den des Malers Prosciuttini, der seit dreißig Jahren ockerfarbene Flächen malt, darauf ein blaues gleichschenkliges Dreieck, dessen Basis parallel zum unteren Rand des Bildes verläuft und dem sich ein rotes ungleichseitiges Dreieck, schräg nach unten rechts geneigt, transparent überlagert. Der AvoKaVo muß nun der Tatsache Rechnung tragen, daß Prosciuttini sein Bild, entsprechend dem jeweils herrschenden Zeitgeist, von 1950 bis 1980 nacheinander folgendermaßen betitelt hat: »*Composition*«, »*Zwei plus Unendlich*«, »*E = Mc²*«, »*Allende, Allende, il Cile non si arrende!*«, »*Le Nom du Père*«, »*A/traverso*«, »*Privato*«. Wie kann sich der AvoKaVo angesichts dieser Lage ehrenvoll aus der Affäre ziehen? Leicht, wenn er ein Dichter ist: Er widmet dem Künstler ein kleines Gedicht. Zum Beispiel:

Pfeilgleich
(O grausamer Zenon!)
schnellt
ein andres Geschoß.
Abgezirkelte Parasange
eines maladen Kosmos
krankend an farbigen
Schwarzen Löchern.

Eine blendende Lösung, prestigefördernd für den AvoKaVo wie für den Künstler, für den Galeristen wie für den künftigen Käufer.

Die zweite Lösung ist ausschließlich den Erzählern vorbehalten und kann zum Beispiel die Form eines frei ausgreifenden offenen Briefes annehmen:

»Lieber Prosciuttini, beim Anblick Deiner Dreiecke ist mir, als wäre ich unversehens in Uqbar, wie bezeugt von Jorge Luis ... Ein Pierre Menard, der mir Gebilde, neugeschaffen in anderen Zeiten, vorsetzt: Don Pythagoras de la Mancha. Laszivitäten, um hundertachtzig Grad gedreht – wird es uns jemals gelingen, uns von der Notwendigkeit zu befreien? Es war ein Junimorgen im sonnendurchglühten Hügelland, am Telegrafenmast aufgehängt ein Partisan. Jung, wie ich war, bekam ich Zweifel am Wesen der Norm...« etc.

Leichter ist die Aufgabe für einen in den exakten Wissenschaften geschulten AvoKaVo. Er kann von der Überzeugung ausgehen (die ja im übrigen zutreffend ist), daß auch gemalte Bilder Elemente der Realität sind. Er braucht also nur von sehr profunden Aspekten der Realität zu sprechen. Zum Beispiel so:

»Prosciuttinis Dreiecke sind Diagramme. Propositionale Funktionen konkreter Topologien. Knoten. Wie gelangt man von einem gegebenen Knoten U zu einem anderen Knoten V? Es bedarf dazu, wie bekannt, einer Bewertungsfunktion F. Erscheint F(U) kleiner als oder gleich F(V), so muß man für jeden anderen Knoten V, den man ins Auge faßt, U in dem Sinne ent-wickeln, daß von U abstammende Knoten entstehen. Eine perfekte Bewertungsfunktion erfüllt demnach die Bedingung: F(U) </ = F(V), so daß sich ergibt: wenn d(U–Q), dann kleiner als oder gleich d(V–Q), wobei d(A–B) evidenterweise die Distanz zwischen A und B im Diagramm bezeichnet. Kunst ist Mathematik. Dies ist die Botschaft von Prosciuttini.«

Es mag auf den ersten Blick so scheinen, als seien Lösungen dieser Art vielleicht ganz brauchbar für ein abstraktes Gemälde, nicht aber für einen Morandi oder einen Guttuso. Irrtum. Natürlich hängt es von der Geschicklichkeit des Mannes der Wissenschaft ab. Zur allgemeinen Orientierung wollen wir sagen: Man kann heutzutage zeigen, wenn man René Thoms Katastrophentheorie mit der nötigen Unbefangenheit zu nutzen weiß, daß in den Stilleben von Morandi die Flaschen auf jener äußersten Schwelle des Gleichgewichts dargestellt sind, hinter welcher sich ihre natürlichen Formen jählings außer und gegen sich selbst verkehren würden und klirrend zerbrächen wie ein vom Knall eines Ultraschalljägers prall getroffenes Kristall. Und die Magie des Malers liegt genau in der treffenden Darstellung dieser Grenzsituation. Spiel mit der englischen Übersetzung von Stilleben: *still life* = noch Leben, aber bis wann? – *Still-Until*: magische Differenz zwischen Noch-Sein und Sein-Danach …

Eine andere Möglichkeit bestand zwischen 1968 und, sagen wir, 1972: die politische Interpretation. Bemerkungen über den Klassenkampf, über die Korruption der von ihrer Vermarktung befleckten Objekte. Kunst als Revolte gegen die Warenwelt, Prosciuttinis Dreiecke nun als Formen, die sich weigern, bloßer Tauschwert zu sein, offen für den Erfindungsreichtum der vom Raubkapitalismus ausgebeuteten Arbeiterklasse. Rückkehr zu einem Goldenen Zeitalter oder Ankündigung einer Utopie, Traum einer Sache …

Freilich gilt alles bisher Gesagte nur für den AvoKaVo, der kein professioneller Kunstkritiker ist. Die Lage des professionellen Kunstkritikers ist sozusagen noch kritischer: Er muß zwar über das Werk sprechen, aber ohne sich über dessen Wert zu äußern. Die bequemste Lösung besteht im Aufzeigen, daß der Künstler in Eintracht mit der herrschenden Weltanschauung gearbeitet hat beziehungsweise, wie man heute gern sagt, mit dem Zeitgeist oder der unterschwellig bestimmenden Metaphysik. Jede unterschwellig bestimmende Metaphysik steht für einen Modus des Seienden, also dessen, was *ist*. Ein Gemälde gehört zweifellos zu den Dingen, die *sind*, und stellt unter anderem, so infam dieses sein mag, das Seiende dar (auch ein abstraktes Gemälde stellt dar, was sein könnte beziehungsweise was im Universum der reinen Formen *ist*). Wenn die unterschwellig bestimmende Metaphysik zum Beispiel behauptet, alles Seiende sei nichts anderes als Energie, so ist die Aussage, daß Prosciuttinis Werke Energie seien und Energie darstellten, jedenfalls keine Lüge; allenfalls eine Binsenwahrheit, doch eine Binse, die den Kritiker rettet und die sowohl Prosciuttini als auch den Galeristen und den künftigen Käufer beglückt.

Das Problem besteht darin, diejenige unterschwellig bestimmende Metaphysik auszumachen, von welcher dank ihrer Beliebtheit in einer gegebenen Phase alle schon einmal gehört haben. Sicher könnte man etwa mit Berkeley sagen: *»Esse est percipi«*, um daraus abzuleiten, daß Prosciuttinis Werke *sind*, weil sie *wahrgenommen* werden. Doch da die fragliche Metaphysik derzeit selbst unterschwellig nicht allzu bestimmend ist, würden sich Prosciuttini und die Leser womöglich des krassen Binsencharakters der Aussage innewerden.

Hätten die Dreiecke Prosciuttinis in den späten fünfziger Jahren vorgestellt werden müssen, so wäre es folglich, unter Anspielung auf die sich überschneidenden unterschwelligen Strömungen Banfi-Paci und Sartre-Merleau-Ponty (im Schnittpunkt die Schule Husserls), passend gewesen, die fraglichen Dreiecke etwa zu definieren als »Darstellung des ureigentlichen Aktes der Intendierung, welcher, indem er eidetische Zonen konstituiert, noch aus den reinen Formen der Geometrie eine Lebenswelt macht«. Erlaubt gewesen wären damals auch Variationen in Termini der Gestaltpsychologie: Die Aussage, Prosciuttinis Dreiecke hätten eine »gestalthafte Prägung«, wäre unwiderlegbar gewesen, da jedes Dreieck, wenn es als Dreieck erkennbar ist, eine gestalthafte Prägung hat. In den sechziger Jahren wäre Prosciuttini zeitgemäßer erschienen, wenn man in seinen Dreiecken eine *Struktur* in Homologie zum Pattern der Lévi-Strauss'schen Verwandtschaftsstrukturen gesehen hätte. Unter Anspielung auf das Verhältnis von Strukturalismus und '68 konnte man sagen, daß gemäß der Widerspruchstheorie von Mao, die den Hegelschen Dreischritt nach den binären Prinzipien des Yin und Yang vermittelt, die beiden Prosciuttinischen Dreiecke das Verhältnis von Grund- und Nebenwiderspruch evidenzierten. Und es glaube hier keiner, das strukturalistische Muster ließe sich nicht auch auf die Flaschen Morandis anwenden: tiefe Flasche (*deep bottle*) versus superfizielle Flasche …

Freier sind die Optionen des Kritikers seit den siebziger Jahren. Das blaue Dreieck, das vom roten Dreieck durchquert wird, ist natürlich die Epiphanie des Wunsches (*Désir*), der nach einem Anderen (*Autre*) strebt, ohne sich je mit ihm identifizieren zu können. Prosciuttini ist der Maler der Differenz, genauer: der Differenz in der Identität. Zwar findet sich die Differenz-in-der-Identität auch im Verhältnis Kopf-Zahl auf jeder gewöhnlichen Münze, aber die Dreiecke Prosciuttinis bieten sich auch dazu an, in ihnen einen Fall von *Implosion* zu erkennen – wie übrigens auch die Bilder von Pollock und die Einführung von Suppositorien auf analem Wege (Schwarze Löcher). In Prosciuttinis Dreiecken steckt darüber hinaus die wechselseitige Annullierung von Tausch- und Gebrauchswert. Und mit einem subtilen Verweis auf die Differenz im Lächeln der Mona Lisa, das von der Seite gesehen als eine Vulva erkennbar wird (und in jedem Falle *béance*, also sprachloses Baffsein ist), könnten die Dreiecke Prosciuttinis schließlich, in ihrer gegenseitigen Annihilierung und »katastrophischen« Rotation, als eine Implosivität des Phallus erscheinen: eines Phallus, der sich implodierend zur *vagina dentata* macht. Der Phallus des Phallus.

Kurzum und schlußendlich, die Goldene Regel für den AvoKaVo besteht darin, das fragliche Werk immer so zu beschreiben, daß die Beschreibung sich, außer auf andere Bilder, auch auf die Erfahrung anwenden läßt, die man beim Betrachten der Auslagen einer Wurstwarenhandlung macht. Wenn also der AvoKaVo schreibt: »Bei den Bildern von Prosciuttini ist die Wahrnehmung der Formen niemals träge Anpassung an die Gegebenheit des Gefühls. Prosciuttini sagt uns, daß es keine Wahrnehmung gibt, die nicht Interpretation und Arbeit wäre, und daß der Übergang vom Gefühlten zum Wahrgenommenen Aktivität ist, Handeln, Praxis, In-der-Welt-Sein als tätiges Konstruieren von Abschattungen, intentional ausgestanzt aus dem Markt des Dinges an sich«, so erkennt der Leser die Wahrheit des Künstlers, weil sie den Mechanismen entspricht, mit deren Hilfe er beim Wurstwarenhändler eine Mortadella von einem Avokadosalat zu unterscheiden vermag.

Was außer einem Machbarkeits- und Effizienzkriterium auch ein Moralkriterium etabliert: Man braucht nur die Wahrheit zu sagen. Natürlich kann man das so oder so tun.

(1980)

Anhang

Den folgenden Text habe ich tatsächlich zur Präsentation des malerischen Werks von Antonio Fomez nach den Regeln der postmodernen Zitierwut geschrieben (vgl. Antonio Fomez, Da Ruopolo a me, *Studio Annunciata, Mailand 1982).*

Um dem Leser (zum Begriff des »Lesers« vgl. D. Coste, »Three concepts of the reader and their contribution to a theory of literary texts«, *Orbis literarum* 34, 1980; W. Iser, *Der Akt des Lesens*, München 1972; *Der implizite Leser*, München 1976; U. Eco, *Lector in fabula*, Mailand 1979 [dt. München 1987]; G. Prince, »Introduction à l'étude du narrataire«, *Poétique* 14, 1973; M. Nojgaard, »Le lecteur et la critique«, *Degrés* 21, 1980) einige neue Intuitionen zu vermitteln (vgl. B. Croce, *Estetica come scienza dell'espressione e linguistica generale*, Bari 1902; H. Bergson. *Œuvres*, Edition du Centenaire, Paris 1963; E. Husserl, *Ideen zu einer Phänomenologie und phänomenologischen Philosophie*, Den Haag 1950) über die Malerei (zum Begriff »Malerei« vgl. Cennino Cennini, *Trattato della pittura*; Bellori, *Vite d'artisti*; Vasari, *Le vite*; P. Barocchi [Hrsg.], *Trattati d'arte del Cinquecento*, Bari 1960; Lomazzo, *Trattato dell' arte della pittura*; Alberti, *Della pittura*; Armenini, *De' veri precetti della pittura*; Baldinucci, *Vocabolario toscano dell' arte del disegno*; S. van Hoogstraaten, *Inleyding tot de Hooge Schoole der Schilderkonst*, 1678, VIII, 1, S. 279ff.; L. Dolce, *Dialogo della pittura*; Zuccari, *Idea de' pittori*) von Antonio Fomez (zu einer allgemeinen Bibliographie vgl. G. Pedicini, *Fomez*, Mailand 1980, besonders S. 60–90), müßte ich eine Analyse (vgl. H. Putnam, »The analytic and the synthetic« in *Mind, Language and Reality* 2, London/Cambridge 1975; M. White [Hrsg.], *The Age of Analysis*, New York 1955) in Gestalt (vgl. W. Köhler, *Gestalt Psychology*, New York 1947; P. Guillaume, *La psychologie de la forme*, Paris 1937) vollkommener Unschuld und Unvoreingenommenheit bewerkstelligen (vgl Piaget, *La représentation du monde chez l'enfant*, Paris 1955: G. Kanizsa, *Grammatica del vedere*, Bologna 1981). Das aber ist ein Ding (zum Ding an sich vgl. Kant, *Kritik der reinen Vernunft*, 1781–1787) der Unmöglichkeit in dieser Welt (vgl. Aristoteles, *Metaphysik*) der Postmoderne (vgl. vgl. ((vgl. (((vgl. vgl.)))))). Darum sage ich hier nichts (vgl. Sartre, *L'être et le néant*, Paris 1943), und mir bleibt nur zu schweigen (vgl. Wittgenstein, *Tractatus*, 7). Entschuldigen Sie, vielleicht ein anderes (zum Begriff des »anderen« vgl. J. Lacan, *Ecrits*, Paris 1966) Mal (vgl. E. Viollet-le-Duc, *Opera omnia*).

Wie man eine öffentliche Bibliothek organisiert

1. Die Kataloge müssen so weit wie möglich aufgeteilt sein; es muß sehr viel Sorgfalt darauf verwandt werden, den Katalog der Bücher von dem der Zeitschriften zu trennen und den der Zeitschriften vom Schlagwort- oder Sachkatalog, desgleichen den Katalog der neuerworbenen Bücher von dem der älteren Bestände. Nach Möglichkeit sollte die Orthographie in den beiden Bücherkatalogen (Neuerwerbungen und alter Bestand) verschieden sein: beispielsweise Begriffe wie »Code« in dem einen mit C, in dem anderen mit K, oder Namen wie Tschaikowski bei Neuerwerbungen mit einem Č, bei den anderen mal mit Ch, mal mit Tch.

2. Die Schlagworte müssen vom Bibliothekar bestimmt werden. Die Bücher dürfen im Kolophon keinen Hinweis auf die Schlagworte tragen, unter denen sie aufgeführt werden sollen.

3. Die Signaturen müssen so beschaffen sein, daß man sie nicht korrekt abschreiben kann, nach Möglichkeit so viele Ziffern und Buchstaben, daß man beim Ausfüllen des Bestellzettels nie genug Platz für die letzte Chiffre hat und sie für irrelevant hält, so daß dann der Schalterbeamte den Zettel als unvollständig ausgefüllt zurückgeben kann.

4. Die Zeit zwischen Bestellung und Aushändigung eines Buches muß sehr lang sein.

5. Es darf immer nur ein Buch auf einmal ausgehändigt werden.

6. Die ausgehändigten Bücher dürfen, da mit Leihschein bestellt, nicht in den Lesesaal mitgenommen werden, so daß der Benutzer sein Leben in zwei Teile aufspalten muß, einen

für die Lektüre zu Hause und einen für die Konsultation im Lesesaal. Die Bibliothek muß das kreuzweise Lesen mehrerer Bücher erschweren, da es zum Schielen führt.

7. Es sollte möglichst überhaupt keine Fotokopierer geben; falls doch einer da ist, muß der Weg weit und der Zugang beschwerlich sein, der Preis für eine Kopie muß höher sein als im nächsten Papiergeschäft und die Zahl der Kopien begrenzt auf höchstens zwei bis drei Seiten.

8. Der Bibliothekar muß den Leser als einen Feind betrachten, als Nichtstuer (andernfalls säße er an der Arbeit) und als potentiellen Dieb.

9. Die Auskunft muß unerreichbar sein.

10. Das Ausleihverfahren muß abschreckend sein.

11. Die Fernleihe sollte unmöglich sein oder jedenfalls Monate dauern; am besten, man sorgt dafür, daß der Benutzer gar nicht erst erfahren kann, was es in anderen Bibliotheken gibt.

12. Infolge all dessen muß Diebstahl möglichst leichtgemacht werden.

13. Die Öffnungszeiten müssen genau mit den Arbeitszeiten zusammenfallen, also vorsorglich mit den Gewerkschaften abgestimmt werden: totale Schließung an allen Samstagen, Sonntagen, abends und während der Mittagspausen. Der größte Feind jeder Bibliothek ist der Werkstudent, ihr bester Freund einer wie Don Ferrante*, der seine eigene Bibliothek besitzt, also keine öffentliche aufsuchen muß und dieser die seine bei seinem Ableben hinterläßt.

14. Es muß unmöglich sein, sich innerhalb der Bibliothek irgendwie leiblich zu stärken, und es muß auch unmöglich sein, sich außerhalb der Bibliothek leiblich zu stärken, ohne zuvor alle ausgeliehenen Bücher zurückgegeben zu haben, um sie dann nach der Kaffeepause erneut zu bestellen.

15. Es muß unmöglich sein, das einmal ausgeliehene Buch am nächsten Tag wiederzufinden.

16. Es muß unmöglich sein zu erfahren, wer das fehlende Buch ausgeliehen hat.

17. Es darf möglichst keine Toiletten geben.

18. Ideal wäre es schließlich, wenn der Benutzer die Bibliothek gar nicht erst betreten könnte; betritt er sie aber doch, stur und pedantisch auf einem Recht beharrend, das ihm aufgrund der Prinzipien von 1789 zugestanden worden ist, aber noch nicht Eingang ins kollektive Bewußtsein gefunden hat, so darf er auf keinen Fall, nie und nimmer, außer bei seinen kurzen Besuchen im Lesesaal, Zugang zu den Bücherregalen selbst haben.

Zusatzbemerkung: Das ganze Personal muß an irgendwelchen körperlichen Gebrechen leiden, denn es ist Aufgabe jeder öffentlichen Institution, den behinderten Mitbürgern Arbeitsmöglichkeiten zu bieten (untersucht wird zur Zeit die Ausweitung dieses Prinzips auf die Feuerwehr). Der ideale Bibliothekar muß vor allem hinken, damit mehr Zeit vergeht zwischen der Entgegennahme des Leihscheins, dem Gang ins Lager und der Rückkehr. Bei dem Personal, das auf Sprossenleitern zu Regalen von über acht Metern Höhe hinaufsteigen muß, empfiehlt sich aus Sicherheitsgründen, daß der fehlende Arm durch eine Prothese mit Greifklaue ersetzt wird. Angestellte, denen beide obere Gliedmaßen fehlen, werden den gewünschten Band mit den Zähnen herausziehen und aushändigen (was tendenziell dazu führt, daß keine Bände mehr ausgehändigt werden, deren Größe das Oktavformat übersteigt).

(1981)

Wie man intelligente Ferien macht

Es ist guter Brauch, daß beim Herannahen der Sommerferien die politischen und kulturellen Wochenzeitschriften ihren Lesern wenigstens zehn intelligente Bücher empfehlen, mit denen sie auf intelligente Weise intelligente Ferien machen können. Leider überwiegt jedoch die schlechte Gewohnheit, die Leser als unterentwickelte Wesen zu betrachten, und so sehen wir auch berühmte Schriftsteller sich nicht entblöden, ihnen Lektüren vorzuschlagen, die jeder durchschnittliche Gebildete spätestens als Pennäler absolviert haben müßte. Es mutet uns in der Tat beleidigend oder zumindest sehr paternalistisch an, den Lesern Werke wie, was weiß ich, das englische Original des *Tristram Shandy*, den Proust der Pléiade oder die lateinischen Schriften Petrarcas zu empfehlen. Bedenken wir, daß die Leser, nachdem sie so lange mit derlei Ratschlägen eingedeckt worden sind, immer anspruchsvoller werden, und vergessen wir auch nicht jene, die sich keine teuren Ferien leisten können, aber sich gerne auf Erfahrungen ebenso unbequemer wie erregender Art einlassen wollen.

Wer lange Stunden am Strand zu verbringen gedenkt, sollte sich die *Ars magna lucis et umbrae* von Pater Athanasius Kircher vornehmen, eine faszinierende Lektüre für den, der unter den Ultraviolettstrahlen über die Wunder des Lichts und der Spiegel nachdenken will. Die römische Ausgabe von 1645 ist noch in Antiquariaten erhältlich für Summen weit unter denen, die seinerzeit der Bankier Calvi in die Schweiz ausgeführt hat.* Ich rate davon ab, sich das Buch in einer Bibliothek auszuleihen, denn es findet sich nur in altersgrauen Gebäuden mit Angestellten, denen gewöhnlich der rechte Arm oder das linke Auge fehlt und die leicht stürzen, wenn sie die Leitern hinaufsteigen, die zu den Sektionen der seltenen Bücher führen. Eine weitere Mißlichkeit ist auch das Gewicht des Buches und die Brüchigkeit des Papiers: nicht zu lesen, wenn der Wind die Sonnenschirme zaust.

Ein junger Mensch hingegen, der sich auf Pauschalpreis-Reisen durch Europa begibt, in der zweiten Klasse, so daß er in jenen Zügen lesen muß, in denen die Korridore total überfüllt sind und man eingezwängt stehen muß, einen Arm aus dem Fenster gehängt, könnte sich mindestens drei Bände der sechsbändigen Einaudi-Ausgabe der *Navigationi et viaggi* des humanistischen Geographen Gian Battista Ramusio mitnehmen, die sich gut lesen lassen, wenn man einen Band in der Hand hält, den zweiten unter den Arm geklemmt und den dritten zwischen die Schenkel. Auf Reisen über Reisen zu lesen ist eine außerordentlich intensive und stimulierende Erfahrung.

Jugendlichen, die von der politischen Arbeit Urlaub machen (oder von ihr enttäuscht sind), aber gleichwohl die Probleme der dritten Welt nicht aus den Augen verlieren wollen, würde ich zu ein paar kleinen Meisterwerken der islamischen Philosophie raten. Bei Adelphi ist kürzlich das *Buch der Ratschläge* von Kay Ka'us ibn Iskandar erschienen, leider ohne das persische Original auf der linken Seite, so daß natürlich der ganze Reiz verlorengeht. Ich würde statt dessen das entzückende *Kitab al-s'ada wa'l is'ad* von Abul'l-Hasan Al'Amiri empfehlen, von dem es in Teheran eine kritische Ausgabe aus dem Jahre 1957 gibt.

Da nicht alle fließend die nahöstlichen Sprachen lesen: wer im Auto unterwegs ist und keine Platzprobleme hat, ist immer bestens mit der Gesamtausgabe der *Patrologie* von Migne bedient. Ich würde davon abraten, die griechischen

Kirchenväter bis zum Konzil in Florenz 1440 zu wählen, da man dann 161 Bände der griechisch-lateinischen Ausgabe plus 81 der lateinischen mitnehmen müßte, während man sich bei den lateinischen Kirchenvätern bis 1216 auf 218 Bände beschränken kann. Ich weiß nur zu gut, daß nicht alle im Handel erhältlich sind, aber man kann ja immer noch auf Fotokopien zurückgreifen. Für Leute mit weniger spezialisierten Interessen würde ich einige gute Werke (immer im Original) der kabbalistischen Tradition empfehlen (die heutzutage auch unverzichtbar sind, um die zeitgenössische Lyrik zu verstehen). Es genügt weniges: ein Exemplar des *Sefer Jesirah*, den *Sohar* natürlich, dann Moses Cordovero und Isaak Luria. Das kabbalistische Schrifttum ist besonders geeignet für die Ferien, da sich von den ältesten Werken noch gut erhaltene originale Schriftrollen finden, die man leicht auf den Rucksack schnallen kann, auch beim Trampen. Das kabbalistische Schrifttum läßt sich darüber hinaus auch bestens in den Ferienkolonien des Club Méditerranée verwenden, etwa wenn die Animateure zwei Gruppen bilden, die miteinander wetteifern sollen, wer den sympathischsten Golem kreiert. Für diejenigen, die Schwierigkeiten mit dem Hebräischen haben, bleiben schließlich immer noch das *Corpus Hermeticum* und die gnostischen Schriften (ich empfehle Valentinus, Basilides ist nicht selten weitschweifig und irritierend).

All dies (und anderes), wenn Sie intelligente Ferien machen wollen. Wenn nicht, reden wir nicht mehr davon, nehmen Sie sich die *Grundrisse* mit, die apokryphen Evangelien und die unveröffentlichten Schriften von Peirce auf Mikrofiches. Schließlich sind kulturelle Wochenzeitschriften keine Mitteilungsblätter für den Grundschulunterricht.

(1981)

Wie man einen verlorenen Führerschein ersetzt

Im Mai 1981, auf Durchreise in Amsterdam, verliere ich (oder wird mir in der Trambahn gestohlen – denn Taschendiebe gibt es sogar in Holland) eine Brieftasche, die nur wenig Geld, aber diverse Ausweispapiere und Mitgliedskarten enthielt. Ich merke es erst im Moment der Abreise, am Flughafen, und entdecke sofort, daß meine Kreditkarte fehlt. Dreißig Minuten vor dem Abflug mache ich mich auf die Suche nach einem Ort, wo ich den Verlust anzeigen kann, nach fünf Minuten werde ich von einem Beamten der Flughafenpolizei empfangen, der ein gutes Englisch spricht und mir erklärt, daß die Sache nicht in seine Zuständigkeit falle, da mir die Brieftasche in der Stadt abhanden gekommen sei; dennoch ist er bereit, eine Anzeige aufzunehmen, versichert mir, daß er um neun, wenn die Schalter öffnen, persönlich beim American Express anrufen werde, und klärt den niederländischen Teil meines Falles in zehn Minuten. Zurück in Mailand, rufe ich beim American Express an, die Nummer meiner Kreditkarte wird in die ganze Welt signalisiert, und tags darauf habe ich die neue Karte. Wie schön ist das Leben in der Zivilisation, sage ich mir.

Dann mache ich eine Aufstellung meiner anderen verlorenen Papiere und erstatte Anzeige beim Präsidium: zehn Minuten. Wie schön, sage ich mir, wir haben eine Polizei wie die niederländische. Unter den Ausweisen war eine Mitgliedskarte des Journalistenverbandes, und nach drei Tagen erhalte ich glücklich ein Duplikat. Wie schön.

Leider war auch mein Führerschein dabei. Nicht so schlimm, denke ich mir, das betrifft die allmächtige Automobilindustrie, uns blüht ein italienischer Ford, wir sind ein Land voller Autobahnen. Ich rufe beim Automobilclub an und höre, daß es genüge, die Nummer des verlorenen Führerscheins anzugeben. Leider hatte ich sie mir, wie ich nun merke, nie irgendwo notiert – es sei denn genau auf dem Führerschein. Ich frage, ob sie nicht unter meinem Namen nachsehen könnten, um die Nummer zu finden. Aber das scheint nicht möglich zu sein.

Ich *muß* Auto fahren, koste es, was es wolle, und so beschließe ich, etwas zu tun, was ich normalerweise nicht tue, nämlich abgekürzte und privilegierte Wege zu gehen. Normalerweise vermeide ich das, denn Freunde oder Bekannte zu belästigen ist mir unangenehm, und ich hasse diejenigen, die dasselbe mit mir tun, außerdem lebe ich schließlich in Mailand, wo es, wenn man eine Bescheinigung von der Kommune braucht, nicht nötig ist, mit dem Bürgermeister zu telefonieren, es geht schneller, wenn man sich brav vor dem Schalter anstellt, wo es relativ zügig vorangeht. Aber nun ja, wie es eben so ist, das Auto macht uns alle ein bißchen nervös, ich rufe also in Rom eine Hohe Persönlichkeit vom Automobilclub an, die mich mit einer Hohen Persönlichkeit vom Automobilclub in Mailand verbindet, die ihrer Sekretärin sagt, sie solle tun, was sie könne. Sie kann leider nur sehr wenig, trotz ihrer Freundlichkeit.

Sie lehrt mich einige Tricks, drängt mich, nach einer alten Avis-Quittung zu suchen, auf der meine Führerscheinnummer steht, hilft mir, die vorgeschalteten Formalitäten in einem Tag zu erledigen, und erklärt mir dann, wo ich hingehen müsse, nämlich in das *Ufficio Patenti*, die Führerscheinabteilung der Präfektur, eine enorme Schalterhalle, gerammelt voll von verzweifelten und übelriechenden Menschen, so etwas wie der Hauptbahnhof von Neu-Delhi in Filmen über die Revolte der Cipays, wo die

Wartenden, die sich Horrorgeschichten erzählen (»Ich bin hier seit der Zeit des Libyen-Krieges«), mit Thermosflaschen und Brötchen kampieren und am vorderen Ende der Schlange ankommen, wie es mir passiert, wenn der Schalter gerade schließt.

In jedem Falle, muß ich sagen, ist es nur eine Sache von wenigen Tagen des Schlangestehens, in deren Verlauf man jedesmal, wenn man vorne beim Schalter ankommt, erfährt, daß man noch ein weiteres Formular ausfüllen oder noch eine weitere Stempelmarke kaufen und sich dann wieder hinten anstellen muß. Aber das ist bekanntlich normal. Alles in Ordnung, sagt man mir schließlich, kommen Sie in zwei Wochen wieder. Bis dahin: Taxi.

Zwei Wochen später, nach Übersteigen einiger Antragsteller, die inzwischen zusammengebrochen sind und im Koma liegen, eröffnet man mir am Schalter, daß die Führerscheinnummer, die ich der alten Avis-Quittung entnommen hatte, sei's wegen eines Abschreibefehlers, sei's wegen mangelnder Qualität des Kohlepapiers, sei's wegen fortgeschrittener Zersetzung des bejahrten Dokuments, nicht die richtige sei. Man könne nichts machen, wenn ich die richtige Nummer nicht wisse. »Gut«, sage ich, »sicher können Sie keine Nummer suchen, die ich Ihnen nicht zu nennen weiß, aber Sie können doch unter dem Namen Eco suchen und die Nummer dort finden.« Mitnichten: sei's aus Böswilligkeit, sei's aus Arbeitsüberlastung, sei's daß die Führerscheine nur unter den Nummern archiviert worden sind, jedenfalls ist das nicht möglich. Versuchen Sie's doch mal da, wo Sie den Führerschein ursprünglich gemacht haben, wird mir geraten, also in Alessandria, vor Jahrzehnten. Dort müßte es möglich sein, Ihre Nummer zu finden.

Ich habe keine Zeit, nach Alessandria zu fahren, auch

weil ich ja nicht mit dem Auto hinfahren darf, und so versuche ich es mit der zweiten Abkürzung: Ich telefoniere mit einem alten Schulkameraden, der jetzt eine Hohe Persönlichkeit im dortigen Finanzamt ist, und bitte ihn, mit dem »Inspektorat für Motorisierung«, das heißt dem Straßenverkehrsamt zu telefonieren. Er entschließt sich zu einem nicht minder zwielichtigen Schritt und telefoniert direkt mit einer Hohen Persönlichkeit in besagtem Amt, die ihm erwidert, dergleichen Daten könne man niemandem außer den Carabinieri geben. Ich denke, der Leser wird sich darüber im klaren sein, welche Gefahr in der Tat die Behörden liefen, würden sie meine Führerscheinnummer einfach an Hinz und Kunz weitergeben: Ghaddafi und der KGB warten doch nur darauf. Also top-secret.

Ich gehe meine Vergangenheit durch und finde einen anderen Schulkameraden, der jetzt eine Hohe Persönlichkeit in einer öffentlichen Anstalt ist, aber ich lege ihm nahe, sich möglichst nicht an Hohe Persönlichkeiten im Verkehrsamt zu wenden, da die Sache gefährlich sei und am Ende gar zu einer parlamentarischen Untersuchung führen könne. Lieber solle er, rege ich an, eine niedere Persönlichkeit ausfindig machen, vielleicht einen Nachtwächter, der sich bestechen läßt und bei Nacht die Nase in die Archive steckt. Die Hohe Persönlichkeit in der öffentlichen Anstalt hat das Glück, eine mittlere Persönlichkeit im Verkehrsamt zu finden, die nicht einmal bestochen zu werden braucht, da sie gewohnheitsmäßig den *Espresso* liest und aus Liebe zur Kultur sich entschließt, ihrem bevorzugten Kommentator (also mir) diesen gefährlichen Dienst zu erweisen. Ich weiß nicht, was diese kühne Person unternimmt, Tatsache ist jedoch, daß ich am nächsten Tage die Nummer des Führerscheins habe. Eine Nummer, die der Leser mir erlauben wird, hier nicht zu enthüllen, denn ich habe Familie.

Mit der Nummer (die ich mir jetzt überall notiere und, im Blick auf künftige Diebstähle oder Verluste, in Geheimfächern aufbewahre) überwinde ich weitere Schlangen im Amt für Straßenverkehr zu Mailand und schwenke sie vor den mißtrauischen Augen des Beamten am Schalter. Dieser eröffnet mir mit einem Lächeln, das nichts Menschliches mehr hat, ich müsse auch die Nummer des Vorgangs angeben, mit welchem seinerzeit in den fünfziger Jahren die Behörden in Alessandria meine Führerscheinnummer den Behörden in Mailand mitgeteilt hatten.

Erneute Telefonate mit Schulkameraden, die unselige mittlere Persönlichkeit, die schon so viel riskiert hat, macht sich ein weiteres Mal auf die Socken, begeht ein paar Dutzend Delikte, entwendet eine Information, nach der, wie es scheint, die Carabinieri lechzen, und läßt mich die Nummer des Vorgangs wissen. Eine Nummer, die ich hier gleichfalls nicht offenbare, denn bekanntlich haben die Wände Ohren.

Ich begebe mich wieder ins Mailänder Amt für Straßenverkehr, brauche nur ein paar Tage Schlange zu stehen und bekomme das Versprechen, in zwei Wochen das magische Dokument zu erhalten. Der Juni geht bereits seinem Ende entgegen, da erhalte ich ein Papier, auf dem mir bestätigt wird, daß ich einen Antrag auf Ausstellung eines Führerscheins gestellt habe. Natürlich gibt es kein Formular für verlorengegangene Führerscheine, das Papier ist ein »provisorischer« Führerschein, wie er bei uns für Anfänger ausgestellt wird, die erst noch üben müssen, bevor sie den richtigen Führerschein kriegen. Ich zeige es einem Schutzmann und frage ihn, ob ich damit fahren dürfe. Sein Blick erstarrt, der brave Beamte gibt mir zu verstehen, falls er mich damit am Steuer erwischen sollte, würde ich bereuen, jemals geboren zu sein.

Tatsächlich bereue ich und kehre zum *Ufficio Patenti* zurück, wo ich nach ein paar Tagen erfahre, daß mein Papier sozusagen ein Aperitif war: Ich müsse warten, bis ich ein anderes Papier bekäme, in dem mir bescheinigt würde, daß ich meinen Führerschein verloren hätte und fahren dürfe, bis ich den neuen bekommen würde, da die Behörden inzwischen ermittelt hätten, daß ich den alten besessen hatte. Also genau, was längst alle wissen, von der niederländischen Polizei bis zum Präsidium in Mailand, und was auch die Mailänder Führerscheinausstellungsbehörde weiß, nur will sie es nicht klar sagen, bevor sie erst noch eine Weile darüber nachgedacht hat. Man beachte, daß die Behörde alles, was sie in Erfahrung zu bringen wünschen könnte, schon weiß und daß sie nichts weiter erfahren wird, mag sie auch noch so lange darüber nachdenken. Aber Geduld. Gegen Ende Juni erkundige ich mich wiederholt nach dem Schicksal des Papiers Nummer zwei, aber es scheint, daß seine Erstellung viel Arbeit kostet. Eine Zeitlang bin ich sogar versucht, das zu glauben, da ich so viele Unterlagen und Fotos habe beibringen müssen, anscheinend ist dieses Dokument so etwas wie ein Paß mit zahlreichen fälschungssicheren Seiten.

Ende Juni, nachdem ich inzwischen schwindelerregende Summen für Taxis aufgewandt habe, versuche ich eine erneute Abkürzung. Ich schreibe schließlich für Zeitungen, Himmel noch mal, da müßte mir doch jemand helfen können, und sei's mit der Ausrede, daß ich aus Gründen der Gemeinnützigkeit mobil sein müsse! Mit Hilfe zweier Mailänder Redaktionen (der *Repubblica* und des *Espresso*) gelingt es mir, ins Pressebüro der Präfektur vorzudringen, wo ich eine freundliche Dame finde, die bereit ist, sich um meinen Fall zu kümmern. Die freundliche Dame denkt auch gar nicht daran, etwa bloß zu telefonieren: Couragiert begibt sie sich persönlich ins Führerscheinausstellungsamt und dringt in sakrale Bezirke ein, die profanen Sterblichen streng verschlossen sind, mitten zwischen labyrinthische Reihen von Akten, die dort seit unvordenklichen Zeiten lagern. Was sie dort tut, weiß ich nicht (ich höre erstickte Schreie, Gepolter von stürzenden Aktenbergen, Staubwolken quellen durch die Ritzen der Tür). Schließlich erscheint sie wieder, in der Hand ein gelbliches Formular aus dünnem Papier wie jene, die von Parkwächtern unter die Scheibenwischer geschoben werden, Format neunzehn mal dreizehn Zentimeter. Es hat kein Foto, es ist mit Tinte beschrieben, mit einer dicken klecksigen Feder, die in ein altes Tintenfaß eingetaucht worden ist, so eins voller Bodensatz und Schleim, der Fäden auf dem porösen Papier zieht. Es enthält meinen Namen mitsamt der Nummer des verlorenen Führerscheins, und der gedruckte Text besagt, vorliegendes Blatt ersetze den »oben angegebenen« Führerschein, und es verfalle am 29. Dezember (das Datum ist offensichtlich gewählt, um das Opfer zu überraschen, während es ahnungslos die Kehren zu einer alpinen Ortschaft hinauffährt, womöglich im Schneegestöber, fern von zu Hause, so daß es von der Straßenpolizei verhaftet und gefoltert werden kann).

Das Blatt ermächtigt mich, in Italien zu fahren, aber ich fürchte, es bringt mich in ernsthafte Schwierigkeiten, wenn ich es einem Polizisten im Ausland zeige. Aber Geduld, jetzt fahre ich erst mal wieder. Um es kurz zu machen, im Dezember ist mein Führerschein immer noch nicht gekommen, ich stoße auf Widerstände, als ich um Verlängerung der provisorischen Fahrerlaubnis ersuche, ich gehe erneut ins Pressebüro der Präfektur, und am Ende habe ich wieder dasselbe Blatt, auf das eine ungelenke Hand geschrieben hat, was ich selbst hätte schreiben können, nämlich daß es bis zum 28. Juni verlängert worden ist (wieder so ein Datum, das mich wehrlos überraschen soll, während ich eine sommerliche Küstenstraße entlangfahre). Immerhin wird mir mitgeteilt, man werde, wenn jenes Datum erreicht sei, für eine erneute Verlängerung sorgen, denn mit dem Führerschein werde es noch etwas dauern. Mit gebrochener Stimme erzählen mir Leidensgenossen beim Schlangestehen, es gebe Leute, die seit zwei bis drei Jahren auf ihren Führerschein warten.

Vorgestern habe ich nun die neue Jahresmarke auf das Papier geklebt. Der Tabakhändler hat mir geraten, sie nicht zu entwerten*, denn falls mein Führerschein endlich kommen sollte, müßte ich sonst eine neue kaufen. Aber ich fürchte, mit der Nichtentwertung habe ich ein Delikt begangen.

An diesem Punkt drei Bemerkungen. Erstens: Daß ich die provisorische Fahrerlaubnis nach zwei Monaten hatte, liegt allein daran, daß es mir dank einer Reihe von Privilegien, die ich qua Herkunft und Erziehung genieße, gelungen ist, eine Reihe von Hohen Persönlichkeiten in drei Städten zu mobilisieren, Funktionsträger in sechs öffentlichen bzw. privaten Anstalten plus einer Tageszeitung und einem Wochenmagazin von nationaler Verbreitung. Wäre ich Angestellter oder Drogist, müßte ich mir jetzt ein Fahrrad kaufen. Um mit einem Führerschein zu fahren, muß man Licio Gelli sein.*

Zweitens: Das Blatt, das ich eifersüchtig in meiner Brieftasche hüte, ist ein Dokument ohne jeden Wert, kinderleicht zu fälschen, mithin ist Italien ein Land voller Autofahrer im Zustand problematischer Identifizierbarkeit. Massenhafte Illegalität oder Legalitätsfiktion.

Die dritte Bemerkung verlangt, daß der Leser seine Vorstellungskraft bemüht, um sich einen Führerschein bildlich vor Augen zu halten: ein Büchlein von zwei bis drei Seiten, mit Foto, aus schlechtem Papier. Diese Büchlein werden nicht in Fabriano hergestellt wie die bibliophilen Kostbarkeiten von Franco Maria Ricci, sie werden nicht handgepreßt von erlesenen Spezialisten, sie können in jeder beliebigen Klitsche gedruckt werden, und seit Gutenbergs Zeiten ist die westliche Zivilisation in der Lage, Zigtausende davon in wenigen Stunden zu produzieren.

Was also hindert uns, sie in genügender Menge verfügbar zu halten, das Foto des Opfers einzukleben und sie, warum nicht, per Münzautomaten zu verteilen? Was geschieht in den labyrinthischen Gängen der zuständigen Behörde?

Wir alle wissen, daß ein Rotbrigadist imstande ist, in wenigen Stunden Dutzende von falschen Führerscheinen zu fabrizieren – und man beachte, daß es mühsamer ist, einen falschen zu fabrizieren als einen echten. Also: Wenn wir nicht wollen, daß brave Bürger, denen ihr Führerschein abhanden gekommen ist, übelbeleumdete Bars frequentieren in der Hoffnung, dort Kontakte mit den Roten Brigaden zu knüpfen, gibt es nur eine Lösung: die »reuigen« Rotbrigadisten in den Führerscheinämtern anzustellen. Sie haben das nötige Know-how, sie haben genügend Zeit, Arbeit macht frei, wie man weiß, auf einen Schlag werden viele Gefängniszellen verfügbar, Personen, die bei erzwungener Untätigkeit in gefährliche Allmachtsphantasien zurückfallen könnten, leisten gesellschaftlich nützliche Dienste, sowohl dem Bürger mit vier Rädern als auch dem Hund mit sechs Beinen wäre gedient.

Aber vielleicht ist das alles zu einfach gedacht. Ich sage, hinter dem mysteriösen Mangel an Führerscheinen steckt die finstere Hand einer auswärtigen Macht.

(1982)

Wie man Gebrauchsanweisungen befolgt

Gewiß hat jeder schon mal in einer italienischen Bar unter jenen Zuckerdosen gelitten, bei denen, sobald man den Löffel herauszuziehen versucht, der Deckel wie eine Guillotine herunterknallt und den Löffel hochspringen läßt, so daß der Zucker ringsum über alle Anwesenden verstreut wird. Gewiß hat jeder schon mal in solchen Momenten gedacht, daß der Erfinder dieser Höllenmaschine in ein Straflager gehört. Statt dessen genießt er jetzt vermutlich die Früchte seiner Untat an einem exklusiven Privatstrand. Der amerikanische Humorist Shelley Berman hat einmal vorausgesagt, als nächstes werde jener Zeitgenosse ein Sicherheitsauto erfinden, bei dem die Türen sich nur von innen öffnen lassen.

Ich habe jahrelang einen Wagen gefahren, der in vieler Hinsicht hervorragend war, nur daß er den Aschenbecher des Fahrers an der linken Tür hatte. Wie jeder weiß, hält man beim Fahren die linke Hand am Lenkrand, während die rechte frei bleibt, um den Schaltknüppel usw. zu bedienen. Wenn man beim Fahren raucht (was man nicht tun sollte, ich weiß), hält man die Zigarette in der rechten Hand. Um die Asche mit der rechten Hand im Aschenbecher links neben der linken Schulter abzustreifen, muß man eine komplexe Operation vollführen und den Blick für den Bruchteil einer Sekunde von der Straße abwenden. Wenn der Wagen, wie es bei meinem der Fall war, hundertachtzig schafft, impliziert diese Operation das Risiko, sich der Sodomie mit einem Lastzug zu versündigen. Der Erfinder dieser Teufelei war ein Profi, der den Tod vieler Menschen verursacht hat, nicht an Raucherkrebs, sondern infolge Aufpralls auf Fremdkörper.

Ich vergnüge mich seit einiger Zeit mit der Prüfung diverser Textverarbeitungssysteme für Computer. Wer eins von diesen Systemen kauft, erhält ein Paket mit Disketten, die Gebrauchsanweisung und die Benutzerlizenz, das Ganze kostet je nach Fabrikat zwischen ein- und dreitausend Mark, und man kann sich die Bedienung entweder von einem Instrukteur der Firma erklären lassen oder das Handbuch studieren. Der Instrukteur ist gewöhnlich instruiert vom Erfinder der oben erwähnten Zuckerdose, es empfiehlt sich daher, mit einer Magnum auf ihn zu schießen, sobald er einen Fuß in die Wohnung setzt. Man kriegt dafür rund zwanzig Jahre Zuchthaus, mit einem guten Anwalt auch weniger, aber man hat Zeit gewonnen.

Schlimm wird es, wenn man das Benutzerhandbuch studiert – und meine Beobachtungen betreffen jedes beliebige Handbuch für jedes beliebige Fabrikat. Ein Benutzerhandbuch für sogenannte »Personalcomputer« präsentiert sich als ein schwerer Plastikcontainer mit scharfen Kanten, den man besser nicht in Reichweite kleiner Kinder gelangen läßt. Wenn man ihn öffnet, entpuppt sich der Inhalt als eine Anzahl backsteinförmiger Gegenstände mit vielen Seiten, in Beton gebunden und folglich kaum vom Wohn- ins Arbeitszimmer zu transportieren, beschriftet mit Titeln, denen man nicht zu entnehmen vermag, was man zuerst lesen soll. Die minder sadistischen Firmen liefern gewöhnlich zwei Handbücher, die perverseren bis zu vier.

Auf den ersten Blick meint man, das erste Handbuch erkläre die Dinge Schritt für Schritt für die Dummen, das zweite für die Experten, das dritte für die Profis und so weiter. Weit gefehlt! Jedes Handbuch erklärt etwas, das die anderen nicht erklären, was der Benutzer sofort wissen muß, steht im Handbuch für Ingenieure, was Ingenieuren weiterhilft, steht im Handbuch für Dumme. Jedes Handbuch ist überdies, zur Vorsorge für den Fall, daß man es in den nächsten zehn Jahren erweitern muß, als Ringbuch mit ca. dreihundert losen Blättern angelegt.

Wer je mit solch einem Ringbuch hantiert hat, weiß, daß nach zwei- bis dreimaliger Benutzung (ganz abgesehen von der Schwierigkeit, die Seiten umzublättern) die Ringe sich verbiegen; nach kurzer Zeit fällt das Ding auseinander und verstreut seine Blätter durchs ganze Zimmer. Menschen, die Informationen suchen, sind an den Umgang mit Dingen gewöhnt, die man Bücher nennt, womöglich solche mit farbigen Seiten oder mit Zähnung am Rande wie manche Telefonbücher, so daß man rasch findet, was man sucht. Die Hersteller von Computerhandbüchern ignorieren diese humane Praxis und liefern Objekte mit einer Lebensdauer von ca. acht Stunden. Die einzig vernünftige Lösung ist, die Handbücher auseinanderzunehmen, sie sechs Monate lang mit Hilfe eines Etruskologen zu studieren, sie auf ein paar Karteikärtchen zu komprimieren (was völlig reicht) und sie dann wegzuwerfen.

(1985)

Wie man ansteckende Krankheiten vermeidet

Vor vielen Jahren sagte einmal ein bekannter Fernseh-Schauspieler, der kein Hehl aus seiner Homosexualität machte, zu einem hübschen Jungen, den er offensichtlich verführen wollte: »Was, du gehst mit Frauen? Weißt du nicht, daß man von ihnen Krebs bekommt?« Der Ausspruch wird heute noch in den Korridoren der RAI zitiert, aber nun ist die Zeit der Scherze vorbei. Wie ich lese, hat Professor Matré endlich enthüllt, daß der heterosexuelle Beischlaf Krebs hervorruft. Es war auch Zeit. Ich würde noch weiter gehen und sagen, daß der heterosexuelle Beischlaf zum Tod führt: Selbst die Kinder wissen, daß er zur Fortpflanzung dient, und je mehr Menschen geboren werden, desto mehr sterben.

Mit wenig Sinn für Demokratie drohte die Aids-Psychose bisher nur die Aktivität der Homosexuellen einzuschränken. Von nun an werden wir auch die heterosexuelle Aktivität einschränken, und alle sind wieder gleich. Wir waren zu unbesonnen, und die Rückkehr zur Theorie von den Giftsalbenschmierern* vermittelt uns wieder ein strengeres Bewußtsein unserer Rechte und Pflichten.

Ich möchte jedoch hervorheben, daß auch das Aids-Problem selbst viel ernster ist, als wir glauben, und keineswegs nur die Homosexuellen betrifft. Nicht daß ich Panik verbreiten wollte, aber ich erlaube mir, auf einige andere hochgradig gefährdete Risikogruppen hinzuweisen.

Freiberufler

Gehen Sie nicht in die New Yorker Avantgardetheater:

Es ist bekannt, daß die angelsächsischen Schauspieler aus phonetischen Gründen beim Sprechen sehr viel Spucke spotzen, man braucht sie nur gegen das Licht im Profil zu betrachten, und die kleinen experimentellen Bühnen bringen den Zuschauer in direkten Spotzkontakt mit dem Schauspieler. Wenn Sie Abgeordneter sind, unterhalten Sie keine Beziehungen zu Mafiosi, Sie könnten sonst plötzlich gezwungen sein, dem Paten die Hand zu küssen. Abzuraten ist auch von einem Beitritt zur Camorra, wegen der Blutrituale. Wer eine politische Karriere über katholische Pressure Groups wie »Comunione e Liberazione« anstrebt, sollte gleichwohl die Kommunion vermeiden, bei welcher Keime von Mund zu Mund durch die Fingerspitzen des Zelebranten übertragen werden, zu schweigen von den Risiken der Ohrenbeichte.

Einfache Angestellte und Arbeiter

Hochgradig gefährdet sind die Pflichtversicherten mit kariösem Gebiß, da ihnen der Zahnarzt mit Händen in den Mund faßt, die zuvor in andere Münder gefaßt haben. Schwimmen im ölverseuchten Meer erhöht das Ansteckungsrisiko, denn die ölhaltigen Teerklumpen transportieren Reste vom Speichel anderer Leute, die sie zuvor geschluckt und wieder ausgespuckt haben. Wer mehr als achtzig Gauloises pro Tag raucht, berührt das mundnahe Stück der Zigarette mit Fingern, die zuvor anderes berührt haben, und so gelangen Keime in die Atemwege. Vermeiden Sie Arbeitslosigkeit, sonst kauen Sie den ganzen Tag lang auf den Nägeln herum. Passen Sie auf, daß Sie nicht von sardischen Hirten oder Terroristen entführt werden, denn die Entführer benutzen gewöhnlich ein und dieselbe Kapuze für mehrere Entführte. Nicht im Zug die Strecke Bologna-Florenz fahren, da bei einer Bombenexplosion

Organteile mit enormer Geschwindigkeit umherfliegen und es in solchen Momenten schwierig ist, sich davor zu schützen. Meiden sollte man auch die Atombombentestgebiete: Beim Anblick eines Atompilzes neigt man dazu, sich die Hände an den Mund zu führen (ohne sie vorher gewaschen zu haben!) und »Mein Gott!« zu murmeln.

Hochgradig gefährdete Risikogruppen sind auch die Sterbenden, die das Kruzifix küssen; ebenso die zum Tode Verurteilten (sofern die Schneide der Guillotine nicht vor Gebrauch gut desinfiziert worden ist) und die Kinder in Waisenhäusern, die von der bösen Ordensschwester gezwungen werden, den Fußboden zu lecken, nachdem sie mit einem Fuß an die Pritsche gefesselt worden sind.

Bewohner der dritten Welt

In höchstem Grade gefährdet sind die Rothäute: Das Weiterreichen des Kalumets von Mund zu Mund hat bekanntlich zum Aussterben der indianischen Nation geführt. Die Bewohner des Vorderen Orients und die Afghanen sind dem Gelecktwerden durch Kamele ausgesetzt, man sehe nur die hohe Sterblichkeitsrate im Iran und Irak. Ein »Verschwundener« in Lateinamerika riskiert viel, wenn sein Folterer ihm ins Gesicht spuckt. Kambodschaner und Bewohner libanesischer Lager sollten das Blutbad vermeiden, neun von zehn Ärzten raten davon ab (der zehnte, der toleranteste, ist Dr. Mengele).

Die Schwarzen in Südafrika sind Infektionen ausgesetzt, wenn die Weißen sie verächtlich ansehen und dazu ein Geräusch mit dem Mund ausstoßen, der Speichel verbreitet. Die politischen Gefangenen aller Hautfarben sollten sorgfältig vermeiden, daß der verhörende Polizist ihnen mit der Faust in die Zähne schlägt, nachdem er zuvor das Zahnfleisch eines anderen Verhörten berührt hat. Die unter endemischer Hungersnot leidenden Bevölkerungen sollten nicht zu oft schlucken, um das Nagen des Hungers abzumildern, da der Speichel, der mit dem Gifthauch der Umwelt in Berührung gekommen ist, leicht die Darmwege infizieren kann.

Um diese Kampagne für eine Erziehung zu besserer Hygiene sollten sich die Behörden und die Presse kümmern, anstatt sich über andere Probleme zu erregen, deren Lösung getrost auf später verschoben werden kann.

(1985)

Wie man mit einem Lachs verreist

Glaubt man den Zeitungen, sind es zwei Probleme, die unsere Epoche bedrohen: die Invasion der Computer und der besorgniserregende Vormarsch der dritten Welt. Es stimmt, ich kann es bezeugen.

Meine letzte Reise war kurz: ein Tag in Stockholm und drei Tage in London. In Stockholm blieb mir genügend Zeit, einen geräucherten Lachs zu kaufen, ein Riesending zu einem Spottpreis. Er war akkurat in Plastik verpackt, aber man sagte mir, wenn ich auf Reisen sei, täte ich gut daran, ihn zu kühlen. Leicht gesagt.

In London hatte mir mein Verleger zum Glück ein Zimmer in einem Luxushotel reservieren lassen, also eins mit Kühlschrank. Bei der Ankunft hatte ich den Eindruck, in eine ausländische Botschaft während des Boxeraufstands in Peking geraten zu sein.

Familien, die in der Halle kampierten, Reisende in Dekken auf ihrem Gepäck ... Ich fragte das Personal, lauter Inder und ein paar Malayen. Sie sagten mir, das Hotel habe just am Vortag ein Computersystem installiert, das aufgrund von Anfangsschwierigkeiten seit zwei Stunden ausgefallen sei. Man könne leider nicht feststellen, welche Zimmer frei und welche belegt seien. Ich müsse warten.

Gegen Abend war der Computer repariert, und ich bekam mein Zimmer. Sofort holte ich den Lachs aus dem Koffer und suchte den Kühlschrank. Gewöhnlich enthalten die Kühlschränke in Hotelzimmern zwei Flaschen Bier, zwei Flaschen Mineralwasser, ein paar Minifläschchen Spirituosen, ein paar Fruchtsäfte und zwei Erdnußpäckchen.

Der, den ich vorfand, war ein Riesending und enthielt fünfzig Minibouteillen Whisky, Gin, Drambuye, Courvoisier, Grand Marnier und Calvados, acht Flaschen Perrier, zwei Flaschen Vitelloise und zwei Evian, drei Halbliterflaschen Champagner, diverse Dosen Stout, Pale Ale, deutsches und holländisches Bier, italienischen und französischen Weißwein sowie Erdnüsse, Salzstangen, Mandeln, Schokolädchen und Alka Seltzer. Kein Platz für meinen Lachs.

Ich öffnete zwei geräumige Fächer, packte den ganzen Inhalt des Kühlschranks hinein, versorgte den Lachs und vergaß ihn. Als ich am nächsten Tag gegen vier zurückkam, lag der Lachs auf dem Tisch und der Kühlschrank war wieder randvoll mit teuren Spirituosen. Ich öffnete die zwei Fächer und sah, daß alles, was ich tags zuvor dort versteckt hatte, noch da war. Ich rief in der Rezeption an und sagte, man möge dem Etagenpersonal bitte ausrichten, wenn es den Kühlschrank leer finde, sei das nicht, weil ich alles getrunken hätte, sondern wegen dem Lachs. Man antwortete mir, die Information müsse in den Zentralcomputer eingespeist werden – auch weil der größte Teil des Personals kein Englisch spreche und keine mündlichen Aufträge annehmen könne, sondern nur solche in Basic.

Ich machte zwei weitere Fächer auf, packte erneut den ganzen Inhalt des Kühlschranks hinein und versorgte erneut meinen Lachs. Tags darauf um vier lag der Lachs wieder auf dem Tisch und roch schon etwas verdächtig.

Der Kühlschrank war bis zum Rand voller Flaschen und Fläschchen, und die vier Fächer erinnerten mich an den Panzerschrank eines »Speakeasy« während der Prohibitionszeit. Ich rief in der Rezeption an und erfuhr, es habe leider erneut einen Zwischenfall mit dem Computer gegeben. Ich läutete nach dem Etagenkellner und versuchte, meinen Fall einem Typ zu erklären, der die Haare zu einem Knoten im Nacken zusammengebunden trug. Aber er sprach nur einen Dialekt, der, wie mir ein Anthropologe später erklärte, in Kefiristan zu der Zeit gesprochen wurde, als Alexander der Große die schöne Roxana heimführte.

Am nächsten Morgen ging ich die Rechnung bezahlen. Sie war astronomisch. Ihr zufolge hatte ich in zweieinhalb Tagen mehrere Hektoliter Veuve Cliquot, zehn Liter Scotch verschiedener Marken, darunter einige rare Malts, acht Liter Gin, fünfundzwanzig Liter Perrier und Evian nebst einigen Flaschen San Pellegrino getrunken und so viele Fruchtsäfte, daß es gereicht hätte, sämtliche von der Unicef betreuten Kinder am Leben zu erhalten, dazu Mandeln, Crackers und Erdnüsse in solchen Mengen verdrückt, daß ein Mitwirkender bei der Autopsie des Personals aus dem *Großen Fressen* sich übergeben hätte. Ich versuchte den Fall zu erklären, aber der Angestellte versicherte mir lächelnd mit betelgeschwärzten Zähnen, der Computer habe es so registriert. Ich verlangte nach einem Advokaten, und man brachte mir eine Avocado.

Mein Verleger tobt jetzt und hält mich für einen Schmarotzer. Der Lachs ist ungenießbar. Meine Kinder sagen, ich solle nicht soviel trinken.

(1986)

Wie man ein Inventar erstellt

Die Regierung verspricht, man werde bald etwas tun, um die Autonomie der Universitäten zu sichern. Im Mittelalter waren die Universitäten autonom und funktionierten besser als heute. Die amerikanischen Universitäten, von deren Perfektion so fabelhafte Dinge erzählt werden, sind autonom. Die deutschen Universitäten sind von den Bundesländern abhängig, aber regionale Regierungen sind beweglicher als Zentralverwaltungen, und bei vielen Fragen, wie etwa der Berufung von Professoren, ratifiziert die Landesregierung nur noch pro forma, was die Universität beschlossen hat. In Italien läuft ein Wissenschaftler Gefahr, wenn er aufdeckt, daß das Phlogiston nicht existiert, am Ende Axiomatik des Phlogistons zu lehren, denn ist der Begriff erst einmal in die ministeriellen Listen gelangt, kann er nur noch geändert werden um den Preis langwieriger Verhandlungen zwischen sämtlichen Hochschulen des ganzen Landes, dem Obersten Wissenschaftsrat, dem Ministerium und einigen anderen Behörden, deren Namen mir entfallen sind.

Die Forschung schreitet voran, wenn jemand einen Weg sieht, den vorher niemand gesehen hatte, und ein paar andere Leute mit großer Entscheidungsfreiheit beschließen, ihm Glauben zu schenken. Bedarf es aber, um einen Stuhl in Sterzing zu verrücken, erst einer Entscheidung in Rom, nach Anhörung von Chivasso, Terontola, Afragola, Montelepre und Decimomannu, so ist klar, daß er frühestens dann verrückt wird, wenn es nichts mehr nützt.

In Italien stockt die Forschung freilich auch deshalb, weil die Bürokratie uns zwingt, viel Zeit mit der Lösung lächerlicher Probleme zu vertun. Ich bin Direktor eines Universitätsinstituts und mußte als solcher vor ein paar Jahren, wie alle meine Kollegen, ein sehr detailliertes Inventar der beweglichen Güter des Instituts erstellen. Die einzige Angestellte, die mir zur Verfügung stand, hatte tausend andere Dinge zu tun. Man konnte eine Privatfirma mit der Inventur beauftragen, die dafür 300 000 Lire verlangte. Das Geld war vorhanden, aber nur in einem Fonds für »inventarisierbares Material«. Wie kann man eine Inventur für inventarisierbar erklären?

Ich mußte eine Kommission von Logikern einberufen, die ihre Forschungen für drei Tage unterbrachen. Sie befanden, daß in der Frage etwas Ähnliches vorliege wie im Paradox der Gesamtmenge der Normalmengen. Dann beschlossen sie, daß der Akt des Inventarisierens, da ein Ereignis, kein inventarisierbarer Gegenstand sei, aber zwangsläufig der Erstellung von Inventaren vorausgehe, welche ihrerseits, da Objekte, inventarisierbar seien. Die private Firma wurde gebeten, uns nicht den Akt des Inventarisierens in Rechnung zu stellen, sondern dessen Ergebnis, und so machten wir Inventur. Ich hatte seriöse Gelehrte mehrere Tage lang von wichtigen Aufgaben abgehalten, aber ich hatte eine Gefängnisstrafe wegen Veruntreuung öffentlicher Gelder vermieden.

Einige Monate später kam der Pedell und eröffnete mir, es fehle an Klopapier. Ich sagte ihm, er solle welches kaufen. Die Institutssekretärin wies mich darauf hin, daß wir nur noch Gelder für inventarisierbares Material hätten, und gab zu bedenken, daß neues Klopapier zwar inventarisiert werden könne, aber daß Klopapier aus Gründen, die ich nicht weiter vertiefen will, zum Zerfall tendiere, und wenn es einmal zerfallen sei, verschwinde es aus dem Inventar. Ich berief also eine Kommission von Biologen ein, um zu erfahren, wie man gebrauchtes Klopapier inventarisieren könne. Theoretisch sei das schon möglich, wurde mir als Antwort zuteil, aber die menschlichen Kosten seien sehr hoch.

Ich berief eine Kommission von Juristen ein, die mir schließlich die Lösung lieferte, nach der ich seither verfahre: Ich nehme das Klopapier in Empfang, inventarisiere es und lasse die Rollen aus wissenschaftlichen Gründen auf die Toiletten des Instituts verteilen. Wenn das Papier dann verschwindet, erstatte ich Anzeige wegen Diebstahls von inventarisiertem Material durch Unbekannte. Leider muß ich die Anzeige jeden zweiten Tag wiederholen, und ein Inspektor des staatlichen Sicherheitsdienstes hat bereits schwerwiegende Bedenken gegen die Leitung eines Instituts vorgebracht, in welches Unbekannte so leicht und in so regelmäßigen Abständen infiltrieren können. Ich werde verdächtigt, aber ich habe mich gut abgesichert, mich kriegen sie nicht.

Das Dumme ist nur: Um diese Lösung zu finden, habe ich illustre Wissenschaftler tagelang von gemeinnützigen Forschungen abhalten müssen, habe öffentliche Gelder in Form von Zeit des lehrenden und nicht lehrenden Personals, von Telefonanten und Portokosten vergeudet. Aber niemand wird der Veruntreuung von Staatsgeldern bezichtigt, wenn alles nach dem Buchstaben des Gesetzes verläuft.

(1986)

Wie man sich das Leben durch Maschinchen erleichtert

Die Maschine fliegt majestätisch über immense Ebenen, makellose Wüsten. Dieser amerikanische Kontinent hat noch Momente fast taktiler Berührung mit der Natur zu bieten. Ich bin im Begriff, die Zivilisation zu vergessen, doch wie es der Zufall will, findet sich in der Tasche vor meinem Sitz, zwischen den Instruktionen für die rasche Evakuierung des Flugzeugs (im Unglücksfalle) und der Tüte für die rasche Evakuierung meines Magens (im Falle der Übelkeit), neben dem Programm des Films und der *Brandenburgischen Konzerte* im Kopfhörer, ein Exemplar der *Discoveries*, eine Hochglanzbroschüre, die mit einladenden Fotos eine Reihe postalisch bestellbarer Gegenstände anpreist. In den nächsten Tagen werde ich ähnliche Publikationen entdecken, Druckschriften wie *The American Traveller, Gifts With Personality* und dergleichen mehr.

Eine faszinierende Lektüre, ich versinke darin und vergesse die Natur, die so eintönig ist, weil sie, wie es scheint, *non facit saltus* (was ich auch von meinem Flugzeug hoffe). Wieviel interessanter ist da doch die Kultur, die bekanntlich die Natur korrigiert! Die Natur ist hart und feindlich, indes die Kultur dem Menschen gestattet, die Dinge mit weniger Anstrengung zu verrichten und Zeit zu sparen. Die Kultur befreit den Körper aus der Sklaverei der Arbeit und disponiert ihn zur Kontemplation.

Man denke nur einmal zum Beispiel, wie lästig die Handhabung eines Nasensprays ist, ich meine eines jener pharmazeutischen Plastikfläschchen, die man mit zwei Fingern zusammendrücken muß, um sich ein wohltuendes

Aerosol in die Nasenlöcher zu sprühen. Keine Angst: »Viralizer« ($ 4.59) ist eine Maschine, in die das Fläschchen eingeführt wird und die es für den Benutzer zusammendrückt, so daß der Strahl direkt in die verborgensten Intimitäten seiner Atemwege gelangt. Natürlich muß man die Maschine in der Hand halten, und insgesamt hat man, nach dem Foto zu urteilen, den Eindruck, mit einer Kalaschnikow zu schießen, aber alles hat seinen Preis.

Frappiert hat mich – und ich hoffe, es frappiert mich nicht weiter – ein Produkt namens »Omniblanket«, das gut 150 Dollar kostet. An sich ist es nur eine Heizdecke, aber sie enthält ein elektronisches Programm zur Regulierung der Temperatur je nach den verschiedenen Körperteilen. Mit anderen Worten, wenn man nachts am Rücken friert, aber zwischen den Beinen schwitzt, braucht man Omniblanket einfach nur so zu programmieren, daß sie einem den Rücken wärmt und die Lenden kühlt. Blöd natürlich, wenn man nervös ist und sich im Bett herumwälzt. Am Ende röstet man sich die Hoden oder was man da sonst hat. Ich glaube nicht, daß man Verbesserungen vom Erfinder verlangen kann, ich fürchte, er ist längst verkohlt.

Natürlich könnte es sein, daß man beim Schlafen schnarcht und damit den/die Partner/in stört. Nun: »Snore Stopper« ist eine Art Armbanduhr, die man vor dem Einschlafen anlegt. Kaum schnarcht man, wird Snore Stopper dank eines Audiosensors aktiv und schickt einem einen Stromstoß durch den Arm, der zielgenau eines der Nervenzentren im Hirn erreicht und dort ich weiß nicht was unterbricht, jedenfalls schnarcht man dann nicht mehr. Kostet nur 45 Dollar. Das Dumme ist, daß Herzkranken davon abgeraten wird, und mich beschleicht der Verdacht, daß auch die Gesundheit eines Athleten darunter leiden könnte. Zudem wiegt das Ding zwei *pounds*, also fast ein Kilo, infolgedessen kann man es zwar vielleicht mit dem Ehepartner benutzen, dem man seit Jahrzehnten angetraut ist, aber kaum mit dem Abenteuer einer Nacht, denn heiße Umarmungen mit einer kiloschweren Maschine am Handgelenk könnten leicht, als Nebenwirkungen, Unfälle nach sich ziehen.

Man weiß, daß die Amerikaner, um ihre Fettpolster abzubauen, Jogging machen, das heißt, sie laufen Stunden um Stunden, bis sie mit einem Herzinfarkt zusammenbrechen. »Pulse Trainer« ($ 59.95) wird an den Puls geschnallt und ist durch einen Draht mit einem Gummikäppchen verbunden, das man sich über den Zeigefinger stülpt. Anscheinend ertönt dann, wenn das Herz-Kreislauf-System kurz vor dem Kollaps steht, ein Alarm. Wirklich ein Fortschritt, wenn man bedenkt, daß in den unterentwickelten Ländern ein Läufer erst stehenbleibt, wenn er ins Keuchen gerät – was ein sehr primitiver Parameter ist, vielleicht liegt hier der Grund dafür, warum die Kinder in Ghana kein Jogging machen. Merkwürdig allerdings, daß sie trotz dieser Nachlässigkeit fast überhaupt keine Fettpolster haben. Mit dem Pulse Trainer kann man jetzt sorglos laufen, und wenn man sich dann noch um Brust und Hüften zwei Gürtel Marke »Nike Monitor« bindet, sagt einem eine elektronische Stimme, gespeist von einem Mikroprozessor und einem Doppler Effect Ultra Sound, wieviel und wie schnell man gelaufen ist ($ 300).

Tierfreunden rate ich zu »Bio Bet«. Man bindet es dem Hund um den Hals, und es sendet Ultraschallwellen (PMBC Circuit), die seine Flöhe erlegen. Kostet nur 25 Dollar. Ich weiß nicht, ob man es sich auch selber umbinden kann, um die menschlichen Quälgeister zu erlegen, aber ich fürchte die üblichen Nebenwirkungen. Batterien (Duracel Lithium) sind nicht im Preis inbegriffen. Die muß der Hund sich schon selber kaufen.

»Shower Valet« ($ 34.95) bietet in einer integralen Einheit, die man sich im Bad an die Wand hängt, einen nicht beschlagenden Spiegel samt Radio, Fernseher, Rasierklingenhalter und Rasiercremespender. Der Werbung zufolge kann das Gerät die langweilige Morgenroutine in eine »außerordentliche Erfahrung« verwandeln. »Spice Track« ($ 36.95) ist ein elektronischer Apparat, der alle nur irgend denkbaren Gewürze enthält. Arme Leute stellen sich die Gewürze in Gläsern auf ein Regal überm Herd, und wenn sie, sagen wir, Zimt auf ihre tägliche Portion Kaviar streuen wollen, müssen sie mit den Fingern nach dem Zimtglas greifen. Wer sich Spice Track leisten kann, braucht nur einen Algorithmus digital einzutippen (ich glaube in Turbo Pascal), und prompt steht das gewünschte Gewürz vor ihm.

Wenn man der geliebten Person ein ungewöhnliches Geburtstagsgeschenk machen will, erbietet sich eine Firma, ihr für bloß 30 Dollar ein Exemplar der *New York Times* vom Tage ihrer Geburt zu schicken. Sollte die beschenkte Person am Tag von Hiroschima oder an dem des Erdbebens in Messina geboren sein, hat sie Pech gehabt. Mit derselben Methode kann man auch gehaßte Personen demütigen, wenn sie an einem Tag geboren sind, an dem nichts Besonderes passiert ist.

Auf Flügen von einer gewissen Dauer kann man für drei bis vier Dollar richtige Kopfhörer mieten, um die diversen Musikprogramme im Bordradio oder den Soundtrack des Films zu hören. Für habituelle und zwanghafte Reisende, die sich vor Aids fürchten, gibt es für $ 19.95 persönliche und personalisierte (sterilisierte) Kopfhörer, die man von Flug zu Flug mit sich herumträgt.

Auf Reisen von Land zu Land möchte man gerne wissen, wieviel Dollar zur Zeit gerade ein Pfund Sterling wert ist oder wie viele spanische Dublonen man für einen Taler kriegt. Arme Leute benutzen dazu einen Bleistift oder einen Taschenrechner zu fünfzehn Mark, sie schlagen die Tageskurse in den Zeitungen nach und rechnen. Reiche können jetzt einen Currency Converter zu zwanzig Dollar erwerben. Er macht dasselbe wie ein Taschenrechner, aber er muß jeden Morgen anhand der Tageskurse in den Zeitungen neu programmiert werden, und er ist wahrscheinlich unfähig, die (nicht monetäre) Frage »Wieviel ist sechs mal sechs« zu beantworten. Die Raffinesse liegt darin, daß dieser Rechner für den doppelten Preis die Hälfte dessen leistet, was die anderen können.

Ferner gibt es die diversen Wunder-Terminkalender (»Master Day Time«, »Memory Pal«, »Loose-Leaf Timer« etc.). Ein Wunder-Terminkalender ist wie ein normaler Taschenkalender beschaffen (nur daß er gewöhnlich nicht in die Tasche paßt). Wie in einem normalen Kalender kommt nach dem 30. September der 1. Oktober. Das Besondere ist die Gebrauchsanweisung: »Stellen Sie sich einmal vor«, wird uns da geduldig erklärt, »Sie verabreden am 1. Januar ein Treffen für den 20. Dezember morgens um zehn. Das sind fast zwölf Monate im voraus, kein menschliches Hirn kann sich eine so unbedeutende Einzelheit so lange merken. Was also tun Sie? Ganz einfach: Sie schlagen am 1. Januar Ihren Kalender beim 20. Dezember auf und schreiben hinein: 10 Uhr, Mr. Smith. Wunderbar! Für den ganzen Rest des Jahres können Sie nun diesen wichtigen Termin vergessen, es genügt, daß Sie am 20. Dezember morgens um sieben, während Sie Ihre Cornflakes löffeln, den Kalender aufschlagen, und wie durch ein Wunder erinnern Sie sich an das Treffen!« – Was aber, frage ich, wenn man erst um elf aufwacht und erst mittags in den Kalender schaut? Dumme Frage, wer 50 Dollar für den Wunder-Kalender ausgegeben hat, wird ja wohl noch soviel gesunden Menschenverstand aufbringen, daß er jeden Morgen um sieben aufsteht!

Zur Beschleunigung der Morgentoilette am 20. Dezember bietet sich, für nur 16 Dollar, der Nose Hair Remover Marke »Rotary Clipper« an, ein Instrument, das den Marquis de Sade fasziniert hätte: Man führt es in die Nase ein (in der Regel), wo es alsdann, elektrisch rotierend, die Naseninnenhaare abschneidet, die unerreichbar für die normalen Scheren sind, mit denen die armen Leute sie gewöhnlich und vergeblich zu entfernen trachten. Ich weiß nicht, ob es auch eine Makro-Ausgabe gibt, für unseren Hauselefanten.

Der »Cool Sound« ist ein tragbarer Kühlschrank für Picknicks mit eingebautem Fernseher. Die »Fish Tie« ist eine Krawatte in Kabeljauform, hundert Prozent Polyester. Der »Coin Changer« enthebt uns der Mühe, dauernd in der Hosentasche nach Kleingeld zu kramen, er braucht allerdings soviel Platz wie ein Reliquienschrein mit dem Oberschenkel des hl. Alban. Wo man im Notfall die Münzen herkriegt, um ihn wieder zu füllen, wird nicht gesagt.

Tee zu machen erfordert, wenn man die richtigen Blätter hat, nur einen Kessel zum Wasserkochen, einen Teelöffel und allenfalls noch ein Sieb. »Tea Magic«, erhältlich für $ 9.95, ist eine hochkomplizierte Maschine, der es gelingt, die Zubereitung einer Tasse Tee genauso arbeitsaufwendig zu machen wie die einer Tasse Kaffee.

Aber nicht nur im Flugzeug, auch beim Warten auf dem Flughafen, zwischen zwei Flügen, kann man was lernen, wenn man in den Auslagen der Zeitschriftenkioske blättert. Vor einigen Tagen entdeckte ich, daß es eine Reihe von Zeitschriften ganz speziell für Schatzsucher gibt. Ich kaufte mir eine Nummer der in Paris erscheinenden Zeitschrift *Trésors de l'Histoire*. Sie enthält Artikel über die mögliche Existenz reicher Schätze in verschiedenen Gegenden Frankreichs, mit präzisen geo- und topographischen Angaben und Berichten über Schätze, die man bereits an jenen Orten gefunden hat.

So erfuhr ich zum Beispiel, daß es Schätze auf dem Grunde der Seine zu finden gibt, von antiken Münzen bis zu Gegenständen, die im Lauf der Jahrhunderte in den Fluß geworfen worden sind, Schwerter, Gefäße, Boote, kompromittierende Diebesbeute, auch Kunstwerke; Schätze in der Bretagne, vergraben von der apokalyptischen Sekte des Wanderpriesters Eon de l'Estoile im Mittelalter; Schätze im Zauberwald von Brocelandie, die aus den Zeiten Merlins und der Gralsritter stammen (mit detaillierten Angaben zur Identifikation des Heiligen Grals höchstpersönlich, wenn man Glück hat); Schätze in der Normandie, vergraben von den Vendéens während der Französischen Revolution; Schätze von Leuten wie Olivier le Diable, dem Barbier König Ludwigs XI.; Schätze, von denen scheinbar nur zum Scherz in den Romanen Arsène Lupins die Rede ist, die aber wirklich existieren. Ferner gibt es einen *Guide de la France trésoraire*, den der Artikel nur beschreibt, denn das komplette Werk, für 26 Francs zu erwerben, enthält 74 Karten im Maßstab 1:100, und jeder kann sich diejenige seiner Gegend aussuchen.

Der Leser wird sich fragen, wie man es anstellt, nach einem Schatz zu suchen, der unter der Erde oder im Wasser liegt. Keine Angst, die Zeitschrift bietet Artikel und Anzeigen über eine Reihe von unverzichtbaren Apparaten für Schatzsucher. Es gibt Detektoren verschiedener Art, spezialisiert auf Gold, Metalle und andere kostbare Materialien. Für die Unterwassersuche gibt es Taucheranzüge,

Atemgeräte, Flossen, Instrumente mit speziellen Sensoren für Edelsteine. Einige dieser Instrumente kosten ein paar hundert Mark, andere gehen bis in die Tausende. Es werden sogar Kreditkarten offeriert, mit denen man nach einem Kauf für insgesamt dreitausend Mark bei weiteren Käufen einen Rabatt von hundertfünfzig Mark erhält (die Gründe für diesen Rabatt sind nicht ganz klar, denn an diesem Punkt müßte der Käufer schon mindestens eine Truhe voller spanischer Dublonen gefunden haben).

Für 1200 Mark kann man zum Beispiel einen »M-Scan« erwerben, der zwar unhandlich ist, aber gestattet, Kupfermünzen in zweiundzwanzig Zentimeter Tiefe zu identifizieren, eine Kasse in zwei Metern Tiefe und eine optimale Masse Metall in einem Versteck bis zu drei Metern unter dem Boden. Andere Instruktionen präzisieren, wie man die verschiedenen Detektoren richtig hält, und weisen darauf hin, daß die feuchte Jahreszeit günstig für die Suche nach großen Massen ist und die trockene für die Suche nach kleinen Objekten. Der »Beachcomber 60« eignet sich speziell für die Suche an Stränden und in hochgradig mineralhaltigen Böden (versteht sich: Wenn eine Kupfermünze neben einem Diamantenlager vergraben ist, kann das Gerät aus dem Takt geraten und sie ignorieren).

Andererseits verkündet eine Annonce, daß neunzig Prozent des in der Welt vorhandenen Goldes noch zu entdecken sind und daß der Detektor »Goldspear«, der kinderleicht zu handhaben ist (er kostet knapp zweieinhalbtausend Mark), eigens entwickelt wurde, um Goldadern zu entdecken. Preiswert ist auch ein Taschendetektor (»Metal Locator«) für die Schatzsuche in Kaminen und antiken Möbeln. Für weniger als fünfzig Mark gibt es einen Spray (»AF2«), mit dem man die gefundenen Münzen reinigen und entrosten kann. Für Ärmere schließlich zahlreiche Wünschelruten oder »radiästhetische Pendel«. Wer mehr darüber erfahren will, findet eine Reihe von Büchern mit verlockenden Titeln wie: *Geheimnisvolle Geschichte der französischen Schätze, Führer zu den vergrabenen Schätzen, Führer zu den verlorenen Schätzen, Frankreich, Gelobtes Land, Frankreichs Untergründe, Die Jagd nach Schätzen in Belgien und in der Schweiz* etc.

Man fragt sich vielleicht, wie es kommt, wenn all diese schönen Hilfsmittel zur Verfügung stehen, daß die Redakteure der Zeitschrift ihre besten Tage damit verbringen, sie zu machen, statt aufzubrechen in die bretonischen Wälder. Ganz einfach: Die Zeitschrift, die Bücher, die Detektoren, Flossen, Sprays und all das übrige werden von derselben Firma verkauft, die eine ausgedehnte Ladenkette besitzt. Das Geheimnis ist gelüftet, *sie* haben den Schatz schon gefunden.

Bleibt zu erklären, wer die Leute sind, die ihre Produkte kaufen, aber es sind wohl die gleichen, die in Italien keine Gelegenheit auslassen, bei den beliebten Versteigerungen im Fernsehen etwas zu ergattern. Die Franzosen kommen auf diese Weise wenigstens zu ein paar gesunden Waldspaziergängen.

(1986)

Wie man Malteserritter wird

Ich habe einen Brief bekommen, Absender ist laut Briefkopf der Ordre Souverain Militaire de Saint-Jean de Jérusalem – Chevaliers de Malte – Prieuré Oecuménique de la Sainte Trinité de Villedieu – Quartier Général de la Vallette – Prieuré de Quebec, und er bietet mir an, ein Malteserritter zu werden. Ich hätte zwar ein Billett von Karl dem Großen vorgezogen, aber ich habe die Sache gleichwohl sofort meinen Kindern erzählt, damit sie wissen, was für einen Vater sie haben. Dann habe ich mir den Band *Ordres et contre-ordres de chevalerie* von Caffanjon und Gallimard-Flavigny, Paris 1982, aus meinem Bücherregal geholt, der unter anderem eine Liste der Pseudo-Orden von Malta enthält, veröffentlicht vom authentischen Ordine Sovrano Militare e Ospitaliero di San Giovanni di Gerusalemme, di Rodi e di Malta, der in Rom residiert.

Es gibt noch sechzehn weitere Malteserorden, alle tragen mehr oder minder den gleichen Namen mit winzigen Variationen, alle an- und aberkennen sich gegenseitig das Recht dazu. 1908 haben russische Ritter einen Orden in den Vereinigten Staaten gegründet, dessen Kanzler in späteren Jahren Seine Königliche Hoheit Prinz Robert Paternò II., Ayerbe Aragon, Duc de Perpignan, Chef des Hauses Aragon, Thronprätendent des Reiches Aragon und Balearen, Großmeister des Ordens vom Kollar der heiligen Agathe von Paternò sowie des Ordens der Königskrone der Balearen wurde. Doch 1934 trennt sich von diesem Stamm ein dänischer Ritter, der einen anderen Orden gründet, dessen Kanzlerschaft er dem Prinzen Peter von Griechenland und von Dänemark überträgt.

Zu Beginn der sechziger Jahre gründet ein Abtrünniger der russischen Linie, Paul de Granier de Cassagnac, einen Orden in Frankreich, als dessen Schutzherrn er König Peter II. von Jugoslawien wählt. 1965 überwirft sich der Ex-Peter Zwo von Jugoslawien mit Cassagnac und gründet in New York einen anderen Orden, dessen Groß-Prior in den siebziger Jahren Prinz Peter von Griechenland und von Dänemark wird, der später abdankt, um zum dänischen Orden überzutreten. 1966 erscheint als Kanzler des Ordens ein gewisser Robert Bassaraba von Brancovan Khimchiacvili, der jedoch ausgeschlossen wird und daraufhin den Orden der Ökumenischen Ritter von Malta gründet, dessen Kaiserlich-Königlicher Protektor alsdann Prinz Heinrich III. Konstantin von Vigo Lascaris Aleramicos Paläologos von Monferrat, Erbe des Throns von Byzanz und Fürst von Thessalien wird, während Robert Bassaraba sich 1975 seinen eigenen Orden mit Priorat der Trinité de Villedieu – also den meinen – zu gründen sucht, aber ohne Erfolg.

Weiter finde ich: ein byzantinisches Protektorat, einen Orden, der von Prinz Carol von Rumänien nach dessen Trennung von Cassagnac gegründet wurde, ein Groß-Priorat, dessen Groß-Bailiff ein gewisser Tonna-Barthet ist, während Prinz Andreas von Jugoslawien, Ex-Großmeister des von Peter II. gegründeten Ordens, nun Großmeister des Priorats von Rußland ist, ferner einen Orden, der in den siebziger Jahren in den Vereinigten Staaten von einem Baron de Choibert gegründet wurde, zusammen mit dem Erzbischof Viktor Busa, Metropolit von Bialystok, Patriarch der westlichen und der östlichen orthodoxen Diaspora, Präsident der Republik Danzig (*sic*), Präsident der demokratischen Republik Weißrußland sowie, als Viktor Timur II., Großkhan von Tatarien und der Mongolei, sodann schließlich ein Internationales Groß-Priorat, gegründet 1971 von Seiner oben erwähnten Königlichen Hoheit Robert Paternò sowie dem Baron Marquis von Alaro, dessen Groß-Protektor dann 1982 ein anderer Paternò wird, nämlich der Chef des Kaiserlichen Hauses Leopardi Tomassini Paternò von Konstantinopel, Erbe des Oströmischen Reiches, als legitimer Nachfolger konsakriert von der Orthodoxen Katholisch-Apostolischen Kirche Byzantinischer Konfession, Marquis von Monteaperto und Pfalzgraf des polnischen Thrones.

1971 erscheint in Malta mein Orden, hervorgegangen aus einer Spaltung des Ordens von Robert Bassaraba. Er steht unter dem Hochprotektorat von S. K. H. Alessandro Licastro Grimaldi Lascaris Comnenos Ventimiglia, Duc de La Chastre, Prince Souverain et Marquis de Déols, und sein Großmeister ist gegenwärtig der Marchese Carlo Stivala di Flavigny, der nach dem Tod Licastros einen gewissen Pierre Pasleau »assoziiert« hat, welchselbiger nun die Titel Licastros führt, zusätzlich zu denen Seiner Grandezza des Erzbischofs und Patriarchen der Orthodoxen Katholischen Kirche Belgiens, Großmeister des Souveränen Militärischen Ordens vom Tempel zu Jerusalem sowie Großmeister und Hierophant des Universellen Maurerischen Ordens nach den Vereinigten Orientalischen, Alten und Primitiven Riten von Memphis und Mizraim.

Ich habe das Buch wieder ins Regal gestellt. Es enthält vielleicht ebenfalls falsche Informationen. Aber ich habe begriffen, daß man zu irgendeinem Verein gehören muß, um sich nicht als fünftes Rad am Wagen vorzukommen. Die Freimaurerloge P2 ist aufgelöst, dem Opus Dei fehlt es an Exklusivität, und am Ende ist man in jedermanns Mund. So fiel meine Wahl auf die Italienische Blockflötengesellschaft. Die Einzige, Wahre, Alte und Angenommene.

(1986)

Wie man im Flugzeug speist

Auf einer Flugreise vor ein paar Jahren (Amsterdam hin und zurück) habe ich zwei Krawatten von Brooks Brothers, zwei Burberry-Hemden, zwei Bardelli-Hosen, ein Tweed-Jackett aus der Bond Street und eine Krizia-Weste eingebüßt.

Denn auf internationalen Flügen herrscht bekanntlich der schöne Brauch, ein Menu zu servieren. Man kennt das, die Sitze sind eng, die Klapptischchen ebenfalls, und das Flugzeug macht gelegentlich Sprünge. Überdies sind die Servietten in Flugzeugen winzig, sie lassen den Bauch unbedeckt, wenn man sie in den Kragen schiebt, und die Brust, wenn man sie auf den Schoß legt. Der gesunde Menschenverstand geböte, kompakte und nicht schmutzende Speisen zu servieren. Es müssen nicht unbedingt Enervit-Täfelchen sein. Kompakte Speisen sind Wiener bzw. Mailänder Schnitzel, Gegrilltes, Käse, Pommes frites und Brathähnchen. Schmutzende Speisen sind Spaghetti mit Tomatensoße, Melanzane alla Parmigiana, frisch aus dem Ofen kommende Pizzen und heiße Brühen in Tassen ohne Henkel.

Nun besteht jedoch das typische Menü in einem Flugzeug aus sehr durchgebratenem Fleisch in brauner Soße, großzügigen Portionen gekochter Tomaten, feingeschnittenem und in Wein ersäuftem Gemüse, Reis und Erbsen im eigenen Saft. Erbsen sind bekanntlich ungreifbare Objekte – weshalb selbst die besten Köche unfähig sind, gefüllte Erbsen zuzubereiten –, besonders wenn man sich darauf versteift, sie mit der Gabel zu essen, wie es die Etikette verlangt, und nicht mit dem Löffel. Sage hier keiner, die Chinesen seien noch schlimmer, ich versichere, es ist leichter, eine Erbse mit zwei Stäbchen zu fassen als mit einer Gabel. Es erübrigt sich auch der Hinweis, daß man die Erbsen mit der Gabel nicht aufpiekt, sondern aufliest, denn alle Gabeln sind, was ihr Design betrifft, immer nur zu dem einzigen Zweck gestaltet, die Erbsen, die sie vorgeblich auflesen, fallen zu lassen.

Hinzu kommt, daß die Erbsen im Flugzeug mit schöner Regelmäßigkeit immer nur dann serviert werden, wenn das Flugzeug gerade in eine Turbulenz gerät und der Kapitän empfiehlt, die Sicherheitsgurte anzulegen. Infolge dieser ergonomisch komplexen Operation bleibt den Erbsen mithin nur eine Wahl: Entweder sie landen im Kragen oder im Hosenlatz.

Wie die antiken Fabelerzähler lehrten, bedarf es, um einen Fuchs daran zu hindern, aus einem Becher zu trinken, eines hohen und schmalen Bechers. Die Trinkgefäße in Flugzeugen sind niedrig und breit, praktisch Schüsseln. Versteht sich, daß jedwede Flüssigkeit aufgrund physikalischer Gesetzmäßigkeiten über den Rand schwappt, auch ohne Turbulenz. Das Brot ist kein französisches Baguette, das man, auch wenn es frisch ist, mit den Zähnen zerreißen muß, sondern ein speziell angefertigtes Backwerk, das bei der geringsten Berührung in eine Wolke feinsten Pulvers zerstiebt. Gemäß dem Prinzip von Lavoisier verschwindet dieses Pulver nur scheinbar: Bei der Ankunft entdeckt man, daß es sich zur Gänze unter dem Allerwertesten versammelt hat, um einem die Hosen auch hinterrücks zu verkleben. Das Dessert ist entweder krümelig wie ein Baiser und zerstiebt mit dem Brot, oder es tropft einem sofort auf die Finger, wenn die Serviette längst voller Tomatensoße und folglich nicht mehr zu gebrauchen ist.

Bleibt das Erfrischungstüchlein, gewiß. Aber es ist nicht

von den Salz- und Pfeffer- und Zuckertütchen zu unterscheiden, weshalb es, nachdem man den Zucker in den Salat gestreut hat, bereits im Kaffee gelandet ist, der kochendheiß serviert wird, in einer randvollen Tasse aus wärmeleitendem Material, die einem leicht aus den verbrühten Fingern gleitet, so daß er sich mit der nun schon geronnenen Soße rings um den Gürtel vereint. In der Business Class wird einem der Kaffee direkt in den Schoß gegossen, von einer Hostess, die sich auf Esperanto entschuldigt.

Sicher rekrutieren die Fluglinien ihre Restaurateure aus dem Kreis jener Hotelfachleute, die nur jenen Kannentyp dulden, der den Kaffee, statt ihn in die Tasse zu gießen, zu achtzig Prozent auf dem Tischtuch verschüttet. Aber warum? Höchstwahrscheinlich will man den Reisenden das Gefühl von Luxus geben und nimmt an, daß sie jene Hollywoodfilme gesehen haben, in denen Nero stets aus breitrandigen Kelchen trinkt, die ihm den Bart und die Tunika vollkleckern, und wo die Barockfürsten saftige Schenkel abnagen, von denen der Saft auf ihr Spitzenhemd trieft, während sie pralle Kurtisanen umarmen.

Doch warum werden dann in der Ersten Klasse, wo der Platz geräumig ist, kompakte Speisen serviert, wie cremiger russischer Kaviar auf gebuttertem Toast, geräucherter Lachs und Langustenscheiben in Öl und Zitrone? Vielleicht weil in den Filmen von Luchino Visconti die Nazi-Aristokraten »Erschießt ihn!« sagen, während sie sich genüßlich eine einzelne Weintraube in den Mund schieben?

Wie man über die Tiere spricht

Wer auf Aktuelles erpicht ist, sei gewarnt, das Folgende hat sich bereits vor einiger Zeit in New York zugetragen.

Central Park, zoologischer Garten. Einige Kinder spielen beim Becken der Eisbären. Einer der Jungen fordert die anderen heraus, ins Becken zu springen und zwischen den Bären hindurchzuschwimmen; um die Freunde ins Wasser zu treiben, versteckt er ihnen die Kleider, die Jungs tauchen ein, plantschen um einen friedlich dösenden riesigen Bären herum, necken und foppen ihn, der Bär wird ärgerlich, hebt eine Tatze und verschlingt oder vielmehr zerfleischt zwei Kinder, die Reste läßt er zerstückelt liegen. Die Polizei kommt herbeigeeilt, sogar der Bürgermeister erscheint, man diskutiert , ob der Bär getötet werden muß, man gibt zu, daß es nicht seine Schuld war, es werden ein paar eindrucksvolle Artikel geschrieben. Sieh da, die Kinder hatten spanische Namen: Puertoricaner also, womöglich dunkelhäutige, vielleicht vor kurzem erst angekommen, jedenfalls erpicht auf Bravourstücke, wie es bei allen Jugendlichen vorkommt, die sich in den Armenvierteln zu Banden zusammenrotten.

Diverse Kommentare, alle eher streng. Recht verbreitet die zynische Reaktion, zumindest verbal: natürliche Auslese, wenn die so blöd waren, neben einem Bären zu schwimmen, geschieht's ihnen recht, ich wäre nicht mal als Fünfjähriger in das Becken gesprungen. Soziale Interpretation: große Armut, geringe Bildung, leider ist man Subproletarier auch im Mangel an Vorsicht und Besonnenheit ... Aber wieso geringe Bildung, was heißt hier Mangel an Erziehung, wenn auch das ärmste Kind heute fernsieht und die Schulbücher liest, in denen die Bären Menschen fressen und von den Jägern getötet werden?

An diesem Punkt habe ich mich gefragt, ob die Kinder nicht gerade deshalb ins Becken gesprungen sind, *weil* sie dem Fernsehen glaubten und zur Schule gingen. Vermutlich sind sie Opfer unseres schlechten Gewissens geworden, wie es von Schule und Massenmedien interpretiert wird.

Die Menschen waren seit jeher grausam zu den Tieren, und als sie sich ihrer Niedertracht bewußt wurden, haben sie angefangen, wenn nicht alle Tiere zu lieben (denn sie fahren unbeirrt fort, sie zu verspeisen), so doch wenigstens gut über sie zu sprechen. Bedenkt man zudem, daß die Medien, die Schule, die öffentlichen Institutionen sich vieles vergeben lassen müssen, was sie den Menschen angetan haben, so wird es alles in allem lohnend, in psychologischer wie in ethischer Hinsicht, nun auf der Güte der Tiere zu beharren. Man läßt die Kinder der dritten Welt verhungern, aber man fordert die Kinder der ersten Welt auf, nicht nur Libellen und Häschen zu respektieren, sondern auch Wale, Krokodile und Schlangen.

Wohlgemerkt, an sich ist dieser pädagogische Ansatz richtig. Das Falsche ist die Überredungstechnik, die dazu benutzt wird: Um es die Tiere »wert sein« zu lassen, daß sie überleben, werden sie vermenschlicht und verniedlicht. Man sagt nicht, daß sie ein Recht zum Überleben haben, auch wenn sie ihrer Natur nach wild und räuberisch sind, sondern man macht sie respektabel, indem man sie als liebenswert, komisch, gutmütig, brav, geduldig und weise hinstellt.

Niemand ist unbesonnener als ein Lemming, tückischer als eine Katze, geifernder als ein Hund im August, stinkender als ein Ferkel, hysterischer als ein Pferd, idiotischer als ein Nachtfalter, schleimiger als eine Schnecke, giftiger als eine Viper, phantasieloser als eine Ameise und musikalisch einfallsloser als eine Nachtigall. Es gilt lediglich, diese und andere Tiere als das zu lieben, was sie sind – und wenn wir sie beim besten Willen nicht lieben können, sie wenigstens in ihrer Eigenart zu respektieren. Die Legenden von ehedem übertrieben es mit dem bösen Wolf, die Legenden von heute übertreiben es mit den guten Wölfen. Nicht weil sie gut sind, müssen die Wale gerettet werden, sondern weil sie Teil des natürlichen Lebens sind und zum ökologischen Gleichgewicht beitragen. Aber unsere Kinder erziehen wir mit Geschichten von sprechenden Walen, von Wölfen, die in den Dritten Orden der Franziskaner eintreten, und vor allem mit Teddybären ohne Ende.

Die Werbung, die Zeichentrickfilme, die Kinderbücher sind voll von gutmütigen, kreuzbraven, kuschelweichen und beschützenden Bären. Deshalb, fürchte ich, sind die armen Kinder vom Central Park nicht aus Mangel, sondern aus Übermaß an Erziehung gestorben. Sie sind Opfer unseres unglücklichen Bewußtseins. Um sie vergessen zu machen, wie schlecht die Menschen sind, hat man ihnen zu oft erzählt, daß die Bären gut seien. Anstatt ihnen ehrlich zu sagen, was die Menschen und was die Bären sind.

(1987)

Wie man ein Vorwort schreibt

Ziel vorliegenden Streichholzbriefes ist zu erklären, wie man ein Vorwort gestaltet. Ein Vorwort zu einem Aufsatzband, einer philosophischen Abhandlung, einer Sammlung wissenschaftlicher Studien, nach Möglichkeit publiziert in einem seriösen Verlag oder einer Schriftenreihe von universitärer Dignität und gemäß den heute üblichen Regeln der akademischen Etikette.

In den folgenden Abschnitten werde ich darlegen, sei's auch in geraffter Form, warum man ein Vorwort schreiben muß, was es enthalten soll und wie die Danksagungen zu gestalten sind. Die Gewandtheit im Formulieren der Danksagungen charakterisiert den Wissenschaftler von Rang. Es kann vorkommen, daß ein Wissenschaftler am Ende seiner Arbeit entdeckt, daß er niemandem Dank schuldet. Macht nichts, dann muß er Dankesschulden erfinden. Eine Forschung ohne Dankesschulden ist suspekt, und irgendwem hat man immer irgendwas zu verdanken.

Von unschätzbarem Wert bei der Abfassung dieses Streichholzbriefes war mir die langjährige Vertrautheit mit der wissenschaftlichen Publizistik, in die mich das Ministerium für Öffentliches Unterrichtswesen der Republik Italien, die Universitäten Turin und Florenz, das Mailänder Polytechnikum, die Universität Bologna, die New York University, die Yale University und die Columbia University eingeführt haben.

Ich hätte diesen Streichholzbrief nicht ohne die wertvolle Mithilfe der Signora Sabina zum Abschluß gebracht, der ich den Umstand verdanke, daß mein Arbeitszimmer, das sich um zwei Uhr nachts in einen einzigen Haufen stinkender

Kippen und zerknüllten Papiers verwandelt hat, am nächsten Morgen wieder in einem akzeptablen Zustand ist.

Einen besonderen Dank schulde ich den Damen Barbara, Simona und Gabriella, die hart gearbeitet haben, um zu gewährleisten, daß meine der Reflexion gewidmete Zeit nicht durch Telefonate aus Übersee mit Einladungen zu Kongressen über die verschiedensten und meinen Interessen fernsten Themen gestört worden ist.

Dieser Streichholzbrief wäre nicht möglich gewesen ohne den unermüdlichen Beistand meiner Frau, die es verstanden hat und versteht, die Launen und Unbeherrschtheiten eines fortwährend von den größten Problemen des Seins besessenen Forschers zu ertragen und mit beruhigenden Hinweisen auf die Eitelkeit allen Strebens zu dämpfen. Die Beständigkeit, mit der sie mir Apfelsäfte anbot, die sie für raffinierte schottische Malt-Whiskys ausgab, hat über die Maßen und über alle belegbare Glaubwürdigkeit hinaus dazu beigetragen, daß diesen Zeilen noch ein Minimum an Luzidität anhaftet.

Meine Kinder sind mir ein großer Trost gewesen, sie haben mir die Energie und das Selbstvertrauen gegeben, meine Aufgabe glücklich zu Ende zu führen. Ihrem gänzlichen und olympischen Desinteresse an meiner Arbeit verdanke ich die Kraft, die es mir erlaubt hat, diesen Streichholzbrief in einem tagtäglichen corps-à-corps mit der Definition der Rolle des homme de culture in einer postmodernen Gesellschaft abzuschließen. Ihnen verdanke ich den zähen Willen, der mich stets erfüllt und getragen hat, mich in mein Arbeitszimmer zurückzuziehen und diese Kolumne zu schreiben, um nicht auf dem Flur ihren besten Freunden zu begegnen, deren Friseure ästhetische Kriterien befolgen, gegen die meine Sinne und mein Geschmack revoltieren.

Die Publikation dieses Textes (in seiner Originalform)

wurde ermöglicht durch die Großzügigkeit und die ökonomische Unterstützung der Herren Carlo Caracciolo, Lio Rubini, Eugenio Scalfari, Livio Zanetti, Marco Benedetto und der anderen Mitglieder des Verwaltungsrates der Editoriale L'Espresso SpA. Besonderer Dank sei der Verwaltungsdirektorin Milvia Fiorani gesagt, die mit ihren fortgesetzten monatlichen Überweisungen für die Fortsetzung meiner Studien gesorgt hat. Wenn dieser mein bescheidener Beitrag viele Leser erreichen kann, so verdanke ich das dem Vertriebsleiter Guido Ferrantelli. (Entsprechende Danksagungen gelten den entsprechenden Verantwortlichen für die Übersetzung und Publikation dieses Streichholzbriefes in der *Zeit* und im Hanser Verlag.

Die Niederschrift dieses Beitrags ist von der Firma Olivetti begünstigt worden, die mir einen Computer M 21 geliefert hat. Ein besonderes Zeichen des Dankes gebührt der MicroPro für ihr Programm Wordstar 2000. Gedruckt worden ist der Text von einer Okidata Microline 182.

Ich hätte die folgenden und die vorausgegangenen Zeilen nicht schreiben können ohne die freundliche Insistenz und Ermunterung seitens der Redakteure Dr. Giovanni Valentini, Dr. Enzo Golino und Dr. Ferdinando Adornato, die mir in täglichen liebenswürdigen und drängenden Anrufen Mut zusprachen, indem sie mich darauf hinwiesen, daß der *Espresso* in Druck gehen und ich um jeden Preis ein Thema für den vorliegenden Streichholzbrief finden müsse. Selbstverständlich ist alles, was unter diesem Titel erscheint, nicht ihrer wissenschaftlichen Verantwortung zuzuschreiben, sondern im Zweifel allein und ausschließlich meinem Verschulden an den vergangenen, dem gegenwärtigen und den künftigen Streichholzbriefen.

(1987)

Wie man im Fernsehen moderiert

Es war eine faszinierende Erfahrung, als die Akademie der Wissenschaften von Spitzbergen mich einlud, einige Jahre lang die Sitten und Bräuche der Bonga zu studieren, eine Zivilisation, die zwischen der Terra incognita und den Inseln der Seligen blüht.

Die Bonga machen alles genauso wie wir, nur legen sie ein sehr eigenartiges Verhalten im Hinblick auf die Vollständigkeit der Information an den Tag. Sie ignorieren die Kunst der stillschweigenden Voraussetzung und der Implikation.

Zum Beispiel fangen wir einfach an zu reden und benutzen dabei natürlich Wörter, aber wir müssen es nicht ausdrücklich sagen. Ein Bonga dagegen, der einem anderen Bonga etwas mitteilen will, sagt zuvor: »Paß auf, jetzt rede ich und werde Wörter benutzen.« Wir bauen Mietshäuser und beschriften sie für die Besucher (es sei denn, wir sind Japaner) mit Hausnummern, schreiben die Namen der Mieter an die Tür und bezeichnen die Treppenaufgänge mit A und B. Die Bonga schreiben auf jedes Haus zunächst einmal »Haus«, sodann bezeichnen sie mit kleinen Schildern die Ziegelsteine, die Türklingel und so weiter und schreiben »Tür« neben die Tür. Wenn wir bei einem Bonga klingeln, öffnet er die Tür mit den Worten: »Jetzt öffne ich die Tür« und stellt sich dann vor. Wenn er uns zum Essen einlädt, bittet er uns zu Tisch, weist uns die Plätze an und sagt: »Das ist der Eßtisch, das sind die Stühle.« Dann verkündet er stolz: »Und jetzt kommt die Köchin. Da ist sie, das ist Rosina. Rosina wird Sie jetzt fragen, was Sie zu speisen wünschen, und dann wird sie Ihnen das gewünschte Gericht auftischen.« Das gleiche geschieht in den Restaurants.

Kurios zu beobachten sind die Sitten und Bräuche der Bonga im Theater. Wenn das Licht im Saal ausgegangen ist, erscheint ein Schauspieler und sagt: »Jetzt fängt es an, jetzt hebt sich der Vorhang.« Der Vorhang hebt sich, und auf der Bühne erscheinen andere Schauspieler, um beispielsweise *Hamlet* oder den *Eingebildeten Kranken* zu spielen. Aber zunächst wird jeder Schauspieler dem Publikum vorgestellt, erst mit seinem richtigen Namen und Vornamen, dann mit dem Namen der Figur, die er spielen soll. Hat ein Schauspieler zu Ende gesprochen, so sagt er: »Jetzt schweige ich eine Zeitlang.« Es vergehen ein paar Sekunden, und dann beginnt der andere Schauspieler zu sprechen. Müßig zu sagen, daß am Ende jeden Aktes ein Schauspieler an die Rampe tritt und sagt: »Es folgt jetzt eine Pause.«

Frappiert hatte mich, daß ihre Singspiele und Operetten zwar genau wie bei uns aus kurzen Sprechszenen, Arien, Duetten und Balletteinlagen bestehen. Aber wir sind es gewohnt, daß zum Beispiel zwei Komödianten ihre Sprechszene spielen, dann fängt einer an, eine Arie zu singen, dann gehen beide ab, und ein Schwarm anmutiger Mädchen kommt auf die Bühne gehüpft, um ein kleines Ballett zu tanzen, damit der Zuschauer sich ein bißchen entspannen kann, dann ist das Ballett zu Ende, und die Schauspieler fangen wieder an. Bei den Bonga dagegen kündigen die beiden Schauspieler erst einmal an, daß jetzt eine komische Szene folgen wird, danach sagen sie, daß sie jetzt ein Duett singen werden, und präzisieren, daß es scherzhaft sein wird, schließlich verkündet der letzte Schauspieler auf der Bühne: »Und jetzt kommt ein Ballett.« Am meisten überrascht hatte mich, daß während der Pause auf dem Vorhang

Reklametexte erscheinen, wie es auch bei uns vorkommt, aber nachdem er die Pause angekündigt hat, sagt der Schauspieler stets: »Und jetzt Werbung.«

Ich hatte mich lange gefragt, was die Bonga wohl zu diesem obsessiven Bedürfnis nach Präzisierung treiben mochte. Vielleicht, sagte ich mir, sind sie etwas schwer von Begriff, und wenn einer nicht sagt: »Jetzt begrüße ich dich«, kapieren sie nicht, daß sie begrüßt werden. Und teilweise muß es wohl auch so sein. Aber der wahre Grund ist ein anderer. Die Bonga leben im Kult des Spektakels, und deshalb müssen sie alles zu einem Spektakel machen, auch das Implizite.

Während meines dortigen Aufenthaltes hatte ich auch Gelegenheit, die Geschichte des Beifalls bei den Bonga zu rekonstruieren. In den alten Zeiten applaudierten die Bonga aus zwei Gründen: entweder aus Freude über ein schönes Schauspiel oder um eine besonders hochverdiente Person zu ehren. An der Stärke des Beifalls konnte man ablesen, wie geschätzt und beliebt einer war. Allmählich begannen gewitzte Theaterchefs, um das Publikum von der Qualität eines Schauspiels zu überzeugen, bezahlte Claqueure im Parkett zu verteilen, die applaudieren sollten, auch wenn kein Anlaß dazu bestand. Später, als dann die Fernsehshows aufkamen, holte man Freunde und Angehörige der Veranstalter in den Studiosaal und bedeutete ihnen durch ein Lichtsignal (das die Zuschauer nicht sehen konnten), wann sie klatschen sollten. Doch die Fernsehzuschauer hatten den faulen Trick bald durchschaut, und damit wäre bei uns der Applaus natürlich erledigt gewesen. Nicht so bei den Bonga.

Auch das Publikum an den Fernsehgeräten zu Hause wollte nun seinen Beifall bekunden, und so präsentierten sich Scharen von Bonga freiwillig in den Studios, bereit, dafür zu bezahlen, daß sie in die Hände klatschen durften. Manche gingen sogar in eigens eingerichtete Kurse. Und da nun alle über alles im Bilde waren, sagte der Moderator selbst an den richtigen Stellen laut und vernehmlich: »Und jetzt einen schönen Applaus!« Aber bald begannen die Zuschauer im Saal, auch ohne Aufforderung durch den Moderator zu applaudieren. Es genügte, daß er einen Mitwirkenden nach seinem Beruf fragte und der Betreffende sagte: »Ich betreue die Gaskammer des städtischen Hundezwingers«, und schon brachen alle in stürmischen Beifall aus. Manchmal brauchte der Moderator bloß den Mund aufzumachen, um »Guten Abend« zu sagen, und frenetische Ovationen übertönten das letzte Wort. Dann sagte der Moderator: »Da sind wir wieder, wie jeden Donnerstag«, und die Zuschauer klatschten nicht nur wie besessen, sondern wieherten, daß ihre Kinnladen sich verrenkten.

Der Beifall wurde so unverzichtbar, daß man sogar in den Werbespots, wenn der Sprecher ausrief: »Kauft das Abmagerungsmittel Pip«, einen ozeanisch aufbrausenden Beifall hörte. Die Zuschauer an den Fernsehgeräten wußten sehr wohl, daß im Saal vor dem Sprecher niemand saß, aber sie brauchten den Applaus, sonst wäre ihnen die Sendung künstlich vorgekommen, und dann hätten sie das Programm gewechselt. Die Bonga verlangen vom Fernsehen, daß es das wahre Leben zeigt, so wie es ist, ohne Vortäuschungen. Die Beifallsgeräusche macht das Publikum (also Leute wie wir), nicht der Schauspieler (der etwas vortäuscht), und daher sind sie die einzige Garantie, daß das Fernsehen ein geöffnetes Fenster zur Welt ist. Zur Zeit wird eine Sendung ausschließlich mit applaudierenden Schauspielern vorbereitet, und sie soll »Televeritas« heißen.

Um sich im Leben verankert zu fühlen, applaudieren die

Bonga jetzt immer und überall, nicht nur im Fernsehen. Sie applaudieren sogar auf Beerdigungen, nicht weil sie zufrieden wären oder um dem Verstorbenen eine Freude zu machen, sondern um sich nicht als Schatten unter Schatten zu fühlen, um sich lebendig und wirklich zu fühlen, real wie die Bilder, die sie auf der Mattscheibe sehen. Einmal war ich bei einer Bonga-Familie zu Gast, als ein Verwandter hereinkam und sagte: »Eben ist Großmama von einem Lastzug überfahren worden!« Alle erhoben sich und klatschten laut in die Hände.

Ich kann nicht sagen, daß die Bonga uns unterlegen wären. Im Gegenteil, einer von ihnen sagte mir, sie hätten vor, die Welt zu erobern. Daß dieses Vorhaben nicht ganz platonisch ist, ging mir jetzt auf, als ich wieder nach Hause kam. Abends stellte ich den Fernseher an und sah einen Quizmaster, der die Assistentinnen seiner Show vorstellte, dann kündigte er an, er werde jetzt einen komischen Monolog halten, schließlich sagte er: »Und jetzt kommt eine Tanzeinlage.« Ein distinguierter Herr, der mit einem anderen distinguierten Herrn über die großen Probleme der Politik diskutierte, unterbrach sich mittendrin und sagte: »Und jetzt machen wir eine Pause für die Werbung.« Einige Entertainer stellten sogar das Publikum vor. Andere die Kamera, von der sie gerade gefilmt wurden. Alle applaudierten.

Verstört eilte ich hinaus und ging in ein Restaurant, das berühmt ist für seine Nouvelle Cuisine. Der Kellner erschien und brachte mir drei Salatblätter. Und sprach: »Dies ist ein Salat aus lombardischem Lattich, bestreut mit feingeschnittener Rauke aus der Lomellina, gewürzt mit Meersalz, eingeweicht in unserem Balsamessig und beträufelt mit dem Saft gepreßter Oliven aus Umbrien.«

Die Bonga sind unter uns.

(1987)

Wie man die vermaledeite Kaffeekanne benutzt

Es gibt verschiedene Arten, einen guten Kaffee zu machen: es gibt den caffè alla napoletana, den Espresso, den türkischen Kaffee, den brasilianischen cafesinho, den französischen café filtre, den amerikanischen Kaffee. Jeder Kaffee ist auf seine Art exzellent. Der amerikanische Kaffee kann eine kochendheiße Brühe sein, serviert in Plastikbechern mit Thermoseffekt, wie er gewöhnlich auf Bahnhöfen zum Zwecke des Völkermords verabreicht wird; aber mit dem *percolator* gemacht, wie man ihn in manchen Privathaushalten oder in bescheidenen Luncheonettes finden kann, serviert zu Rührei und Schinken, ist er köstlich und duftend, man trinkt ihn wie Wasser, und dann fängt einem das Herz zu bumpern an, denn eine Tasse enthält mehr Koffein als vier Täßchen Espresso.

Daneben gibt es den Kaffee als Gesöff. Er besteht in der Regel aus schlecht gewordener Gerste, Totengebein und einigen echten Kaffeebohnen, die sich im Abfall einer Fürsorgestelle für Geschlechtskranke gefunden haben. Man erkennt ihn am unverwechselbaren Geruch von in Abwaschwasser gebadeten Füßen. Serviert wird er in Gefängnissen, in Besserungsanstalten, in Schlafwagen und Luxushotels. Tatsächlich kann man zwar, wenn man im Plaza Majestic, im Maria Jolanda & Brabante oder im Hôtel des Alpes et des Bains absteigt, auch einen echten Espresso bestellen, aber er wird einem aufs Zimmer gebracht, wenn er praktisch schon eine Eisschicht hat. Um solches Mißgeschick zu vermeiden, bestelle man sich ein Continental Breakfast und freue sich auf den Genuß eines ans Bett gebrachten Frühstücks.

Das Continental Breakfast besteht aus zwei Brötchen, einem Croissant, einem Orangensaft in homöopathischen Dosen, einem Butterröllchen, drei Schälchen mit Honig, Heidelbeer- und Aprikosenmarmelade, einer Kanne kalt gewordener Milch, einer Rechnung über hundertfünfzig Mark und einer vermaledeiten Kaffeekanne mit Kaffee-Gesöff. Die von normalen Leuten verwendeten Kannen – oder auch die guten alten Espressokannen, aus denen man sich das duftende Getränk direkt in die Tasse gießt – erlauben den Austritt der Flüssigkeit durch eine feine schnabelförmige Tülle, während der Deckel irgendeine Sicherheitsvorrichtung hat, die ihn geschlossen hält. Das Gesöff, das man im Grand Hotel und im Schlafwagen kriegt, kommt in einer Kanne mit breitem Schnabel – breit wie der eines aus der Art geschlagenen Pelikans – und extrem beweglichem Deckel, der extra so gestaltet ist, daß er, getrieben von einem ununterdrückbaren Horror vacui, automatisch herunterfällt, wenn die Kanne geneigt wird. Dank dieser beiden Vorrichtungen kann die vermaledeite Kaffeekanne sofort ihren halben Inhalt über die Croissants und Marmeladen ergießen und anschließend, wenn der Deckel herunterfällt, den Rest auf die Tischdecke ausschütten. In den Schlafwagen sind diese Kannen von mittelmäßiger Qualität, da die Selbstbewegung des Wagens dem Verschütten des Kaffees zugute kommt, in den Hotels müssen sie aus Porzellan sein, damit der Deckel schön langsam und stetig, aber verhängnisvoll-unaufhaltsam heruntergleitet.

Über Herkunft und Zweck der vermaledeiten Kaffeekanne gibt es zwei Denkschulen. Die Freiburger Schule lehrt, das Gerät erlaube den Hotels zu beweisen, daß die Tischdecken, die man abends vorfindet, seit dem Morgen gewechselt worden sind. Der Schule von Bratislawa zufolge ist der Zweck ein moralischer (vgl. Max Weber, *Die protestantische Ethik und der Geist des Kapitalismus*): Die vermaledeite Kaffeekanne halte davon ab, morgens lange im Bett zu verweilen, da es sehr unangenehm sei, zwischen kaffeegetränkten Laken liegend ein schon in Kaffee getunktes Hörnchen zu essen.

Die vermaledeite Kaffeekanne ist nicht im Handel erhältlich. Sie wird exklusiv für die großen Hotelketten und die Schlafwagengesellschaften hergestellt. In den Gefängnissen wird das Gesöff in Blechnäpfen serviert, da ganz mit Kaffee durchtränkte Laken sich besser der Dunkelheit assimilieren, wenn sie zu Ausbruchszwecken aneinandergeknotet werden.

Die Freiburger Schule rät, den Kellner zu bitten, das Frühstück auf den Nachttisch zu stellen und nicht aufs Bett. Die Schule von Bratislawa hält dagegen, so könne man zwar vermeiden, daß der Kaffee sich über die Laken ergieße, nicht aber, daß er beim Austritt aus der Kanne den Pyjama beflecke (den das Hotel nicht täglich zu wechseln bereit ist); auf jeden Fall aber, Pyjama her oder hin, fließe einem der Kaffee, wenn man ihn im Sitzen einzunehmen versuche, direkt auf den unteren Teil des Bauches und in den Schoß, um Verbrennungen dort zu verursachen, wo sie am wenigsten ratsam sind. Diesen Einwand beantwortet die Freiburger Schule mit einem Achselzucken, und das ist offen gesagt keine Art.

(1988)

Wie man seine Zeit nutzt

Wenn ich meinen Zahnarzt anrufe, um einen Termin zu vereinbaren, und er sagt mir, er habe die ganze folgende Woche keine Stunde mehr frei, glaube ich ihm. Er ist ein seriöser Profi. Aber wenn mich jemand zu einer Tagung einlädt, zu einer Diskussion, zur Mitarbeit an einem Sammelband, zur Teilnahme an einer Jury, und ich sage, daß ich keine Zeit habe, glaubt er mir nicht. »Na, na, Herr Professor«, sagt er, »einer wie Sie wird die Zeit schon finden!« Offensichtlich werden wir Geisteswissenschaftler nicht für seriöse Profis gehalten, wir sind Tagediebe.

Ich habe eine Berechnung gemacht. Kollegen, die ähnliche Berufe ausüben, sind eingeladen, dem Beispiel zu folgen und mir dann zu sagen, ob es stimmt. Ein normales Jahr ohne Schalttag hat 8760 Stunden. Acht Stunden Schlaf, ein Stündchen zum Wachwerden und Aufstehen, ein halbes Stündchen zum Auskleiden und das Mineralwasser auf den Nachttisch stellen, nicht mehr als zwei Stunden zum Essen, macht 4170 Stunden. Zwei Stunden im Verkehrsgewühl, macht 730 Stunden.

Bei wöchentlich drei doppelstündigen Vorlesungen und einem Nachmittag Sprechzeit für die Studenten beansprucht die Universität in den rund 20 Wochen, auf die sich der Lehrbetrieb konzentriert, 220 Stunden für reine Didaktik, hinzu rechne ich 24 Stunden für Prüfungen, 12 für Dissertationsbesprechungen sowie 78 für diverse Sitzungen und Konferenzen. Bei einem Jahresdurchschnitt von fünf Dissertationen à 350 Seiten, jede Seite mindestens zweimal gelesen, einmal vor und einmal nach der Überarbeitung, pro Seite rund drei Minuten, komme ich auf 175 Stunden.

Für die Übungstexte will ich, da viele von meinen Mitarbeitern gelesen werden, nur zwei pro Monat rechnen, jeden à 30 Seiten, fünf Minuten pro Seite einschließlich der Vorbesprechungen, macht 60 Stunden. Ohne die Forschung komme ich damit auf insgesamt 5469 Stunden.

Ich gebe eine semiotische Fachzeitschrift, *Versus*, heraus, die jährlich in drei Nummern mit insgesamt 300 Seiten erscheint. Ohne die Lektüre der abgelehnten Manuskripte zu rechnen, komme ich, wenn ich jeder Seite zehn Minuten widme (vom Beurteilen über die Revision bis zur Fahnenkorrektur), auf 50 Stunden. Ferner kümmere ich mich um zwei wissenschaftliche Buchreihen, in denen pro Jahr sechs Bücher erscheinen mit zusammen rund 1800 Seiten. Pro Seite zehn Minuten, macht weitere 300 Stunden. Für durchzusehende Übersetzungen meiner Bücher, Essays, Artikel, Kongreßbeiträge veranschlage ich, wobei ich nur die Sprachen in Betracht ziehe, die ich kontrollieren kann, im Jahresdurchschnitt 1500 Seiten zu je 20 Minuten (Lektüre, Überprüfung am Original, Diskussion mit dem Übersetzer, persönlich, telefonisch oder brieflich), macht 500 Stunden. Dann die neuen Schriften. Auch wenn ich kein Buch schreibe, komme ich mit Aufsätzen, Vorträgen, Vorlesungsskripten leicht auf 300 Seiten im Jahr. Rechnen wir pro Seite, vom Überlegen, Entwerfen, Ausformulieren und Tippen bis zum Korrekturlesen, mindestens eine Stunde, macht 300 Stunden. Allein die Streichholzbriefe kosten mich, optimistisch gerechnet, mit Themensuche, Notizen, Konsultationen diverser Bücher, Schreiben, Zusammenstreichen auf das gewünschte Format, Abschicken oder telefonisch Diktieren, pro Stück drei Stunden: mal 52 Wochen, sind 156 Stunden. Die Post schließlich, der ich pro Woche drei Vormittage widme, ohne sie zu bewältigen, nimmt 624 Stunden in Anspruch.

Für auswärtige Termine habe ich 1987, obwohl ich nur zehn Prozent der Einladungen angenommen und mich auf strikt fachbezogene Kongresse, Präsentationen eigener Arbeiten und der meiner Mitarbeiter sowie auf unumgängliche Anwesenheiten (akademische Feiern, ministeriell einberufene Sitzungen) beschränkt habe, insgesamt 372 Stunden effektiver Präsenz aufgewandt (tote Zeiten nicht mitgerechnet). Da viele Verpflichtungen im Ausland waren, habe ich 323 Stunden für Reisen veranschlagt. Dabei ist zu bedenken, daß ein Flug Mailand-Rom, mit Taxi zum Flughafen, Wartezeit, Taxi in Rom, Einquartierung im Hotel und Fahrt zum Veranstaltungsort, mindestens vier Stunden beansprucht. Ein Flug nach New York mindestens 12 Stunden.

Zusammen ergibt das 8094 Stunden. Subtrahiert man sie von den 8760 Stunden, die das Jahr hat, bleibt ein Rest von 666 Stunden, das heißt eine Stunde und 49,5 Minuten pro Tag, die ich verwendet habe auf: Sex, Austausch mit Freunden und Familienangehörigen, Begräbnisse, Arztbesuche, Einkäufe, Sport und Spektakel. Wie man sieht, habe ich nicht die Zeit zur Lektüre des gedruckten Materials mitgerechnet (Bücher, Artikel, Comics). Unter der Annahme, daß ich diese Lektüre während der Reisen bewältigt habe, also in den dafür angesetzten 323 Stunden, habe ich, wenn ich pro Seite fünf Minuten rechne (mit Notizen) insgesamt 3876 Seiten lesen können, also lediglich 12,92 Bücher zu je 300 Seiten. Und das Rauchen? 60 Zigaretten pro Tag, eine halbe Minute vom Herausfingern aus der Schachtel bis zum Ausdrücken der Kippe, macht 182 Stunden. Die habe ich nicht. Ich muß das Rauchen aufgeben.

(1988)

Wie man mit Taxifahrern umgeht

Sobald man in ein Taxi steigt, ergibt sich das Problem der korrekten Interaktion mit dem Fahrer. Der Taxifahrer ist ein Mensch, der den ganzen Tag lang im Stadtverkehr Auto fährt – eine Tätigkeit, die entweder zum Herzinfarkt oder zum Nervenzusammenbruch führt –, wobei er ständig in Konflikt mit anderen Auto fahrenden Menschen gerät. Infolgedessen ist er nervös und haßt jedes anthropomorphe Wesen. Weshalb die linke Schickeria gerne behauptet, alle Taxifahrer seien Faschisten. Das stimmt aber nicht, der Taxifahrer interessiert sich nicht für ideologische Fragen: Er haßt Gewerkschaftskundgebungen, aber nicht wegen ihrer politischen Farbe, sondern weil sie den Verkehr verstopfen. Er würde auch einen Umzug der Neofaschisten hassen. Er wünscht sich nur eine starke Regierung, die alle privaten Autofahrer an die Wand stellt und eine vernünftige Ausgangssperre von sechs Uhr morgens bis Mitternacht verhängt. Er ist frauenfeindlich, aber nur gegenüber Frauen, die ausgehen. Wenn sie zu Hause bleiben und Spaghetti kochen, erträgt er sie.

Der italienische Taxifahrer zerfällt in drei Kategorien. In den, der solche Ansichten während der ganzen Fahrt zum besten gibt, in den, der verbissen schweigt und seinen Menschenhaß nur durch seinen Fahrstil ausdrückt, und in den, der seine Anspannung in reine Erzählfreude auflöst und ununterbrochen erzählt, was ihm alles mit anderen Kunden widerfahren ist. Es handelt sich um Anekdoten ohne jede gleichnishafte Bedeutung, die, würden sie in einer Kneipe erzählt, den Wirt veranlassen müßten, den Erzähler mit dem Hinweis, es sei nun Zeit, ins Bett zu gehen, hinauszukomplimentieren. Aber der Taxifahrer hält sie für kurios und voller Überraschungen, und man tut gut daran, sie mit häufigen »Also nein, was für Leute es gibt! Na so was! Und das ist Ihnen wirklich passiert?« zu kommentieren. Solcherlei Anteilnahme erlöst zwar den Taxifahrer nicht von seinem narrativen Autismus, aber sie gibt einem ein besseres Gefühl.

In New York bringt man sich als Italiener in Gefahr, wenn man, nachdem man auf dem Namensschild einen Namen wie De Cutugnatto, Esippositto oder Perquocco gelesen hat, seine eigene Herkunft enthüllt. Dann nämlich beginnt der Fahrer eine nie gehörte Sprache zu sprechen und ist sehr beleidigt, wenn man ihn nicht versteht. Man muß ihm sofort auf englisch sagen, man spreche nur die Mundart des eigenen Dorfes. Er ist sowieso überzeugt, daß die Nationalsprache bei uns inzwischen das Englische sei. Im allgemeinen haben jedoch die New Yorker Taxifahrer entweder einen jüdischen oder einen nichtjüdischen Namen. Die mit jüdischem Namen sind reaktionäre Zionisten, die mit nichtjüdischem reaktionäre Antisemiten. Sie äußern keine Meinung, sie verlangen ein Pronunciamento. Schwierig ist der Umgang mit denen, auf deren Schild man einen irgendwie nahöstlich oder russisch klingenden Namen liest, ohne zu wissen, ob es ein jüdischer ist oder nicht. Um Ärger zu vermeiden, sagt man besser, man habe sich's anders überlegt und wolle nicht mehr zur Ecke Siebte Avenue / Vierzehnte Straße, sondern zur Charlton Street. Dann wird der Fahrer böse, hält an und nötigt Sie auszusteigen, denn New Yorker Taxifahrer kennen nur die Straßen mit Nummern und nicht die mit Namen.

Pariser Taxifahrer kennen dagegen überhaupt keine Straße. Wenn Sie von einem verlangen, er solle Sie zur Place Saint-Sulpice bringen, setzt er Sie am Odéon ab und sagt, von hier aus wisse er nicht weiter. Aber zuvor beklagt er sich lange mit vielen »Ah, ça Monsieur, alors…« über Ihren Wunsch. Auf die Anregung, er könne ja mal in seinem Stadtplan nachsehen, gibt er entweder keine Antwort, oder er gibt Ihnen zu verstehen, wenn Sie eine topographische Auskunft wünschten, müßten Sie sich an einen in Paläographie bewanderten Archivar der Sorbonne wenden. Eine besondere Kategorie sind die Orientalen: Mit äußerster Höflichkeit sagen sie Ihnen, Sie bräuchten sich keine Sorgen zu machen, das werde man gleich gefunden haben, fahren dann dreimal den Ring der großen Boulevards ab und fragen Sie schließlich, was für einen Unterschied es denn mache, wenn Sie nun zur Gare du Nord statt zur Gare de l'Est gebracht worden seien, wo es doch in beiden Züge gebe.

In New York kann man Taxis nicht telefonisch bestellen, außer man ist Mitglied in einem Club. In Paris kann man es. Nur daß sie dann nicht kommen. In Stockholm kann man sie *nur* telefonisch bestellen, denn dort trauen sie keinem Fremden, der am Straßenrand winkt. Doch um die Telefonnummer zu erfahren, muß man ein vorbeikommendes Taxi anhalten, und die, wie gesagt, trauen Ihnen nicht.

Die deutschen Taxifahrer sind freundlich und korrekt, sie reden nicht, sie drücken nur aufs Gas. Wenn man am Ende aussteigt, weiß wie die Wand, begreift man, warum sie anschließend zur Erholung nach Italien kommen, wo sie mit sechzig auf der Überholspur vor uns herfahren.

Läßt man jedoch einen Frankfurter Taxifahrer mit Porsche und einen aus Rio mit verbeultem VW um die Wette fahren, so kommt der aus Rio als erster an, auch weil er an den Ampeln nicht hält. Täte er es, würde ein anderer verbeulter VW neben ihm halten, besetzt mit Halbwüchsigen, die blitzschnell die Hand ausstrecken und Ihnen die Armbanduhr abnehmen.

Überall gibt es ein unfehlbares Mittel, einen Taxifahrer zu erkennen: Er ist immer derjenige, der nie herausgeben kann.

(1988)

Wie man die Uhrzeit nicht weiß

Die Uhr, deren Beschreibung ich lese (eine Patek Philippe Kaliber 89) ist eine Taschenuhr mit doppeltem Gehäuse aus achtzehnkarätigem Gold und mit dreiunddreißig Funktionen. Das Magazin, das sie vorstellt, nennt den Preis nicht, ich nehme an, aus Platzmangel (dabei würde es doch genügen, nur die Millionen anzugeben). Von einer tiefen Frustration erfaßt, bin ich hingegangen, um mir eine neue Casio für fünfundsiebzig Mark zu kaufen – wie einer, der sich im glühenden Wunsch nach einem Ferrari verzehrt, zur Abkühlung schließlich hingeht, um sich wenigstens einen Radiowecker zu kaufen. Im übrigen müßte ich, um eine Taschenuhr tragen zu können, mir auch eine zum Anzug passende Weste erstehen.

Allerdings könnte ich, habe ich mir gesagt, die Uhr ja auch auf den Tisch legen. Ich würde Stunden um Stunden damit verbringen, den Tag des Monats und den der Woche zu wissen, den Monat, das Jahr, das Jahrzehnt, das Jahrhundert, das nächste Schaltjahr, die Minuten und Sekunden der Sommerzeit, die Stunde, die Minuten und Sekunden einer anderen Zeitzone nach Wahl, die Temperatur, die Sternzeit, die Mondphasen, die Zeit des Sonnenaufgangs und -untergangs, die Zeitgleichung, die Stellung der Sonne im Tierkreis, zu schweigen von all dem anderen, womit ich mich vergnügen könnte, endlos erschauernd über der kompletten und beweglichen Darstellung des Sternhimmels oder die Zeit stoppend oder sie »raffend« in den verschiedenen Sichtfenstern des Chronometers und der Stoppuhr, nach vorheriger Festlegung mittels des eingebauten Weckers, wann ich damit aufhören will. Ich habe vergessen: ein speziellles Zeigerchen würde mir die Batterieladung anzeigen. Und noch etwas habe ich vergessen: Wenn ich wollte, könnte ich auch erfahren, wie spät es ist. Aber wozu?

Wenn ich dieses Wunderwerk besäße, wäre ich nicht daran interessiert zu wissen, daß es zehn nach zehn ist. Ich würde eher den Auf- und Untergang der Sonne belauern (und das könnte ich auch in einer Dunkelkammer tun), würde mich über die Temperatur informieren, würde Horoskope erstellen, würde tagsüber vor dem blauen Fenster den Sternen nachträumen, die ich nachts würde sehen können, aber die Nacht damit verbringen, über die viele Zeit nachzusinnen, die uns noch von Ostern trennt. Mit einer solchen Uhr braucht man nicht mehr auf die äußere Zeit zu achten, denn man müßte sich ja das ganze Leben lang mit der Uhr beschäftigen, und die Zeit, von der sie berichtet, würde sich aus einem reglosen Bild der Ewigkeit in eine tätige Ewigkeit verwandeln, oder aber die Zeit wäre nur eine märchenhafte Halluzination, erzeugt von diesem magischen Spiegel.

Ich spreche von diesen Dingen, weil seit einiger Zeit Periodika im Umlauf sind, die sich ausschließlich mit kostbaren Sammleruhren befassen, auf Hochglanzpapier gedruckt und ziemlich teuer, und ich frage mich, ob diese Zeitschriften nur von Lesern gekauft werden, die sie wie ein Märchenbuch durchblättern, oder ob sie sich an eine reale Käuferschicht wenden, wie ich bisweilen fürchte. Denn das würde ja heißen: Je mehr die mechanische Uhr, das Wunderwerk einer jahrhundertealten Erfahrung, an praktischem Nutzen verliert, da sie durch elektronische Uhren für ein paar Mark ersetzt wird, desto heftiger regt und verbreitet sich der Wunsch nach Erwerb und Besitz, sei's zum Vorzeigen, sei's zum liebevollen Betrachten oder als Geldanlage, von staunenswerten, perfekten Zeitmeßmaschinen.

Es liegt auf der Hand, daß diese Maschinen nicht dazu gedacht sind, einfach die Uhrzeit anzuzeigen. Das Übermaß an Funktionen und deren elegante Verteilung auf zahlreiche, symmetrisch angeordnete Sichtfenster führt dazu, daß man, um zu wissen, daß es drei Uhr zwanzig am Freitag, den 24. Mai ist, die Augen lange über vielerlei Zeiger gleiten lassen und die Ergebnisse jeweils in einem Notizbuch festhalten muß. Auf der anderen Seite versprechen die beneidenswerten japanischen Elektronikuhren, die sich mittlerweile ihrer einstigen leichten Benutzbarkeit schämen, heute mikroskopische Fenster, die Luftdruckmesser, Höhenmesser, Tiefenlot, Stoppuhr, Countdown und Thermometer enthalten sowie, selbstredend, eine Datenbank, sämtliche Zeitzonen, acht Wecker, einen Währungsumrechner und ein akustisches Stundensignal.

All diese Uhren laufen Gefahr, wie die gesamte Kommunikationsindustrie heute, nichts mehr zu kommunizieren, weil sie zuviel sagen. Aber sie teilen auch noch ein anderes Merkmal der Kommunikationsindustrie: Sie handeln von nichts anderem mehr als von sich selbst und ihrer Funktionsweise. Den Gipfel in dieser Hinsicht erreichen bestimmte Damenuhren mit kaum erkennbaren Zeigern, einem marmornen Ziffernblatt ohne Stunden- und Minutenanzeige und so gestaltet, daß man allenfalls sagen kann, daß es irgendwo zwischen Mittag und Mitternacht sein muß, vielleicht vorgestern. Aber was soll's (suggeriert der Designer), was haben die Damen, für die diese Uhren bestimmt sind, anderes zu tun, als eine Maschine zu betrachten, die ihre eigene Vanitas darlegt?

(1988)

Wie man den Zoll passiert

Vorgestern nacht, nach einem amourösen Treffen mit einer meiner vielen Geliebten, habe ich meine Partnerin umgebracht, indem ich sie mit einem kostbaren Salzfäßchen von Cellini erschlug. Nicht nur infolge der strengen moralischen Erziehung, die ich seit früher Jugend genossen habe, nach welcher eine Frau, die sich der Sinnenlust ergibt, kein Mitleid verdient, sondern auch aus ästhetischen Gründen, nämlich um mir den Schauder des perfekten Verbrechens zu gönnen.

Danach habe ich gewartet, bis die Leiche kalt geworden und das Blut geronnen war, wobei ich mir eine CD mit Wassermusik aus der englischen Barockzeit anhörte, und habe dann angefangen, den Körper mit einer elektrischen Säge zu zerstückeln, nicht ohne einige anatomische Grundprinzipien zu beachten, aus Respekt vor der Kultur, ohne die es keine Freundlichkeit und keinen Gesellschaftsvertrag gäbe. Schließlich habe ich die Teile in zwei Koffer aus Schnabeltierleder gepackt, mich in einen grauen Anzug geworfen und den Nachtzug nach Paris genommen.

Nachdem ich dem Schlafwagenschaffner meinen Paß und eine wahrheitsgetreue Zollerklärung über die paar hunderttausend französische Francs, die ich bei mir trug, übergeben hatte*, sank ich in den Schlaf des Gerechten, denn nichts verschafft einem mehr Ruhe als das Gefühl einer getanen Pflicht. Auch der Zoll hat sich nicht erlaubt, einen Reisenden zu stören, der durch den Erwerb einer Fahrkarte erster Klasse *ipso facto* seine Zugehörigkeit zur herrschenden Schicht und mithin seine Erhabenheit über jeden Verdacht erklärt hat. Eine um so höher zu schätzende

Situation, als ich, zur Vermeidung von krisenhaften Entzugserscheinungen, eine bescheidene Dosis Morphium, acht- bis neunhundert Gramm Kokain und einen echten Tizian bei mir hatte.

Ich will nicht davon sprechen, auf welche Weise ich mich in Paris der armseligen Reste entledigt habe. Das überlasse ich der Phantasie des Lesers. Man braucht bloß ins Centre Pompidou zu gehen und die Koffer unter einer der Rolltreppen abzustellen, und jahrelang wird sie niemand bemerken. Oder sie in ein eigens dafür vorgesehenes Schließfach am Gare de Lyon zu stellen. Das Verfahren zur Öffnung der Schließfächer mittels eines Schlüsselwortes ist so kompliziert, daß Tausende von Päckchen dort liegen, ohne daß sie jemand zu kontrollieren wagt. Doch man könnte sich auch ganz einfach an ein Tischchen im Café Deux Magots setzen und die Koffer vor der Librairie La Joie de Lire stehen lassen. In wenigen Minuten wären sie gestohlen und nur noch Sache des Diebes. Ich kann allerdings nicht leugnen, daß die Geschichte mich in einen Zustand der Spannung versetzt hatte, in jene Spannung, welche die Durchführung einer künstlerisch komplexen und perfekten Operation stets begleitet.

Nach Italien zurückgekehrt, fühlte ich mich nervös und beschloß, mir einen Urlaub in Locarno zu gönnen. Aus einem unerklärlichen Schuldgefühl, in der ungreifbaren Angst, daß mich jemand erkennen könnte, beschloß ich, in der zweiten Klasse zu fahren, in Jeans und T-Shirt mit dem Krokodil auf der Brust.

An der Grenze wurde ich von eifrigen Zöllnern umringt, die mein Gepäck bis zu den intimsten Wäschestücken durchwühlten und mir die heimliche Einfuhr einer Stange MS Filter in die Schweiz verwehrten. Des weiteren stellten sie fest, daß mein Paß seit vierzehn Tagen abgelaufen war.

Schließlich entdeckten sie auch, daß ich im After fünfzig Schweizer Franken von ungewisser Herkunft versteckt hatte, für die ich keinen Beleg ihres regulären Erwerbs in einem Kreditinstitut vorweisen konnte.

Ich wurde unter einer Tausend-Watt-Lampe verhört, mit einem nassen Handtuch geschlagen und vorübergehend in einer Isolierzelle auf ein Streckbett gefesselt.

Zum Glück ist mir dann eingefallen, zu erklären, daß ich ein Gründungsmitglied der Freimaurerloge P2 sei, daß ich einige Bomben zu ideologischen Zwecken in Schnellzügen deponiert hätte und daß ich mich als politischer Gefangener betrachtete. Daraufhin wurde mir ein Einzelzimmer im Luxustrakt des Grand Hôtel des Iles Borromées zugewiesen. Ein Diätarzt hat mir geraten, einige Mahlzeiten auszulassen, um wieder auf mein Idealgewicht zu kommen, während mein Psychiater alles in die Wege geleitet hat, um mir einen Hausarrest zu verschaffen, wegen himmelschreiender Magersucht. Derweil habe ich eine Reihe von anonymen Briefen an die Richter der umliegenden Gerichte geschrieben, die den Eindruck erwecken, als hätten die Richter sich gegenseitig anonyme Briefe geschrieben, in denen Mutter Theresa von Kalkutta beschuldigt wird, aktive Beziehungen zu den Kommunistischen Kampfgruppen unterhalten zu haben.

Wenn alles läuft, wie es sollte, bin ich in einer Woche zu Hause.

(1989)

Wie man ein Faxgerät nicht benutzt

Die Faxtechnik ist wirklich eine großartige Erfindung. Wer sie noch nicht kennt, muß folgendes wissen: Man steckt einen Brief in das Faxgerät, wählt die Nummer des Adressaten, und in wenigen Sekunden hat er den Brief. Und nicht bloß einen Brief, sondern auch Zeichnungen, Pläne, Fotos, seitenlange hochkomplizierte Berechnungen, die man schwerlich am Telefon diktieren könnte. Wenn der Brief nach Australien geht, kostet die Übermittlung nicht mehr als ein interkontinentales Ferngespräch der gleichen Dauer. Wenn der Brief in die Nachbarstadt geht, soviel wie ein kurzer Anruf dorthin. Rechnen wir für ein Telefonat von Mailand nach Paris, in den Abendstunden, ungefähr tausend Lire. In einem Land wie dem unseren, wo die Post *per definitionem* nicht funktioniert, löst das Telefax alle Probleme. Außerdem kann man sich ein Faxgerät auch fürs Schlafzimmer kaufen oder um es auf Reisen mitzunehmen, und das zu einem erschwinglichen Preis. Sagen wir für eineinhalb bis zwei Millionen Lire. Viel für eine Laune, aber wenig, wenn man eine Tätigkeit ausübt, die zur Korrespondenz mit vielen Leuten an vielen verschiedenen Orten zwingt.

Leider gibt es jedoch ein unerbittliches Gesetz der Technik, das besagt: Wenn die revolutionärsten Erfindungen allen zugänglich werden, ist es mit ihrer Zugänglichkeit vorbei. Die Technik ist tendenziell demokratisch, denn sie verspricht allen die gleichen Leistungen, aber sie funktioniert nur, wenn allein die Reichen sie benutzen. Wenn auch die Armen sie zu benutzen anfangen, gerät sie ins Stocken. Als die Eisenbahn zwei Stunden brauchte, um von A nach

B zu gelangen, kam das Auto auf, das dafür nur eine Stunde brauchte. Deswegen war es damals sehr teuer. Doch sobald es für die Massen erschwinglich wurde, gab es Staus auf den Straßen, und so wurde der Zug wieder schneller. Man denke nur, wie absurd der Appell zur Benutzung der öffentlichen Verkehrsmittel im Zeitalter des Automobils ist – aber mit öffentlichen Verkehrsmitteln kommt, wer sich damit abfindet, nicht privilegiert zu sein, schneller ans Ziel als die Privilegierten.

Beim Automobil hat es Jahrzehnte gedauert, bis das System den Kollaps erreichte. Das Faxsystem, das demokratischer ist (ein Faxgerät kostet weniger als ein Auto), hat den Kollaps in weniger als einem Jahr erreicht. Inzwischen geht es schneller, wenn man einen Brief mit der Post schickt. Denn die Faxtechnik fördert die Kommunikation. Wenn man früher in Europa lebte und einen Sohn in Australien hatte, schrieb man ihm vielleicht einmal pro Monat einen Brief und rief ihn einmal pro Woche an. Jetzt mit dem Fax kann man ihm sofort das erste Foto der neugeborenen Nichte schicken. Wie der Versuchung widerstehen? Außerdem gibt es heute immer mehr Leute, die uns etwas mitteilen wollen, was uns nicht interessiert – wie wir unser Geld besser anlegen, was wir kaufen sollen, wie glücklich wir sie machen, wenn wir ihnen einen Scheck schicken, wie vollständig wir uns verwirklichen, wenn wir an einem Kongreß teilnehmen, der unsere beruflichen Fähigkeiten verbessert. All diese Leute beeilen sich, sobald sie erfahren, daß einer ein Faxgerät hat (und leider gibt es dafür Verzeichnisse), ihm zu erträglichen Kosten unerbetene Botschaften ins Haus zu schicken.

Das Ergebnis ist, daß man morgens zu seinem Faxgerät geht und es voller Nachrichten findet, die sich während der Nacht angesammelt haben. Natürlich wirft man sie weg, ohne sie zu lesen, aber wenn einem in der Nacht ein naher Vertrauter mitteilen wollte, daß man zehn Millionen vom Onkel in Amerika geerbt hat, sich aber bis spätestens acht Uhr früh bei einem Notar eingefunden haben muß, dann war der Anschluß besetzt gewesen und er ist nicht durchgekommen. Er muß seine Nachricht mit der Post schikken. Das Telefax ist dabei, zum Kanal für die irrelevanten Botschaften zu werden, so wie das Auto dabei ist, zum Verkehrsmittel für die langsame Fortbewegung zu werden, für diejenigen, die viel Zeit haben und gern lange im Stau stehen, um Mozart oder Madonna zu hören.

Schließlich führt die Faxtechnik auch ein neues Element in die Dynamik der Belästigung ein. Bisher mußte der lästige Bittsteller, wenn er uns belästigen wollte, die Sache selber bezahlen (den Anruf, das Porto, das Taxi, um herzukommen und an unserer Tür zu klingeln). Jetzt tragen auch wir zu den Kosten bei, denn das Faxpapier müssen wir bezahlen.

Wie reagieren? Ich habe schon daran gedacht, mir Briefpapier mit dem Aufdruck »Unerbetenes Fax fliegt automatisch in den Papierkorb« machen zu lassen, aber ich fürchte, das genügt nicht. Wenn ich einen Rat geben darf: Man schalte sein Faxgerät aus. Wenn jemand etwas Wichtiges faxen will, muß er vorher anrufen und darum bitten, es einzuschalten. Allerdings könnte das die Telefonleitungen verstopfen. Besser wäre es, wenn der Betreffende einen Brief schriebe. Dann antwortet man ihm: »Schick deine Nachricht per Fax am kommenden Montag um fünf Uhr, fünf Minuten und siebenundzwanzig Sekunden MEZ, wenn ich mein Gerät für lediglich vier Minuten und sechsunddreißig Sekunden anstellen werde.«

(1989)

Wie man auf bekannte Gesichter reagiert

Vor ein paar Monaten ging ich in New York spazieren, und auf einmal sah ich einen Typ auf mich zukommen, den ich gut kannte. Das Dumme war nur, daß ich mich nicht erinnern konnte, wie er hieß und wo ich ihn kennengelernt hatte. Es ist dies eine jener Empfindungen, die man besonders dann hat, wenn man im Ausland jemanden trifft, den man zu Hause kennengelernt hat, oder umgekehrt. Ein Gesicht am falschen Ort erzeugt Verwirrung. Und doch war mir jenes Gesicht so vertraut, daß ich sicher hätte stehenbleiben, grüßen und ein Gespräch anfangen müssen, und womöglich hätte der andere sofort gesagt: »Hallo, Umberto, wie geht's?« und vielleicht sogar: »Hast du gemacht, was ich dir gesagt habe?«, und ich hätte nicht gewußt, was ich antworten sollte. Tun, als ob ich ihn nicht sähe? Zu spät, er schaute noch auf die andere Straßenseite, war aber gerade dabei, den Blick in meine Richtung zu drehen. Also konnte ich auch gleich die Initiative ergreifen, ihn begrüßen und dann versuchen, ihn an der Stimme wiederzuerkennen, an den ersten Worten.

Wir waren nur noch zwei Schritte voneinander entfernt, ich setzte schon zu einem breiten, strahlenden Lächeln an und wollte gerade die Hand ausstrecken, da hatte ich ihn auf einmal erkannt. Es war Anthony Quinn. Natürlich war ich ihm noch nie zuvor im wirklichen Leben begegnet, ebensowenig wie er mir. Im letzten Augenblick konnte ich mich gerade noch zurückhalten und mit leerem Blick an ihm vorbeigehen.

Dann habe ich über den Zwischenfall nachgedacht und mir gesagt, daß er ganz normal war. Schon früher hatte ich in einem Restaurant einmal Charlton Heston entdeckt und den spontanen Drang empfunden, ihn zu begrüßen. Diese Gesichter bevölkern unser Gedächtnis, wir haben mit ihnen viele Stunden vor einer Kinoleinwand oder einem Fernsehbildschirm verbracht, sie sind uns vertraut geworden wie die unserer Verwandten, sogar noch mehr. Man kann ein Erforscher der Massenkommunikation sein, über die Realitätseffekte disputieren, über die Vermischung von Realem und Imaginärem und über jene, die in dieser Vermischung definitiv zu Fall kommen, aber man ist gegen das Syndrom nicht gefeit. Und es gibt noch Schlimmeres.

Ich habe Aussagen von Leuten gesammelt, die für eine gewisse Zeit den Massenmedien ausgesetzt waren, insofern sie mit einer gewissen Häufigkeit im Fernsehen aufgetreten sind. Ich meine gar nicht nur die berühmten Showmaster, die jeder kennt, sondern Leute, die aufgrund ihrer beruflichen Arbeit an einigen Diskussionsrunden teilnehmen mußten, aber häufig genug, um wiedererkennbar zu sein. Sie klagen alle über die gleiche unangenehme Erfahrung. Gewöhnlich, wenn wir jemanden sehen, den wir nicht persönlich kennen, starren wir ihm nicht ins Gesicht, deuten nicht mit dem Finger auf ihn, um ihn unseren Gesprächspartnern zu zeigen, und reden nicht mit lauter Stimme über ihn, wenn er uns hören kann. Das wäre ein unhöfliches und ab einer bestimmten Grenze auch aggressives Benehmen. Dieselben Leute jedoch, die nicht mit dem Finger auf den Kunden einer Bar zeigen würden, bloß um einen Freund darauf hinzuweisen, daß er eine modische Krawatte trägt, benehmen sich entschieden anders bei bekannten Gesichtern.

Meine Versuchskaninchen versichern mir, daß vor einem Zeitungskiosk, im Tabakladen oder während sie einen Zug besteigen, oder auch während sie im Restaurant auf die

Toilette gehen und dabei anderen Leuten begegnen, diese laut zueinander sagen: »Sieh mal, da ist tatsächlich der Soundso.« »Bist du sicher, daß er es ist?« »Aber ja, das ist er wirklich!« Wonach diese Leute ihr Gespräch liebenswürdig fortsetzen, während der Soundso sie hört, ohne daß sie sich etwas dabei denken, daß er sie hört, als ob er nicht existierte.

Sie sind verwirrt, wenn ein Protagonist der massenmedialen Bilderwelt auf einmal in ihr reales Leben eintritt, aber zugleich benehmen sie sich ihm gegenüber, wenn er als reale Person auftritt, als ob er noch zur imaginären Welt gehörte, als ob er auf einem Bildschirm oder als Foto in einer Illustrierten erschiene und sie in seiner Abwesenheit über ihn sprächen.

Es ist, als hätte ich Anthony Quinn beim Kragen genommen, in eine Telefonzelle gezerrt und einen Freund angerufen, um ihm zu sagen: »Hör mal, ich hab Anthony Quinn getroffen, ob du's glaubst oder nicht, er sieht ganz echt aus!« (und dann hätte ich ihn weggestoßen, um meiner Wege zu gehen).

Die Massenmedien haben mich erst überzeugt, das Imaginäre sei real, und nun überzeugen sie mich, das Reale sei imaginär, und je mehr Realität die Fernsehbilder uns zeigen, desto kinohafter wird die alltägliche Welt. Bis wir schließlich glauben, wie einige Philosophen es lehrten, wir seien allein auf der Welt und alles andere sei nur der Film, den Gott oder ein böser Geist uns vorgaukelte.

(1989)

Wie man einen Pornofilm erkennt

Ich weiß nicht, ob es Ihnen je widerfahren ist, einen Pornofilm zu sehen. Ich meine nicht einen Film, der erotische Szenen enthält, seien sie auch verletzend für das Schamgefühl vieler, wie zum Beispiel *Der letzte Tango in Paris*. Ich meine pornographische Filme, deren einziger Zweck es ist, das sexuelle Verlangen des Zuschauers zu stimulieren, von Anfang bis Ende und dergestalt, daß, während dieses Verlangen mit Bildern diverser und variabler Paarungen stimuliert wird, der Rest so gut wie nichts zählt.

Oft müssen die Gerichte entscheiden, ob ein Film rein pornographisch ist oder einen künstlerischen Wert hat. Ich gehöre nicht zu denen, die meinen, daß der künstlerische Wert alles entschuldige, manchmal sind echte Kunstwerke gefährlicher für den Glauben, die Sitten, die gängigen Meinungen als Werke von minderem Wert. Des weiteren meine ich, daß Erwachsene das Recht haben, pornographisches Material zu konsumieren, so sie es wünschen, zumindest in Ermangelung von Besserem. Aber ich gebe zu, daß manchmal vor Gericht entschieden werden muß, ob ein Film produziert worden ist, um bestimmte ästhetische Konzepte oder Ideale auszudrücken (sei's auch mit Szenen, die das allgemeine Schamgefühl verletzen), oder ob er zu dem einzigen Zweck gemacht worden ist, den Zuschauer scharfzumachen.

Nun gibt es tatsächlich ein Kriterium, das zu entscheiden erlaubt, ob ein Film pornographisch ist oder nicht, und es beruht auf der Berechnung der toten Zeiten. Ein großes Meisterwerk der gesamten Filmgeschichte, der Western *Stagecoach* von John Ford, spielt die ganze Zeit über (außer zu Beginn, in kurzen Zwischenphasen und am Ende) in einer Postkutsche. Aber ohne diese rasante Postkutschenfahrt hätte der Film keinen Sinn. *L'avventura* von Antonioni besteht nur aus toten Zeiten: die Leute gehen, kommen, reden, verlieren sich und finden sich wieder, ohne daß irgend etwas geschieht. Aber der Film will uns ebendies sagen, daß nichts geschieht. Er mag uns gefallen oder nicht, aber genau das ist seine Aussage.

Ein pornographischer Film dagegen sagt uns, um den Erwerb der Kinokarte oder der Videokassette zu rechtfertigen, daß ein paar Leute sich sexuell paaren, Männer mit Frauen, Männer mit Männern, Frauen mit Frauen, Frauen mit Hunden oder Pferden (ich mache darauf aufmerksam, daß es keine pornographischen Filme gibt, in denen Männer sich mit Stuten oder Hündinnen paaren: warum nicht?). Das alles würde ja noch angehen, aber in diesen Filmen wimmelt es von toten Zeiten.

Wenn Gilberto in Mailand, um Gilberta zu vergewaltigen, von der Piazza Cordusio bis zum Corso Buenos Aires fahren muß, so zeigt uns der Film, wie Gilberto, am Steuer sitzend, Ampel für Ampel die ganze Strecke zurücklegt.

In pornographischen Filmen wimmelt es von Leuten, die in Autos steigen und Kilometer um Kilometer fahren, von Paaren, die eine unglaubliche Zeit damit verbringen, sich in Hotels an der Rezeption einzuschreiben, von Herren, die minutenlang in aufwärtsfahrenden Aufzügen stehen, bevor sie endlich ins Zimmer gehen, von Mädchen, die allerlei Liköre schlürfen und mit Hemdchen und Spitzenhöschen herumtändeln, ehe sie einander gestehen, daß sie Sappho lieber als Don Juan mögen. Um es deutlich und derb zu sagen: Bevor man in pornographischen Filmen einen richtigen Fick zu sehen kriegt, muß man einen Werbespot des städtischen Verkehrsreferats über sich ergehen lassen.

Die Gründe liegen auf der Hand. Ein Film, in dem Gilberto andauernd Gilberta vergewaltigt, von vorne, von hinten und von der Seite, wäre nicht zu ertragen. Weder physisch für die Akteure noch ökonomisch für den Produzenten. Und er wäre es auch nicht psychologisch für den Zuschauer. Denn damit die Übertretung als solche kenntlich wird, muß sie sich von einem Hintergrund von Normalität abheben. Die Darstellung der Normalität aber ist nun eine der schwierigsten Aufgaben für jeden Künstler – während die Darstellung des Abweichenden, des Verbrechens, der Vergewaltigung, der Folter ein Kinderspiel ist.

Deswegen muß der pornographische Film die Normalität darstellen – die eben unverzichtbar ist, damit die Übertretung Interesse weckt –, und zwar so, wie jeder Zuschauer sie versteht. Deswegen sieht man, wenn Gilberto den Bus nehmen und von A nach B fahren muß, Gilberto, wie er den Bus nimmt, und den Bus, wie er von A nach B fährt.

Das irritiert den Zuschauer oft, weil er ständig unerhörte Szenen sehen will. Aber er täuscht sich. Er würde es gar nicht aushalten, anderthalb Stunden lang unerhörte Szenen zu sehen. Darum sind die toten Zeiten unverzichtbar.

Ich wiederhole also. Man gehe in irgendein Kino. Wenn die Protagonisten des Films länger brauchen, um sich von A nach B zu begeben, als man es sehen möchte, dann handelt es sich um einen Pornofilm.

(1989)

Wie man Eis ißt

Als ich klein war, kaufte man den Kindern zwei Arten von Eis, die es bei jenen weißen Wägelchen mit silberglänzenden Deckeln gab: entweder die Tüte zu zwanzig oder die Waffel zu vierzig Centesimi. Die Tüte zu zwanzig war sehr klein und paßte genau in eine Kinderhand, sie wurde erzeugt, indem man das Eis mit der halbkugelförmigen Eiszange aus dem Behälter holte und auf den eßbaren Waffelkegel stülpte. Die Großmutter riet, nur den oberen Teil dieses Kegels zu essen und die Spitze wegzuwerfen, da sie vom Eisverkäufer angefaßt worden war (aber der untere Teil war der beste und knusprigste, weshalb man ihn heimlich aß, nachdem man ihn nur zum Schein weggeworfen hatte).

Die Waffel zu vierzig wurde mit einer ebenfalls silberglänzenden Spezialmaschine hergestellt, die zwei runde Waffelscheiben gegen einen flachen Eiszylinder preßte. Man fuhr mit der Zunge so lange zwischen die Scheiben, bis sie den in der Mitte verbliebenen Rest nicht mehr erreichte, dann aß man das Ganze mitsamt den Scheiben auf, die inzwischen weich und von Nektar durchtränkt waren. Hier hatte die Großmutter keine Ratschläge zu geben: theoretisch waren die Waffeln nur von der Maschine berührt worden, praktisch hatte der Eisverkäufer sie zwar angefaßt, um sie zu überreichen, aber es war unmöglich, die infizierte Zone zu bestimmen.

Ich war jedoch fasziniert von einigen Altersgenossen, die sich von ihren Eltern nicht ein Eis zu vierzig, sondern zwei zu zwanzig kaufen ließen. Die solcherart Privilegierten kamen dann stolz mit einem Eis in der Rechten und einem in der Linken daherspaziert und leckten, behende den Kopf drehend, mal von dem einen und mal von dem andern. Diese Liturgie erschien mir so beneidenswert luxuriös, daß ich viele Male darum bat, sie ebenfalls zelebrieren zu dürfen. Vergeblich. Meine Eltern waren unerbittlich: ein Eis zu vierzig ja, aber zwei zu zwanzig auf keinen Fall.

Wie jeder sieht, konnten weder die Mathematik noch die Ökonomie, noch auch die Ernährungslehre diese Verweigerung rechtfertigen. Und nicht einmal die Hygiene, wenn man voraussetzte, daß anschließend beide Kegelspitzen weggeworfen wurden. Eine klägliche Rechtfertigung argumentierte wahrheitswidrig, daß ein kleiner Junge, der damit beschäftigt sei, den Blick abwechselnd von einem Eis zum anderen zu wenden, leichter über Steine, Stufen oder Unebenheiten im Pflaster stolpern könne. Dunkel schwante mir, daß es einen anderen Grund geben mußte, einen brutal pädagogischen, den ich aber nicht zu finden vermochte.

Heute, als Angehöriger und Opfer einer Zivilisation des Konsums und der Verschwendung (was die der dreißiger Jahre nicht war), begreife ich, daß meine Eltern recht hatten. Zwei Eis zu zwanzig statt einem zu vierzig waren ökonomisch gesehen keine Verschwendung, aber sie waren es im symbolischen Sinne. Eben darum begehrte ich sie: weil zwei Eiskugeln einen Exzeß suggerierten. Und eben darum wurden sie mir verweigert: weil sie unanständig wirkten, wie Hohn auf das Elend, Prunken mit falschen Privilegien, prahlerisch ausgestellter Wohlstand. Nur verzogene Kinder aßen zwei Eiskugeln, jene, die in den Märchen zu Recht bestraft werden, wie Pinocchio, als er die Birnenschale und den Griebs verschmäht. Und Eltern, die solche Unarten kleiner Parvenüs auch noch förderten, erzogen ihre Kinder zu dem dummen Theater des »Ich würde ja gern, aber ich kann nicht« oder, wie wir heute sagen würden, bereiteten sie darauf vor, beim Check-in in der Touristenklasse mit einem falschen Gucci-Koffer zu erscheinen, den sie bei einem ambulanten Händler am Strand von Rimini gekauft haben.

Die Fabel droht keine Moral zu haben in einer Welt, in der die Zivilisation des Konsums inzwischen auch die Erwachsenen verschwenderisch haben will und ihnen immer noch etwas mehr verspricht, von der kleinen Uhr an der Waschpulvertonne bis zum Anhänger als Geschenk für den Käufer der Illustrierten. Wie die Eltern jener beidhändigen Genießer, die ich so sehr beneidete, scheint die Zivilisation des Konsums uns mehr zu geben, aber faktisch gibt sie uns für vier Zehner (im besten Falle) das, was vier Zehner wert ist. Wir werfen das alte Radio weg, um das neue zu kaufen, das einen Kassettenteil mit Autoreverse hat, aber einige unerklärliche Schwächen in seinem Innern sorgen dafür, daß dieses neue Radio nur ein Jahr hält. Der neue Kombiwagen hat Ledersitze, zwei von innen einstellbare Seitenspiegel und ein Armaturenbrett aus Holz, aber er ist viel empfindlicher als der gute alte Cinquecento, der sich, auch wenn er liegenblieb, mit einem Fußtritt wieder in Gang bringen ließ.

Doch die Moral von damals wollte uns eben alle spartanisch haben, und die von heute will uns alle als Sybariten.

(1989)

Wie man vermeidet, »genau« zu sagen

Es tobt der Kampf gegen die Klischees, die unsere Umgangssprache überschwemmen. Eins davon ist, wie man weiß, das Wörtchen »genau«. Alle sagen heute »genau«, wenn sie ihre Zustimmung ausdrücken wollen. Die Unsitte ist durch die ersten Fernsehquize verbreitet worden, bei denen man, um die richtige Antwort zu bezeichnen, direkt aus dem englischen »that's right« oder »that's correct« übersetzte. Mithin ist es nicht grundsätzlich falsch, »genau« zu sagen, nur zeigt damit, wer es sagt, daß er seine Sprache aus dem Fernsehen gelernt hat. »Genau« zu sagen ist ungefähr so, wie wenn man in seinem Wohnzimmer eine Enzyklopädie ausstellt, die bekanntermaßen nur als Zugabe beim Kauf eines bestimmten Waschmittels erhältlich ist.

Um denen entgegenzukommen, die sich das Genau-Sagen abgewöhnen wollen, lasse ich hier eine Reihe von Fragen oder Behauptungen folgen, auf die man gewöhnlich mit »genau« antwortet, und füge in Klammern die statt dessen benutzbare Alternativbejahung hinzu.

Napoleon ist am 5. Mai 1821 gestorben. (Bravo!) Entschuldigen Sie, ist dies hier die Piazza Garibaldi? (Ja.) Hallo, spreche ich mit Max Müller? (Wer spricht da, bitte?). Hallo, hier Fritz Meyer, spreche ich mit Max Müller? (Am Apparat, was gibt's?) Dann schulde ich Ihnen also zehntausend Lire? (Ja, zehntausend.) Was haben Sie gesagt, Herr Doktor? Aids? (Tja, tut mir leid.) Sie rufen bei der Sendung *Wer hat ihn gesehen?* an, um uns zu sagen, daß Sie dem Verschwundenen begegnet sind? (Wie haben Sie das erraten?) Polizei. Sind Sie Herr Müller? (Frieda, das Köfferchen!) Dann trägst du also gar keinen Schlüpfer! (Endlich hast du's bemerkt!) Sie wollen zehn Millionen als Lösegeld? (Wie soll ich sonst mein Autotelefon bezahlen?) Wenn ich recht verstehe, hast du einen ungedeckten Scheck über zehn Millionen ausgeschrieben und mich als Bürgen angegeben? (Ich bewundere deinen Scharfsinn.) Ist der Eincheckschalter schon zu? (Sehen Sie den kleinen Punkt da am Himmel?) Sie sagen, ich sei ein Halunke? (Sie haben's getroffen.)

Heißt das, Sie raten uns, wird man mich fragen, niemals »genau« zu sagen?

Genau.

(1990)

Wie man sich vor Witwen hütet

Mag sein, liebe Schriftstellerinnen und Schriftsteller, daß Ihnen nichts am Nachruhm liegt, aber ich glaube es nicht. Jeder, der, und sei's mit siebzehn, ein Gedicht über den rauschenden Wald verfaßt hat oder bis zum Tod ein Tagebuch führt, auch wenn er darin nur solche Dinge festhält wie »heute zum Zahnarzt gegangen«, hofft, daß die Nachwelt es zu schätzen weiß. Und selbst wenn er sich wünschte, vergessen zu werden – heutzutage überbieten sich die Verlage im Wiederentdecken vergessener »kleiner« Autoren, sogar wenn diese nie eine einzige Zeile geschrieben haben.

Die Nachwelt ist bekanntlich gefräßig und nicht wählerisch. Sofern sie nur etwas zu schreiben bekommt, ist ihr alles, was je ein anderer geschrieben hat, recht. Und darum, o Schriftsteller, hütet euch vor dem Gebrauch, den die Hinterbliebenen von euren Schriften machen können. Das Ideal wäre selbstverständlich, nur das zu hinterlassen, was ihr zu Lebzeiten zur Veröffentlichung freigegeben habt, und alles andere Tag für Tag zu vernichten, einschließlich der Umbruchfahnen. Aber Notizen sind bekanntlich bei der Arbeit von Nutzen, und der Tod kann ganz plötzlich kommen.

In diesem Fall ist die erste Gefahr, daß Unveröffentlichtes veröffentlicht wird, aus dem hervorgeht, daß ihr vollendete Idioten wart, und jeder, der nachliest, was er sich am Vortag auf dem Block notiert hat, wird sehen, daß die Gefahr enorm ist (auch weil es charakteristisch für Notizen ist, daß sie aus dem Kontext gerissen sind).

Finden sich keine Notizen, so ist die zweite Gefahr, daß unmittelbar *post mortem* die Kongresse über euer Werk sich häufen. Jeder Schriftsteller hat den Ehrgeiz, in Aufsätzen, Dissertationen, Neuausgaben mit kritischem Apparat dem Gedächtnis der Nachwelt erhalten zu bleiben, aber das sind Arbeiten, die Zeit und Geduld erfordern. Der Kongreß erreicht zweierlei: Er drängt Scharen von Freunden, Bewunderern, jungen Leuten auf der Suche nach Ruhm dazu, ein paar diagonale Wiederlektüren vorzunehmen und die Eindrücke niederzuschreiben, und in solchen Fällen wird bekanntlich das schon Gesagte noch einmal aufgewärmt und so ein Klischee bekräftigt. Infolgedessen vergeht den Lesern nach einer Weile die Lust an Autoren, die so penetrant in ihrer Vorhersehbarkeit waren.

Die dritte Gefahr ist, daß private Briefe veröffentlicht werden. Selten schreiben Schriftsteller ihre privaten Briefe anders als gewöhnliche Sterbliche, es sei denn, sie täuschen die Privatheit nur vor. Sie können schreiben »schick mir das Guttalax« oder »ich liebe dich bis zum Wahnsinn und danke dir, daß es dich gibt«, und das ist ihr gutes Recht und völlig normal, und es ist rührend, wenn dann die Nachwelt auf die Suche nach solchen Zeugnissen geht und zu dem Schluß gelangt, daß der Schriftsteller auch nur ein Mensch war. Wieso, hatte man denn gemeint, er sei ein Flamingo gewesen?

Wie lassen sich solche Pannen vermeiden? Die handschriftlichen Notizen betreffend, würde ich raten, sie irgendwo aufzubewahren, wo man sie nie erwarten würde, und in den Schubladen so etwas wie Karten verborgener Schätze liegenzulassen, die zwar auf die Existenz jener Reichtümer hinweisen, aber unentzifferbare Angaben über den Fundort machen. Man erzielt damit das doppelte Resultat, daß die Notizen verborgen bleiben und daß viele Doktorarbeiten geschrieben werden, die sich über die sphinxhafte Undurchdringlichkeit jener Karten verbreiten.

Was die Kongresse betrifft, kann es nützlich sein, präzise testamentarische Verfügungen zu treffen, die im Namen der Menschlichkeit verlangen, daß für jeden Kongreß, der in den ersten zehn Jahren nach dem Tod organisiert wird, die Veranstalter dreißig Millionen an die Unicef überweisen müssen. Das Geld ist schwer aufzutreiben, und um gegen das Testament zu verstoßen, muß man schon sehr hartgesotten sein.

Komplexer ist die Lage bei den Liebesbriefen. Was die noch zu schreibenden betrifft, so empfehle ich, für sie einen Computer zu benutzen, der die Graphologen narrt, sowie liebevolle Pseudonyme (»dein Katerchen, Biribi, Frettchen«), die man bei jedem/jeder Partner/in wechselt, so daß die Zuweisung fraglich bleibt. Ratsam ist auch, Anspielungen einzufügen, die, wiewohl durchaus leidenschaftlich, für die Adressaten peinlich sind (wie zum Beispiel »ich liebe auch deine häufigen Darmwinde«), um sie auf diese Weise von einer späteren Publikation abzuhalten.

Die schon geschriebenen Briefe, besonders die aus der Jugendzeit, sind freilich unkorrigierbar. Hier empfiehlt sich, die Empfänger aufzuspüren, ihnen ein Schreiben zu schicken, das mit entspannter Heiterkeit unvergeßliche Tage heraufbeschwört, und ihnen zu versprechen, die Erinnerung an jene Tage werde so lebendig bleiben, daß die Empfänger auch noch nach dem Tod des Schreibers besucht werden würden, damit diese Erinnerung nicht erlösche. Es funktioniert nicht immer, aber ein Gespenst ist schließlich ein Gespenst, und die Empfänger werden nicht mehr ruhig schlafen.

Man könnte auch ein fiktives Tagebuch führen, in dem man hin und wieder den Gedanken einfließen läßt, daß Freundinnen und Freunde zur Verlogenheit und zur Fälschung neigen: »Was für eine anbetungswürdige Lügnerin, die Adelaide!« oder »Heute hat mir Gualtiero einen wirklich wunderschönen falschen Brief von Pessoa gezeigt.«

(1990)

Wie man nicht von Fußball spricht

Ich habe nichts gegen Fußball. Ich gehe nicht in die Stadien aus demselben Grund, aus dem ich nicht nachts zum Schlafen in die Untergeschosse des Mailänder Hauptbahnhofs gehen würde (oder nach sechs Uhr abends in den New Yorker Central Park), aber es kommt vor, daß ich mir ein schönes Spiel mit Interesse und Vergnügen im Fernsehen anschaue, denn ich anerkenne und schätze die Vorzüge dieses noblen Sports. Ich hasse nicht den Fußball. Ich hasse die Fußballfans.

Aber ich möchte nicht mißverstanden werden. Ich hege den Fußballfans gegenüber die gleichen Gefühle, wie sie die Lega Lombarda gegenüber den Afrikanern und Orientalen hegt: »Ich bin kein Rassist, solange diese Leute bei sich zu Hause bleiben.« Und unter »bei sich zu Hause« verstehe ich die Orte, an denen sie sich die Woche über zu treffen belieben (Bars, Familien, Clubs), und die Stadien, bei denen mich nicht interessiert, was in ihnen geschieht, und von mir aus können auch ruhig die Fans aus Liverpool kommen, so daß ich mich dann beim Zeitunglesen vergnüge, denn wenn schon *circenses* sein müssen, soll wenigstens Blut fließen.

Ich mag den Fußballfan nicht, weil er eine seltsame Eigenart hat: Er kapiert nicht, daß man selbst keiner ist, und beharrt darauf, mit einem so zu reden, als ob man einer wäre. Um zu verdeutlichen, was ich meine, gebe ich ein Beispiel. Ich spiele Blockflöte (immer schlechter, wie Luciano Berio öffentlich erklärt hat, und mit solcher Aufmerksamkeit von den Großen Meistern verfolgt zu werden, verschafft mir Genugtuung). Nehmen wir nun an, ich sitze im Zug und will mit dem Herrn gegenüber ein Gespräch anknüpfen.

»Haben Sie die letzte CD von Frans Brüggen gehört?«

»Was, wie?«

»Ich meine die *Pavane Lachryme*. Meiner Meinung nach nimmt er den Anfang zu langsam.«

»Entschuldigung, ich verstehe nicht.«

»Na, ich meine doch van Eyck, Mann! (Skandierend) Variationen für So-pran-block-flö-te!«

»Wissen Sie, ich ... Spielt man die mit dem Bogen?«

»Ach so, verstehe, Sie sind kein ...«

»Nein, ich nicht.«

»Komisch. Aber Sie wissen doch sicher, daß man auf eine handgemachte Coolsma drei Jahre warten muß? Da nimmt man doch lieber eine Moeck aus Ebenholz. Die sind die besten, jedenfalls von denen, die es im Handel gibt. Das hat mir auch Gazzelloni gesagt. Hören Sie, kommen Sie bis zur fünften Variation von *Deirdre Doen Daphne D'Over*?«

»Also eigentlich will ich nach Parma ...«

»Ah, verstehe, Sie spielen die F und nicht die C. Davon hat man auch mehr. Wissen Sie, ich habe da eine Sonate von Loeillet entdeckt, die ...«

»Löjé wer?«

»Na, ich möchte Sie mal über den Phantasien von Telemann hören. Spielen Sie die? Sie verwenden doch nicht etwa die deutsche Griffweise?«

»Ach wissen Sie, die Deutschen, der BMW ist ja ein großartiges Auto, und ich achte sie, aber ...«

»Verstehe, Sie verwenden die barocke Griffweise. Gut. Sehen Sie, neulich hat das Ensemble von Saint-Martin-in-the-Fields ...«

So etwa, vielleicht ist deutlich geworden, was ich meine. Und man wird einverstanden sein, wenn mein verzweifelter

Reisegefährte sich an die Notbremse klammert. Aber genauso geht es einem mit dem Fußballfan. Die Situation ist besonders heikel, wenn man im Taxi sitzt und der Fahrer anfängt:

»Haben Sie Vialli gesehen?«

»Nein, der muß gekommen sein, als ich gerade nicht da war.«

»Aber heute abend sehen Sie sich das Spiel doch an?«

»Nein, ich muß mich um das Buch Zet der *Metaphysik* kümmern, Sie verstehen, der Stagirit.«

»Gut, sehen Sie sich's an und sagen's mir dann. Für mich kann Van Basten der Maradona der neunziger Jahre werden, was meinen Sie? Allerdings würde ich Hagi im Auge behalten.«

Und so weiter, als redete man gegen eine Wand. Und nicht etwa, weil es ihn nicht interessierte, daß ich mich nicht dafür interessiere. Er kann einfach nicht begreifen, daß es Leute gibt, die sich nicht dafür interessieren. Er würde es auch nicht begreifen, wenn ich drei Augen und zwei Antennen auf den grünen Schuppen des Hinterkopfs hätte. Er hat keinen Begriff von der Diversität, Varietät und Inkomparabilität der Möglichen Welten.

Ich habe das Beispiel des Taxifahrers genannt, aber dasselbe geschieht, wenn der Gesprächspartner zu den herrschenden Klassen gehört. Es ist wie ein Magengeschwür, es trifft arm und reich. Kurios ist freilich, daß Leute, die so ehern davon überzeugt sind, daß alle Menschen gleich seien, dann so schnell bereit sind, dem Fan aus dem Nachbarort den Schädel einzuschlagen. Dieser ökumenische Chauvinismus entlockt mir Bewunderungsschreie. Es ist, als ob die Anhänger der Ligen sagten: »Laßt die Afrikaner zu uns kommen. Wir besorgen's ihnen dann.«

(1990)

Wie man eine Privatbibliothek rechtfertigt

Seit ich klein war, bin ich meines Nachnamens wegen* gewöhnlich zwei (und nur zwei) Arten von Witzen ausgesetzt gewesen, nämlich: »Du bist (Sie sind) derjenige, der immer antwortet« und »Du hallst (Sie hallen) durch die Täler wider.« Während der ganzen Kindheit glaubte ich, durch einen merkwürdigen Zufall seien alle Leute, denen ich begegnete, Dummköpfe. Dann, in mein hohes Alter gelangt, habe ich mich überzeugen müssen, daß es zwei Gesetze gibt, denen sich kein menschliches Wesen entziehen kann: Die erste Idee, die einem in den Sinn kommt, ist immer die nächstliegende, und wenn man eine naheliegende Idee gehabt hat, kommt einem nicht in den Sinn, daß andere sie schon vorher gehabt haben könnten.

Ich verfüge über eine hübsche Sammlung von Rezensionen, in allen Sprachen des indogermanischen Stammes, deren Titel sich zwischen »L'eco di Eco« (Das Echo von Eco) und »Un libro che fa eco« (Ein Buch, das Widerhall findet) bewegen. Allerdings habe ich hier den Verdacht, daß es diesmal nicht die erste Idee war, die dem Redakteur in den Sinn kam; es dürfte eher so gewesen sein, daß die Redaktion sich versammelt und vielleicht zwanzig mögliche Titel durchdiskutiert hatte, und plötzlich hatte sich das Gesicht des Chefredakteurs aufgehellt und er hatte gesagt: »Freunde, mir ist eine phantastische Idee gekommen!« Und die Runde: »Chef, du bist ein Genie! Wie machst du das nur?« – »Das ist eine Gabe«, wird er geantwortet haben.

Damit will ich nicht sagen, daß die Leute banal seien.

Etwas ganz Naheliegendes oder Selbstverständliches als unerhört zu nehmen, als einen von göttlicher Eingebung inspirierten Fund, offenbart eine gewisse Frische des Geistes, eine Begeisterung für das Leben und seine Unvorhersehbarkeiten, eine Liebe zu den Ideen – so klein sie auch sein mögen. Ich vergesse nie meine erste Begegnung mit jenem großen Sozialforscher, der Erving Goffman gewesen ist: Ich bewunderte ihn und liebte ihn wegen der Genialität und Tiefe, mit der er die feinsten Nuancen des gesellschaftlichen Verhaltens zu erfassen und zu beschreiben verstand, wegen der Fähigkeit, noch die winzigsten Kleinigkeiten wahrzunehmen, die bis dahin allen entgangen waren. Wir saßen in einem Straßencafé, und nach einer Weile sagte er, den Verkehr betrachtend: »Weißt du, ich glaube, inzwischen fahren in den Städten zu viele Autos herum.« Vielleicht hatte er noch nie vorher darüber nachgedacht, weil er Wichtigeres zu bedenken hatte; ihm war mit einemmal etwas aufgefallen, und er hatte die geistige Frische gehabt, es auszusprechen. Ich dagegen, ein kleiner Snob, vergiftet von Nietzsches zweiter *Unzeitgemäßer Betrachtung*, hätte mich gescheut, es zu sagen, auch wenn ich es dachte.

Eine andere Banalität schockiert viele, die sich in derselben Lage wie ich befinden, insofern sie eine relativ große Bibliothek besitzen – so groß, daß man beim Eintritt in die Wohnung nicht umhinkann, sie zu bemerken, auch weil es sonst nicht viel gibt. Der Besucher tritt ein und sagt: »So viele Bücher! Haben Sie die alle gelesen?« Zu Beginn meinte ich, der Satz entlarve nur Leute, die nicht sehr vertraut mit Büchern sind, gewöhnt, nur Wandbretter mit fünf Krimis und einem Kinderlexikon in Fortsetzungslieferungen zu sehen. Aber die Erfahrung hat mich gelehrt, daß der Satz auch von unverdächtigen Leuten geäußert wird.

Man könnte sagen, daß es sich immer noch um Leute handelt, für die Regale nur Möbel zur Unterbringung gelesener Bücher sind und die keine Vorstellung von einer Bibliothek als Arbeitsmittel haben, aber das genügt nicht. Ich behaupte, daß angesichts vieler Bücher jeder von der Angst des Erkennens erfaßt wird und zwangsläufig auf die Frage rekurriert, die seine Qual und seine Gewissensbisse ausdrückt.

Das Problem ist, daß man zwar auf die Frotzelei »Sie sind derjenige, der immer antwortet« mit einem matten Lächeln antworten kann und im äußersten Fall, wenn man nett sein will, mit einem knappen »Guter Witz, das«, aber auf die Frage nach den Büchern muß man eine Antwort geben, während einem der Unterkiefer erstarrt und kalter Schweiß die Wirbelsäule hinunterläuft. Eine Zeitlang hatte ich mir angewöhnt, die verächtliche Antwort zu geben: »Gar keins hab ich davon gelesen, wozu würde ich sie sonst hierbehalten?« Aber das ist eine gefährliche Antwort, denn sie provoziert die naheliegende Frage: »Und wo tun Sie die hin, die Sie gelesen haben?« Besser ist die Standardantwort von Roberto Leydi: »Nicht bloß die, nicht bloß die!« Sie läßt den Gegner erstarren und stürzt ihn in einen Zustand betäubter Bewunderung. Aber ich finde sie gemein und angsterzeugend. Neuerdings weiche ich auf die Behauptung aus: »Nein, das sind die, die ich bis nächsten Monat lesen muß, die anderen habe ich in der Uni.« Eine Antwort, die einerseits eine sublime ergonomische Strategie suggeriert und andererseits den Besucher veranlaßt, den Moment des Abschieds vorzuverlegen.

(1990)

Wie man das Mobiltelefon nicht benutzt

Es ist leicht, sich über die Besitzer von Mobiltelefonen lustig zu machen. Man muß nur sehen, zu welcher der folgenden Kategorien sie gehören. Zuerst kommen die Behinderten, auch die mit einem nicht sichtbaren Handicap, die gezwungen sind, ständig in Kontakt mit dem Arzt oder dem Notdienst zu sein. Gelobt sei die Technik, die ihnen ein so nützliches Gerät zur Verfügung gestellt hat. Dann kommen jene, die aus schwerwiegenden beruflichen Gründen gehalten sind, immer erreichbar zu sein (Feuerwehrhauptmänner, Gemeindeärzte, Organverpflanzer, die auf frische Leichen warten, oder auch Präsident Bush, da sonst die Welt in die Hände von Quayle fällt). Für diese ist das Mobiltelefon eine bittere Notwendigkeit, die sie mit wenig Freude ertragen.

Drittens die Ehebrecher. Erst jetzt haben sie, zum erstenmal in der Geschichte, die Möglichkeit zum Empfang von Botschaften ihrer geheimen Partner, ohne daß Familienmitglieder, Sekretärinnen oder boshafte Kollegen den Anruf abfangen können. Es genügt, daß nur sie und er die Nummer kennen (oder er und er, sie und sie – andere mögliche Kombinationen entgehen mir). Alle drei aufgelisteten Kategorien haben ein Recht auf unseren Respekt. Für die ersten beiden sind wir bereit, uns im Restaurant oder während einer Beerdigungsfeier stören zu lassen, und die Ehebrecher sind gewöhnlich sehr diskret.

Zwei weitere Kategorien benutzen das Mobiltelefon jedoch auf eigene Gefahr (und nicht nur auf unsere). Zum einen die Leute, die nirgendwo hingehen können, ohne weiter mit Freunden und Angehörigen, die sie eben verlassen haben, über dies und das zu schwatzen. Es ist schwierig, ihnen zu sagen, warum sie das nicht tun sollten: Wenn sie nicht imstande sind, sich dem Drang zur Interaktion zu entziehen und ihre Momente der Einsamkeit zu genießen, sich für das zu interessieren, was sie gerade tun, das Fernsein auszukosten, nachdem sie die Nähe gekostet haben, wenn sie nicht vermeiden können, ihre Leere zu zeigen, sondern sie sich sogar noch auf ihre Fahnen schreiben, so ist das ein Fall für den Psychologen. Sie sind uns lästig, aber wir müssen Verständnis für ihre schreckliche innere Ödnis haben, müssen dankbar sein, daß wir besser dran sind, und ihnen verzeihen (doch hüten wir uns, der luziferischen Freude anheimzufallen, nicht so zu sein wie jene da, das wäre Hochmut und Mangel an Nächstenliebe). Anerkennen wir sie als unsere leidenden Nächsten und leihen wir ihnen auch noch das andere Ohr.

Die letzte Kategorie (zu der, auf der untersten Stufe der sozialen Leiter, auch die Käufer von falschen Mobiltelefonen gehören) besteht aus Leuten, die öffentlich zeigen wollen, wie begehrt sie sind, besonders für komplexe Beratungen in geschäftlichen Dingen: Die Gespräche, die wir in Flughäfen, Restaurants oder Zügen mit anhören müssen, betreffen stets Geldtransaktionen, nicht eingetroffene Lieferungen von Metallprofilen, Zahlungsmahnungen über eine Partie Krawatten und andere Dinge, die in den Vorstellungen des Sprechers sehr nach Rockefeller klingen.

Nun ist die Trennung der Klassen ein grausamer Mechanismus, der bewirkt, daß der Neureiche, selbst wenn er enorme Summen verdient, einem atavistischen proletarischen Stigma zufolge nicht mit dem Fischbesteck umgehen kann, das Äffchen ins Rückfenster des Ferrari hängt, das

Christophorus-Bildchen ans Armaturenbrett des Privatjets klebt oder »Manádschment« sagt; und so wird er nicht zur Herzogin von Guermantes eingeladen (und fragt sich verzweifelt, warum nicht, wo er doch eine so lange Yacht hat, daß sie praktisch eine Brücke von Küste zu Küste ist).

Diese Leute wissen nicht, daß Rockefeller kein Mobiltelefon braucht, da er ein so großes und effizientes Sekretariat hat, daß äußerstenfalls, wenn wirklich sein Großvater im Sterben liegt, der Chauffeur kommt und ihm etwas ins Ohr flüstert. Der wahrhaft Mächtige ist der, der nicht gezwungen ist, jeden Anruf zu beantworten, im Gegenteil, er läßt sich – wie man so sagt – verleugnen. Auch auf der unteren Ebene des Managements sind die beiden Erfolgssymbole der Schlüssel zur Privattoilette und eine Sekretärin, die sagt: »Der Herr Direktor ist nicht im Hause.«

Wer also das Mobiltelefon als Machtsymbol vorzeigt, erklärt damit in Wirklichkeit allen seine verzweifelte Lage als Subalterner, der gezwungen ist, in Habachtstellung zu gehen, auch wenn er gerade einen Beischlaf vollzieht, wann immer ihn der Geschäftsführer anruft, der Tag und Nacht hinter seinen Schuldnern her sein muß, um überleben zu können, der von der Bank sogar noch während der Erstkommunion seiner Tochter wegen eines ungedeckten Schecks verfolgt wird. Aber die Tatsache, daß er sein Mobiltelefon so prahlerisch benutzt, ist der Beweis dafür, daß er all diese Dinge nicht weiß, und somit die letzte Bestätigung seiner unwiderruflichen sozialen Marginalisierung.

(1991)

Statt eines Nachworts: Das Wunder von San Baudolino

Barbaren

Dante geht nicht sehr zartfühlend mit Alessandria um: In seiner Abhandlung *De vulgari eloquentia*, in der er die Dialekte der Apenninenhalbinsel behandelt, stellt er fest, daß die rauhen Laute, die von meinen Landsleuten ausgestoßen werden, gewiß kein italienischer Dialekt sind, und gibt zu verstehen, daß es ihm schwerfällt, sie überhaupt als Sprache anzuerkennen. Nun ja, wir sind Barbaren. Aber auch das ist eine Berufung.

Wir sind keine Italiener (Latiner), und wir sind auch keine Kelten. Wir sind Abkömmlinge harter und rauher ligurischer Stämme, und 1856 hat Carlo Avalle in der Einleitung zu seiner *Geschichte Piemonts* daran erinnert, was Vergil im neunten Buch der *Aeneis* über jene präromanischen italischen Völker sagte:

Und wen glaubt ihr
Hier zu finden? Die parfümierten Atriden
Oder den schönrednerischen Ulysses? Auf einen Stamm
Seid ihr gestoßen, der von Grund auf hart ist.
Wir tragen zum Fluß die eben Geborenen und
Härten sie ab im eisigen Bade. Nächte durchwachen
Die Knaben auf Jagd, durchhetzen die Wälder ...

Und so weiter. Und diese Barbaren, schreibt Avalle, »waren von mittelgroßer und schmaler Statur, hatten weiche Haut, kleine Augen, spärlichen Haarwuchs, den Blick voller Stolz, die Stimme rauh und tönend, so daß sie, wenn man ihrer das erste Mal ansichtig wurde, keine richtige Vorstellung von ihrer außergewöhnlichen Kraft vermittelten ...«

Von einer Mutter heißt es: »Von den Geburtswehen ergriffen, während sie bei der Arbeit war, ging sie hin, ohne sich etwas anmerken zu lassen, und versteckte sich hinter einem Dornbusch. Dort gebar sie, deckte das Kind mit Blättern zu und begab sich wieder an die Arbeit, so daß niemand etwas bemerkte. Aber das Kind, das zu wimmern begonnen hatte, verriet die Mutter; die jedoch, taub gegen die Ermahnungen ihrer Freunde und Gefährtinnen, nicht ruhte, bis der Herr sie dazu zwang und ihr den Lohnausfall zahlte. Daher rührt der von den Historikern oft wiederholte Merksatz, bei den Ligurern hätten die Frauen die Kraft von Männern und diese die Kraft von wilden Tieren.« So der antike Historiker Diodor.

Auf den Feldern von Marengo ...

Der Held von Alessandria heißt Gagliaudo. Wir befinden uns im Jahre 1168, Alessandria existiert bereits irgendwie oder auch nicht, zumindest nicht unter diesem Namen. Es ist ein loser Verband von Dörfern, vielleicht mit einem Kern um eine Burg. Bewohnt wird es von Bauern und vielleicht auch von vielen jener »*mercatanti*« (Krämer), die, wie Carducci später sagen wird*, den deutschen Feudalherren als inakzeptable Gegner erschienen, »welche erst gestern ihre fetten Wänste mit dem Stahl der Ritter gürteten«. Die italienischen Städte tun sich gegen Barbarossa zusammen, gründen den Lombardischen Bund und beschließen, eine neue Stadt am Zusammenfluß des Tanaro und der Bormida zu erbauen, um den Vormarsch der Invasoren zu stoppen.

Die Bewohner jenes losen Dorfverbands nehmen den Vorschlag an, vermutlich weil sie darin eine Reihe von Vorteilen für sich sehen. Es scheint, daß sie auf ihren eigenen Nutzen bedacht sind, aber als Barbarossa eintrifft, halten sie tapfer stand und lassen den Kaiser nicht durch. Wir sind inzwischen im Jahre 1174, Barbarossa belagert die Stadt, Alessandria leidet Hunger, und da erscheint – der Legende zufolge – der schlaue Gagliaudo, ein Bauer vom Schlage Bertoldos*, läßt sich von den Stadtoberhäuptern alles Getreide übereignen, das noch zusammenzukratzen ist, mästet damit seine Kuh Rosina und führt sie zum Weiden vor die Mauern der Stadt. Natürlich wird die Kuh von Barbarossas Männern ergriffen und geschlachtet, aber wie staunen sie, als sie das Tier so prall voller Korn finden! Und Gagliaudo, der den Dummen zu spielen versteht, erzählt Barbarossa, in der Stadt gebe es noch so viel Getreide, daß man gezwungen sei, es ans Vieh zu verfüttern. Kommen wir noch einmal zu Carducci zurück, und denken wir an jenes Heer von Romantikern, die nachts weinen, an den Bischof von Speyer, der an die schönen Türme seiner Kathedrale denkt, an den Pfalzgrafen Ditpoldo mit der blonden Mähne, der nicht mehr glaubt, seine Thekla jemals wiederzusehen, alle tief deprimiert und bedrückt von der Vorstellung, »durch die Hand von Krämern« sterben zu müssen ... Das deutsche Heer bricht die Zelte ab und zieht davon.

Dies die Legende. In Wirklichkeit war die Belagerung viel blutiger, anscheinend haben sich die Milizen meiner Heimatstadt gut geschlagen, aber die Stadt zieht es vor, als ihren Helden jenen schlauen, unblutigen Bauern im Gedächtnis zu behalten, der keine großen militärischen

Gaben besaß, aber sich von einer leuchtenden Gewißheit leiten ließ: daß alle anderen noch etwas dümmer seien als er.

Alessandrinische Epiphanien

Ich weiß, daß ich diese Erinnerungen im Geiste großen Alessandrinertums beginne, und ich kann mir auch keine, sagen wir: monumentalere Präsentation vorstellen. Ja, ich glaube, daß zur Beschreibung einer »platten« Stadt wie Alessandria der monumentale Ansatz verfehlt wäre, weshalb ich es vorziehe, mich ihr auf stilleren Wegen zu nähern. Nämlich indem ich von Epiphanien erzähle. Die Epiphanie ist (ich zitiere Joyce) »wie eine plötzliche Manifestation des Geistes, in einem Wort oder einer Geste oder einem Gedankengang, die erinnernswert sind«. Ein Wortwechsel, das Schlagen einer Turmuhr, das durch den Abendnebel dringt, ein Geruch nach faulem Kohl, etwas völlig Unbedeutendes, das auf einmal bedeutsam wird – das waren die Epiphanien, die Joyce in seinem nebligen Dublin registrierte. Und Alessandria ähnelt mehr Dublin als Konstantinopel.

Es war ein Morgen im Frühling 1943. Die Entscheidung war gefallen, wir verließen die Stadt, um uns vor den Bomben in Sicherheit zu bringen. Unter anderem waren wir auf die wunderbare Idee verfallen, in das Städtchen Nizza Monferrato zu gehen, wo wir zwar vor den Bomben sicher sein würden, aber ich, nach wenigen Monaten ins Kreuzfeuer zwischen Faschisten und Partisanen geraten, sehr bald lernen sollte, in Gräben zu springen, um den Garben der Sten-MPs zu entgehen. Es war frühmorgens, und wir fuhren zum Bahnhof, die ganze Familie in einer Mietdroschke. Wo der Corso Cento Cannoni sich zur Kaserne Valfré hin verbreitert, auf jenem weiten Platz, der um diese Zeit verlassen dalag, schien mir, als entdeckte ich in der Ferne meinen Schulfreund Rossini, ich sprang auf, wodurch ich die Kutsche gefährlich ins Schwanken brachte, und rief ihn mit lauter Stimme beim Namen. Er war's nicht. Mein Vater wurde böse und schalt mich, ich sei wie immer gedankenlos, so benehme man sich nicht, man brülle nicht wie ein Verrückter »Verdini« über den Platz. Ich präzisierte, es sei Rossini gewesen, er erwiderte, ob Verdini oder Bianchini, das sei doch dasselbe. Ein paar Monate später, nachdem Alessandria das erste Mal bombardiert worden war, erfuhr ich, daß man Rossini mit seiner Mutter tot unter den Trümmern gefunden hatte.

Epiphanien müssen nicht erklärt werden, aber in dieser Erinnerung sind mindestens drei enthalten. Erstens, ich war gescholten worden, weil ich einer zu großen Begeisterung nachgegeben hatte. Zweitens, ich hatte unbedachterweise einen Namen ausgesprochen. In Alessandria wird jedes Jahr zu Weihnachten ein Krippenspiel namens *Gelindo* aufgeführt. Die Geschichte spielt in Bethlehem, aber die Hirten sprechen und argumentieren im alessandrinischen Dialekt. Nur die römischen Zenturionen, der heilige Joseph und die drei Könige aus dem Morgenland sprechen italienisch (und der Effekt ist sehr komisch). Nun begegnet einer von Gelindos Knechten, Medoro, den drei Königen und sagt ihnen unbedachterweise den Namen seines Herrn. Als Gelindo das erfährt, wird er wütend und weist Medoro zurecht. Man sagt nicht jedem Hergelaufenen seinen Namen, und man nennt nicht unbedachterweise einen anderen beim Namen, im Freien, so daß es alle hören können. Ein Name ist ein intimer Besitz, bei Namen ist Schamhaftigkeit geboten. Wenn ein Amerikaner mit uns spricht, nennt er unseren Namen in jedem Satz und freut sich, wenn wir umgekehrt das gleiche tun. Ein Alessandriner kann den ganzen Tag lang mit dir sprechen, ohne dich ein einziges Mal beim Namen zu nennen, nicht einmal wenn er sich verabschiedet. Man sagt »ciao« oder »arrivederci«, aber nicht »arrivederci, Giuseppe«.

Die dritte Epiphanie ist mehrdeutiger. Im Gedächtnis haftet mir der Anblick jenes weiten städtischen Platzes, zu weit wie eine vom Vater auf den Sohn übergegangene Jacke, mit jener kleinen Gestalt, die sich in zu großer Entfernung von unserer Kutsche abzeichnete, und die Vision einer zweifelhaften Begegnung mit einem Freund, den ich nie wiedersehen sollte. Auf den übertrieben großen, brettebenen Plätzen von Alessandria verliert man sich. Wenn die Stadt wirklich verlassen daliegt, am frühen Morgen, in der Nacht oder an Ferragosto (aber es genügt auch ein Sonntagmittag gegen halb zwei), hat man von einem Punkt zum andern immer zu lange zu gehen (in dieser so kleinen Stadt), und immer im Freien, wo einen jeder sehen könnte, der sich hinter einer Hausecke versteckt oder in einer vorbeifahrenden Kutsche sitzt, jeder könnte dich in deiner Intimität entdecken, deinen Namen rufen und dich für immer verlieren. Alessandria ist weitläufiger als die Sahara, es wird von verblichenen Fata Morganen durchzogen.

Deshalb reden die Leute so wenig, man macht sich knappe Zeichen, man verliert sich (dich). Das hat Einfluß auf die Beziehungen, auf die Feindschaften ebenso wie die Liebschaften. Alessandria hat urbanistisch gesehen keine Zentren, in denen man sich versammelt (vielleicht einen einzigen: die Piazetta della Lega), es hat fast nur Zentren, in denen man sich *zerstreut*. Deshalb weiß man nie, wer gerade da ist und wer nicht.

Mir kommt eine Geschichte in den Sinn, die nicht alessandrinisch ist, aber es sein könnte. Salvatore verläßt im Alter von zwanzig Jahren den Heimatort, um nach Australien auszuwandern, wo er vierzig Jahre lang in der Fremde lebt. Dann, mit sechzig, nimmt er seine Ersparnisse und kehrt heim. Und während der Zug sich dem Bahnhof nähert, phantasiert Salvatore: Wird er die Kameraden wiederfinden, die Freunde von damals, in der Bar seiner Jugend? Werden sie ihn wiedererkennen? Werden sie ihn freudig begrüßen, ihn auffordern, seine Abenteuer unter Kängurus und Aborigenes zu erzählen, ihm begierig an den Lippen hängen? Und jenes Mädchen, das …? Und der Drogist an der Ecke? Und so weiter …

Der Zug fährt in den leeren Bahnhof ein, Salvatore tritt auf den Bahnsteig, der unter der sengenden Mittagssonne daliegt. In der Ferne ist ein gebeugtes Männchen zu sehen, ein Eisenbahner. Salvatore sieht genauer hin, erkennt die Gestalt trotz des buckligen Rückens, das Gesicht trotz der Runzeln: aber ja, das ist Giovanni, der alte Schulkamerad! Er winkt ihm zu, nähert sich bang, deutet mit zitternder Hand auf sein eigenes Gesicht, wie um zu sagen: »Ich bin es.« Giovanni sieht ihn an, scheint ihn nicht zu erkennen, dann aber hebt er grüßend die Hand und sagt: »He, Salvatore! Was machst du hier, fährst du weg?«

In der großen alessandrinischen Wüste verbringt man fiebernde Pubertäten. 1942, ich bin mit dem Fahrrad unterwegs, zwischen zwei und fünf Uhr an einem Julinachmittag. Ich suche etwas, von der Zitadelle bis zur Rennbahn, dann von der Rennbahn bis zum Stadtpark und vom Stadtpark bis zum Bahnhof, dann fahre ich quer über die Piazza Garibaldi, umfahre das Zuchthaus, strebe erneut in Richtung Tanaro, aber jetzt mitten durchs Zentrum. Nirgendwo ist jemand zu sehen. Ich habe ein festes Ziel, den Kiosk am Bahnhof, wo ich ein Sonzogno-Heft gesehen habe, vielleicht schon Jahre alt, mit einer aus dem Französischen übersetzten Geschichte, die mir faszinierend erscheint. Kostet eine Lira, und ich habe genau eine Lira in der Tasche. Kaufe ich's, kaufe ich's nicht? Die anderen Läden sind zu oder sehen so aus. Die Freunde sind in den Ferien. Alessandria ist nichts als leerer Raum, Sonne, Rennpiste für mein Fahrrad mit den pockennarbigen Reifen, das Heftchen am Bahnhof ist das einzige Versprechen von Erzählwelt, also von Wirklichkeit. Viele Jahre später war mir einmal, als setzte plötzlich mein Herzschlag aus, in einer Art Kurzschluß zwischen Erinnerung und gegenwärtigem Bild, als ich in einem schwankenden Flugzeug saß, das im brasilianischen Urwald landen sollte, in einem Ort, den ich als São Jesus da Lapa in Erinnerung habe. Das Flugzeug konnte nicht landen, weil zwei schläfrige Hunde mitten auf der Betonpiste lagen und sich nicht von der Stelle rührten. Wo der Zusammenhang ist? Es gibt keinen, so funktionieren Epiphanien.

Jener Tag aber, jener Julinachmittag einer langen Verführung, zwischen mir und dem Sonzogno-Buch, dem Buch und mir, zwischen meinem Verlangen und dem schwülen Widerstand der weiten alessandrinischen Räume – und wer weiß, ob das Buch nicht nur der Projektionsschirm war, die Maske anderer Verlangen, die bereits meinem Körper und meiner Phantasie zusetzten, als diese noch weder Fisch noch Fleisch waren –, jene lange begehrliche Radfahrt im leeren Sommer, jene konzentrische Flucht, all das bleibt mir in seinem Schrecken eine herzzerreißende Erinnerung, herzzerreißend vor Süße und – so würde ich sagen – vor Stammesstolz. So sind wir eben, genau wie die Stadt.

Um die Geschichte zu Ende zu bringen: ich entschied mich schließlich und kaufte das Heftchen. Wenn ich mich recht erinnere, war es eine Imitation des Atlantis-Romans von Pierre Benoît, aber mit einem Schuß Jules Verne. Als die Sonne unterging, war ich – in meinem Zimmer eingeschlossen – bereits aus Alessandria entschwunden, ich fuhr über schweigende Meeresgründe, sah andere Sonnenuntergänge und andere Horizonte. Mein Vater meinte, als er nach Hause kam, ich läse zuviel, und sagte zu meiner Mutter, ich sollte öfter mal an die frische Luft. Dabei war ich gerade dabei, mich von zuviel Raum zu entwöhnen.

Nie übertreiben

Ich erlitt einen Schock, als ich, älter geworden, in Turin auf die Universität kam. Die Turiner sind Franzosen, jedenfalls Kelten, nicht ligurische Barbaren wie wir. Meine neuen Kameraden erschienen morgens in den Fluren der Uni mit einem schönen Hemd und einer schönen Krawatte, lächelten mich an und kamen mir mit ausgestreckter Hand entgegen: »Ciao, wie geht's?« So etwas war mir noch nie passiert. In Alessandria begegnete ich Kameraden, die eine Mauer zu stützen schienen, sie sahen mich unter halbgeschlossenen Lidern an und sagten mit verhaltener Herzlichkeit: *»Ehi, stüpid!«* (He, Blödmann!) Neunzig Kilometer entfernt davon, und schon eine andere Kultur! Ich bin noch so tief von ihr durchdrungen, daß ich darauf bestehe, sie für überlegen zu halten. Bei uns lügt man nicht.

Als auf Togliatti geschossen wurde, gab es einen Volksauflauf. Ab und zu kommt es vor, daß die Alessandriner sich erregen. Sie strömten auf der Piazza della Libertà zusammen, die damals noch Piazza Ratazzi hieß. Dann griff das Radio ein und meldete, daß Bartali die Tour de France gewonnen hatte. Ein brillanter Schachzug der Massenmedien, der, wie es heißt, in ganz Italien funktionierte. In

Alessandria funktionierte er nicht so gut, wir sind gewiefte Leute, uns bringt man nicht mit einer Radrennfahrergeschichte dazu, Togliatti zu vergessen. Aber auf einmal erschien ein Flugzeug über dem Rathaus. Es war vielleicht das erste Mal, daß ein Flugzeug mit Reklamestreifen über Alessandria flog, und ich weiß nicht mehr, wofür es Reklame machte. Es war kein teuflischer Plan, es war ein Zufall. Die Alessandriner sind mißtrauisch gegenüber teuflischen Plänen, aber sehr nachsichtig gegenüber dem Zufall. Die Menge beobachtete das Flugzeug, kommentierte die neue Idee (eine schöne Idee, mal was anderes als sonst, was denen nicht alles einfällt, wart' nur, was die noch erfinden werden ...). Jeder äußerte ganz entspannt seine Meinung sowie seine tiefverwurzelte Überzeugung, daß die Sache jedenfalls nichts an der allgemeinen Kurve der Entropie und dem Wärmetod des Universums ändern werde – sie nannten es nicht so, aber das war's, was mit jedem Halbsatz auf alessandrinisch gemeint war. Danach gingen alle nach Hause, denn der Tag hatte keine Überraschungen mehr in petto. Togliatti sollte alleine sehen, wie er zurechtkam.

Ich kann mir denken, daß solche Geschichten, wenn man sie anderen Leuten erzählt (ich meine Nicht-Alessandrinern), Abscheu erregen. Ich finde sie herrlich. Ich finde, sie passen zu anderen herrlichen Epiphanien, die uns von der Geschichte einer Stadt geboten werden, der es gelungen ist, sich mit Hilfe des Papstes und des Lombardischen Bundes erbauen zu lassen, die sich Barbarossa hartnäckig widersetzt, aber dann nicht an der Schlacht von Legnano teilnimmt. Einer Stadt, von der die Legende geht, die Königin Pedoca sei aus Deutschland gekommen, um sie zu belagern, und als sie ankam, habe sie Weinstöcke angepflanzt und geschworen, nicht fortzugehen, ehe sie nicht Wein aus den Trauben dieser Reben getrunken habe. Die Belagerung dauerte sieben Jahre, aber eine Fortsetzung der Legende besagt, daß Pedoca, als sie von den Alessandrinern besiegt worden war, sich in ein wüstes Ritual der Wut und Zerstörung stürzte, indem sie den Wein aus ihren Fässern auf die trockene Erde goß, als ob sie mystisch ein großes barbarisches Blutopfer andeuten wollte. Pedoca, die phantastische und poetische Königin, die sich selber bestraft, indem sie auf ihr Vergnügen verzichtet, um sich an einem Blutbad zu berauschen, sei's auch nur einem symbolischen ... Die Alessandriner sehen zu, nehmen die Sache zur Kenntnis und ziehen als einzigen Schluß daraus die Lehre, daß sie, um jemandes Dummheit zu bezeichnen, in Zukunft sagen müssen, er sei »*fürb c'me Pedoca*« (schlau wie Pedoca).

Alessandria ist es auch, wo der heilige Franz von Assisi auf der Durchreise einen Wolf bekehrt, genau wie in Gubbio, nur daß Gubbio daraus eine endlos lange Geschichte macht, während Alessandria die Sache vergißt, was hat ein Heiliger anderes zu tun, als Wölfe zu bekehren? Und außerdem, wie sollten die Alessandriner ihn auch verstehen, diesen leicht theatralischen und leicht hysterischen Umbrier, der zu den Vögeln spricht, anstatt zur Arbeit zu gehen?

An ihren Geschäften interessiert, führen die Alessandriner Kriege und zetteln Händel an, aber als sie im Jahre 1282 die Ketten von der Zugbrücke in Pavia abnehmen und sie in ihrem Dom als Trophäe ausstellen, nimmt der Sakristan sie nach einer Weile weg, um damit den Kamin in seiner Küche auszurüsten, und niemand merkt es. Sie plündern Casale und rauben den Engel, der auf dem Turm der Kathedrale steht, aber wie's eben so geht, am Ende verlieren sie ihn.

Wer den bei Sugar in Mailand erschienenen »Führer durch das sagenhafte, mysteriöse, ungewöhnliche und phantastische Italien« (*Guida all'Italia leggendaria misteriosa insolita fantastica*) im Einleitungsteil durchblättert, wo eine Reihe von Karten die Verteilung phantastischer Wesen in den Provinzen Norditaliens zeigt, wird sehen, daß die Provinz Alessandria durch Jungfräulichkeit glänzt: Sie hat weder Hexen, Teufel, Feen, Irrlichter, Zauberer, Monster oder Gespenster noch Höhlen, Labyrinthe oder Schätze zu bieten; sie rettet sich mit einem »bizarren Gebäude«, aber man wird zugeben, das ist dürftig.

Skepsis gegenüber dem Mysterium. Mißtrauen gegenüber dem Noumenon. Eine Stadt ohne Ideale und Leidenschaften. Zu der Zeit, als Nepotismus eine Tugend war, verjagte Pius V., ein Papst aus Alessandria, seine Verwandten aus Rom und sagte ihnen, sie sollten sehen, wo sie blieben; jahrhundertelang von einer reichen jüdischen Gemeinde bewohnt, fand Alessandria auch nicht die moralische Kraft, antisemitisch zu werden, und vergaß den Befehlen der Inquisition zu gehorchen. Die Alessandriner haben sich niemals für irgendeine Heroische Tugend begeistert, auch nicht, als eine von ihnen dazu aufrief, die Andersartigen auszurotten. Alessandria hat nie das Bedürfnis verspürt, eine Heilslehre mit Gewalt durchzusetzen; es hat uns keine sprachlichen Modelle gegeben, die wir den Rundfunksprechern vorhalten können, es hat keine Wunder der Kunst geschaffen, für die wir Subventionen aufbringen müssen, es hat den Leuten nie etwas beizubringen gehabt, es hat nichts, worauf seine Kinder stolz sein können, auf die es nie einen besonderen Stolz entwickelt hat.

Wenn ihr wüßtet, wie stolz man sich als Kind einer Stadt fühlen kann, die keine Rhetorik und keine Mythen hat, keine Missionen und keine Wahrheiten zu verkünden.

Alessandria besteht aus großen leeren und verschlafenen Räumen. Aber plötzlich, an manchen Herbst- oder Winterabenden, wenn die Stadt in Nebel getaucht ist, verschwinden die Leerräume, und aus dem milchigen Grau, im Licht der Laternen, tauchen Ecken, Kanten, jähe Fassaden und dunkle Torbögen auf, in einem neuen Spiel kaum angedeuteter Formen, und Alessandria wird »schön«. Eine Stadt, dazu geschaffen, im Dämmerlicht gesehen zu werden, wenn man an den Häuserwänden entlangstreicht. Sie darf ihre Identität nur im Nebeldunst suchen, nicht im Sonnenglanz. Im Nebel geht man langsam voran, man muß die Wege kennen, um sich nicht zu verirren, aber man kommt trotzdem immer irgendwo an.

Der Nebel ist gut und belohnt diejenigen, die ihn kennen und lieben. Im Nebel zu gehen ist schöner, als durch den Schnee zu stapfen und ihn mit den Schuhen niederzutreten, denn der Nebel bestärkt dich nicht nur von unten, sondern auch von oben, du besudelst ihn nicht, du zerstörst ihn nicht, er umstreicht dich liebevoll und fügt sich wieder zusammen, wenn du weitergegangen bist, er füllt dir die Lungen wie guter Tabak, er hat einen starken und gesunden Geruch, er streicht dir über die Wangen und schiebt sich zwischen Kragen und Kinn, um dich am Hals zu kratzen, er läßt dich von weitem Gespenster sehen, die sich auflösen, wenn du näher kommst, oder er konfrontiert dich plötzlich mit vielleicht realen Gestalten, die dir jedoch ausweichen und im Nichts verschwinden. Leider müßte immerzu Krieg und Verdunkelung sein, denn nur in jenen Zeiten gab der Nebel sein Bestes, aber man kann nicht immer alles haben. Im Nebel bist du in Sicherheit vor der äußeren Welt, auf du und du mit deinem Innenleben. *Nebulat, ergo cogito.*

Zum Glück kommt es häufig vor, wenn kein Nebel über der alessandrinischen Ebene liegt, besonders am frühen Morgen, daß es »dunstet«. Eine Art von nebligem Tau, der sonst die Wiesen überglänzt, steigt auf, um Himmel und Erde ineinanderfließen zu lassen und dir leicht das Gesicht zu befeuchten. Anders als bei Nebel ist die Sicht überscharf, aber die Landschaft bleibt hinreichend monochrom, alles verteilt sich auf zarte Nuancen von Grau und tut dem Auge nicht weh. Man muß aus der Stadt hinaus und über Landstraßen fahren, besser noch über schmale Wege an schnurgeraden Kanälen entlang, auf dem Fahrrad, ohne Halstuch, mit einer Zeitung unter der Jacke, um die Brust zu schützen. Auf den Feldern von Marengo, wo das Mondlicht glänzt und dunkel ein Wald sich regt und rauscht zwischen Bormida und Tanaro, sind schon zwei Schlachten gewonnen worden (1174 und 1800). Das Klima ist anregend.

San Baudolino

Der Schutzpatron von Alessandria ist San Baudolino (»O San Baudolino / schütze vom Himmel herab / unsere Diözese / und das getreue Volk«). Folgendes erzählt von ihm Paulus Diaconus in seiner *Historia Langobardorum*:

> *Zur Zeit König Liutprands, an einem Ort namens Foro, nahe am Tanaro, glänzte ein Mann von wunderbarer Heiligkeit, der mit Hilfe der Gnade Christi viele Wunder vollbrachte, dergestalt, daß er oftmals die Zukunft voraussagte und die fernen Dinge ankündigte, als wären sie gegenwärtig. Einmal geschah es, als der König zur Jagd in den Wald von Orba gekommen war, daß einer*

der Seinen beim Versuch, einen Hirsch zu erlegen, mit einem Pfeil den Neffen des Königs verletzte, einen Sohn seiner Schwester mit Namen Anfuso. Als Liutprand, der den Knaben sehr liebte, das sah, begann er über sein Unglück zu klagen und sandte sogleich einen seiner Ritter zu dem Gottesmanne Baudolino, ihn zu bitten, er möge zu Christo beten für das Leben des unglücklichen Kindes.

Ich unterbreche das Zitat für einen Augenblick, um dem Leser Gelegenheit zur Formulierung seiner Prognosen zu geben. Was hätte ein normaler, also nicht aus Alessandria stammender Heiliger hier getan? Fahren wir nun fort und erteilen dem Paulus Diaconus wieder das Wort:

Während der Ritter sich auf den Weg machte, starb der Knabe. Woraufhin der Prophet, als er den Ritter ankommen sah, folgendermaßen zu ihm sprach: »Ich kenne den Grund deines Kommens, aber was du verlangst, ist unmöglich, denn der Knabe ist bereits tot.« Der König, als er diese Worte vernommen, erkannte in aller Klarheit, sosehr ihn die Nichterhörung seines Gebetes auch schmerzte, daß der Gottesmann Baudolino mit prophetischem Geiste begabt war.

Ich würde sagen, Liutprand hat sich gut verhalten und die Lehre des großen Heiligen verstanden. Welche besagt, daß Wunder im wirklichen Leben nicht zu oft vollbracht werden können. Und ein Weiser ist, wer sich nach ihrer Notwendigkeit fragt. Baudolino hat das Wunder vollbracht, einen leichtgläubigen Langobarden davon zu überzeugen, daß Wunder eine sehr seltene Ware sind.

Anmerkungen der Übersetzer

S. 208: Quasimodo: Dieses berühmteste Gedicht des Nobelpreisträgers, ein Dreizeiler, endet: »Und plötzlich ist Abend.«
Ariost: Der Beginn seines *Orlando furioso* lautet: »Die edlen Damen ... besinge ich ...«

S. 209: Manzoni: Sein Roman *Die Verlobten* beginnt am Comer See.
Bazzoni: italienischer Nachahmer von Walter Scott (1803–1850).

S. 214: Informationsdienst Gladio: Unter dem Namen »Gladio« wurde in Italien seit den 50er Jahren, wie erst nach dem Ende der UdSSR bekannt geworden ist, eine geheime anitkommunistische Sondereinheit geführt, die im Falle einer sowjetischen Okkupation Italiens den inneren Widerstand organisieren sollte.
Paolo Portoghesi und Vittorio Gregotti sind zwei berühmte italienische Architekten.
»ent'el cü«: ungefähr: »Leck mich am Arsch.« So ausgesprochen in norditalienischen Dialekten, »chiù« ist süditalienisch.

S. 215: Nino Bixio: Waffengefährte Garibaldis, der in dem sizilianischen Ort Bronte einen Bauernaufstand blutig unterdrückte.

S. 216: Woll-du-kauf: Analogiebildung zu »Vu' cumprà« (auf Hochitalienisch »Vuoi comprare« – »Willst du kaufen«), wie die ambulanten afrikanischen Händler häufig genannt werden.
Umberto Bossi: Generalsekretär und Begründer der Lega Lombarda, einer umstrittenen norditalienischen Partei mit rassistischen Tendenzen, die u. a. gegen den römischen Zentralismus kämpft.

S. 226: Brachamutanda: »Le brache« – die Hose; »le mutande« – die Unterhose.

S. 246: Don Ferrante ist eine Figur in Manzonis Roman *Die Verlobten.*

S. 248: Bankier Calvi: Anspielung auf einen berühmten Fall von Devisenschmuggel in Millionenhöhe.

S. 258: Jahresmarke: In Italien entrichtet man eine besondere Führerscheinsteuer durch den Kauf einer (relativ teuren) Wertmarke, die man in Tabakläden erhält und beim Einkleben in den Führerschein entwertet.

Licio Gelli ist der Gründer der berüchtigten Freimaurerloge P2.

S. 263: Giftsalbenschmierer: Anspielung auf das 31. Kapitel von Manzonis Roman *Die Verlobten*, wo geschildert wird, wie angesichts der großen Pestepidemie in Mailand ein Massenwahn um sich greift, der die Seuche auf obskure »Giftsalbenschmierer« zurückführt (vgl. U. Eco, »Worte und Taten«, Nachwort zu Manzonis Roman in der Neuausgabe bei Winkler, München 1988).

S. 312: »Die paar hunderttausend französische Francs, die ich bei mir trug«: In Italien ist Devisenausfuhr verboten.

S. 336: »meines Nachnamens wegen«: Der Name Eco bedeutet »Echo«.

S. 344: Gemeint ist der romantische Odendichter Giosuè Carducci (1835–1907) mit seiner Ode »Sui campi di Marengo«.

S. 345: Der Bauer Bertoldo ist ein populärer Schlaumeier, Held eines Stücks von Giulio Cesare Croce (1606), das zu den wenigen wirklich volkstümlichen Texten der italienischen Literatur gehört.

Derrick oder die Leidenschaft für das Mittelmaß

Streichholzbriefe 1990–2000

Ausgewählt, übersetzt und eingerichtet von Burkhart Kroeber

Einleitung

Die Kolumne *La Bustina di Minerva* erscheint seit März 1985 auf der letzten Seite des römischen Nachrichtenmagazins *L'Espresso*, bis März 1998 wöchentlich, seitdem vierzehntäglich.* Eine Auswahl aus den ersten sieben Jahren, vorwiegend Texte, die sich als Satiren auf die Sitten und Gebräuche unseres Alltagslebens charakterisieren lassen, habe ich 1992 in dem Band *Il secondo Diario Minimo* zusammengestellt (deutsch *Wie man mit einem Lachs verreist und andere nützliche Ratschläge*, Hanser 1993), aber einige der damals ausgeschiedenen kamen mir noch verwendbar vor. Kurzum, als ich einen Band mit repräsentativen Texten der neunziger Jahre machen wollte, sah ich mich vor der Aufgabe, eine Auswahl aus fast fünfhundert *Bustine di Minerva* zu treffen. Es versteht sich von selbst, daß ich ungefähr zwei Drittel weglassen mußte.

Vor allem habe ich viele von denen ausgeschieden, die so eng mit einem nur angedeuteten aktuellen Ereignis verbunden waren, daß ich beim Wiederlesen nach einigen Jahren selber nicht mehr recht wußte, was gemeint war. Das hat mich vielleicht dazu gebracht, Beiträge zu sehr wichtigen Themen nicht zu berücksichtigen, aber wenn die Themen wirklich wichtig waren, habe ich sie andernorts wieder aufgenommen und ausführlicher behandelt,

* In deutscher Übersetzung ist eine erste Auswahl unter dem Titel »Streichholzbriefe« von April 1986 bis April 1987 und von September 1987 bis März 1988 in der Wochenzeitung *Die Zeit* erschienen, sodann eine zweite, sehr viel kleinere (10 Texte) von Juni bis August 1996 im *Zeit-Magazin*.

zum Beispiel in *Vier moralische Schriften* (Hanser 1998). In zwei Fällen habe ich mich entschlossen, Artikel mit aufzunehmen, die für das Format der *Bustina* zu umfangreich waren und anderswo veröffentlicht worden sind. Das erklärt, wieso die vorliegende Sammlung einen Artikel zum Fall Sofri enthält, der 1997 in der Zeitschrift *Micromega* erschienen ist, und einen weiteren, den ich während des Kosovo-Krieges für die Zeitung *La Repubblica* geschrieben habe.

Desgleichen mußte ich leider auch viele Texte ausschließen, die ich aus Anlaß des Todes von Freunden oder Lehrern geschrieben hatte. Es waren zu viele im Laufe eines Jahrzehnts, aus dem einfachen Grund, daß alle Menschen sterblich sind. Ich tröste mich damit, daß andere an diese Personen erinnern werden, ausführlich und unabhängig von meinen emotionalen Nachrufen.

Viele Texte habe ich weggelassen, weil sie mir repetitiv erschienen, in dem Sinne, daß ich im Laufe der Jahre mehrmals auf dasselbe Thema zurückgekommen bin. Zwei- oder dreimal habe ich zwei *Bustine*, die dasselbe Thema unter verschiedenen Blickwinkeln behandelten, zu einer verschmolzen. Aber ich habe auch einige Wiederholungen stehengelassen, da in manchen Fällen das Zurückkommen auf ein schon behandeltes Thema ja heißt, daß bestimmte Phänomene oder Polemiken mit beharrlicher Monotonie in den italienischen Medien wiedergekehrt sind. In solchen Fällen bezeugt die Wiederholung einen Wiederholungszwang, den nicht ich, sondern die Gesellschaft hatte. Um ein Beispiel zu geben: Wenn in jedem Herbst von neuem eine Diskussion um die Zukunft des Buches einsetzt, fühlt man sich jedesmal wieder verpflichtet, die Gemüter zu beruhigen, da sie sich nicht von allein angesichts des Offenkundigen wieder abregen.

Da und dort habe ich stilistische Korrekturen vorgenommen, denn die *Bustina* war eine wöchentliche Kolumne, und die Eile führt zu zahllosen Unsauberkeiten. Ich habe Anfänge, Einschübe und Schlußsätze weggelassen, deren Notwendigkeit ich beim Wiederlesen nicht einsah, und manchmal habe ich statt dessen kurze Erklärungen eingefügt. Der Grund ist: die *Bustine* haben einen vorgeschriebenen Umfang, da sie die letzte Seite des Magazins füllen müssen; wenn sie zu lang sind, muß ich sie kürzen, wenn sie zu kurz sind, muß ich irgend etwas hinzufügen. Das sind die Bedingungen journalistischen Schreibens. Ich muß jedoch sagen, das Schreiben solcher Texte war für mich eine grundlegende Erfahrung: Sich darin zu üben, in einer vorgegebenen Länge auszudrücken, was man denkt, ist etwas, das ich jedem empfehlen kann.

Man wird sehen, daß viele Texte keinen Bezug zu aktuellen Geschehnissen haben. Vielleicht ist es nützlich, hier zu wiederholen, was ich in der allerersten *Bustina* ausgeführt hatte. Der Titel »Bustina di Minerva« bezieht sich auf jene kleinen Streichholzhefte, die von der Firma Minerva hergestellt werden, und auf die Tatsache, daß man sich auf der Innenseite des Deckels oft Adressen oder Telefonnummern notiert, Einkaufslisten anlegt oder auch (wie ich) eben festhält, was einem gerade durch den Kopf geht, während man im Zug unterwegs ist, in der Bar oder im Restaurant sitzt, Zeitung liest, ein Schaufenster betrachtet, in den Regalen einer Buchhandlung stöbert. Daher hatte ich von Anfang an festgelegt, daß ich, falls es mir eines Abends aus ganz persönlichen Gründen einfallen sollte, über Homer nachzudenken, darüber schreiben würde, auch wenn Homer nicht gerade die Titelseiten der Zeitungen füllt. Wie man sieht, habe ich es oft so gehalten, mit oder ohne Homer.

Ein weiteres Kriterium, das ich beim Schreiben der *Bustine* stets befolgt habe, war, daß es keinen Sinn hat, einen Artikel zu schreiben, um etwas anzuprangern, was jedermann als verwerflich betrachtet. Zu schreiben, daß es böse ist, die eigene Mutter zu töten, wäre bloß eine reichlich demagogische Zurschaustellung edler Gefühle. Allenfalls wäre ein Artikel fällig, wenn viele der Meinung sind, daß es gut sei, diejenigen zu töten, und zwar mit allen Insignien des Staates, die ihre Mutter umgebracht haben. Ich habe keine *Bustine* gegen den sexuellen Mißbrauch Minderjähriger geschrieben oder gegen das Steinewerfen von Brücken, auch weil ich voraussah, daß solchen schlimmen Dingen, wenn sie geschehen, genügend Platz in derselben Nummer gewidmet sein würde. Als es jedoch in mehreren Ländern zu Protestmärschen gegen Sex mit Kindern und Kinderpornographie kam, schien es mir sinnvoll, die Einzigartigkeit dieses Phänomens zu kommentieren.

Man wird sehen, daß die *Bustine*, auch wenn sie heiter sind, fast immer auf etwas reagieren, was mich geärgert hat. Sie handeln nur selten von dem, was mich freut, und viel öfter von dem, was mir nicht gefällt. Aber es gibt so vieles, worüber wir uns empören müßten, daß mir jetzt sofort jemand vorwerfen wird, ich hätte über vieles geschwiegen, was andere zu Recht angeprangert haben. Ich bitte um Entschuldigung, da habe ich wohl im Moment nicht aufgepaßt.

Mailand, 5. Januar 2000

I

Die dunkle Seite der Galaxie

Zwischen Rassismus, Krieg und *Political Correctness*

Migrationen

Letzten Dienstag, als alle Zeitungen lange Artikel über die jüngsten Rassenunruhen in Florenz brachten, erschien in der *Repubblica* eine Karikatur: zwei Silhouetten, ein riesiges bedrohliches Afrika und ein winziges Italien; daneben ein Florenz, so klein, daß es nicht mal durch einen Punkt darstellbar war, und darunter die Zeile: »Wo sie mehr Polizei haben wollen.« Im *Corriere della sera* wurde die Geschichte der klimatischen Veränderungen auf unserem Planeten von 4000 v. Chr. bis heute resümiert. Woraus hervorging, daß jeweils die Fruchtbarkeit oder die Versteppung eines Kontinents riesige Völkerwanderungen bewirkt, die das Gesicht des Planeten verändert und jene Kulturen geschaffen haben, die wir heute entweder durch direkte Erfahrung oder durch historische Rekonstruktionen kennen.

Heute, angesichts des Problems der sogenannten *extracomunitari* (soll heißen der Zuwanderer aus Ländern außerhalb der EU – ein hübscher Euphemismus, der auch die schweizerischen und texanischen Touristen mit umfassen müßte), angesichts eines Problems, das alle europäischen Nationen betrifft, argumentieren wir immer noch so, als hätten wir es mit einem Fall von Einwanderung zu tun. Einwanderung liegt vor, wenn einige hunderttausend Bürger eines übervölkerten Landes sich aufmachen, in einem anderen Land zu leben (zum Beispiel die Italiener in Australien). Und es versteht sich von selbst, daß in solch einem Fall das Gastland den Zustrom entsprechend seiner Aufnahmekapazität regulieren muß, so wie es selbstverständlich auch das Recht hat, diejenigen Immigranten festzunehmen oder auszuweisen, die gegen Gesetze verstoßen – und wie es umgekehrt auch die Pflicht hat, bei Gesetzesverstößen sowohl die eigenen Bürger wie auch die devisenbringenden reichen Touristen festzunehmen.

Aber heute haben wir es in Europa nicht mit einem Fall von Einwanderung zu tun. Wir haben es mit einer Völkerwanderung zu tun. Zwar hat sie nicht den gewaltsamen, alles niederreißenden Charakter des Einfalls der germanischen Völker nach Italien, Frankreich und Spanien am Ende des Römischen Reiches, nicht die Heftigkeit der arabischen Expansion zu Beginn des Islams, auch nicht die Langsamkeit jener unklaren Ströme, die nebulöse Völker aus Asien über inzwischen versunkene Landbrücken nach Ozeanien und vielleicht nach Amerika gebracht haben. Doch sie ist ein weiteres Kapitel in der Geschichte des Planeten, der die Kulturen seit jeher im Gefolge großer Migrationsströme entstehen und vergehen sah, wobei diese Ströme zuerst von Westen nach Osten gingen (aber darüber wissen wir nur sehr wenig) und dann von Osten nach Westen, angefangen mit einer tausendjährigen Wanderung von den Quellen des Indus bis zu den Säulen des Herkules und von dort vier Jahrhunderte lang weiter bis nach Kalifornien und Feuerland.

Heute erfolgt die Wanderung – unmerklich, da sie in Form einer Flugreise und eines Aufenthalts im kommunalen Ausländeramt oder als nächtliche Bootslandung an der Küste daherkommt – aus einem zunehmend versteppenden und verhungernden Süden in den Norden. Sie erscheint als Einwanderung, ist aber eine Völkerwanderung, ein historisches Ereignis von unabschätzbarer Tragweite, sie erfolgt nicht durch hereinbrechende Horden, die kein Gras mehr wachsen lassen, wo ihre Pferde hintreten, sondern durch diskrete, unterwürfige Grüppchen, und trotzdem wird sie nicht Jahrhunderte oder Jahrtausende brauchen, sondern bloß ein paar Jahrzehnte. Und wie bei allen großen Wanderungen wird das Ergebnis eine neue ethnische Mischung in den Zielländern sein, ein unerbittlicher Wandel der Sitten und Bräuche, eine unaufhaltsame Verschmelzung, die in statistisch meßbarer Weise die Haut-, Haar- und Augenfarbe der Bevölkerung ändern wird, so wie einst in Sizilien eine nicht sehr große Zahl von Normannen einen blonden und blauäugigen Menschenschlag hinterlassen hat.

Große Völkerwanderungen werden, zumindest in historischer Zeit, seit jeher gefürchtet. Anfangs sucht man sie zu vermeiden, die römischen Kaiser lassen Zäune und Wälle errichten, schicken ihre Legionen vor, um die herannahenden Eindringlinge zu unterwerfen; dann schließt man Verträge und versucht, die ersten Niederlassungen zu disziplinieren, dann wird das römische Bürgerrecht auf alle Untertanen des Reiches ausgedehnt, aber am Ende bilden sich auf den Ruinen des Römertums die sogenannten römisch-barbarischen Reiche, das heißt die Keimzellen unserer heutigen europäischen Länder, unserer Sprachen, unserer politischen und sozialen Institutionen. Wenn wir an den Autobahnen rings um Mailand auf Ortsnamen wie Usmate, Biandrate und Agonate stoßen, dann haben wir es mit langobardischen Namensformen zu tun. Und woher kommt wohl übrigens jenes etruskische Lächeln, das wir noch heute auf vielen Gesichtern in Mittelitalien finden?

Die großen Wanderungen hören nicht auf. Was sich da vor unseren Augen abzeichnet, ist einfach eine neue Phase der afro-europäischen Kultur.

(1990)

Krieg, Gewalt und Gerechtigkeit

Gibt es einen gerechten Krieg? Über dieser Streitfrage, die seit zwei Wochen die Gemüter erhitzt, liegt der Schatten eines Mißverständnisses; es ist, als diskutierte man darüber, ob zwei parallele Geraden schwerer sind als eine Quadratwurzel. Ich versuche zu begreifen, was an der Frage nicht funktioniert, und stelle sie anders: Angenommen, Gewalt ist grundsätzlich böse, gibt es dann Fälle, in denen eine gewaltsame Reaktion zu rechtfertigen ist? Man beachte, daß zu rechtfertigen nicht gerecht und gut heißt. Es liegt etwas biologisch Ungerechtes darin, jemandem ein Bein abzuschneiden, aber im Falle von Krebs läßt es sich rechtfertigen.

Auch die Verfechter der Gewaltlosigkeit anerkennen, daß es zu rechtfertigende Arten von Gewalt gibt; selbst Jesus hat auf das Ärgernis der Händler im Tempel ziemlich brüsk reagiert. Nicht nur die Offenbarungsreligionen, auch die natürliche Moral sagt uns, wenn jemand uns oder unsere Lieben oder irgendeine unschuldige und wehrlose Person angreift, ist es nur natürlich, mit Gewalt zu regieren, bis die Gefahr beseitigt ist. Wenn man die Resistenza, also den bewaffneten Partisanenkampf gegen die Nazifaschisten, als Musterfall einer »gerechten Gewalt« hinstellt, will man damit sagen, daß angesichts des Druckes, der durch die Gewalt anderer ausgeübt wird, angesichts einer unerträglichen Tyrannei die Rebellion eines Volkes gerechtfertigt ist. Um keinen Raum für Zweifel zu lassen: Es ist gerechtfertigt, wenn die internationale Gemeinschaft auf die Aggressivität eines Diktators mit Gewalt reagiert.

Das Problem entsteht angesichts des Wortes »Krieg«. Mit ihm verhält es sich wie mit dem Wort »Atom«: Die griechische Philosophie benutzte es, und die zeitgenössische Physik benutzt es ebenfalls, aber es hat zwei verschiedene Bedeutungen: einst bezeichnete »Atom« eine unteilbare Korpuskel, und heute bezeichnet es ein Ensemble von Teilchen. Wer Demokrit in Begriffen der Atomphysik lesen wollte, oder umgekehrt, würde nichts verstehen. Ganz ähnlich steht es mit dem Wort »Krieg«: Außer der Tatsache, daß in beiden Fällen Menschen gestorben sind, gibt es wenig Gemeinsames zwischen den Punischen Kriegen und dem Zweiten Weltkrieg. Und gegen die Mitte unseres Jahrhunderts hat sich ein Phänomen »Krieg« abgezeichnet, das hinsichtlich seiner territorialen Ausdehnung, seiner Ergebnisse, seiner Kontrollmöglichkeiten und seiner Auswirkungen auf die Menschen in anderen Teilen der Erde wenig mit den napoleonischen Kriegen gemein hat. Kurz gesagt, wenn in der Vergangenheit die zu rechtfertigende Gewaltreaktion auf einen Aggressor die Form des offenen Schießkrieges annehmen konnte, so kann es heute sein, daß der offene Schießkrieg eine Form von Gewalt ist, die nicht dazu dient, den Aggressor einzudämmen, sondern ihm sogar nützt.

In den letzten fünfundvierzig Jahren haben wir eine andere Form der gewaltsamen Eindämmung des vermeintlichen Aggressors erlebt (ich drücke mich so vorsichtig aus, weil ich denke, daß meine Argumentation sowohl für die USA wie für die UdSSR akzeptabel ist), nämlich den Kalten Krieg. So schrecklich, so böse, so voll von angedrohter und partiell auch ausgeübter Gewalt er war, ging er doch von der Einsicht aus, daß ein heißer Krieg keinerlei Vorteil für die »Guten« bringen würde. Der Kalte Krieg war das erste Beispiel dafür, wie die Welt sich bewußt machte, daß der Begriff und die Realität des Krieges sich verändert hatten und daß ein moderner Krieg nichts mehr mit jenen klassischen Konflikten zu tun hat, bei denen es am Ende auf der einen Seite Sieger und auf der anderen Besiegte gab (abgesehen von Grenzfällen wie den Pyrrhussiegen). Hätte man mich vor einem Monat gefragt, welche Form von gerechtfertigter Gewaltreaktion den heißen Schießkrieg gegen Saddam ersetzen könnte, so hätte ich geantwortet: eine sehr ernsthafte *kalte* Eindämmung, also ein strenges Embargo, konsequent und gnadenlos durchgeführt, auch mit Grenzscharmützeln, und ein Kontrollsystem (mit Notstandsgesetzen), durch das jeder westliche Industrielle, der Saddam auch nur einen Zeichenstift verkauft, im Gefängnis landet. Nach einem Jahr wären seine Angriffs- und Verteidigungswaffen weitgehend unbrauchbar geworden. Aber das ist die Weisheit des Hinterher.

Die Weisheit, die immer und morgen gilt, sagt uns: Wenn dich einer mit einem Messer angreift, hast du das Recht, zumindest mit einer Faust zu antworten; aber wenn du Supermann bist und weißt, daß du den Gegner mit einem Faustschlag auf den Mond befördern kannst, daß der Schock unseren Planeten zerbröckeln läßt und das Gravitationssystem durcheinanderbringt, so daß Mars mit Merkur kollidiert und so weiter, dann überleg dir's lieber einen Moment – auch weil es ja sein könnte, daß die Gravitationskatastrophe genau das ist, was dein Gegner wollte. Und was du ihm gerade nicht gewähren solltest.

(1991)

Exil, Rushdie und das globale Dorf

Ich weiß nicht, ob es eine Sozialgeschichte des Verfolgten gibt. Nicht der Verfolgung und der Intoleranz (die gibt es), sondern der sozialen Rolle und Lebensweise, die dem Verfolgten beschieden ist, nicht wenn er unter den Schlägen seines Verfolgers stirbt, sondern wenn er seinem Verfolger heil entkommt, indem er ins Exil geht.

In früheren Jahrhunderten waren die Exilgeschichten in der Regel höchst schmerzlich und demütigend. Selbst Dante, der ja alles in allem noch Glück gehabt hatte, fand das Brot in der Fremde salzig. Personen wie Giordano Bruno hatten zwar, bevor sie vom Feind gefaßt und ausgeschaltet wurden, auf fremdem Boden große Ehren empfangen, aber sie fanden immer jemanden, der sie zu diffamieren und in Fallen zu locken versuchte. Und sprechen wir nicht von Mazzini, der, schon von sich aus hohlwangig, im Exil immer noch dürrer und bleicher wurde.

Erst in unserem Jahrhundert hatte es angefangen, den ins Exil Getriebenen etwas besser zu gehen. Einerseits verband sich mit dem Exilanten die gleiche Außenseiter-Faszination wie mit dem *poète maudit* und dem lasterhaften Ästheten – soziale Kategorien, die, im vorigen Jahrhundert noch übel behandelt, zum Leben in Dachkammern und zur Schwindsucht verdammt, in unserem Jahrhundert zu gesuchten Repräsentationsfiguren aufstiegen, um die sich die guten Familien und die Kulturinstitutionen rissen, die zum Abendessen, zu Bootsfahrten und zu Kongressen über die Regeln der Transgression eingeladen wurden. Überdies trieb die Entwicklung von demokratischen Gefühlen alle dazu, den Exilianten wohlwollend aufzunehmen, zu unterstützen und zu privilegieren, galt er doch als das lebende Symbol des Widerstands gegen Despotismus. So kam es, daß die Lage des religiös oder politisch Verfolgten alles in allem (Anfälle von Heimweh nach dem fernen Vaterland beiseite) wenn nicht angenehm, so doch erträglich wurde – und für einige so vorteilhaft, daß sie sich als Verfolgte ausgaben, auch wenn sie es gar nicht waren, um zumindest, was weiß ich, ein Gehalt bei irgendeinem Geheimdienst zu beziehen.

Es muß mit den russischen Großherzögen begonnen haben, die vor der Oktoberrevolution geflohen waren und sich womöglich als Eintänzer in Pariser Nachtklubs verdingten, aber in den besten Kreisen verkehrten und von den Damen, die ihre Empfänge nobilitieren wollten, sehr verhätschelt wurden. Ich spreche nicht von den Exilkubanern in Miami, die geradezu im Speck sitzen, aber man braucht sich bloß zu erinnern, wie schick es in den letzten Jahrzehnten war, auf Parties einen politischen Flüchtling zu präsentieren, erst einen tschechischen, dann einen chilenischen, dann einen argentinischen, oder auch einen Samisdat-Autor und so weiter, je nach den Zeitläuften, den Begeisterungen (und den Vergeßlichkeiten), skandiert von den diversen Staatsstreichen, Revolutionen und Paradigmenwechseln.

Das alles ist mit dem Fall Rushdie vorbei. Der Fall Rushdie zeigt, daß mit der Macht der Massenmedien, ein Todesurteil hochzuspielen und über den ganzen Globus zu verbreiten, auf diesem Globus kein Platz mehr für das Exil ist. Die Sache ist neu. Es handelt sich nicht um eine Rückkehr von der Möglichkeit eines vergoldeten Exils, wie sie typisch für unser Jahrhundert war, zu der eines qualvollen Exils, wie sie typisch für die früheren Jahrhunderte war. Nein, es gibt ganz einfach kein Exilland mehr. Wohin man auch flieht, man ist immer in Feindesland.

Wenn das Beispiel nicht zu banal erscheint: So wie es keine vergessene und zu entdeckende Insel mehr gibt, auf der man ungestört von Touristenhorden Ferien machen kann, da auch auf dem entlegensten Atoll noch die lärmenden Mitglieder eines per Charter eingeflogenen Kegelklubs zu finden sind – so ist, und das nicht mehr mit komischen, sondern mit tragischen Resultaten, jeder Winkel dieses Planeten bereits von deinem potentiellen Mörder besetzt, der auf dich wartet. Und den Befehl, dich umzubringen, erhält er per Mobiltelefon. Oder als kodifizierte, scheinbar harmlose Nachricht, die im Laufe einer Quizsendung im Fernsehen übermittelt wird.

Was einmal ein witziger Spruch war – »Haltet die Welt an, ich will aussteigen!« –, wird heute mehr denn je zu einem verzweifelten Hilferuf, der nirgendwo mehr Gehör finden kann. Hier haben wir wirklich das, was McLuhan das globale Dorf genannt hat. Aber global ist es nicht so sehr für den Benutzer der elektronischen Kommunikationsmittel, der entdeckt, daß er dasselbe liebt und will, was nicht-seinesgleichen Tausende und Abertausende Kilometer entfernt von ihm lieben und wollen, denn in dieser Einförmigkeit können sehr viele eher einen Grund zur Zufriedenheit und inneren Frieden finden. Es ist nicht global, weil es uns die Illusion erlaubt, daß jedermann unser Nächster sei, sondern es ist global, weil überall auf dem Globus das Gesicht des Feindes hervorlugen kann, der nicht dein Nächster ist, der nicht will, was du willst, und der auch nicht bereit ist, sich mit der anderen Wange zu begnügen, denn er will dich direkt ins Herz treffen.

Und man kann auch nicht aussteigen, denn es gibt unterwegs keine Haltestellen. Das Dorf des annullierten

Exils ist global, weil du gar nicht mehr versuchen kannst, den Verfolger abzuschütteln, indem du verzweifelt geradeaus vor ihm davonläufst. Rasch informiert, wird ein anderer sofort bereit sein, das Ruder herumzuwerfen, um dir entgegenzueilen.

(1992)

Was kostet der Zusammenbruch eines Imperiums?

In diesen traurigen Tagen, in denen wir lesen, was für Scheußlichkeiten auf dem Balkan begangen werden, kommt mir ein Gespräch in den Sinn, das ich kurz nach dem Fall der Berliner Mauer mit Jacques Le Goff gehabt hatte. Man spürte schon, daß das Sowjetreich zu bröckeln begann, auch wenn schwer vorauszusehen war, daß alles so schnell gehen würde, vielleicht wegen des dummen Putsches im letzten August.

Le Goff hatte gerade begonnen, für eine Buchreihe über die Geschichte Europas, die in vier oder fünf europäischen Verlagen gleichzeitig erscheinen sollte, die Themen zu verteilen und die Mitarbeiter auszuwählen, und in dem Zusammenhang hatte ich angeregt, ein Buch über die Kosten des Zusammenbruchs von Imperien schreiben zu lassen. Ich glaube, er hat es in Auftrag gegeben, ich weiß nicht, bei wem, aber damals ging es darum, zu begreifen, wieviel die Zusammenbrüche der früheren Weltreiche gekostet hatten, um daraus irgendwie extrapolieren zu können, welche Kosten beim Fall des sowjetischen Reiches zu erwarten waren.

Ein Reich ist immer auf Zwang gegründet und autokratisch; es ist wie ein Deckel auf einem Dampfkessel. Irgendwann wird der innere Druck zu groß, der Deckel springt auf, und es gibt eine Art Vulkanausbruch. Ich sage keineswegs, daß es gut wäre, wenn der Deckel nicht aufspränge, auch weil er gewöhnlich aus thermischen Gründen aufspringt, und die Physik ist weder moralisch noch unmoralisch. Ich sage nur, daß, solange er nicht aufspringt, eine gewisse Ordnung erhalten bleibt, so bedrückend diese auch immer sein mag, und daß man, wenn er aufspringt, einen Preis zahlen muß.

Der Zerfall des Römischen Reiches hat zu einer Krise Europas geführt, die in ihrer virulenten Form mindestens sechs Jahrhunderte tobte. Tatsächlich pflanzte sich eine Reihe von Langzeitwirkungen noch in die folgenden Jahrhunderte fort, und vielleicht ist das, was heute auf dem Balkan geschieht – östliche Orthodoxie gegen westliche Katholiken –, noch eine Spätfolge. Wenn heute in Kolumbien und Peru geschieht, was dort geschieht, und wenn Lateinamerika vor den Vereinigten Staaten in die Knie geht, ist das noch eine Konsequenz der langsamen Zersetzung des spanischen Kolonialreichs. Sprechen wir nicht von der ebenso langsamen Auflösung des Osmanischen Reiches, die Kosten dafür werden noch heute im Vorderen Orient abbezahlt. Ich erkühne mich nicht, die Kosten für den Zerfall des britischen Kolonialreichs zu veranschlagen, aber zweifellos war die Vereinigung Italiens eine Folge des Zusammenbruchs des sehr kurzlebigen napoleonischen Imperiums.

Aus dem Aufspringen des Deckels von dem wunderbaren Dampfkessel Österreich-Ungarn entstanden zumindest der Nazismus, der Zweite Weltkrieg und erneut die Lage auf dem Balkan (aber dort summiert sich die Geschichte des Falles von mindestens fünf Imperien: des römischen, des byzantinischen, des osmanischen, des kakanischen und des sowjetischen).

Kurzum, wenn ein Reich zusammenbricht, dauern die Folgen Jahrhunderte. Nach dem Verschwinden des Sowjetimperiums braucht man die wichtigsten Folgen nicht lange zu suchen: die zänkische (wenn auch verständliche)

Pulverisierung der Sprachen und Nationen im ganzen Osten, die ernsten Sorgen des wiedervereinigten Deutschlands, die Nöte der Armenier und Georgier, ja sogar die Nöte George Bushs, über dessen private Affären nur deshalb so viel geklatscht wird, weil er nicht mehr die Aufgabe hat, sich dem Reich des Bösen entgegenzustemmen. Aber auch die italienischen Wirren, die Krise der Sozialistischen Partei und der Exkommunisten und der Christdemokraten, der Bruch eines allgemein akzeptierten Paktes zwischen Macht und Mafia (seit der Landung in Sizilien 1943) und folglich das wütende Umsichschlagen oder die neue Internationalisierung einer Mafia, die nicht mehr von der ungestörten Rückendeckung durch eine Macht leben kann, der die Rechtfertigung des antikommunistischen Kampfes abhanden gekommen ist – alles, was gegenwärtig in diesem unseren unglückseligen Lande geschieht, hängt mit dem Zusammenbruch des Sowjetreiches zusammen, genauso wie die Leiden des jungen Havel. Sogar die Lega Nord ist eine Blüte auf den Trümmern dieses Zusammenbruchs, ebenso wie die kroatische Ustascha, die serbischen Genozide und der slowenische Abfall.

Es ist nicht so, daß der Preis geringer wird, wenn man weiß, was der Zusammenbruch eines Reiches kostet. Aber es ist gut, es zu wissen, um vorauszusehen, was auf uns zukommt. Nicht daß die Geschichte sich immer in gleicher Weise wiederholt, sie tritt auch nicht immer zuerst als Tragödie und dann als Farce auf. Manchmal wiederholt sie sich in immer neuen Formen von Tragödie. Aber es gibt einige Gesetze, einige Prinzipien von Aktion und Reaktion, deren Erkenntnis die Geschichtsforschung immer noch, und zwar in einem sehr wissenschaftlichen und nur sehr wenig rhetorischen Sinn, zur *magistra vitae* macht.

(1992)

Hinrichtung live, zum Abendessen

Ich bedauere sehr, daß die zuständigen Behörden nicht erlaubt haben, die jüngste Hinrichtung in den Vereinigten Staaten live im Fernsehen zu übertragen. Ja, ich finde sogar, man müßte die Exekution um 20.00 Uhr Ostküstenzeit vornehmen, damit gute Aussichten bestehen, daß man sie in New York beim Abendessen sieht, im Mittleren Westen (wo man sehr früh zu Abend ißt) bei einem Bier nach dem Essen und in Kalifornien, während man einen Daiquiri am Swimming-pool süffelt. Bei uns, wo um diese Zeit Nacht wäre, müßte man die Exekution in den Abendnachrichten des folgenden Tages übertragen.

Daß die Leute bei Tisch sitzen, ist sehr wichtig: Das Knacken des brechenden Halses, die Zuckungen des Unterleibs oder die Beine, die nach dem Hängen noch eine Zeitlang strampeln, müssen mit der Tätigkeit des Hinunterschluckens der Speise auf seiten des Publikums interagieren. Wird die Hinrichtung auf dem elektrischen Stuhl vollzogen, müßte man es so einrichten, daß der Verurteilte noch ein paar Sekunden lang schmort, womöglich während auf dem heimischen Herd die Eier in der Pfanne brutzeln. Beim Vergasen ist das Spektakel garantiert, denn dem Verurteilten ist vorher gesagt worden, er solle das Gas in einem Zug und möglichst tief einsaugen, was an sich schon sehr telegen ist, und dann sind da noch die Zuckungen. Von Injektionen ist abzuraten, denn dabei verpufft die ganze Schönheit der Liveübertragung und man könnte die Sache ebensogut bloß im Radio bringen.

Ich verstehe, daß der Vorschlag unpopulär klingt, gerade jetzt, wo die italienische Disney-Company ihren Drehbuchautoren verboten hat, den Onkel Dagobert sagen zu lassen, er wolle seinen Neffen Donald erwürgen, da das eine Aufforderung zur Gewalt sei. Es ist gräßlich, daß aus Profitgründen Filme produziert werden, in denen Leute mit megagalaktischen Maschinengewehren schießen, um Gehirnmasse spritzen und Blutströme fließen zu lassen. Aber man muß unterscheiden zwischen fiktiven Spielen, die unschuldige Kinder verwirren oder Schwachsinnige zu abartigem Verhalten verführen können, und der Chronistenpflicht.

Hinsichtlich der Todesstrafe teilt sich die Welt in zwei Kategorien: diejenigen, die sie verurteilen (wie ich), und diejenigen, die sie für notwendig halten. Falls diejenigen, die sie verurteilen, einen schwachen Magen haben, können sie ja den Fernseher abschalten, wenn eine Hinrichtung übertragen wird. Aber sie würden zumindest in einer gewissen Weise am Ausdruck der Trauer teilnehmen. Wenn in dieser Stunde ein Mensch getötet wird, sollen alle irgendwie teilnehmen, sei's auch nur, indem sie still beten oder laut im Kreis der Familie Pascal vorlesen. Sie sollen wissen, daß in diesem Augenblick etwas Abscheuliches geschieht. Und wenn sie zusehen, werden sie sich noch mehr darin bestärkt fühlen, diese Barbarei abzulehnen, ohne bloß zu sagen, daß sie nicht damit einverstanden sind – wie ja der Anblick eines unterernährten afrikanischen Kindes auf dem Bildschirm das gute Gewissen eines jeden zumindest ankratzt.

Sodann gibt es jene, die für die Todestrafe eintreten. Und diese *müssen* die Hinrichtung sehen. Ich höre schon den Einwand: Man könne der Ansicht sein, daß es gut ist, Blinddarmoperationen vorzunehmen, aber man brauche sich die nicht anzusehen, schon gar nicht beim Abendessen! Bei der Todesstrafe geht es aber nicht um eine Operation, über die sich alle einig sind. Es geht um den Sinn und den Wert des menschlichen Lebens und der Gerechtigkeit. Also machen wir keine Geschichten. Wenn du für die Todesstrafe bist, mußt du auch bereit sein, dir anzusehen, wie der Verurteilte zuckt und strampelt, wie er sich aufbäumt und sich erbricht, wie er hustet und geifert und seine arme Seele Gott übergibt. Früher waren die Leute ehrlicher, sie kauften sich Eintrittskarten, um der Hinrichtung beizuwohnen, und genossen das Schauspiel mit Hingabe. Auch du, der du für die hehre Justiz der Todesstrafe eintrittst, sollst sie »genießen«: essend, trinkend, mach dabei, was du willst, aber du kannst nicht so tun, als ob sie nicht stattfände, während du ihre Legitimität vertrittst.

Du sagst: »Und wenn meine Frau gerade schwanger ist und hinterher eine Fehlgeburt hat?« Na und? Der neue Katechismus räumt ein, daß Staaten die Todesstrafe einführen dürfen. Er sagt auch, daß man nicht abtreiben darf, aber nur, wenn man es willentlich tut. Wenn man eine Fehlgeburt hat, während man einen Sterbenden mit den Füßen ins Leere treten sieht, ist es keine Sünde.

(1993)

New York, New York, what a beautiful town!

Es gibt viele Städte im Ausland, die ich sehr liebe und in die ich immer wieder gern komme: zum Beispiel Barcelona oder Amsterdam. Aber wenn man mich fragt, in welcher ausländischen Stadt ich leben könnte – ich meine dauerhaft, für den Rest meines Lebens –, dann fällt meine Wahl zu gleichen Teilen auf Paris und New York. Nicht nur, weil es sich um zwei schöne Städte handelt: Um zu beschließen, daß eine Stadt der Ort sein soll, an dem ich einmal sterben werde, muß ich sicher sein, daß ich dort niemals Heimweh haben werde. Nun, und in diesen beiden Städten hat man nie Heimweh. Was sollte man dort auch vermissen, wo es doch alles gibt? Man fühlt sich im Zentrum der Welt, auch wenn man zu Hause bleibt. Und wenn man ausgeht, braucht man kein Ziel zu haben – man geht und geht und sieht immer etwas Neues.

»New York, New York, what a beautiful town«, heißt es im Lied, »The Bronx is up and the Battery's down!« New York ist dreckig und chaotisch, man kann sich nie darauf verlassen, daß die Bar oder das Restaurant, die einem letzte Woche so gut gefallen haben, noch da sind, weil inzwischen vielleicht das ganze Gebäude, der ganze Block abgerissen worden ist, man kann unversehens einen Messerstich abbekommen (allerdings nicht an jeder Ecke, das Schöne am Leben in New York ist, daß man sogar die Straßen kennt, in denen es schwer ist, einen Messerstich abzubekommen). Der Himmel kann von einem betörenden Blau sein, der Wind ist erregend, die Wolkenkratzer leuchten manchmal heller und erhabener als der Parthenon, und jedes neue Bauwerk, das zwischen ihnen entsteht, wird schön. Es ist, wie einmal jemand gesagt hat, als lebte man in einer steinernen *Jam Session*. Improvisation und Zufall erzeugen Ordnung und Harmonie. In New York ist auch das Abscheuliche faszinierend. Wie also erst das Glanzvolle.

Wenn man es gut kennt, weiß man, daß hinter der nächsten Ecke eine andere Welt beginnt, eben noch waren alle Koreaner, dann sind alle Polen geworden, eben noch gab es nur Uhren zu kaufen, dann gibt es nur Blumen. Zu einer bestimmten Zeit kann man eine ganze Straße voll orthodoxer Juden mit schwarzen Hüten und Bärten und Löckchen sehen, und zwei Minuten später ist dieses ganze Gewusel von Chagallfiguren verschwunden, aber wenn man die richtigen *Delis* kennt, findet man sie alle wieder. Dann spaziert man zehn Minuten weiter und findet am Rand des Central Parks eine Gruppe Studenten der Julliard School, die ein kleines Konzert mit Barockmusik machen; man geht ein Stück weiter und wühlt an einem Stand zwischen alten Büchern, man steigt ein paar Stufen hinunter und füttert die Grauhörnchen am Ufer eines kleines Sees, umgeben von Wolkenkratzern in Form von Loire-Schlössern. New York ist die Stadt der Gewalt und die Stadt der Toleranz. Es nimmt alle auf, läßt einige sterben, macht andere glücklich, macht aber keine Anschläge auf die *Privacy* weder der einen noch der anderen, denn es ist das Ideal für einen Millionär, aber auch für einen Clochard. Einmal haben sie ein Experiment gemacht: sie haben einen Typ in eine mittelalterliche Rüstung gesteckt und in eine Telefonzelle gestellt. Nach zehn Minuten hat jemand ärgerlich an die Scheibe geklopft, aber nur, weil der Ritter die Zelle zu lange besetzt hielt; sonst machte er, ob so oder anders gekleidet, auf niemanden besonderen Eindruck. Seine Sache. New York ist auch eine polychrome Stadt: man kann dort alle Farben sehen. Kurzum, New York ist ein Wunder. Beziehungsweise, es war eins. Ich kann jetzt nicht sagen, daß ich nie mehr hinfahren werde, weil ich oft unumgängliche berufliche Verpflichtungen habe, aber sicher ist, daß ich in Zukunft meine New-York-Aufenthalte auf ein Minimum beschränken werde. Denn im Staate New York wird jetzt die Todesstrafe wieder eingeführt.

Wie kann man in einer Stadt leben, wo getötet wird, um zu lehren, daß man nicht töten darf? Wo man, um jemanden davon abzuhalten, mir ein Messer in den Bauch zu stoßen, mich der Gefahr aussetzt, daß ein unvorhersehbarer Justizirrtum jemand anderen ermächtigt, mir eine tödliche Spritze in den Arm oder wohin auch immer zu stoßen? Wie kann ich eine Stadt noch vital und lebensfreudig finden, die im Schatten des legalisierten Todes steht? In jedem Passanten werde ich ein potentielles Henkersopfer sehen, und dennoch werde ich wissen, daß viele von ihnen sich über ihr Schicksal tierisch freuen würden, denn sie haben ja für den gestimmt, der ihnen den Tod versprach.

New York ist eine Stadt mit einem derart ausgeprägten Freiheitssinn, daß vielleicht etwas geschehen wird. Wenn auch gewöhnt an den Geruch seiner pittoresk aufgetürmten nicht abgeholten Müllsäcke, wird es hoffentlich auf den Todesgestank reagieren und nicht dulden, daß die Fackel der Freiheitsstatue als Friedhofsfackel gesehen wird. Aber vorerst ist es nun so.

Was für eine traurige Nachricht! »New York, New York, what a terrible town! The Bronx, the Park, and the Battery are down.«

(1995)

Politisch korrekt oder intolerant?

In einem früheren Streichholzbrief hatte ich behauptet, daß die *Political Correctness*, in Amerika entstanden, um die Rechte der unterdrückten Minderheiten zu verteidigen und sich jeder Form von rassistischer Diskriminierung entgegenzustellen, im Begriff sei, sich in einen neuen Fundamentalismus zu verwandeln. Und Fundamentalismen, die annehmen, daß es von einer Wahrheit nur eine einzige Version geben könne, weshalb sie alle anderen als abwegig verwerfen, müssen zwar nicht notwendig intolerant sein (sie könnten anderen gestatten, nicht fundamentalistisch zu sein), aber sie laufen ohne Zweifel Gefahr, es zu werden, indem sie alle diejenigen aus der Gemeinschaft der Rechtgläubigen ausschließen, die sich nicht an die »richtige« Interpretation der Texte halten.

Einer meiner Freunde, Professor an einer amerikanischen Universität, hat mir folgenden Fall erzählt. Er ist Raucher, in den Universitätsgebäuden darf man nicht rauchen, und deshalb geht er in den Pausen zwischen zwei Vorlesungen zum Rauchen hinaus. Auch unter den Studenten gibt es Raucher, die ebenfalls hinausgehen; sie treffen sich draußen und plaudern zehn Minuten miteinander. Ich mache es übrigens ebenso: Meine Vorlesungen dauern zwei Stunden, ich unterbreche sie in der Mitte für zehn Minuten, gehe in den Garten oder auf die Straße, um eine Zigarette zu rauchen, und unterhalte mich dabei mit den Studenten, die dasselbe schlimme Laster haben (das ich wohlgemerkt nicht billige, aber so geht's eben zu in der Welt).

Nun ist mein amerikanischer Freund von einigen nichtrauchenden Studenten beim Präsidenten seiner Universität angezeigt worden, und zwar mit folgender Begründung: Indem er sich draußen mit den rauchenden Studenten unterhalte, stelle er mit ihnen zum Schaden der nichtrauchenden ein privilegiertes Verhältnis her. Dieses privilegierte Verhältnis verletze die Regeln der Chancengleichheit, und daher sei sein Verhalten zu mißbilligen. Wie man sieht, geht es in diesem Fall nicht um Respektierung einer Minderheit, die zuvor unterdrückt worden war oder potentiell unterdrückbar wäre, sondern höchstens um die Selbstverteidigung einer Mehrheit vor der Gefahr, zu einer benachteiligten Minderheit zu werden.

Es ist leicht einzusehen, daß ein so besorgtes Eintreten für die Rechte jeder Gruppierung zu einer gefährlichen Intoleranz gegenüber allem und jedem führen kann. Man könnte beispielsweise zum Gesetz erheben, daß ich nicht die Person heiraten darf, die ich liebe, sondern nur die, die mir zugewiesen wird, damit die Rechte aller ethnischen Minderheiten respektiert werden (so daß ich dann keine Chinesin heiraten darf, wenn zehn Chinesinnen schon verheiratet sind, sondern eine Inderin oder eine Finnin nehmen muß, damit alle ethnischen Minderheiten gleiche Chancen haben).

Einer der größten Verfechter eines radikalen Liberalismus (der für die Rechte eines jeden eintritt, zum Beispiel auch derer, die sich zum Freitod entschließen) ist Ronald Dworkin, der letzte Woche die Würde eines juristischen Ehrendoktors der Universität Bologna erhalten hat. In seiner Dankesrede sprach er genau über das Problem der akademischen Freiheit.

Die Erfindung der Universität (die übrigens im Mittelalter und genau in Bologna stattfand) sei ein großes Ereignis gewesen, sagte er, weil sie die Existenz einer Lehrinstitution etabliert habe, die nicht nur institutionell unabhängig von der politischen und religiösen Macht sein sollte, sondern in der auch jeder Lehrende ideologisch unabhängig von der Institution selber sein müsse. Eine revolutionäre Idee, die den Fortschritt der abendländischen Wissenschaft allererst möglich gemacht hat.

Mit der *Political Correctness* wird nun jedoch diese Freiheit in Zweifel gezogen. Ein Professor für englische Literatur wird aufgefordert, keine Vorlesung über Shakespeares *Othello* zu halten, weil die Figur des eifersüchtigen Mohren, der schließlich zum Mörder wird, die afro-amerikanischen Studenten beleidigen könnte; er darf auch nicht über den *Kaufmann von Venedig* sprechen, weil Shakespeare sich in dieser Tragödie nicht immun gegenüber einem populären Antisemitismus gezeigt hat (auch wenn Shylock eine großartige Figur ist). Aber er wird sogar entmutigt, eine Vorlesung über Aristoteles zu halten, wenn das zur Vernachlässigung der Philosophie und Mythologie eines afrikanischen Volksstammes führt (dessen Nachkommen die Universität besuchen).

Daß es richtig und nützlich ist, sowohl Aristoteles als auch die Mythen der Dogon zu behandeln, steht außer Frage. Leider bestraft aber heute die *Political Correctness* den, der Aristoteles lehrt, und belohnt den, der Vorlesungen über die Mythen der Dogon hält. Was eine Form von Fanatismus und Fundamentalismus darstellt, die nicht besser ist als jene, in der man einst lehrte, daß Aristoteles die menschliche Vernunft verkörpere und die Mythen der Dogon nur Ausdruck einer primitiven Mentalität seien.

Es ist richtig, wenn eine Universität, wie übrigens auch ein Gymnasium, Platz für die Lehre aller möglichen Sichtweisen läßt. Deswegen bin ich seit langem dafür, daß in einer guten Schule gelehrt werden sollte, was in der Bibel steht, was in den Evangelien, was im Koran und was in den Schriften Buddhas. Aber jemandem zu verbieten, über die Bibel zu sprechen (die er gut kennt), nur weil er dann nicht über den Koran spricht, ist eine gefährliche Form von Intoleranz, maskiert als Respekt vor den Meinungen anderer.

(1997)

Revision im Namen des Common Sense: Der Prozeß Sofri muß neu aufgerollt werden*

Zahlreich sind die Argumente, die von den Holocaust-Leugnern benutzt werden, um jede einschlägige Zeugenaussage zu entkräften. Eine meiner Studentinnen, Valentina Pisanty, hat kürzlich ihre Doktorarbeit in Semiotik über die Logik dieser Verleugner gemacht. Ich hatte sie ge-

* Dieser Text war ursprünglich nicht als »Bustina di Minerva« im *Espresso* erschienen, sondern in der Zeitschrift *Micromega* 3, 1997. Ins Französische übersetzt und leicht erweitert ist er anläßlich der Entscheidung über den Revisionsantrag im Prozeß gegen Sofri et al. am 18. März 1998 auch in *Le Monde* erschienen; die vorliegende Übersetzung berücksichtigt beide Fassungen. – Der zugrundeliegende Fall: Adriano Sofri und zwei weitere ehemalige Anführer der 1968er Bewegung »Lotta Continua«, Ovidio Bompressi und Giorgio Pietrostefani, waren im Juli 1988 beschuldigt worden, die Ermordung des Mailänder Polizeikommissars Luigi Calabresi im Mai 1972 organisiert zu haben. Die Anklage stützte sich im wesentlichen auf die Aussage eines Kronzeugen. Im Januar 1997, nach insgesamt sieben Prozessen, die sich hauptsächlich um die Glaubwürdigkeit dieses Kronzeugen drehten, wurden die drei Beschuldigten zu 22 Jahren Gefängnis verurteilt. Dieses Urteil löste in Italien, Frankreich und großen Teilen Europas heftige Proteste und eine Welle von Solidaritätsbekundungen mit den Verurteilten aus, die nach wie vor ihre Unschuld beteuern. Der Fall ist auch im Jahr 2000 noch aktuell: Die Revision des Prozesses wurde am selben Tag, an dem Ecos Artikel in *Le Monde* erschien, abgelehnt, aber im August 1999 dann doch zugelassen – allerdings nur, um das Urteil im Revisionsprozeß des Berufungsgerichts Venedig am 23. Januar 2000 zu bestätigen und die drei Angeklagten erneut zu 22 Jahren Haft zu verurteilen. Genaueres und letzter Stand des Falles auf der Website *www.sofri.org* (A. d. Ü.).

beten, nicht ihre eigenen Ansichten über die Realität des Holocaust darzulegen, auch nicht zu entscheiden, ob die von den einen oder anderen präsentierten Dokumente »authentisch« sind (das ist Aufgabe der Historiker), sondern lediglich herauszuarbeiten, mit welchen logischen Verfahrensweisen die Holocaust-Leugner bestimmte Dokumente oder Zeugenaussagen untersuchen.

Ich zitiere nur zwei typische Argumente. Die Holocaust-Leugner versuchen zu beweisen, daß das *Tagebuch der Anne Frank* eine Fälschung sei (ausgehend von der evidenten Tatsache, daß der Text mehrfach redigiert worden ist). Einer ihrer Hauptpunkte ist folgender: Die in dem Hinterhaus an der Prinsengracht Versteckten wären gezwungen gewesen, ihre Abfälle zu verbrennen, der schwarze Rauch aus dem Schornstein hätte den Nachbarn auffallen müssen, und sie hätten ihn der Gestapo gemeldet. Es sei unwahrscheinlich, daß niemand den Rauch bemerkt habe. Das Argument ist in sich untadelig, es setzt nur voraus, daß die im *Tagebuch* berichteten Dinge nicht wahr sind; tatsächlich läßt es ein entscheidendes Element außer acht, nämlich daß am Ende jemand den Rauch bemerkt und die Gestapo benachrichtigt haben kann, denn wie man weiß, sind ja die Versteckten, wenn auch erst nach einer Weile, entdeckt worden.

Zweites Argument: Ein Überlebender der KZs berichtet, in Treblinka habe es einen 35-40 Meter hohen Berg von Kleidern gegeben. Die Leugner argumentieren, ein solcher Berg müßte so hoch wie ein fünfzehnstöckiges Gebäude gewesen sein, zu einer solchen Höhe hätten die Kleider nicht ohne Hilfe eines Krans aufgetürmt werden können, und der Berg hätte den unwahrscheinlichen Durchmesser von ca. 140 Metern mit einer Grundfläche von 4805 Quadratmetern haben müssen. Für einen solchen Berg habe es im Lager keinen Platz gegeben. Schlußfolgerung: Der Zeuge lügt.

Das Argument ist mathematisch einwandfrei, aber rhetorisch schwach, denn es läßt außer acht, daß jeder Mensch – zumal wenn er gerade eine schreckliche Erfahrung hinter sich hat, und erst recht, wenn er sie sich nach einiger Zeit in Erinnerung ruft – zu rhetorischen Übertreibungen neigt. Es ist, wie wenn uns jemand ein schreckliches Erlebnis erzählt und dabei sagt, ihm seien die Haare zu Berge gestanden, und wir ihm dann anhand physikalischer Gesetzmäßigkeiten vorhielten, daß Haare sich nicht in vertikale Position aufrichten können. Selbstverständlich wollte der Zeuge mit seiner Übertreibung nur ausdrücken, daß er etwas Schreckliches gesehen und große Angst gehabt hatte, und das ist es, worüber diskutiert werden muß, wenn man vernünftig argumentieren will.

Die Logik der Verleugner zu studieren kann viel wichtiger sein als immer erneut zu beweisen, daß etwas tatsächlich geschehen ist. Denn die Leugnung dieses Etwas annulliert sich selbst durch die perverse Art, wie über die Beweise und Indizien gesprochen wird. Daß ein Urteil falsch ist, kann man dadurch beweisen, daß man zeigt, wie massiv die Begründung auf einem Vorurteil beruht.

Der Artikel des Historikers Carlo Ginzburg, »Sofri, die gedemütigte Justiz«, in *Micromega* 2, 1997, den ich gleichzeitig mit seinem Buch von 1991 über den ersten Prozeß gegen Sofri gelesen habe*, scheint sich auf die Argumente der Holocaust-Leugner zu beziehen. Die Position dieser Leugner ist (ich spreche nicht von den vorsichtigeren »Re-

* Carlo Ginzburg, *Der Richter und der Historiker. Überlegungen zum Fall Sofri*, deutsch von Walter Kögler, Wagenbach, Berlin 1991 (A. d. Ü.).

visionisten«, man kann immer über die Zahl der Holocaust-Opfer diskutieren, ob sechs oder fünf Millionen, macht moralisch gesehen nicht viel Unterschied), daß man jeden Beweis anfechten oder anders interpretieren kann, wenn man von vornherein überzeugt ist, daß der Holocaust nicht stattgefunden habe.

Ich bin nicht so unbesonnen und zynisch, den Fall Sofri mit dem Holocaust zu vergleichen. Das wäre ein Vergleich zwischen einer Justizaffäre, von der drei Personen betroffen sind, und einer historischen Tragödie von gigantischen Dimensionen. Aber ich interessiere mich für Argumentationsweisen. Die Argumentationsweisen können die gleichen sein, ob man beweisen will, daß alle Christen den Löwen vorgeworfen gehören oder daß Sacco und Vanzetti schuldig sind, unabhängig von der Zahl der betroffenen Menschen.

Ginzburgs Argumente sind überzeugend auch für diejenigen, die – wie ich – nicht durch eine gemeinsame politische Arbeit oder lange Bekanntschaft mit Sofri verbunden gewesen waren. Sie geben jedem zu denken, der mit gesundem Menschenverstand urteilen will. Es scheint wirklich, als sei der Prozeß beziehungsweise die Prozeßserie gegen Sofri (wenn ich von dem »Fall« spreche, steht der Name Sofri immer als pars pro toto auch für die beiden Mitangeklagten Bompressi und Pietrostefani) unter Mißachtung nicht der Gesetze, sondern jener natürlichen Vernunft geführt worden, die uns dazu veranlaßt, auch in den unterschiedlichsten Lebenslagen einzusehen, daß jemand, der sagt, ihm seien die Haare zu Berge gestanden, damit nur sagen wollte, daß er sich heftig erschrocken habe, und alles übrige ist perverse Haarspalterei.

Jeder, der den Fall mit gesundem Menschenverstand betrachtet, hat das Gefühl, daß Sofri aus den falschen Gründen verurteilt worden ist. Wenn ich »aus den falschen Gründen« sage, will ich denen eine Chance lassen, die von Sofris Schuld überzeugt sind. Er mag schuldig sein, aber die Gründe, aus denen er schuldig gesprochen worden ist, sind falsch.

Warum hat der Prozeß gegen Sofri die Öffentlichkeit so erregt, auch diejenige, die den Angeklagten nicht nahesteht? Aus den gleichen Gründen, auch wenn der politische Hintergrund ein ganz anderer war, aus denen ein (damals viel kleinerer) Teil der Öffentlichkeit sich über den Prozeß Braibanti erregt hatte. Vielleicht erinnert sich noch jemand daran, andernfalls verweise ich ihn auf ein Buch, das ich seinerzeit über den Fall herausgegeben habe.* Ein obskurer Gymnasialprofessor in der Provinz – dem ich übrigens nie begegnet bin, weder vorher noch nachher – war wegen »Hörigmachung« (*plagio*, von lat. *plagium*, »Menschenraub«) angeklagt worden, weil er zwei junge Männer (Erwachsene wohlgemerkt) dazu verführt hatte, mit ihm ein homosexuelles Verhältnis einzugehen und, schlimmer noch, ein Boheme-Leben, sowie eine Reihe von Ideen mit ihm zu teilen, die vom Marxismus bis zu den atheistischen Ansichten des jüdischen (*sic!*) Philosophen Baruch Spinoza gingen.

Es ist schwierig, das Delikt der »Hörigmachung« generell zu definieren, wenn allenfalls eine Übertölpelung geistig Minderbemittelter vorliegt – andererseits war auch nicht klar, ob die Verführung zweier Erwachsener zu sexuellen Handlungen als Übertölpelung definiert werden konnte. Aber das war nicht das einzige Problem: Jedem,

* *Sotto il nome di plagio*, Mailand, Bompiani, 1969, mit Beiträgen von Alberto Moravia, Adolfo Gatti, Mario Gozzano, Cesare Musatti u. a. m.

der den Prozeß verfolgt und die Hunderte von Seiten der Verhandlungsakten und des Schlußurteils gelesen hatte, war klargeworden, daß dieser Prozeß gegen alle Regeln der Logik und der Vernunft geführt worden war – Ursachen waren mit Wirkungen verwechselt worden und umgekehrt, als belastend war gewertet worden, daß sich der Angeklagte mit dem Leben der Ameisen beschäftigte, daß er in seinen Schubladen allerlei seltsame und kuriose Dinge aufbewahrte und dergleichen mehr.

Jener Teil der Öffentlichkeit, der sich damals mit dem Fall beschäftigte, hatte das einzige getan, was getan werden konnte und mußte: Er hatte die Dokumente minutiös geprüft und die Prozeßfehler öffentlich angeprangert, Fehler, die mehr noch mentaler als juristischer Art waren. Am Ende war Braibanti in der Berufungsverhandlung freigesprochen worden. Es war nicht nötig gewesen zu sagen, ob man ihn sympathisch fand oder nicht, ob man seine Ideen und seine sexuellen Vorlieben teilte oder nicht: Es lag einfach kein Delikt vor – es sei denn, man wollte Homosexualität als Delikt betrachten, aber gerade dies war einer der Punkte, in denen sich die Urteilsbegründung aufs monströseste verrannt hatte.

Warum erinnere ich an diesen Fall? Weil am Ende die wohlüberlegten Beiträge, die auf den Kern der Sache zielten – daß der Prozeß fehlerhaft war –, sicher dazu beigetragen hatten, daß es zu einer vernünftigeren Bewertung des Falles kam. Wären statt dessen Demonstrationen von Schwulen durch die Straßen gezogen, die Freiheit für Braibanti forderten, weil er einer der ihren sei, dann säße er wahrscheinlich heute noch im Gefängnis.

Nun zurück zum Fall Sofri. Viele der Stellungnahmen zu seinen Gunsten waren, wenn auch verschieden ausgestaltet, von der Art: »Ich kenne ihn gut, er kann so etwas gar nicht getan haben.« Solche Beiträge finde ich wenn nicht schädlich, so doch vollkommen unnütz. Das Argument der moralischen Überzeugung ist in jedem Prozeß eines der schwächsten, sei's auch nur aus dem einfachen Grund, daß jeder Delinquent eine Sekunde, bevor er sein Delikt begeht, noch kein Delinquent ist (es sei denn, man folgte der Theorie vom »geborenen Verbrecher«). Das Argument, daß der Angeklagte doch so ein netter Kerl sei, den alle mögen und schätzen, ist genau das, zu dem jede Mutter greift, wenn ihr Sohn auf frischer Tat ertappt worden ist.

Moralische Überzeugungen sind von größter Bedeutung für die Bewertung einer Person, aber nicht für die Durchführung eines Prozesses. Und was noch schlimmer ist, sie sind dort nicht nur wertlos, sondern sie können, wenn sie massenhaft und hartnäckig vertreten werden, sogar schaden, da sie die Richter dazu veranlassen, sich gegen einen Druck zu wehren, den sie als psychischen Druck von seiten derer wahrnehmen, die sich aus ihrer Sicht in einem Komplizenverhältnis zum Angeklagten befinden. Gott bewahre mich vor meinen Freunden.

Mag sein, daß mein Widerwille gegen gegen Verteidigungen à la »Ich kenne ihn gut« eine persönliche Abneigung ist. Aber ich denke, wenn jemand eines Verbrechens angeklagt ist, dann hat man entweder Beweise für seine Unschuld und muß sie unverzüglich dem Gericht vorlegen, oder man hat bloß moralische Überzeugungen, und dann muß man wissen, daß sie vor Gericht nichts zählen. Rechtsgarantien verteidigt nicht der, der handelt, weil er von der Unschuld eines Angeklagten überzeugt ist, sondern der, der handelt, weil er das Recht des Angeklagten auf ein schnelles und wohlabgewogenes Urteil respektiert haben will.

Ein weiteres emotionales Argument, das man oft zu hören bekommt, ist: es sei ungerecht, jemanden für ein vor zwanzig Jahren begangenes Verbrechen zu verurteilen, wenn sein Leben sich seither gründlich verändert hat. Ein unsinniges Argument, denn es hieße ja allgemein zu behaupten, die Zeit tilge das Verbrechen. Was dieses Argument darüber hinaus zweischneidig macht, ist der Umstand, daß es von denen benutzt wird, die Sofris Unschuld beteuern und zugleich bereit sind, seine Schuld einzuräumen, sofern man nur anerkennt, daß er sich mit der Zeit verändert habe. Noch einmal, Gott bewahre mich vor meinen Freunden.

Ebenso zwiespältig erscheinen mir alle Gnadenappelle an den Staatspräsidenten, und ich finde es richtig und ehrenvoll von den Inhaftierten, daß sie die ersten sind, die eine solche Lösung abgelehnt haben. Das Argument ist schlüssig: Wenn ich mich für unschuldig erkläre, kann ich keine Begnadigung wünschen; ich kann nur wollen, daß meine Unschuld anerkannt wird. Begnadigung würde meine Schuld implizieren. Zum dritten Mal, Gott bewahre mich vor meinen Freunden.

Schließlich hat es auch dubiose Solidaritätserklärungen gegeben. Sofri wurde und wird noch immer zynisch als Keil benutzt, um die Richterschaft auseinanderzutreiben; seine Begnadigung soll andere Begnadigungen nach sich ziehen und eine Reihe von Strafprozessen aus den Angeln heben. Die Beweisführung, daß der Prozeß Braibanti fehlerhaft war, zielte keineswegs darauf ab, die Richtigkeit von Strafprozessen überhaupt in Frage zu stellen; sie sollte nur zeigen, daß *dieser bestimmte* Prozeß unter Mißachtung aller juristischen Regeln geführt worden war, und das ist etwas ganz anderes.

Was tut man in einer zivilen Gesellschaft? Man tut das,

was Zola für Dreyfus getan hat, indem man den Prozeß unter die Lupe nimmt, was das Recht und die Pflicht einer nicht-hysterischen Öffentlichkeit ist. Genau das hatte Carlo Ginzburg nach dem Urteil von 1990 getan. Und darum ist es viel wichtiger, sein Buch zu lesen oder wiederzulesen und lange Auszüge daraus in Zeitungen und Zeitschriften abzudrucken, als immer neue Aufrufe zu unterschreiben. Auch wenn Ginzburg am Anfang des Buches sehr ehrlich seine Überzeugungen dargelegt hatte (wir könnten fast sagen: die Schwäche seiner Überzeugungen), indem er betonte, daß der erste Beweggrund, aus dem er das Buch geschrieben habe, seine persönliche Freundschaft mit Sofri war, argumentierte er dann im weiteren nicht mehr emotional, sondern analysierte nüchtern und sachlich die Aussagen, Verhöre, Indizien, Beweise und Gegenbeweise, und wer das Buch gelesen hatte, mußte sich über jenen Indizienprozeß schon sehr wundern, denn die Indizien waren nach einem ziemlich beunruhigenden Prinzip bewertet worden: Alle *ent*lastenden Zeugenaussagen oder Indizien waren verworfen worden, wenn sie nicht mit den Aussagen des Kronzeugen der Anklage übereinstimmten.

Aber Ginzburg tat noch mehr: Er verglich die von den Richtern benutzten Interpretationsmethoden mit denen, die ein seriöser Historiker beim Prüfen und Bewerten seiner Zeugnisse anwenden müßte. Er war skeptisch genug, nicht zu erwarten, daß die beiden Vorgehensweisen in jedem Punkt koinzidieren würden, und das hat er auch nicht verschwiegen. Aber was am Ende herauskam, war eine beunruhigend krasse Unvereinbarkeit zwischen den Vorgehensweisen einer seriösen Geschichtsforschung und denen, die im Prozeß und in der Urteilsbegründung angewandt worden sind.

Deswegen habe ich eingangs von der Bedeutung einer logischen Analyse der Argumente der Holocaust-Leugner gesprochen. Es gibt eine Analogie zwischen den Argumenten, die beweisen sollen, daß ein Verbrechen *nicht* stattgefunden habe, und denen, die beweisen sollen, *daß* es stattgefunden habe, nämlich ihre argumentative Schwäche. In manchen Fällen muß man, was Rechtsgarantien betrifft, nicht nur die Rechte der Angeklagten oder der Opfer schützen, sondern mehr noch die Rechte, ich sage gar nicht der Vernunft, sondern bloß des gesunden Menschenverstandes. Mir scheint, daß die Argumente, die im Prozeß Sofri benutzt worden sind, gegen den *Common Sense* verstoßen.

Offensichtlich ist die Lektion, die aus Ginzburgs Buch hervorgeht, nicht genügend beachtet worden. Also bleibt nur eines zu tun: in der gleichen Richtung weiterzugehen. Wie ich höre, hat ein Verlag die Absicht, die ganze Urteilsbegründung zu veröffentlichen. Ich weiß nicht, ob er sie wirklich in voller Länge drucken will, denn das ergäbe ein Buch von abschreckendem Umfang. Aber sicher ist dies der richtige Weg und die einzige Gnade, auf die die Verurteilten hoffen können, auch wenn sich das Ganze dadurch noch länger hinzieht. Man muß sich entscheiden, ob man Gerechtigkeit und Rechtsgarantien haben oder sein gutes Herz unter Beweis stellen will. Ich für meinen Teil habe noch nie erlebt, daß eine Ungerechtigkeit durch gutes Herz wiedergutgemacht worden ist, nicht einmal im Falle des reuigen Diebes, der seine Beute zurückgibt. Nein, man muß auf Ginzburgs Weg weitergehen: die Öffentlichkeit zu der Einsicht bringen, daß der Prozeß neu aufgerollt werden muß.

PS: Mir fehlt einfach die »moralische« Überzeugung, daß der Prozeß korrekt geführt worden ist. Ich formuliere eine Hypothese, die ich auf Basis der mir bekannten Prozeßdaten für vernünftig halte. Aber ich kann nicht so tun, als ob meine Reaktion auf die mir bekannten Daten nicht auch in gewisser Weise von einem *Vor-Urteil* gelenkt würde. Auch wenn ich keine emotionalen Vorurteile habe, bin ich nicht frei von rationalen. Das ist kein Oxymoron, es gibt durchaus rationale Vorurteile: Jeder, der etwas zu untersuchen beginnt, hat vorher zumindest den Ansatz eines Gedankengangs formuliert, der ihn dazu bringt, einer bestimmten Hypothese eher zu folgen als einer anderen.

Daher will ich die »narrativen« Gründe meines Vorurteils nennen. Der Terminus »narrativ« ist hier nicht einschränkend zu verstehen. Ich gehöre zu denen, die der Ansicht sind, daß narrative Bedingungen jeden Akt des Verstehens lenken, nicht nur in der Geschichtsforschung, sondern auch in der Wahrnehmung; um ein beliebiges Phänomen zu begreifen, versuchen wir stets, eine irgendwie »kohärente« Abfolge zu erkennen. Wenn im Frühjahr eine Blume auf der Wiese wächst, die früher nie dort zu sehen war, dann ist es kohärenter und »ökonomischer« anzunehmen, daß im letzten Herbst irgendein natürliches Agens einen Samen dorthin gebracht hat, als anzunehmen, in der Nacht sei ein geisterhafter Gärtner gekommen und habe sie dort hingepflanzt. Die erste Geschichte ist wahrscheinlicher als die zweite und wird daher lieber als Hypothese genommen.

Kommen wir nun zur Geschichte von Sofri und Lotta Continua. Jedem, der seinerzeit die Zeitung *Lotta Continua* gelesen hatte, gleich ob er ihre Ansichten teilte oder nicht, ist ein typisches Merkmal dieses Blattes und der gleichnamigen Gruppe aufgefallen. Während die anderen Publikationen der Achtundsechzigerbewegung sich meistens einer doktrinären Sprache bedienten oder, in krasseren Fällen, sich in Beschimpfungen ergingen, hatte *Lotta Continua* einen neuen journalistischen Ansatz erfunden, im Gebrauch der Sprache, im Wortschatz, in der Syntax, im Formulieren der Überschriften. Es ist keineswegs ein Zufall, daß eine beträchtliche Anzahl ehemaliger Führungskader der Gruppe heute bekannte Figuren des Journalismus sind (was auch erklärt, warum die Solidarität mit Sofri so medienwirksam geworden ist). Lotta Continua, als Zeitung und Gruppe, hatte einen im Panorama der Achtundsechziger einzigartigen journalistischen Ansatz, den wir, ohne ihr zu nahe zu treten, als »persuasiv« definieren können. Ihre Sprache war medial und hatte das Hauptkennzeichen der Massenmedien: Der Adressat muß rhetorisch bearbeitet, gepackt, mitgerissen, verführt, überredet werden, man darf seinen Konsens nie voraussetzen, sondern muß ihn herbeiführen. Der persuasive Aspekt, ich möchte fast sagen, der wache Blick für die Reaktionen des Publikums war das charakteristische Merkmal, das Lotta Continua von den anderen Gruppen der Bewegung unterschied.

Was war nun das politische Projekt der Gruppe in der Affäre Calabresi? Es scheint mir evident: Sie wollte den verhaßten Kommissar delegitimieren, ihn auf die Anklagebank zerren wegen Mordes an dem Anarchisten Pinelli, oder wenigstens so viele Leute wie möglich von seiner Schuld überzeugen, um mit ihm die Macht zu delegitimieren, zu deren Symbol sie ihn erkoren hatte. Man kann Lotta Continua vorwerfen, das falsche Symbol gewählt zu haben, unerbittlich und gnadenlos gewesen zu sein, sich ihren Schuldigen selbst gezimmert zu haben, dabei so weit gegangen zu sein, viele zu einem irrationalen Haß auf ihn getrieben zu haben, man kann ihr alles vorwerfen, aber man muß zugeben, daß dies ihr Projekt war.

Deshalb brauchte Lotta Continua einen lebendigen, extrem gut zu beschuldigenden Calabresi, seine Präsenz war geradezu eine Bedingung ihres Überlebens. Und da die Redakteure der Zeitung und die Anführer der Gruppe einen ausgeprägt massenmedialen Sinn hatten, konnten sie nicht übersehen, daß ein getöteter Calabresi das genaue Gegenteil dessen geworden wäre, was sie wollten: nicht mehr ein Schuldiger, sondern ein Opfer, nicht mehr der Böse, sondern der Held. Dies jedenfalls sagte ihnen sowohl der Common Sense wie der journalistische Sinn. Gewiß kann niemand eine Wahnsinnstat ausschließen, aber bisher hatte ich nicht den Eindruck, daß im Prozeß Sofri eine Geisteskrankheit aufs Tapet gebracht worden wäre. Anders ausgedrückt, wenn heute ein mysteriöser Täter reihenweise Bomben in Kinos legen würde, könnten wir alle möglichen Leute verdächtigen, sogar die unverdächtigsten, aber die letzten, die wir verdächtigen dürften, wären die Filmproduzenten und die Kinobesitzer. Sie hätten kein Interesse an einer solchen Tat, im Gegenteil, sie würden als erste darunter leiden.

Ich verstehe, daß die Überlegung: »Calabresi nützte ihnen als Lebender, damit sie ihn symbolisch töten konnten, nicht als Toter, den sie hätten bedauern müssen«, sehr zynisch klingen mag, und sie ist es sogar, zumindest soweit jede realistische Überlegung zynisch ist. Aber bis zum Beweis des Gegenteils sind wir gehalten anzunehmen, daß Sofri und Genossen realistisch handelten. Damit ist keineswegs ausgeschlossen, daß sie die Möglichkeit unterschätzten, der eine oder andere könnte sie anders verstehen und einem Racheimpuls nachgeben. Aber das ist eine andere Geschichte, in der Sofri selber bereits seine Selbstkritik geleistet hat.

Ich halte es für ein Gebot der Vernünftigkeit, bei diesem wie bei jedem anderen Delikt die Frage *cui prodest*, »wem nützt es«, zu stellen. Prozeß und Urteil konstruieren statt dessen eine Geschichte, in der die Protagonisten eine Art kollektiven Selbstmord begehen. Das scheint mir nicht sehr kohärent.

Sicher gibt es im Leben auch inkohärente Geschichten. Aber der Verdacht auf Inkohärenz scheint mir ein guter Grund, die Geschichte noch einmal neu zu lesen. Denn so, wie sie uns erzählt worden ist, kommt sie mir ziemlich zusammengestoppelt vor.

(1997)

Kosovo

Im Dezember 1993 fand in der Sorbonne, veranstaltet von der neu gegründeten Académie Universelle des Cultures, ein Kongreß über den Begriff der internationalen Intervention statt. Anwesend waren nicht nur Völkerrechtler, Politologen, Militärs und Politiker, sondern auch Philosophen und Historiker wie Paul Ricœur und Jacques Le Goff, Ärzte ohne Grenzen wie Bernard Kouchner, Vertreter einst verfolgter Minderheiten wie Elie Wiesel, Ariel Dorfmann, Toni Morrison, und Repressionsopfer verschiedener Diktaturen wie Leszek Kolakowski, Bronislaw Geremek oder Jorge Semprún, also kurz gesagt, viele Leute, die den Krieg nicht mögen, nie gemocht haben und nie wieder haben wollen.

Man scheute sich, Wörter wie *Intervention* zu benutzen, die zu sehr nach Einmischung klangen, und zog es vor, von Hilfe, Unterstützung und »internationaler Aktion« zu sprechen. Reine Heuchelei? Nein, wenn eine einzelne Großmacht irgendwo interveniert, um ihre Interessen im Kampf gegen eine andere Großmacht durchzusetzen – wie in der wilhelminischen »Kanonenbootpolitik« des Deutschen Reiches im Kampf gegen Frankreich –, ist sie bloß eine einzelne Großmacht und basta, während auf besagtem Kongreß von internationaler Gemeinschaft gesprochen wurde, von einer Gruppe von Ländern, die der Ansicht sind, daß die Lage an einem bestimmten Punkt auf dem Globus unerträglich geworden ist, und die daher einzugreifen beschließen, um ein Ende mit etwas zu machen, was das allgemeine Gewissen als ein Verbrechen bezeichnet.

Aber welche Länder gehören zur internationalen Gemeinschaft, und wo sind die Grenzen des allgemeinen Gewissens? Sicher kann man sagen, daß es in jeder Kultur als böse gilt, Menschen zu töten, allerdings mit bestimmten Einschränkungen. So akzeptieren wir christlichen Europäer das Töten von Menschen aus Gründen der Notwehr, die Ureinwohner von Mittel- und Südamerika akzeptierten das rituelle Menschenopfer, und die heutigen Bewohner der Vereinigten Staaten akzeptieren die Todesstrafe.

Eine der Schlußfolgerungen jenes überaus selbstquälerischen Kongresses war, intervenieren heiße wie in der Chirurgie energisch handeln, um ein Übel zu stoppen oder zu beseitigen. Die Chirurgie will helfen, aber ihre Methoden sind gewalttätig. Ist eine internationale Chirurgie erlaubt? Die gesamte neuzeitliche politische Philosophie sagt uns, daß der Staat, um einen Krieg aller gegen alle zu vermeiden, eine bestimmte Gewalt über die einzelnen Individuen ausüben muß. Aber diese Individuen haben einen Gesellschaftsvertrag unterschrieben. Was geschieht zwischen Staaten, die keinen gemeinsamen Vertrag geschlossen haben?

Für gewöhnlich definiert eine Gemeinschaft, die sich als Bewahrerin weitverbreiteter Werte sieht (sagen wir: die demokratischen Länder), die Grenzen dessen, was sie für nicht tolerierbar hält. Nicht tolerierbar ist es, die Todesstrafe für Meinungsdelikte zu verhängen. Nicht tolerierbar ist Völkermord. Nicht tolerierbar ist die Beschneidung von Mädchen (jedenfalls wenn sie bei uns praktiziert wird). Deshalb beschließt man, zum Schutze derjenigen einzuschreiten, denen ein nicht tolerierbares Übel angetan wird. Aber es ist klar, daß dieses Übel für *uns* nicht tolerierbar ist, nicht für »sie«.

Wer sind wir? Die Christenheit? Nicht notwendigerweise: hochachtbare Christen, wenn auch keine katholischen, unterstützen Milosevic. Das Dumme ist, daß dieses »Wir« (auch wenn es durch einen Vertrag wie den nordatlantischen definiert wird) ein unpräzises Wir ist. Es ist eine Gemeinschaft, die sich zu einer Reihe von Werten bekennt.

Wenn man also beschließt, auf Basis der Werte einer Gemeinschaft zu intervenieren, schließt man gleichsam eine Wette ab: Wir wetten, daß unsere Werte und unser Sinn für die Grenze zwischen Tolerierbarem und Nichttolerierbarem die richtigen sind. Es handelt sich um eine Art von historischer Wette ganz ähnlich jener, die eine Revolution oder einen Tyrannenmord legitimiert: Wer sagt mir, daß ich im Recht bin, wenn ich Gewalt anwende (und manchmal was für eine), um wiederherzustellen, was ich für Gerechtigkeit halte? Nichts legitimiert eine Revolution in den Augen dessen, der gegen sie ist; wer sich auf sie einläßt, glaubt einfach oder wettet eben, daß er richtig handelt. Nicht anders geschieht es bei der Entscheidung für eine internationale Intervention.

Diese Lage ist es, die erklärt, warum uns alle in diesen Tagen ein solches Gefühl der Beklemmung erfaßt. Es gibt ein schreckliches Übel, dem man entgegentreten muß (die »ethnische Säuberung«). Ist ein bewaffneter Eingriff erlaubt? Muß man einen Krieg führen, um eine Ungerechtigkeit zu verhindern? Nach Maßgabe der Gerechtigkeit ja. Und nach Maßgabe der Güte und Menschlichkeit? Auch hier geht es um eine Wette: Wenn ich mit einer minimalen Gewalt eine ungeheure Ungerechtigkeit verhindern kann, dann habe ich gut und menschlich gehandelt, so wie der Polizist, der den mordwütigen Irren erschießt, um das Leben vieler Unschuldiger zu retten.

Aber die Wette ist eine doppelte. Einerseits wetten wir,

daß wir uns in Übereinstimmung mit der allgemeinen Vernunft befinden und es sich bei dem, was wir unterdrücken wollen, um etwas allgemein Untolerierbares handelt (und Pech für den, der das nicht begreift und es weiterhin akzeptiert). Andererseits wetten wir, daß es der von uns gerechtfertigten Gewalt gelingen wird, einer viel größeren Gewalt zuvorzukommen.

Das sind zwei ganz verschiedene Probleme. Ich versuche hier einmal, das erste als gelöst zu betrachten; das ist es zwar nicht, aber man bedenke: was ich hier schreibe, ist keine Abhandlung über Ethik, sondern ein Zeitungsartikel, schamlos erpreßt von Forderungen nach Knappheit und Verständlichkeit. Anders ausgedrückt, das Problem ist so ernst und beklemmend, daß es nicht in Zeitungsartikeln abgehandelt werden kann und darf. Sagen wir also, daß es richtig ist, zur Gewalt zu greifen, um ein Verbrechen wie das der »ethnischen Säuberung« zu verhindern (dem andere Verbrechen und Greuel folgen, die unser Jahrhundert erlebt hat). Die zweite Frage ist jedoch, ob die Form der Gewalt, die wir ausüben, wirklich in der Lage ist, größere Gewalt zu verhindern. Hier stehen wir nicht mehr vor einem ethischen Problem, sondern vor einem technischen, das jedoch eine ethische Seite hat: Falls die Ungerechtigkeit, zu der ich mich entschließe, die größere Ungerechtigkeit nicht verhindern könnte, wäre es dann erlaubt, sie auszuüben?

Dies zu beantworten heißt, über die Frage der Nützlichkeit des Krieges zu sprechen, des traditionellen heißen Schießkrieges, dessen Ziel die Vernichtung des Feindes und der Sieg des Stärkeren ist. Zu sagen, daß der Krieg keinen Nutzen hat, ist schwierig, weil es so aussieht, als spräche man sich damit für die Ungerechtigkeit aus, die der Krieg zu beenden versucht. Aber das ist eine psychologische Erpressung. Wenn zum Beispiel jemand sagen würde, alle Übel Serbiens kämen von der Diktatur Milosevics und alles würde sich von selbst lösen, wenn es den westlichen Geheimdiensten gelänge, Milosevic zu töten, dann würde dieser Jemand den Krieg als untauglich zur Lösung des Kosovoproblems kritisieren, aber er wäre nicht für Milosevic. Einverstanden? Warum vertitt dann niemand diese Position? Aus zwei Gründen. Zum einen, weil die Geheimdienste der ganzen Welt per definitionem ineffizient sind, sie haben weder Castro noch Saddam umzubringen vermocht, und es ist eine Schande, daß man überhaupt noch daran denkt, öffentliche Gelder für sie auszugeben. Zum anderen, weil die Prämisse nicht stimmt: Was die Serben tun, ist nicht allein auf den Irrsinn einer Diktatur zurückzuführen, sondern speist sich aus tausendjährigen ethnischen Haßgefühlen, die sie mit anderen Völkern des Balkans teilen, was das Problem noch dramatischer macht.

Kehren wir also zur Frage der Nützlichkeit des Krieges zurück. Worin bestand jahrhundertelang das Ziel dessen, was wir den Krieg nach alter Art nennen können? Es bestand darin, den Gegner so zu besiegen, daß man einen Vorteil aus seiner Niederlage ziehen konnte. Das setzte dreierlei voraus: erstens, daß dem Feind verborgen blieb, über welche Kräfte man verfügte und welche Absichten man verfolgte, so daß man ihn überraschen konnte; zweitens, daß es innerhalb des eigenen Lagers eine starke Solidarität gab, und drittens, daß man alle verfügbaren Kräfte ins Feld führen konnte, um den Feind zu vernichten. Deswegen wurden im Krieg alter Art (zu dem auch der Kalte Krieg gehörte) diejenigen hingerichtet, die aus dem eigenen Lager Informationen an den Feind gaben (Mata Hari wurde erschossen, die Rosenbergs kamen auf den elektrischen Stuhl), die feindliche Propaganda wurde behindert (wer als Hörer von Radio London erwischt wurde, kam ins KZ, McCarthy verfolgte die Pro-Kommunisten in Hollywood), und bestraft wurden Landsleute, die im Feindesland Propaganda gegen ihr eigenes Land machten (John Amery hingerichtet, Ezra Pound lebenslänglich ins Irrenhaus eingesperrt), denn der Kampfgeist der Bürger durfte nicht geschwächt werden. Allen wurde unentwegt eingehämmert, daß der Feind besiegt werden müsse, und die Kriegsberichte jubelten, wenn sie berichten konnten, daß feindliche Kräfte vernichtet worden waren.

Diese Bedingungen sind schon beim ersten Krieg der neuen Art, dem Golfkrieg, in die Krise geraten, aber damals wurde die Sache noch auf die Dummheit der farbigen Völker geschoben, die amerikanische Journalisten in Bagdad duldeten, vielleicht aus Eitelkeit oder aus Bestechlichkeit. Heute gibt es keine Mißverständnisse mehr, Italien schickt Bomber nach Serbien, hält aber diplomatische Beziehungen zu Jugoslawien aufrecht, die Fernsehsender der Nato-Staaten melden den Serben Stunde für Stunde, welche Nato-Flugzeuge gerade in Aviano aufsteigen, serbische Agenten vertreten die Logik ihrer Regierung in unserem Staatsfernsehen, italienische Journalisten senden ihre Berichte aus Belgrad mit Unterstützung der lokalen Behörden. Ist das noch Krieg, wenn man den Feind im Hause hat, der Propaganda für die Seinen macht? Im Krieg neuer Art hat jeder Kriegführende den Feind im eigenen Hinterland, und da die Medien ständig dem Gegner das Wort erteilen, demoralisieren sie die Bürger (während Clausewitz betonte, daß die Bedingung des Sieges der moralische Zusammenhalt aller Kombattanten ist).

Im übrigen würden, auch wenn die Medien zum Schweigen gebracht worden wären, die neuen Kommunikationstechniken einen unaufhaltsamen Informationsfluß gewährleisten – und ich weiß nicht, wie Milosevic es schaffen soll, auch nur die Rundfunksendungen aus den feindlichen Ländern zu blockieren, ganz zu schweigen vom Internet.

All dies scheint nun einem schönen Artikel von Furio Colombo zu widersprechen, der am 19. April in der *Repubblica* die These vertrat, McLuhans globales Dorf sei am 13. April 1999 gestorben, als in einer Welt der Medien, der Mobil- und Satellitentelefone, der Spione im Weltraum und so weiter, man von einem primitiven Feldtelefon eines Angestellten einer internationalen Presseagentur abhängig war und nicht zu klären vermochte, ob tatsächlich serbische Truppen in albanisches Gebiet eingedrungen waren. »Wir wissen nichts über die Serben. Die Serben wissen nichts über uns. Die Albaner können nicht über das Meer von Köpfen sehen, das sie umgibt. Mazedonien verwechselt die Flüchtlinge mit Feinden und knüppelt sie nieder.« Also wie nun, ist das ein Krieg, in dem jeder alles über die anderen weiß oder in dem niemand etwas kapiert? Beides zugleich.

Die Lage im Innern ist transparent, während die Außengrenzen undurchsichtig sind. Milosevics Agenten sprechen im italienischen Fernsehen, während an der Front, dort, wo die Generäle einst mit dem Feldstecher auf die andere Seite spähten, niemand etwas Genaues weiß.

Warum das so ist? Wenn der Krieg alten Schlages das Ziel hatte, möglichst viele Feinde zu vernichten, scheint es für den Krieg neuen Schlages typisch zu sein, daß man bemüht ist, möglichst wenige Feinde zu töten, da man sich sonst den Unmut der Medien zuziehen würde. Im Krieg neuen Schlages ist man nicht darauf bedacht, den Feind zu vernichten, denn die Medien machen uns sensibel für seinen Tod; der Tod ist nicht mehr ein fernes unbestimmtes Ereignis, sondern eine unerträgliche visuelle Evidenz. Im Krieg neuen Schlages bewegt sich jede Armee im Zeichen des Opfertums, Milosevic beklagt schreckliche Verluste (Mussolini hätte sie schamhaft verschwiegen), und wenn ein Jagdbomber der Nato abstürzt, sind alle ganz betroffen. Kurzum, im Krieg neuen Schlages verliert, jedenfalls in der Gunst des Publikums, wer zuviel getötet hat. Daher ist es ganz folgerichtig, daß an der Grenze nichts passiert und niemand etwas vom anderen weiß. Letztlich steht der Neu-Krieg im Zeichen der »intelligenten Bombe«, die den Feind vernichten soll, ohne ihn zu töten, und man versteht unsere Minister, wenn sie sagen: »Wir, Gefechte mit dem Feind? Aber nein, nicht im mindesten!« Daß dann trotzdem eine Menge Leute sterben, ist technisch gesehen irrelevant. Ja, es ist eher der Fehler des Neu-Krieges, daß Leute sterben, ohne daß man gewinnt.

Kann es wirklich sein, daß niemand einen Krieg neuer Art zu führen versteht? Jawohl, niemand, das ist ganz natürlich. Das Gleichgewicht des Schreckens hatte die Strategen auf einen Atomkrieg vorbereitet, aber nicht auf einen dritten Weltkrieg, in dem es darum geht, Serbien das Kreuz zu brechen. Es ist, als ob man die besten Zöglinge des Polytechnikums fünfzig Jahre lang mit Computerspielen beschäftigt hätte. Würde man ihnen dann heute den Bau einer Brücke anvertrauen? Aber schließlich ist die letzte Posse des Neu-Krieges nicht, daß es heute niemanden gibt, der alt genug ist, um das Kriegführen gelernt zu haben – und es könnte ohnehin keinen geben, da der neue Krieg ein Spiel ist, in dem man per definitionem immer verliert, auch weil die verwendete Technologie komplexer ist als das Hirn derer, die sie bedienen, und ein simpler Computer, obwohl im Grunde ein Idiot, mehr

Streiche spielen kann, als sein Benutzer sich vorzustellen vermag.

Kein Zweifel, man muß gegen die Verbrechen der serbischen Nationalisten einschreiten, aber vielleicht ist Krieg eine stumpfe Waffe. Vielleicht liegt die einzige Hoffnung in der menschlichen Habgier. Wenn der alte Krieg die Kanonenhändler reich machte und ihr Profit den vorübergehenden Stillstand einiger kommerzieller Tauschprozesse in den Hintergrund treten ließ, stürzt der neue Krieg, auch wenn er erlaubt, einen Überschuß an Waffen abzusetzen, bevor sie obsolet werden, eine Vielzahl von Industrien in die Krise: die des Luftverkehrs, des Tourismus, der Medien selbst (die Werbeeinnahmen verlieren) und allgemein die gesamte Wohlstands- und Überflußproduktion. Wenn die Waffenindustrie einen Spannungszustand benötigt, braucht die Wohlstandsindustrie Frieden. Früher oder später wird ein Mächtigerer als Clinton und Milosevic »Basta!« sagen, und beide werden nicht zögern, ein bißchen Gesicht zu verlieren, um den Rest zu retten. Das mag traurig sein, aber es ist wahr.

(1999)

II

Geliebte Gestade

Italienische Binnenansichten

Wer hat für Andreotti gestimmt?

Ich bin zur Zeit in Amerika und verfolge die italienischen Ereignisse mit einem Tag Verspätung, da unsere Zeitungen hier erst am folgenden Morgen eintreffen (das Neueste erfährt man nur, wenn man zufällig irgendwo die Abendnachrichten der RAI empfangen kann). Also sehe ich jeden Morgen die *New York Times* durch. Aber die berichtet, von Ausnahmefällen abgesehen, über Italienisches, wenn überhaupt, nur auf ihren zahllosen inneren Seiten, und so muß man zuerst das Verzeichnis der internationalen Nachrichten auf Seite 2 durchsehen. Am Sonntag, den 28. März, kam dort Italien nicht vor. Erst beim Blättern fand sich auf Seite 7 eine Spalte über Andreotti, wie üblich präzise und gut informiert.* Am Dienstag, den 30., suchte ich erneut nach einschlägigen Meldungen, fand aber unter den Kurztiteln des Verzeichnisses keinen über Italien, nur unten stand zwischen kleinen Notizen ohne Titel: »Der italienische Skandal, ein B-Picture-Movie, S. 10.« Demnach werden die Fortsetzungsfolgen des italienischen Dramas inzwischen nicht mehr als besondere Neuigkeiten betrachtet, sondern als eine Art Seifenoper, die mittlerweile recht langweilig und voraussehbar geworden ist und der man bestenfalls eine amüsiert-sarkastische Glosse widmet. Tatsächlich versuchte die betreffende Glosse zu ergründen, wie es möglich ist, daß in unserer Bananenrepu-

* Am 27. 3. 1993 war gegen Ex-Ministerpräsident Giulio Andreotti offiziell Anklage wegen Beteiligung an der Mafia erhoben worden (A. d. Ü.).

blik die für Erdbebenopfer bestimmten Gelder irgendwo versickern und die Minister, die das Paket der Anti-Mafia-Gesetze geschnürt haben, mit den Stimmen der Mafiosi gewählt worden sind.

Versuchen wir, die Torts und die Schandflecken gleichmäßig zu verteilen. Die Amerikaner wissen genau (vergessen es aber gern), daß es auch ihre Schuld ist, wenn in Italien während der letzten vierzig Jahre geschehen ist, was geschehen ist – so wie es ihre Schuld ist, wenn sie, um die Kubaner niederzuhalten, jahrzehntelang die übelsten Diktaturen Mittelamerikas finanziert haben. Es ist, als ob sie uns sagten: »Ja, stimmt schon, wir mußten euch doch beschützen, aber es ist eure Schuld, wenn ihr es geduldet habt.« Jetzt entrüsten sie sich, aber vorher haben auch sie es geduldet. Wollte man ein bißchen Hintergrund- und Strippenzieherkunde betreiben, könnte man sogar insinuieren, daß die Amerikaner auch die KPI finanziert haben, denn eine starke KP garantierte, daß Italien dem westlichen Lager treu blieb, während ein Italien ohne KP sich hätte einfallen lassen können, wie Frankreich eigene Wege zu gehen und womöglich die Karte der mediterranen Vorherrschaft auszuspielen, die natürlich pro-arabisch gewesen wäre, und dann ade mit Nato-Stützpunkten auf Sizilien.

Spiegelbildlich symmetrisch zu diesem Szenario der Amerikaner erscheint mir jedoch allmählich die Empörung unseres ach so tugendhaften Landes angesichts der diversen Fäulnisstellen, die nun jeden Tag entdeckt werden. Ich erinnere mich, daß vor zwei Jahren Bob Silvers, der Direktor der *New York Review of Books*, der Italien gut kennt und liebt, mich mit amerikanischer Treuherzigkeit fragte, wie es sein könne, daß die Italiener zwar bestens wissen, wer bei ihnen Banken beraubt, Bomben in

Züge legt und so weiter, aber dennoch nicht in der Lage sind, das Problem zu lösen. Ich antwortete ihm – und das war, wie gesagt, vor zwei Jahren –, daß es deswegen sein könne, weil die Mehrheit des Landes im Grunde einverstanden ist. *Daß* sie im Grunde einverstanden ist, wird durch die Wahlergebnisse bewiesen: Die Italiener haben seit vierzig Jahren für die Parteien gestimmt, die sie jetzt schmähen. *Warum* sie einverstanden sind, ist eine Frage, die mit der von Michel Foucault beschriebenen Dynamik der Macht erklärt werden muß: Da war nicht bloß eine Handvoll korrupter Politiker, die das Land ausbeutete, alle Bürger zogen mehr oder weniger Vorteile aus der Art, wie die Dinge liefen. Wie der kleine Ladeninhaber, der den Gangster bezahlt, damit er das Viertel beschützt: Er muß dafür etwas hinblättern, aber er weiß wenigstens, was er zu erwarten hat und wen er um Schutz bitten kann, falls ein Galgenvogel aus dem Nachbarviertel bei ihm auftauchen sollte.

Die Italiener wußten, zu wem sie gehen mußten, um eine Gunst zu erbitten, was sie kostete, was zu tun war, um eine Strafe nicht bezahlen zu müssen, wie man mit Hilfe eines Empfehlungsbriefs eine nicht allzu mühsame Arbeit fand, wie man öffentliche Aufträge bekam, ohne schwierige Ausschreibungen zu gewinnen ... Mit einem Wort, es paßte ihnen ganz gut so, wie es war, und deswegen gaben sie ihre Stimme mit zugehaltener Nase ab. Wer, bitteschön, hat denn die ganzen Jahre für Andreotti gestimmt? Die paar armen Teufel von *Il Manifesto**?

Heute sind mindestens 95 Prozent des Landes entrüstet und schreien »Dieb«, wenn sie einen Abgeordneten auf der Straße erkennen. Haben sie alle die Radikalen gewählt?

* *Il Manifesto*: unabhängige linke Tageszeitung (A. d. Ü.).

Haben sie öffentliche Gesundheitskomitees gebildet? Haben sie sich schon damals empört, aber dann alles runtergeschluckt? Nein, wir erleben derzeit nicht die Revolte eines gesunden Landes gegen eine Handvoll korrupter Machtpolitiker, sondern wir müssen die Gewissensprüfung eines mehrheitlich korrupten Landes in Angriff nehmen. Es darf nicht wieder heißen wie am 25. April: »Ich war nicht dabei auf der Piazza Venezia ...« Und wo warst du, als die Brüder Rosselli in Frankreich umgebracht wurden? Wo warst du, als Matteotti ermordet wurde? Was hast du gesungen, als Starace »Facetta nera« sang?*

(1993)

* Anspielungen auf die Zeit des italienischen Faschismus, für deren Ende der 25. April 1945 als Tag der Befreiung steht: Auf der Piazza Venezia in Rom wurde Mussolini regelmäßig von den Massen bejubelt; die Brüder Carlo und Nello Rosselli wurden 1937 als antifaschistische Widerstandskämpfer in Frankreich ermordet; die Ermordung des sozialistischen Abgeordneten Giacomo Matteotti am 10. Juni 1924 gab das Startsignal zur Errichtung der unumschränkten Diktatur Mussolinis; Achille Starace war 1931-39 Generalsekretär der Faschistischen Partei, und »Faccetta nera« war eine bekannte faschistische Hymne (A. d. Ü.).

Wozu sich ums Fernsehen prügeln?

Die Debatte kommt immer wieder auf, aber in diesen Wochen wird sie besonders heftig geführt. Thema: die politische Rolle des Fernsehens, ob man durch Besetzung des Bildschirms einen entscheidenden Einfluß auf die öffentliche Meinung gewinnt. Es liegt auf der Hand, daß die Diskussion immer dann auflebt, wenn die Verteilung der Claims in Frage gestellt wird: Jemand läuft Gefahr, Kanäle zu verlieren, für die er teuer bezahlt hat, andere besetzen erobertes Terrain. In der Annahme, daß das eigentlich Interessante nicht die taktische, sondern die strategische Macht ist, die das Fernsehen verleihen kann (die Fundierung eines starken und dauerhaften Konsenses), wollen wir einmal versuchen, ein Gedankenexperiment zu machen. Ein Historiker des Jahres 3000 könnte (anhand von Büchern, Zeitungen, Videoaufzeichnungen, Polizeiberichten, Gerichtsurteilen etc.) zu folgenden Schlüssen kommen.

In den fünfziger Jahren und einem Großteil der sechziger wurde das italienische Fernsehen von der Democrazia cristiana beherrscht. In Sachen Moral war es darauf bedacht, keine verwirrenden Nuditäten zu zeigen, es kultivierte eine atlantische und konservative Sicht der nationalen und internationalen Politik, es strahlte häufig Gottesdienste und erbauliche Sendungen aus, es zeigte Fernsehhelden mit kurzen Haaren, Krawatten und guten Manieren. Außerdem achtete es darauf, nicht allzuviel von der Resistenza zu sprechen, um sich keine Feinde auf der Rechten zu machen. Alle zwischen 1945 und 1950 geborenen Italiener sind mit diesem Fernsehen aufgewachsen. Ergebnis: dieses Fernsehen hat die Generation der Achtundsechziger erzeugt – lange Haare, sexuelle Freizügigkeit, Kämpfe für Scheidung und Abtreibung, Haß auf das System, Antiklerikalismus, die Resistenza als Ideal, aktuell wiederzufinden in Bolivien oder in Vietnam.

Dann kam nach und nach das parteipolitisch aufgeteilte Fernsehen: Im Bereich der Sitten und Bräuche gelangte es Schritt für Schritt dazu, nackte Busen zu zeigen (und spätabends auch geheimere Körperteile), es gab sich vorurteilslos, sarkastisch, streitsüchtig, respektlos gegenüber den Institutionen. Und auf dieser Grundlage produzierte es eine Generation, die sich wieder auf religiöse Werte besinnt und vorsichtig mit der Sexualität umgeht. Im Umgang mit der Geschichte hat es etwa ab Mitte der sechziger Jahre die Resistenza zum Gründungsmythos der Republik erhoben und so oft wie möglich von ihr gesprochen – und dadurch eine Generation geschaffen, die nichts von Antifaschismus hören will und eher geneigt ist (zum Glück noch nicht in dramatischen Proportionen), auf die Sirenen des Revisionismus zu hören, wenn sie sich nicht an Rassismus und Antisemitismus ergötzt.

Auf der politischen Ebene predigte dieses Fernsehen, auch wenn es sich in drei Kanäle aufteilte, die ideologisch unterschiedlich sein wollten, den Respekt für eine politische Klasse, die sich auf dem Bildschirm zeigte, so oft sie konnte, und durch diese Dauerpräsenz ihres Bildes sowohl ihre Macht wie auch ihre (vermeintliche) Popularität immer neu bestärkte. Ergebnis? Ein Teil der Bürger rebellierte autonom gegen diese politische Klasse, indem sie den Separatismus der Lega Nord unterstützte, alle anderen zögerten nicht, kaum daß sich ein Riß im Gefüge auftat, die Staatsanwälte und Richter als ihre Rächer zu begrüßen, und begannen, faule Eier (nicht nur metaphorisch) auf jene Politiker zu werfen, die sie aus dem Fernsehen kannten, sobald sie ihnen auf der Straße begegneten.

Unser Historiker des Jahres 3000 könnte sogar den übereilten Schluß ziehen, das christdemokratische Fernsehen habe das größte je dagewesene Wachstum einer Kommunistischen Partei in Westeuropa erzeugt, und der schrittweise Zugang der Kommunisten zur Kontrolle der Fernsehkanäle habe den Niedergang ihrer Partei verursacht.

Sollte unser Historiker in einer Epoche starker und barbarischer Religiosität leben, so würde er aus alledem schließen, das Fernsehen müsse das Reich des Bösen gewesen sein, ein wildes Ungeheuer, das jeden verschlang, der es zu erobern und zu reiten versuchte, oder einfacher, dieses Medium habe jedem, der auf seinen Bildschirmen erschien, schreckliches Unglück gebracht. Sollte er dagegen eher zur analytischen Vernunft und zur Formulierung wissenschaftlicher Hypothesen neigen, so wird er sagen, dieses aufdringliche Medium habe vielleicht einen gewissen Einfluß auf das Denken der Leute im Hinblick auf den Konsum gehabt, aber gewiß nicht im Hinblick auf die Leidenschaften und die politischen Entscheidungen.

Er wird sich also konsterniert fragen, warum so viele Kämpfe um den Besitz dieses Mediums geführt worden sind, und wird zu dem Schluß gelangen, die Menschen unseres Jahrhunderts hätten die Massenmedien nicht verstanden.

(1993)

Die verschwimmenden Ränder der Resistenza

Als ich ein Kind war, erzählte mir mein Vater oft von seinen Erlebnissen im Ersten Weltkrieg, und eine der Geschichten, die mich am tiefsten beeindruckten, war die des Rückzugs von der Isonzofront im Oktober 1917. Sie waren tagelang marschiert, ohne nachts zu schlafen, und mein Vater versicherte mir, er habe nur durchgehalten, weil ein großer starker Kamerad ihm erlaubt hatte (ihm, einem schmächtigen und erschöpften Jungen), ein paar Stunden lang auf seine Schulter gestützt zu marschieren. Mein Vater schlief mit dem Kopf und bewegte im Schlaf die Beine. Offenbar ist das möglich, wenn man überleben will.

Dann waren sie zu einer großen verlassenen Villa gekommen, sicher auf italienischem Gebiet. Als erstes hätte man nun von diesen übermüdeten Männern erwartet, daß sie sich auf die Betten warfen, auf die Teppiche oder die Tische, um sich auszuschlafen. Statt dessen begannen einige von ihnen, als hätten sie einen Feind besiegt, die Möbel zu zerschlagen und die Spiegel zu zertrümmern, sie rissen die Schränke auf und ruinierten eine komplette Damengarderobe mit Kleidern und Unterröcken, die sie sich johlend über ihre Uniformen zogen.

Was für Leute waren diese Soldaten? Einige von ihnen, die später an die Front zurückgeschickt wurden, werden sich unter die sechshunderttausend Toten jenes Krieges eingereiht haben. Soll heißen, es waren brave Jungen, Leute wie du und ich, die sich in die militärische Disziplin gefügt hatten und von neuem gefügt haben würden. Aber der Krieg ist ein wildes Tier, das jedes Moralgefühl niederwalzt, und wir haben im Lauf der Geschichte sonst hochherzige Kämpfer gesehen, die sich zum Plündern und Vergewaltigen hinreißen ließen. Mein Vater erzählte mir die Geschichte mit Abscheu, aber ich fühlte mich nicht berechtigt, jene Soldaten zu verurteilen, da ich den Rückzug von der Isonzofront nie mitgemacht habe.

Diese Dinge kommen mir in den Sinn, wenn jetzt wieder einmal – mit geradezu jahreszeitlicher Regelmäßigkeit – Anklage gegen die Resistenza erhoben wird, wie üblich indem man beweist, daß es in ihr schlimme und schändliche Taten gegeben hat. Natürlich hat es die gegeben! Man kann doch von Leuten, die jeden Moment erschossen zu werden riskierten, nicht immer Besonnenheit und Kontrolle der Nerven verlangen, sie waren anfangs bunt zusammengewürfelte Banden, in die sich (wie in jedem Bürgerkrieg) allerlei Profiteure und Opportunisten einschlichen und in die manche nur gerieten, weil sie auf dieser Seite des Hügels wohnten, während sie, hätten sie auf der anderen gewohnt, vielleicht den Reizen von Mussolinis »Sozialer Republik« erlegen wären. Partisanengruppen, in denen (wie der Partisan Giorgio Bocca mehrfach betont hat) zwar viele Idealisten waren, die ihrem Begriff von Ehre folgten, aber auch einige Abenteurer und Desperados, die sich einen Gewinn versprachen. Ich war damals ein kleiner Junge und erinnere mich an beide Typen, auf beiden Seiten; und ich kann versichern, daß die Desperados kinderleicht zu erkennen waren und oft ganz zwanglos die Seite wechselten.

Wenn jeder Krieg und erst recht jeder Bürgerkrieg solche Vermischungen und Überschneidungen erzeugt, was ist dann die Aufgabe des Historikers, der diese Dinge schon vorher weiß? Gewiß hat der Historiker alle möglichen

Dokumente zu sammeln, auch die geringfügigsten, und es ist sein Beruf, in einem Archiv zu entdecken, daß ein Individuum namens Soundso zu der und der Zeit das und das getan hat. Aber wenn der Historiker nichts weiter als dies täte, wäre er bloß ein Sammler von Daten über die Vergangenheit, also bloß ein Zulieferer des Historikers. Der wahre Historiker ist derjenige, der diese Daten zu einem allgemeineren Mosaik zusammenzufügen sucht und sich bemüht, das Einzelereignis in einem globalen Rahmen zu sehen, indem er seine Ursachen und seine Auswirkungen auf spätere Ereignisse identifiziert und es schließlich eben »historisch« bewertet. Es ist eine Sache, zu wissen, daß jemand während der Französischen Revolution jemand anderen, dem er Geld schuldete, denunziert und unter die Guillotine gebracht hat, und es ist eine andere, den »Sinn« der Französischen Revolution historisch zu bewerten.

Mir scheint, daß die alle Jahre wieder ausbrechenden Polemiken gegen die Resistenza die Vergangenheit so behandeln, wie der Journalismus die Gegenwart behandelt, die sich nur stückweise und in Einzelereignissen aufzeigen läßt – es sei denn, das Einzelereignis wird stillschweigend zum Exempel erkoren und das Urteil über dieses Exempel wird unerlaubter-, aber fatalerweise zum Urteil über eine Epoche, eine Gruppe oder eine Gesellschaft.

Ich weiß, wir haben Sommer, und da muß man auf Teufel komm raus irgendwas erfinden, um gelesen zu werden. Aber jener düstere, große, schreckliche und nicht wegzudiskutierende Moment, den Italien nach dem September 1943 durchgemacht hat, verdiente doch, von einer höheren Warte und mit einem verantwortlicheren Pietätsgefühl betrachtet zu werden.

(1993)

Meine Schulaufsätze über den Duce

Thema: »Warum vergeßt ihr in euren Nachtgebeten den König, den Duce und das Vaterland nicht?« Ausführung: »In meinen Gebeten nenne ich den Duce ... weil immer Er es ist, der den ersten Spatenstich tut ... Er hat den Marsch auf Rom angeführt und die Umstürzler aus Italien vertrieben, Er hat das Land mächtig, gefürchtet, schön und groß gemacht.« Von wem stammen diese Sätze, die für den ersten Durchgang der *Agonali della Cultura*, der landesweiten Kulturwettkämpfe des Jahres XVIII der Faschistischen Ära geschrieben wurden?

Und von wem stammen diese weiteren Sätze, die in den regionalen *Ludi Juveniles* des Jahres XX (1942) prämiert worden sind? »Da rückt auf der staubigen Straße eine Kolonne von Kindern vor. Es sind die *Ballila**, die stolz und frohgemut in der milden Sonne des aufbrechenden Frühlings marschieren, diszipliniert und gehorsam gegenüber den trockenen Kommandos ihres Offiziers ... Es sind Jungen, die mit zwanzig die Feder mit dem Karabiner vertauschen werden, um Italien gegen die feindlichen Anschläge zu verteidigen. Jene Ballila, die man samstags durch die Straßen ziehen sieht ... werden im rechten Alter zu treuen, unkorrumpierbaren Wächtern Italiens und seiner neuen Kultur ... Wer stellt sich beim Anblick dieser Jungen vor, daß sie vielleicht in wenigen Jahren auf dem Schlachtfeld sterben können, mit dem Namen Italiens auf

* Die faschistische Jugendorganisation, ähnlich der Hitlerjugend (A. d. Ü.).

den Lippen? Immer war mein Gedanke: Wenn ich einmal groß bin, werde ich Soldat ... Ich werde kämpfen, und wenn Italien es will, werde ich sterben für seine neue, heroische, heilige Kultur ... Und mit der belebenden Erinnerung an die vergangenen Ruhmestaten, mit den Ergebnissen der gegenwärtigen und mit der Hoffnung auf die zukünftigen, vollbracht von den Ballila, die heute noch Kinder und morgen Soldaten sind, geht Italien weiter seinen glorreichen Gang der geflügelten Siegesgöttin entgegen ...«

Nun erwartet jeder die maliziöse Enthüllung: Der Autor dieser Zeilen ist der Schwarze Ritter. Falsch. Der Autor dieser Zeilen bin ich, im Alter von acht beziehungsweise zehn Jahren.

Tatsächlich habe ich noch in Erinnerung, wie ich mich beim Schreiben fragte, ob man mir wohl glauben würde. Ich erinnere mich, daß ich mir die Frage vorlegte: »Aber liebe ich den Duce wahrhaftig? Wieso erwähne ich ihn dann nicht wirklich in meinen Gebeten? Bin ich vielleicht ein verlogenes und gefühlloses Kind?« Trotzdem habe ich diese Aufsätze geschrieben, und nicht aus Zynismus, sondern weil Kinder von Natur aus kleine Luder sind. Sie machen Lausbübereien, aber sie übernehmen die hehren Prinzipien, die ihnen die Umwelt eintrichtert, und bekennen sich zu ihnen.

Man war damals stolz auf die Uniform aus demselben Grund, aus dem man heute den Markenrucksack begehrt: um wie die anderen zu sein, um geachtet und bewundert zu werden. Ich war nicht zynisch damals, eher bin ich es heute, wenn ich denke, daß viele Kinder, die einen schönen Schulaufsatz über die Respektierung ihrer schwarzen Brüder und Schwestern schreiben, dies nur tun, weil sie glauben, dadurch gesellschaftliche Anerkennung zu finden. Gewiß, ich bin nicht so zynisch zu glauben, daß sie morgen alle Rassisten sein werden, und ich erkenne durchaus den Unterschied zwischen einem sozialen Druck, der das Kind dazu bringt, die Andersartigen zu respektieren, und demjenigen, der es in Mussolinis Reich dazu brachte, auf Abessinier zu schießen.

Doch gerade weil ich begreife, daß die Situation heute besser ist, kann ich denen nicht verzeihen, die meine Kindheit vergifteten, indem sie mir das Lob des Todes einzutrichtern versuchten. Zum Glück war der Versuch in rhetorischer Hinsicht dermaßen grotesk, daß wenig genügte, um mir diese ungesunde Lust am Untergang vergehen zu lassen.

Aber sind nur Kinder von Natur aus kleine Luder? Bemüht sich ein Achtzehnjähriger nicht nach Kräften, einen schönen Abituraufsatz über das Thema zu schreiben: »Beschreiben Sie, wie Leopardi es verstanden hat, seinen existentiellen Überdruß mit einem wachen Bürgerbewußtsein zu verbinden« (auch wenn Leopardi für ihn ein sinistrer Buckliger war)? Er hält sich die Nase zu und beschreibt.

Auch die Erwachsenen halten sich die Nase zu. Gewiß, die mit der neuen Rechten liebäugeln, suchen nach »gemäßigt« konservativen Garantien und träumen nicht von einer Rückkehr zu den Zeiten des Duce. Ich bin überzeugt, daß Berlusconi sich keineswegs wünscht, eines Tages im Schwarzhemd durch den Feuerkreis springen zu dürfen. Man verzichtet einfach nur auf den Mythos vom Mann, der den ersten Spatenstich tat, um sich auf den beruhigenderen Mythos von dessen Enkelin zurückzuziehen (deren Studienbuch ihr nicht einmal erlaubt, den ersten Klistierspritzenstich zu tun). Aber mir riecht das alles nach einer Regression in die Kindheit – diese Suche nach einem rettenden Wesen, das uns vor dem triumphierenden Umstürzlertum verteidigt und neuerlich die Kleinen und die Großen lehrt, welches die »gesunden« Gefühle sind, zu denen wir zurückkehren sollen.

(1993)

Eine TV-Show als Spiegel des Landes

Die Zeitungen melden, daß die TV-Sendung *La Corrida* im Begriff ist, mit fast sieben Millionen Zuschauern andere Unterhaltungssendungen, die sich für neuer und zeitgemäßer halten, in der Publikumsgunst zu überholen. Und jeder versucht diesen Erfolg zu erklären – den Erfolg eines Moderators, der vom Alter her im Ruhestand sein müßte, und einer Formel, die der gesunde Menschenverstand als längst veraltet ansehen würde.

La Corrida ist eine Sendung, in der sich Dilettanten mit allerlei Kunststückchen produzieren und das Publikum eine sadistische Freude daran hat, wie alte Männer den Steptanz probieren, Hausfrauen sich für Madonna halten und dergleichen mehr. Die antiken Circenses waren grausame Spektakel, die auf der fieberhaften Erwartung des angekündigten Todes von Gladiatoren (oder Märtyrern) beruhten. Die neuen Circenses machen sich darüber hinaus noch drei gegensätzliche Gefühle zunutze: ein Minimum an fröhlichem Mitleid mit den Ärmsten, die sich dem allgemeinen Gelächter aussetzen, die sadistische Freude an einem Schicksal, das im Unterschied zu dem des Märtyrers in den Circenses nicht erzwungen, sondern frei gewählt ist, und eine Art von uneingestandenem Neid gegenüber denen, die dafür, daß sie unter Hintansetzung aller Scham beschlossen haben, sich dem öffentlichen Hohn und Spott auszusetzen, Medienpräsenz und folglich, in einem pervertierten und scheußlichen Sinn, allgemeine Anerkennung erworben haben; so daß sie am nächsten Tag im Bäcker- und Metzgerladen beglückwünscht werden, ungeachtet der lächerlichen Figur, die sie gemacht haben, und nur im Gedenken daran, daß sie – wovon jeder träumt – im Fernsehen waren.

Das Geheimnis der TV-Sendung *La Corrida* (die, als sie vor vielen Jahren begann, vielleicht nur eine besonders kraß geschmacklose Sendung war) liegt darin, daß sie die Quintessenz des öffentlichen Lebens in Italien repräsentiert.

Die Sendung war grausam, als sie den alten Gockel als lächerliches Monster zeigte, als albernen Strahlemann, als Buckligen von Notre-Dame, als stolpernden, stammelnden Zwerg oder allzeit bereiten Kretin – in einem Land, in dem die Vorbildfiguren würdige Herren im dunklen Zweireiher waren, die bei Straßen- und Brückeneröffnungen Bänder durchschnitten und sich mit elaboriert-unverständlichen Sätzen ausdrückten. Damals hatte *La Corrida* ein begrenztes Publikum, das sich aus Freunden grober Studentenwitze und sadistisch grundierten Voyeuren zusammensetzte.

Heute hingegen spiegelt die Sendung voll und ganz den Zustand wider, in dem sich Italien befindet. Sie spiegelt seine Etikette wider, die Benimmregeln in einer Zweiten Republik, die aus lauter sich produzierenden Dilettanten besteht, aus Leuten, die ihre politische Unkultur vorführen, sich mit verstümmelten Sätzen, schiefen Metaphern, Barbarismen, falschen Zitaten und fehlerhafter Sprache hervortun und vor allem das traditionelle Politchinesisch nicht mit der gewöhnlichen Sprache, sondern mit dem Zotenreißen vertauscht haben, die Polemik mit der Beleidigung, den Fachausdruck mit dem derben Wort, und die im Glauben, sie sprächen so, wie sie essen, in Wahrheit so reden, wie sie rülpsen.

Die gewöhnlichen Leute (*la gente*, was früher als Beleidigung aufgefaßt worden wäre: »Ich *gente*? Ihre Frau Mutter ist vielleicht *gente*!«) versuchen ihrerseits, sich diesem neuen Stil anzupassen, und lechzen danach, im Fernsehen aufzutreten, wo sie dann ihre rasch zusammengeschusterte Bildung zeigen, für Verhaltensweisen gelobt werden, die früher nur in einem Psychiatrieseminar studiert worden wären, ihre Familienmiseren ausbreiten und Beifall bekommen, wenn sie sich so benehmen wie jener Typ, der sich nuschelnd und stotternd darüber beklagt, daß er nicht als Radiosprecher genommen worden ist – wie er glaubt, weil er ein Gummihütchen auf einem in der Tür gequetschten Finger trägt, weshalb er immerfort wiederholt: »Wegen einem Hütchen, wegen einem Hütchen ...«

In Barcelona gab es einmal (und gibt es, wie ich höre, noch immer, aber inzwischen sind die großen Interpreten verschwunden) die Bodega Boemia, eine Art Zimmertheater, in dem sich allerlei Leute zur Schau stellten (beziehungsweise dazu gebracht wurden, sich zur Schau zu stellen, indem man ihnen einredete, sie seien noch immer hochbeliebte Künstler): betagte Theaterveteranen, asthmatische achtzigjährige Sänger, von Arthritis geplagte fast hundertjährige Tänzerinnen, Soubretten, die nur aus Heiserkeit und Zellulitis zu bestehen schienen, und so weiter. Das Publikum – ein Drittel Nostalgiker, ein Drittel Horrorfreaks und ein Drittel snobistische Intellektuelle, die das Theater der Grausamkeit zelebrierten – klatschte sich die Hände wund, neigte in den erregtesten Momenten dazu, auf den Pianisten zu schießen, und die Ausführenden waren glücklich, weil sie spürten, daß die Zuschauer in gewisser Weise auf ihrer Seite waren, mit ihnen, für sie, wie sie.

Das öffentliche Leben in Italien scheint manchmal sehr

ähnlich dem der Bodega Boemia, es dominieren der Schrei und die Wut, die Unbeherrschtheit, die Ohrfeige, der Schaum vor dem Mund, und die Leute neigen immer mehr dazu, den Ereignissen so zu folgen wie einem Horrorspektakel mit buckligen Zwergen und noch aktiven, aber krampfadrigen Tänzerinnen. Warum also sollten wir uns über den Erfolg von *La Corrida* wundern? Die Sendung kommt als die Quintessenz alles übrigen daher, sie sagt uns immerfort, wer wir sind und was wir wollen, sie zelebriert nicht die Ausnahme, sondern die Regel.

Auf der anderen Seite ist sie auch der Triumph der Political Correctness und hat sich als Modell auch für »seriösere« Sendungen angeboten.

Das traditionelle komische Theater spekulierte stets mit dem Krüppel, dem Blinden, dem Stotterer, dem Kleinwüchsigen und dem Fettleibigen, dem Trottel, dem Schwachsinnigen und denen, die als schmachvoll geltende Berufe ausübten oder zu als minderwertig geltenden ethnischen Gruppen gehörten.

All das ist heute tabu geworden: Nicht nur die Nachahmung des wehrlosen Ausgestoßenen wird als beleidigend angesehen, selbst Molière könnte heute nicht mehr ironisch über die Ärzte herziehen, ohne daß sofort eine Liga zur Verteidigung derselben wütend gegen die versuchte Diffamierung protestierte.

Daher mußte eine Lösung gefunden werden, und sie *wurde* gefunden. Man kann den Dorftrottel nicht mehr karikieren, das wäre antidemokratisch, aber es ist überaus demokratisch, dem Dorftrottel das Wort zu erteilen, ihn aufzufordern, sich selbst darzustellen, live (oder in der ersten Person, wie genau die Dorftrottel sagen). Wie in den wirklichen Dörfern wird dabei die Vermittlung des kunstvollen Schauspiels übersprungen. Man lacht nicht über den Schauspieler, der den Betrunkenen nachmacht, man gibt dem Alkoholiker direkt zu trinken und lacht dann über seine Entwürdigung.

Darauf mußte man nur kommen. Man mußte sich nur darauf besinnen, daß zu den herausragenden Eigenschaften des Dorftrottels der Exhibitionismus gehört und daß die Zahl derjenigen, die bereit sind, zur Befriedigung ihres Exhibitionismus die Rolle des Dorftrottels zu spielen, Legion ist. Früher hätte ein zerstrittenes Ehepaar, über dessen elendes Gezänk jemand Scherze gemacht hätte, gegen die Verleumder Klage erhoben im Namen der traditionellen Maxime, daß schmutzige Wäsche in der Familie gewaschen wird. Aber wenn heute das Ehepaar selber nicht nur akzeptiert, sondern geradezu danach verlangt, seine triste Lage öffentlich ausstellen zu können, wer hat dann noch das Recht zu moralisieren?

Dies ist der wunderbare Paradigmenwechsel, dessen Zeuge wir sind. Es verschwindet die Figur des Komikers, der sich über den wehrlosen Behinderten lustig macht, und dafür steigt der Behinderte selbst auf die Bühne, stolz, seine Behinderung zeigen zu dürfen. Alle sind zufrieden: der Ärmste, der sich zur Schau stellt, der Sender, der eine Show produziert hat, ohne die Akteure bezahlen zu müssen, und wir, die wir endlich wieder über die Dummheit anderer lachen können, indem wir unseren Sadismus befriedigen.

Unsere Bildschirme wimmeln inzwischen von Analphabeten, die stolz auf den Gebrauch falscher Verbformen sind, von Homosexuellen, die ihresgleichen mit »alte Tunte« anreden, von betörenden Rasseweibern, die ihre verblühte Lüsternheit zur Schau stellen, von Sängern, die keinen Ton treffen, von Blaustrümpfen, die über »palingenetische Obliteration des menschlichen Unterbewußtseins« reden, von zufriedenen Gehörnten, verrückten Wissenschaftlern, unverstandenen Genies, Autoren auf eigene Kosten, von denen, die Ohrfeigen geben und denen, die sie erhalten, glücklich, daß am nächsten Morgen der Tabakhändler an der Ecke darüber spricht. Wenn der Dorftrottel sich mit Vergnügen zur Schau stellt, können wir ohne Gewissensbisse über ihn lachen.

(1995)

Wer waren diese Kelten?

Das Beunruhigendste an unserem aktuellen Sezessionismus ist nicht die kulturelle Grobheit von Bossi* (man trifft auf viel unkultiviertere Leute, ohne seinen unbestreitbaren Einfallsreichtum), sondern die Tatsache, daß viele, gerade in den wirtschaftlich blühendsten Teilen des Landes, seine Theorien übernehmen, ohne zu merken, daß sie in krassem Widerspruch zu dem stehen, was sie in der Schule gelernt haben sollten.

Grobheit für Grobheit, auf der Basis vager Erinnerungen: Die Kelten (die wir in der Schule als Gallier kennengelernt haben), sind in den Norden unserer Halbinsel eingewandert, aber im Westen kamen sie nur bis zum Po, denn schon in Alessandria widersetzten sich die Ligurer, ein barbarisches Volk, unkolonisierbar wie kein zweites, und im Osten blieb Venezien außen vor, denn dort saßen die Illyrer. Im Südosten erreichten die Kelten den berühmten Rubikon (der sich knapp nördlich von Rimini befindet, man muß nur auf die Hinweisschilder an der Autobahn achten), und im Südwesten gab es nach den Ligurern gleich die Etrusker, die sich die Toskana und einen Teil von Latium genommen hatten und nach Norden auch ins keltische Gebiet eindrangen.

Von den Marken abwärts lebten die italischen Völker (aber andere Illyrer gab es auch in Apulien), und an den Küsten des tiefen Südens lag Großgriechenland, wo in puncto multikultureller Vermischung so gut wie alles ge-

* Umberto Bossi, Chef der separatistischen Lega Nord (A. d. Ü.).

schehen sein muß. Jedenfalls wären Parmenides von Geburt und Pythagoras als Zugewanderter beide vollberechtigte italienische Bürger gewesen, was kein Schade ist. Gewissensfrage: Fühlen Sie sich lieber als Mitbürger von Pythagoras oder von Bossi?

Wäre also die Position der Sezessionisten im strengen Sinn ethnisch (und hätte sich nicht in der Zwischenzeit auch auf keltischem Gebiet, infolge des Durchzugs der Römer und dann diverser »Barbaren«, ein ethnisches Mischmasch gebildet, wie es schöner nicht sein kann), dann müßte ein wirklich »keltischer« Staat schon das obere Monferrat auslassen (soll heißen, den weiter unten liegenden Teil), er müßte auf ganz Ligurien und das Veneto verzichten und könnte sich höchstens noch die Emilia nehmen. Und wäre die Unterscheidung eine rein geographische (nur die Poebene), dann müßte das Ganze neu eingeteilt werden, womöglich indem man im Osten bis Comacchio geht und schon den Apennin bei Modena ausläßt.

In jedem Fall aber würde man nicht verstehen, wieso der neue Staat Padanien die Toskana, die Marken und Umbrien mit umfassen soll. Sieht man von den Etruskern ab, die sich inzwischen mit ein paar Chromosomen da- und dorthin verstreut haben, sind dies italische Regionen. Infolgedessen würde Padanien zu einem guten Teil aus Völkerschaften bestehen, die, gerade wenn es nie Italiener gegeben hat, die italischsten von allen sind und nichts mit den Kelten zu tun haben.

Spricht man dann aber in Begriffen von Blut und Rasse (was, wenn ich nicht irre, ein Lieblingsthema von anderen war, die unser Jahrhundert ins Verderben gestürzt haben), so muß man sagen: wenn es stimmt, daß im tiefsten Süden später zwar die Araber ankamen, aber auch die Normannen und die Franzosen, während im obersten Teil des Nordens sich sehr bald die quadrierten Legionen Roms installierten, zu denen auch die Vorfahren derer gehörten, die wir heute Neapolitaner oder Kalabrier nennen, dann könnte es sein, daß ein Sizilianer mit blauen Augen (und davon gibt es viele) mehr nordisches Blut als Bossi hat, der von einem sexprotzerischen Legionär sizilianischer Herkunft abstammen könnte, der sich, stationiert in Bergomum, mit einer lukanischen Dame vergnügt hätte, die berufsmäßig das Heer begleitete. Während eine meiner ligurischen Ahninnen sich mit einem Verwandten von Asterix gepaart haben könnte, so daß ich keltischer wäre als Bossi.

Wenn man eine keltische Einheit rekonstruieren will, müßte Padanien eine Partnerschaft mit den Galatern in Kleinasien eingehen und man müßte Bossi darauf hinweisen, daß die Kelten bis Istanbul gelangt sind. Und so hätte er, um die Sizilianer loszuwerden, sich die Türken ins Haus geholt! Natürlich beschwöre ich hier ein rassistisches Stereotyp, denn ich sehe nicht ein, wieso man in Padanien nicht auch all jene Türken willkommen heißen sollte, die heute fließend Deutsch sprechen, was bekanntlich eine erstklassige Lingua franca ist.

Wodurch wird nun aber dieses Mosaik von Ethnien, das sich Italien nennt, zu einer Einheit? Auch wenn man ein mythisches Bild der Kelten vorschlägt (doch um sie so sehr zu lieben, wie ich es tue, macht man besser eine Reise nach Irland), ist wirklich nicht einzusehen, warum ein Toskaner oder ein Umbrier sich damit identifizieren soll. Italiens Bedeutung ist eine rein kulturelle, keine rassische, ihre Wurzeln sind das römische Erbe, eine Sprache, die (zumindest auf literarischer Ebene) sowohl von Cielo d'Alcamo wie von Bonvesin de la Riva gesprochen wird, die Präsenz der Kirche, die natürliche Barriere der Alpen, ein politisches Ideal, das mit Dante, Petrarca und Machiavelli begann, hundertvierzig Jahre staatlicher Einheit, die eine gewisse Homogenität des Verhaltens über den ganzen Stiefel verbreitet hat, im Guten wie im Schlechten (von der Schul- und Hochschulreform Gentiles bis zur Fremdtümelei, vom Salesianer-Oratorium bis Tangentopolis, von der großen Oper bis zum Schlagerfestival von San Remo).

Aber vielleicht hat die Schule dies alles früher nur uns beigebracht, und den Grünhemden hat sie nichts davon gesagt. Dann würde die Sache anfangen, wirklich ernst zu werden.

(1996)

Bossi ist kein Gallier wie ich

Mit einer Gruppe von Freunden aus verschiedenen Ländern bereiten wir seit Jahren ein Handbuch vor, das die Kinder der ganzen Welt zur Toleranz erziehen soll, und das erste Problem ist dabei, zu erklären, wieso man die Andersartigkeit tolerieren kann und muß. Jawohl, denn zunächst muß man offen sagen, daß es Andersartigkeit gibt. Haben die Menschen einerseits alle das gleiche Herzkreislaufsystem, so haben sie andererseits nicht nur verschiedene Hautfarben, sondern selbst wenn sie die gleiche haben, verhalten sie sich auf unterschiedliche Weise je nach den Sitten und Gebräuchen.

Auf einem Kongreß letztes Jahr in Siena hatte der Althistoriker Zvi Yavetz aus Tel Aviv daran erinnert, wie gefährlich es sein kann, den Kindern diese Unterschiede zu verbergen (da sie später merken würden, daß wir gelogen haben). Man müsse im Gegenteil von diesen Unterschieden ausgehen und zeigen, wie sie überwunden werden können. Yavetz hatte die ethnischen Stereotype bei Cicero und Herodot analysiert, um darzulegen, daß solche Stereotype schon immer existiert haben, aber oft keine besondere Animosität verraten, sondern zu rhetorischen Zwecken benutzt wurden oder, wie bei Cicero, um die Richter in einem Prozeß zu überzeugen. Und er zitierte den Fall des Rutilius Namatianus, eines gallo-römischen Dichters im vierten bis fünften Jahrhundert, der in seinem Bericht über eine Reise von Rom nach Gallien erzählt, daß ihn ein Wirt in Falesia sehr übel behandelt habe, indem er ihm verdorbenes Essen zu einem erhöhten Preis servierte. Der Wirt war Jude, und schon bricht Rutilius in eine Schmährede gegen die Juden aus.

Yavetz hob hervor, daß Rutilius wirklich schlecht behandelt und betrogen worden sei, er habe allen Grund gehabt, sich zu beklagen, und habe zu einem damals gängigen rassistischen Stereotyp gegriffen, aber das hätte er auch getan, wenn der Wirt nicht Jude, sondern Sarde oder Grieche gewesen wäre; daher sei es nicht richtig, ihm Antisemitismus vorzuwerfen, wie es einige israelische Historiker täten. Es habe sich nur um eine »natürliche« Unduldsamkeit gegenüber dem Andersartigen gehandelt.

Yavetz ist Jude und konnte sich daher diese Absolution des Rutilius erlauben. Ich habe die Stelle wiedergelesen (*De reditu suo*, I, 381-398 – jawohl, diesmal ist das Verb »wiederlesen« keine lügnerische Koketterie, ich hatte diesen Text 1951 fürs Abitur vorbereitet), und ehrlich gesagt, Rutilius hat sich da etwas mehr als bloß einen Wutausbruch geleistet. Wenn jemand heute so etwas schriebe, schlüge der Oberrabbiner von Rom einen Krach, der gar nicht mehr aufhören würde, und er hätte einigen Grund dazu. Aber lassen wir Rutilius auf sich beruhen. Yavetz sprach von der fast biologischen Neigung, stets eine Sphäre der »unseren« gegen die aller »anderen« abzugrenzen. Die anderen brauchen gar nicht Zigeuner oder senegalesische Einwanderer zu sein, es genügt, daß sie ein paar Dutzend Kilometer von unserem Geburtsort entfernt geboren sind. Ich klage oft Schul- und Jugendfreunde als verdammte Astianer, Cuneeser oder Genueser an, weil sie nicht das Glück hatten, in Alessandria geboren zu sein. Aber wenn ich auf der Autobahn fahre, mit meinem in Mailand zugelassenen Wagen, und ein anderer Wagen mit Mailänder Nummer überholt mich rüpelhaft, dann sage ich nicht: »Ha, dieser Rüpel aus Mailand!« Hat der andere aber eine Nummer aus Alessandria, dann kann es mir schon passieren, daß ich »Ha, dieser Rüpel aus Alessandria!« sage. Ich fühle mich eben in solchen Fällen in meiner Eigenschaft als Autofahrer zur Gemeinschaft derjenigen mit Mailänder Nummer gehörig, und alle anderen, einschließlich der Bürger meiner Geburtsstadt, werden zu »anderen«.

Wir alle fühlen uns je nach den Umständen zu einer Sphäre gehörig (zu den Büchernarren, zu den 1932 Geborenen, zu den Okarinaspielern, zu den Leuten mit Schuhgröße 42), und aus dem je besonderen Blickwinkel empfinden wir die anderen als andersartig (die Bücherhasser, die Tattergreise oder die Grünschnäbel, die Gitarristen, die Großfüßler). Toleranz entsteht, wenn wir uns zivilisierterweise bewußtmachen, daß Gitarristen auch Menschen sind und daß es auch Gitarristen gibt, die Schuhgröße 42 haben und womöglich aus unserer Gegend stammen oder Django Reinhardt heißen.

Das schleichende Gift, das Bossis Predigt in unserem Lande verbreitet, besteht genau im Verwechseln des Zugehörigkeitsgefühls mit einer Aufforderung zur Intoleranz. Es besteht darin, daß man, um ihn zu widerlegen, gezwungen wird zu behaupten, es gebe keine Unterschiede zwischen einem Palermitaner und einem Turiner, während es doch sehr viele gibt; es besteht darin, daß wir gezwungen werden, unserem natürlichen und gesunden Stolz auf die ethnische Zugehörigkeit zu mißtrauen, um uns nicht als Rassisten zu fühlen; es besteht darin, daß wir rhetorisch dazu gedrängt werden, Italien als ein ethnisch homogenes Land zu definieren, was es nicht ist und niemals war seit der Zeit des Aeneas; es besteht darin, daß wir genötigt werden, jeder Affirmation der Andersartigkeit zu mißtrauen, wenn die Andersartigkeit (das Miteinander der

Verschiedenheiten) schön ist und prächtige Früchte zeitigt.

So wirft uns Bossi in einer Zeit, in der das Multikulturelle gefeiert wird (manchmal auch zu sehr), weit hinter Rutilius Namatianus zurück (der wenigstens, lieber Bossi, ein hochzivilisierter Gallier wie ich war und nicht ein struppiger Langobarde wie du).

(1996)

Fred Astaire und Ginger Rogers haben die italienische Politik erfunden

Ginger Rogers ist gestorben. Ich nehme an, die Nachricht bewegt die Angehörigen meiner Generation und die Kinogänger jeden Alters, die sie immer noch vor sich sehen, wie sie in schwereloser Grazie mit ihrem unvergeßlichen Fred Astaire über das Parkett schwebt. Aus der Distanz (und mit dem Blick) des Nachgeborenen mag man bemerken, daß Fred Astaire vielleicht begabtere Partnerinnen hatte und daß Ginger, wenn sie nicht tanzte, den schweren, ein bißchen prostatischen Gang von De Sica als Maresciallo in *Brot, Liebe und Phantasie* hatte. Aber was soll's? Die beiden waren das klassische Paar, und es waren ihre luftigen Walzer und ihr hingetupfter Steptanz, die jenen Mythos erschufen, der noch Jahrzehnte später den Fellini von *Ginger und Fred* faszinieren sollte.

Aber dies ist kein nostalgischer Nachruf. Denn mit Ginger und Fred, den wirklichen, hat sich jenes Modell des Lebens als Schau (oder Show) und der Schau als Leben durchgesetzt, das heute unsere Gesellschaft beherrscht. Auch wenn es die beiden nicht wußten und meinten, bloß ein Musical zu spielen.

Ein Musical ist bekanntlich ein Schauspiel, zuerst auf der Bühne und dann im Kino, bei dem die Personen ein bißchen sprechen und ein bißchen singen. Dies wäre schon Grund genug, um zu sagen, daß Musicals nicht wie das Leben sind, was allerdings auch für die Oper und die Operette gilt.

Das amerikanische Musical hat noch ein weiteres Merkmal: Während die Oper sich kein Gewissen daraus macht, daß ihre Personen singen anstatt zu sprechen, und es problemlos hinnimmt, daß eine schwindsüchtige kleine Näherin hohe Töne ausstößt, die inkompatibel mit dem Zustand ihrer Lungen sind, will das Musical diese Absonderlichkeit rechtfertigen. Daher ist die Geschichte, die es erzählt, fast immer die einer Handvoll Leute, die dabei sind, ein Musical auf die Beine zu stellen.

Folglich spricht das Musical immer und seinem Wesen nach von sich selbst und ist somit das Modell jenes von den Literaturkritikern für ein postmodernes Phänomen gehaltenen Meta-Romans, in dem die Hauptfigur jemand ist, der gerade einen Roman schreibt, gewöhnlich den, den der Leser gerade liest.

Damit unterstellt das Musical jedoch bereits, daß das Leben ein Schauspiel ist, denn die Nöte und Mißgeschicke, die seine Protagonisten erleiden, betreffen die gewaltige und heroische Aufgabe, ein Schauspiel auf die Bühne zu bringen. Den Abend der triumphalen Premiere zu erreichen ist für Ginger und Fred so etwas wie für Achill der Sieg über Hektor oder für Odysseus die Eroberung Trojas. Als Leute, die sich ständig unmerklich auf der Grenze zwischen Schauspiel und Leben bewegen, wissen die Personen des Musicals nie, wann sie leben und wann sie schauspielern.

Das erklärt, warum Fred Astaire sich zu jedem galanten Rendezvous im Frack begibt und warum, wenn er Ginger in einem realistischen Film an den Bettpfosten festbinden müßte (oder sie ihn – und beide wild übereinander herfallen müßten, wie es ihnen ihr *basic instinct* geböte), er statt dessen mit ihr auf der Terrasse tanzt. Singend. Und sublimierend.

Die Größe und Grazie von Ginger und Fred lagen darin, daß sie, während sie sich lächelnd sagten, daß das Leben ein Schauspiel ist, stets in den Grenzen des Schauspiels blieben, ohne ins Leben überzugreifen. Womit ich meine: Fred Astaire ist es nie in den Sinn gekommen, für das Amt des Präsidenten der Vereinigten Staaten zu kandidieren, bloß weil er so unnachahmlich steppen konnte.

Entgegen der Absicht des göttlichen Paars hat seine Lektion jedoch recht andere Folgen gehabt. Was wir heute »Schau-Politik« nennen, ist nichts anderes als eine langsame Transformation des Grundprinzips, nach dem das Musical funktioniert. Bedenken wir nur, daß auch bei der hitzigsten politischen Diskussion im Fernsehen das Thema nicht mehr heißt: »Wie soll das Land regiert werden?«, sondern: »Wie inszeniert man eine gute politische Diskussion?« Diskutiert wird über die Regeln der Diskussion und über die möglichst gleiche Verteilung der Chancen.

Der Moderator bemüht sich zu zeigen, wie er unter Verwendung der raffiniertesten Techniken eine gute Diskussion moderiert. Tags darauf geben die Zeitungen ihre Urteile ab, sowohl über die Diskussion im ganzen wie über die einzelnen Tanzschritte der Diskutanten.

Während man früher einerseits lebte und Politik machte und andererseits ins Theater oder ins Kino ging, um denen zuzusehen, die einander Ohrfeigen gaben, macht man heute Politik, indem man einander Ohrfeigen gibt und auf den Beifall derer hofft, die in der Absicht, am politischen Leben teilzunehmen, vor der Mattscheibe hocken und denen zusehen, die einander Ohrfeigen geben.

Dies erklärt auch, warum das Repertoire der Politiker auf ein paar Grundformeln und starre Gedanken reduziert ist, und warum, nach dem Muster des Musicals, das Spiel der Mißverständnisse und Verwechslungen dominiert. Ginger glaubte immer, daß Fred ein anderer sei, und Fred, daß sie einen anderen liebe; beide taten alles, um das Mißverständnis hervorzurufen, und am Ende sorgte dann die Situation selber für das Dementi. Nicht anders kommt einem heute die Politik vor.

Mit einer letzten, unvorhersehbaren Folge: Auch die Zuschauer haben beschlossen, sich am Schauspiel zu beteiligen. Sie scheinen bei Meinungsumfragen über ihr Wahlverhalten gerne zu lügen. Und so sinkt der vermeintliche Sieger im Steptanzschritt in die Arme einer Ginger, die längst einen anderen liebt.

(1995)

Die achtziger Jahre waren grandios

Es vergeht kein Tag, an dem ich nicht irgendwo eine Klage oder Beschwerde über die dummen, unerträglichen achtziger Jahre lese. Man könnte meinen, all unser gegenwärtiges Ungemach sei damals entstanden, und wären wir direkt aus den Siebzigern in die Neunziger gesprungen, wären wir heute klüger.

Für sich betrachtet sind die Einteilungen nach Jahrzehnten, Jahrhunderten oder gar – wie sie jetzt groteskerweise vorgenommen werden – nach Jahrtausenden unsinnig oder jedenfalls grobschlächtig, aber sie haben eine Art von symbolischer Prägekraft, und man muß sie im Hinblick auf das akzeptieren, was sie in der populären Einbildungskraft bewirken. Auch die schulischen Lehrpläne und die Handbücher gehen nach Jahrhunderten und befassen sich mit so heiklen Problemen wie der Frage, ob Napoleon zum achtzehnten oder zum neunzehnten Jahrhundert gehört. Es ist wie bei der Einberufung zum Militär: Wer am 31. Dezember geboren ist, muß sterben gehen, wer am 1. Januar, darf leben bleiben. Außerdem ist es schwierig, Gefühlsurteile über Jahrzehnte abzugeben: Für einen, der seine erste große Liebe 1943 hatte, sind jene blutigen Jahre wunderbar und erregend gewesen.

Aber machen wir einmal das Spiel der Chronologien mit starren Kästchen. Die wichtigsten Jahre für das moderne Italien und vielleicht für die Welt sind die fünfziger gewesen (die natürlich im voraufgegangenen Jahrzehnt begannen). Jahre der Erneuerung in jeder Hinsicht, der Öffnung zur Welt und neuer, folgenreicher wissenschaftlicher

Entdeckungen. Europa teilt sich in zwei Lager, der Kalte Krieg beginnt. In den sechziger Jahren beginnen die neuen Generationen über die Ozeane zu fliegen, wie man früher im D-Zug fuhr, die Wirtschaft brummt, die Literatur und die Künste blühen, es kommen Johannes XXIII. und das Zweite Vatikanische Konzil. Daß in manchen Teilen der Welt Massaker geschahen, war auch eine Gelegenheit für große Politisierungen, aber den Grundton des Jahrzehnts gab zu Beginn Kennedy mit seinem Aufruf zur Eroberung der Sterne an; er starb bald darauf, aber das Jahrzehnt endet mit der Landung auf dem Mond. Und mit der Bewegung von Achtundsechzig, weltweit: Trächtig mit all den positiven und negativen Folgen, die sie im nächsten Jahrzehnt haben wird, bewirkt sie einen Ruck durch die ganze Gesellschaft, von der Arbeitswelt bis zur Kultur, von der Politik bis zum Lebensstil. Man kann nicht sagen, es sei eine uninteressante Zeit gewesen.

Die siebziger Jahre (die heute im Fernsehen wiederbeschworen werden, als seien sie die tollen Zwanziger gewesen) waren zumindest bei uns ein sehr düsteres Jahrzehnt. Sie beginnen Ende 1969 mit dem Bombenmassaker an der Piazza Fontana und enden mit der Ermordung Aldo Moros. Die Gesellschaft wird vom Terrorismus erschüttert, die Leute haben Angst, abends ins Restaurant zu gehen. Auch die aufgeklärtesten Geister verlieren die Orientierung und wollen es weder mit dem Staat noch mit den Roten Brigaden halten. Mit wem also dann? Um der neuen massenmedialen Potenz des Terrorismus entgegenzutreten, schlägt Marshall McLuhan, der Apostel des globalen Dorfes der Kommunikation, ein *Blackout* vor, sprich: die Zensur.

Danach kommen, wenn nicht aus anderen, aus chronologischen Gründen, die achtziger Jahre, von denen man heute bloß überall das aufsteigende Yuppietum und bei uns die verallgemeinerte Korruption sowie die Aufweichung der Ideologien sieht. Aber in fünfzig Jahren werden wir dieses Jahrzehnt als eines der wichtigsten des Jahrhunderts sehen, dasjenige, in dem sich – traumatisch, gewiß, aber unwiderruflich – die großen Knoten auflösen, die uns seit dem Ende des Ersten Weltkriegs in Starre versetzt oder fasziniert hatten, von den großen totalitären Utopien bis zum Kalten Krieg. Es beginnt die Auflösung der großen Imperien, Europa schickt sich an, seine politische Geographie zu verändern, viele Minderheiten werden, wenn auch mit riesigen Widersprüchen, offiziell anerkannt, die Parteien, die die politische Szene beherrscht hatten, beginnen sich nach ihrer Identität zu fragen, die klassische Aufteilung zwischen rechts und links restrukturiert sich (nicht nur der Marxismus gerät in die Krise und besinnt sich neu, im selben Jahrzehnt beginnt auch der selbstkritische Weg der extremen Rechten, auch wenn sich rechts von der extremen Rechten und links von der extremen Linken neue radikale Gruppen bilden), neue lagerübergreifende Initiativen entstehen, von der Ökologie bis zum Engagement in vielerlei Hilfsorganisationen. Zur selben Zeit beginnt in massiver Form die große Migration der Dritten Welt zur Welt des Wohlstands, und es kommt zu den (gewiß nicht friedlichen) Vorläufern der ethnischen Transformation Europas. Der Fall der Berliner Mauer ist das bloß noch symbolische Ereignis, das ein Dezennium epochaler Veränderungen krönt. Und schließlich, ob es gefällt oder nicht, setzt zu Beginn des Jahrzehnts eine gewaltige Revolution ein, deren Auswirkungen für die Zukunft wir gerade erst ahnen: Der *Personal Computer* tritt auf den Plan.

Kann man ein so entscheidendes Jahrzehnt mit einem

bedauernden Lächeln abtun, vielleicht genau jenes, in dem wir vom zwanzigsten zum einundzwanzigsten Jahrhundert übergegangen sind (ob dieses nun schön oder häßlich zu werden verspricht)? Kann man es nur im Licht seiner oberflächlichen Erscheinungsformen und seiner kurzfristigen Moden sehen, als hätten die fünfziger Jahre nicht auch ihr Dolce vita gehabt und die sechziger ihre entfesselten Tänze in psychedelischen Farben? Als würde man von den schrecklichen siebziger Jahren eines Tages nur noch in Erinnerung haben, daß damals die ersten Säle mit roten Lichtern eröffnet wurden?

(1997)

III

Erhabener Spiegel der wahren Sprüche

Verhaltens- und Redeweisen, Manien und Moden

Derrick
oder die Leidenschaft für das Mittelmaß

Die Derrick-Serie erfreut sich auch in Italien großer Beliebtheit. Im Licht des gesunden kritischen Menschenverstandes gäbe es keinen Grund, warum sie den Leuten gefallen sollte. Der Protagonist hat einen wäßrigen Blick und das traurige Lächeln eines geborenen Witwers, er trägt Anzüge von der Stange mit grauenvollen Krawatten, und seine Mitstreiter gehen in Lederjacken und Jeans, die nicht einmal richtig verwaschen sind. Die Innendekors stürzen noch den muntersten Possenreißer in unheilbare Betrübnis, und die Außenaufnahmen zeigen das Schlimmste, was Bayern zu bieten hat (dabei gäbe es dort wahrhaftig Besseres zu sehen).

Man könnte nun meinen, zumindest das detektivische Grundmuster der Geschichten sei originell und Derrick erobere sein Publikum durch Proben von außergewöhnlicher Intelligenz. Doch das Grundmuster hat, im Verhältnis zu den Detektivgeschichten von einst, nur eine sehr abgestandene Neuheit, die schon weidlich von der Columbo-Serie ausgeschlachtet worden ist: Das Publikum weiß sofort, wer der Täter ist und wie er die Tat begangen hat. Der Reiz besteht darin, zu sehen, wie der Polizist, der es nicht weiß, den Täter errät und ihn anhand sehr spärlicher Indizien dazu bringt, sich zu verraten.

Aber Columbo (der übrigens nicht schlechter als Derrick gekleidet ist, denn er pflegt einen Schlabberlook *avant la lettre*) bewegt sich mit seinen proletarischen Manieren in einer Welt schöner, reicher und mächtiger Kalifornier, die ihn wie einen Fußabtreter behandeln (wozu er sie ermuntert), in der Gewißheit, daß es diesem schäbigen Nachkommen zwielichtiger Immigranten nicht gelingen wird, ihre Deckung zu durchbrechen und die Barriere ihrer glänzenden Arroganz einzureißen. Columbo, der es versteht, scharfsinnige Bemerkungen über das zu machen, was für die anderen marginal ist, treibt sie mit psychologischen Tricks von perfider Raffiniertheit in die Enge und bringt sie schließlich zu Fall, indem er gerade ihren Dünkel ausnützt. Die Zuschauer genießen diesen Sieg des Pygmäen über die Elefanten und gehen zu Bett mit dem schönen Gefühl, daß einer, der genauso bescheiden und ehrlich wie sie ist, sie gerächt hat, indem er widerlich reiche, schöne und mächtige Leute bestraft.

Nicht so Derrick. Er hat es fast immer mit Leuten zu tun, die niedriger stehen und schlechter gekleidet sind als er, dazu noch psychisch labil und eingeschüchtert durch einen Vertreter des Gesetzes, wie es bei jedem guten Deutschen vorkommt. Seine Schuldigen sehen so unverschämt schuldig aus, daß sie gewöhnlich sogar von Harry erkannt werden (der offensichtlich ohne vorgängigen Intelligenztest in die bayerische Polizei aufgenommen worden ist), sie brechen fast sofort zusammen, es scheint, als ob sie geradezu danach lechzten. Wie kommt es dann, daß Derrick so gut gefällt?

In einem kürzlich erschienenen Sammelband mit dem Titel »Die Leidenschaften im TV-Serial«* sind die in den Serien *Beautiful*, *Twin Peaks* und eben *Derrick* verwendeten »Leidenschafts-Strategien« untersucht worden. Ich kann die Analyse des Derrick-Teils hier nicht im einzelnen

* *Le passioni nel serial TV*, hrsg. v. Omar Calabrese, Nuova Eri, 1995.

wiedergeben, sie füllt etwa dreißig Seiten, aber sicher ist, daß sie Antworten auf die oben gestellten Fragen gibt.

Für die einzelnen Folgen werden nie außergewöhnliche Fälle gewählt, sondern Vorkommnisse von der Art, wie sie auch im Lokalteil der Zeitungen stehen und jedem von uns passieren könnten. Deswegen ist es von grundlegender Bedeutung, daß weder strahlende Helden noch Erzbösewichter in ihnen auftreten. Sowohl der Gesetzesbrecher wie der Gesetzesvertreter sind stets von gegensätzlichen Leidenschaften zerrissen, von Verlangen nach Gerechtigkeit und nach persönlicher Rache, von Schuldgefühl und verständlicher Schwäche. Die Schauplätze dürfen nicht zu leicht wiedererkennbar sein, damit möglichst viele Zuschauer sich darin wie zu Hause fühlen können. Hinzu kommt ein Element, das ich zunächst gar nicht bemerkt hatte: Wie es scheint, benutzen die Personen in jeder neuen Folge immer die neuesten Automodelle, so daß der Zuschauer stets ein Klima vertrauter Alltagsaktualität vorfindet (den alten Karren von Lieutenant Columbo kann sich Derrick nicht leisten).

Derrick findet die Wahrheit am Ende nicht deshalb heraus, weil er so verteufelt intelligent ist, sondern weil er Verständnis für seinen Gesprächspartner hat: Er mißtraut ihm nie völlig und nimmt seine Sorgen ernst – und man bedenke den Unterschied zu Columbo, der immer allen mißtraut! Zwar bedauert auch Columbo am Ende wie Derrick, daß er den Schuldigen ruiniert hat, aber Columbo bedauert es, weil ihm in diesem Kampf zweier Intelligenzen der Gegner – so groß die Unterschiede zwischen ihnen auch sind – im Grunde fast sympathisch geworden ist. Derrick hingegen leidet am Ende, weil er den Schuldigen von Anfang an gemocht, ja wie ein Onkel geliebt hat.

Als Fazit heißt es im Schlußkapitel des erwähnten Sammelbandes, die Derrick-Serie sei ein »Vermittler zwischen Realität und Einbildung«, da sie »die erzählten Gefühle normalisiert und in ihren Zuschauern eine parallele Normalität heraufruft«. Sie sei »der Triumph der *mediocritas*, verstanden als ein ›In-der-Mitte-Stehen‹ und zu einem Wert geworden anstelle einer Anonymität«.

Jetzt versteht man, warum die Serie einen so großen Erfolg hat: Sie ist die Quintessenz aller TV-Spektakel, auch derer, in denen reale Personen auftreten, die nur geliebt werden, wenn sie sich auf triumphale Weise als noch mediokrer denn die mediokersten Zuschauer erweisen. Und es ist zwecklos, den Snob zu spielen: Derrick gibt allen ein gutes Gefühl, auch denen, die sich für überlegen halten, denn er läßt in jedem von uns die Mittelmäßigkeit wieder aufblühen, die wir glaubten verdrängt zu haben.

(1995)

In welchem Sinne Fußball eine sexuelle Perversion ist

In Argentinien zu sein, während dort gerade die Fußball-WM tobt, ist zweifellos eine Erfahrung. Besonders wenn Argentinien gewinnt. Zu Besuch wegen verschiedener Vorträge und Begegnungen, entdeckte ich eines Tages, daß alle meine Verpflichtungen gestrichen worden waren und ich einen ganzen Nachmittag frei hatte. Es war der Tag der Begegnung Italien – Norwegen, und es schien unmöglich, daß der Gast ein so großes Ereignis zerstreut übersehen haben könnte. Im übrigen wäre ich, was immer ich auch in jenen Stunden getan hätte, allein gewesen. Ganz Buenos Aires hockte vor dem Fernseher.

Deswegen habe ich den insistenten Fragen der Journalisten nicht ausweichen können. Dabei hatte ich mir das Spiel durchaus angesehen, es war ein schönes Spiel, und wenn man da mittendrin sitzt, kann man sich einem Minimum an Herzklopfen nicht entziehen, aber wenn man mich über Fußball befragt, ist es immer so, als befragte man mich über Dänemark. Dänemark ist ein entzückendes Land, ich bin mehrmals dort gewesen, habe es von Andersens Seejungfrau bis Helsingör und bis Jütland bereist und würde es gern wiedersehen. Aber ich kann nicht sagen, daß mich der Gedanke an Dänemark nachts nicht schlafen läßt und daß ich mir am nächsten Morgen von einem angeheuerten Spezialisten die dänischen Zeitungen übersetzen lasse. Ich bin zufrieden, daß es Dänemark gibt, und das genügt mir.

Versucht man zu erklären, welche Gefühle ein normaler

Mensch für den Fußball empfindet, erntet man häufig Unverständnis. Und so hat ein argentinisches Blatt der Versuchung nicht widerstanden, einen Artikel über mich mit der mir zugeschriebenen Erklärung »Fußball ist eine sexuelle Perversion« zu überschreiben. Ich hatte etwas Differenzierteres gesagt und habe es auch schon bei anderer Gelegenheit dargetan, aber ich will hier noch einmal versuchen, meinesgleichen zu erklären, was ich meinte.

Ich bin der Ansicht, daß ein normaler Mensch, solange er das entsprechende Alter hat, sich in der körperlichen Liebe betätigen sollte, und ich halte das für eine gesunde und schöne Tätigkeit. Sodann gibt es Fälle, in denen man anderen dabei zusieht, wie sie diese schöne Tätigkeit ausüben. Ich denke nicht unbedingt nur an Filme im Rotlichtviertel, es genügt ein normaler Film, in dem man zwei schöne Menschen sieht, die sich anmutig paaren. In den Grenzen des Maßvollen kann das eine befriedigende Erfahrung sein. Schließlich gibt es jene sexuell Verklemmten, die sich erregen, wenn sie jemanden erzählen hören, er habe in Amsterdam gesehen, wie es zwei miteinander trieben. Hier scheint mir die Grenze zur Perversion erreicht (außer in Fällen von offenkundigem Handicap, wenn man gezwungen ist, zu nehmen, was man kriegt).

Ich glaube, beim Fußball ist es ganz ähnlich. Fußballspielen ist eine schöne Sache, und ich bedauere nur, daß ich in meiner Kindheit und Jugend als Meister des Eigentors galt, weshalb ich zu wichtigen Spielen nie zugelassen wurde. Aber man kann auch versuchen, ein bißchen auf der Wiese herumzubolzen, und das ist gut für die Gesundheit. Sodann kommt es vor, daß es elf Freunde gibt, die besser spielen als man selbst, so daß es ziemlich erregend ist, ihnen beim Spielen zuzusehen. Ab und zu widerfährt mir das, und dann genieße ich es, als wäre ich in der Oper.

Schließlich gibt es jene Leute, die den ganzen Tag damit verbringen, sich bis zur Gefahr des Herzinfarkts darüber zu ereifern, was in den Zeitungen über Spiele steht, die sie womöglich gar nicht gesehen haben. Und hier scheint mir die Grenze zur Perversion erreicht (außer in Fällen von offenkundigem Handicap, wenn man gezwungen ist, zu nehmen, was man kriegt).

Nun könnte mir jemand entgegenhalten, das gleiche gelte auch, wenn man ins Theater, in die Oper, ins Konzert geht. Ob ich es etwa für eine minderwertige Ersatzhandlung hielte, wenn jemand hingeht, um sich die Musici oder Pavarotti anzuhören oder Vittorio Gassman zu sehen? In einem gewissen Sinne ja, nämlich wenn er niemals versucht hat, selber zu singen, ein Instrument zu spielen, wie dürftig auch immer, oder einen Text aufzusagen, sei's auch nur in der örtlichen Laienspielgruppe. Ich denke hier nicht an die marxsche Utopie einer befreiten Gesellschaft, in der jedermann Fischer und Jäger ist und so weiter, aber ich denke, wer einmal versucht hat, auch nur eine Okarina zu spielen, kann besser einschätzen, was Pollini tut. Nur wer hin und wieder, sei's unter der Dusche oder beim Blumengießen, *O dolci baci, o languide carezze* zu singen versucht (oder auch bloß *Eleanor Rigby*), kann die außerordentlichen Gaben eines großen Sängers würdigen. Wer nie versucht hat, *Für Elise* zu klimpern, ist weniger in der Lage, die Darbietung eines großen Pianisten zu genießen. Man muß im Leben auch einmal selber zu singen, zu spielen, zu rezitieren versuchen (womöglich nur mit einem schönen Auftritt beim Betriebsausflug), um besser genießen zu können, was die wirklichen Könner bieten. Und wenn dann jemand käme, der zwar nie in die Oper geht, aber die ganze Woche damit verbringt, die neuesten Kritiken über Pavarotti zu diskutieren, dann würde ich, auch wenn der Fall selten ist, von Perversion sprechen.

Das alles scheinen mir sehr simple Wahrheiten zu sein. Aber es ist ziemlich schwer, sie denen verständlich zu machen, die soviel Zeit mit Diskussionen über Fußball verlieren, daß sie keine Zeit mehr dafür haben, wenigstens sonntags mit ihren Kindern ein bißchen zu bolzen – womöglich unter Hinzuziehung einiger Kinder von anderen. Aber vielleicht bin ja ich hier der Perverse. Reden wir nicht mehr davon. Ich werde sobald wie möglich wieder nach Dänemark fahren.

(1994)

Die Zigarre als Botschaft

In einem Amerika, das sich auf allen Ebenen in die Schlacht gegen das Rauchen gestürzt hat, greift neuerdings die Mode des Zigarrenrauchens um sich. Erst vorgestern fand ich in einem Katalog für Geschenkartikel Dutzende neuer Accessoires für den Raucher verbotener Havannas, von einem Aschenbecher in passenden Dimensionen bis zu verschiedenen Arten von Futteralen und anderen Objekten von ausgesuchter Nutzlosigkeit, wie es sich für hochwertige Geschenke gehört.

Jedes gesellschaftliche Phänomen kann interpretiert werden, aber es gibt einige – besonders typisch dafür sind die Moden –, die als ausdrückliche Botschaften gelesen werden müssen, denn in solchen Fällen tut einer etwas, um eine Absicht mitzuteilen, und das tut er durch ein symbolisches Verhalten.

Wollte man das symbolische Verhalten ausschließen, blieben nur funktionale Erklärungen. Man probiere nur einmal zu behaupten, daß offensichtlich viele Leute noch gerne rauchen würden: Das stimmt sicher, aber es würde nicht erklären, warum die Gesellschaft sich tolerant gegenüber Zigarrenrauchern, nicht aber gegenüber den Zigarettenrauchern verhält. Die Zigarettenraucher drängen sich auf dem Bürgersteig vor den Eingängen öffentlicher Gebäude zusammen, vereint durch eine unerwartete Solidarität – du trittst hinaus und ziehst die Packung hervor, und sofort steht ein anderer Raucher vor dir und gibt dir komplizenhaft lächelnd Feuer –, die anderen sehen sie desinteressiert an, einige auch mit Unmut oder Verachtung, aber letzten Endes tun sie niemandem etwas Böses (obwohl in manchen Staaten davon die Rede ist, das Rauchen auch auf der Straße zu verbieten, zumindest tagsüber). Dagegen der Zigarrenraucher: Er zieht seine Trophäe nach dem Essen oder während einer Party ganz offen hervor, zumindest an Orten, wo er weiß, daß er toleriert wird, und sein Verhalten wird nicht als ungehörig oder störend empfunden. Mehr noch, wenn jemand eine Zigarette rauchen will, muß er warten, bis irgendwer eine Zigarre hervorzieht, und sich ihm dann gleichsam anschließen, nachdem er sich vergewissert hat, daß keiner der Anwesenden protestiert. Es genügt nicht zu sagen (wie manche es tun), daß die Zigarre weniger Schaden anrichte, da ihr Rauch nicht inhaliert werde, denn das ändert nichts am passiven Rauchen der anderen, und Zigarrenqualm verpestet die Luft noch mehr. Also was?

Eine Erklärung, die mir überzeugend erscheint, ist folgende. Der Kampf gegen das Zigarettenrauchen hat begonnen (und wird seitens der Behörden fortgesetzt) als ein Kampf für die Gesundheit. In diesem Sinne ist die Zigarette zu einem Symbol des Todes geworden. Aber die Polemik gegen das Rauchen hat sich sehr schnell in den oberen Klassen eingebürgert. Man raucht nicht mehr in Luxusrestaurants, man raucht nur noch in schmuddeligen kleinen Bars, und als erste ganz aufgehört (jedenfalls in der Öffentlichkeit) haben die Banker und Bosse, die Professoren, die Leute mit hohem Einkommen. Wer noch raucht, sind die Schwarzen, die Frauen der Mittel- und Unterschichten, die Alten, die Obdachlosen.

Daher ist der Unterschied immer mehr zu einem gesellschaftlichen geworden. Die Zigarette ist etwas für die Armen und jedenfalls für die Minderheiten. Mit der Zigarette ist dasselbe geschehen wie seinerzeit mit dem Kautabak.

Das Priemkauen ist nicht deswegen aus der Mode gekommen, weil es schlecht für die Zähne ist, sondern weil es einen nach spuckendem Sabbergreis aussehen läßt und den Atem verpestet – wer könnte sich einen Herrn im Smoking bei einer Premiere in der Scala vorstellen, der einen Priem kaut? Man tut es einfach nicht, und damit basta.

Die Zigarre dagegen hat keine proletarischen Konnotationen (es sei denn, es handelt sich um unseren knorrigen alten toskanischen Stinkstumpen). Die Zigarre ist teuer, sie erfordert Zeit und Muße, sie verbindet sich in der populären Ikonographie mit dem großen Magnaten, dem Mann der Macht, man schenkt sie zur Geburt eines Sohnes. Man schnorrt sich keine Zigarre, wie man sich eine Zigarette schnorrt; wenn einen jemand um eine Zigarette bittet, gibt man sie ihm ohne großes Getue; es kann sogar vorkommen, daß man ihm gleich die ganze Schachtel läßt, weil man noch eine andere hat, aber dadurch erscheint man weder besonders großzügig noch besonders wohlhabend. Zieht dagegen jemand sein Etui hervor und schenkt uns vier teure Zigarren, dann kommt es uns vor, als hätten wir's mit einem Potentaten aus anderen Zeiten zu tun, der sich einen Smaragdring vom Finger streift und ihn uns überreicht.

Deswegen raucht man in besseren Kreisen Zigarren. Sie sind das Mittel zur Ruinierung der Gesundheit, durch welches sich hochgestellte Selbstmorde auszeichnen, sie bringen einem den Tod nicht billig wie die Zigaretten der Armen. Infolgedessen werden sie von der Gesellschaft toleriert und im Innersten gebilligt.

Ach ja, ich vergaß noch eins zu erwähnen, etwas, das in Amerika so normal ist, daß es niemandem auffällt: Im Zentrum des Kampfes gegen das Rauchen, in den ebenso puritanischen wie hygienebewußten Vereinigten Staaten, dem Land, das als erstes die unheilschwangere Warnung des Gesundheitsministers auf die Zigarettenschachteln drucken ließ – in diesem Land werden die Zigaretten in den Apotheken verkauft.

(1996)

Warum gibt es Demonstrationen gegen Sex mit Kindern? Eine nicht zu unterschätzende Botschaft

Letzte Woche schrieb ich, daß jedes gesellschaftliche Verhalten interpretiert werden muß, erst recht aber jene Verhaltensweisen, die eindeutig Botschaften sind, wie in den Moden, wo jemand, der sich einen Smoking anzieht, das nicht tut, um sich vor der Kälte zu schützen, sondern um den anderen eine bestimmte Absicht mitzuteilen. Ebenso kann man sagen (darüber ist lange in den Jahren der »bleiernen Zeit« diskutiert worden, und mit den jüngsten Attentaten in Frankreich wird es wieder aktuell), wenn jemand irgendwo eine Bombe legt, tut er das nicht, um zufällig vorbeikommende Passanten zu töten, sondern um jemandem eine Warnung zukommen zu lassen. Mit anderen Worten – so sehr es uns schaudern lassen mag, daß zum Schreiben von Botschaften menschliches Blut wie Tinte benutzt wird –, bestimmte Verhaltensweisen sind kommunikative Akte und müssen als solche gelesen werden. Andere, zum Glück unblutige, sind zugleich Botschaften (die Leute wollen etwas ausdrücken) und Symptome (indem sie es so und nicht anders ausdrücken, wollen sie uns etwas zu verstehen geben).

Vor zwei Wochen gab es in Genua einen Marsch gegen sexuellen Mißbrauch von Kindern, eine Demonstration, die vor einiger Zeit auch in Belgien stattgefunden hatte. Was bedeutet das? Stellen wir gleich klar, daß Sex mit Kindern für jeden normalen Menschen etwas sehr Übles ist, und dieses Urteil soll hier nicht in Frage gestellt werden. Daß es nur für unsere heutige Zivilisation gilt und für die klassischen Griechen durchaus nicht so selbstverständlich war, ist eine andere Sache. Es hat Gesellschaften gegeben, die den Kannibalismus gerechtfertigt und ermutigt haben, aber unsere moderne Zivilisation verurteilt ihn, und wir alle sind damit einverstanden.

Was bedeutet es, massenhaft auf die Straße zu gehen, um gegen ein Verbrechen zu demonstrieren, das die Gesellschaft einmütig verurteilt? Anders gefragt, welche Bedeutung hätte eine Demonstration gegen Sexualmord, gegen Muttermord, gegen Kindesmord? Sie würde recht seltsam erscheinen, man demonstriert schließlich, um für etwas einzutreten, was die Mehrheit der anderen nicht anerkennt, also zum Beispiel für die Rechte einer Minderheit, für angemessene Renten oder gegen die Arbeitslosigkeit, aber eben weil man der Meinung ist, daß diese Rechte gewöhnlich mit Duldung der öffentlichen Gewalten verletzt werden.

Mag sein, daß der Marsch in Belgien einen Sinn hatte, weil man der Ansicht war, daß es dort eine Verantwortung oder zu geringe Überwachung seitens der Regierung gab. Aber hat es einen Sinn, gegen Sex mit Kindern in Italien zu demonstrieren, wo mir scheint, daß die öffentliche Gewalt das Verbrechen im allgemeinen verurteilt und bestraft und wo man (abgesehen von unkontrollierbarem Geschwätz) der politischen Klasse kaum vorwerfen kann, daß sie Kinderpornographie begünstigt?

Man wird sagen, es sei eine Demonstration der Solidarität mit den Eltern der Opfer gewesen, als welche sie auch empfunden wurde, und sicherlich gab sie sehr ehrenwerten Gefühlen Ausdruck. Aber wenn dem so wäre, gäbe es dann nicht noch viele andere Fälle, in denen wir zur Mobilisierung aufrufen müßten – gegen Diebstahl, gegen Ausbeutung, gegen die Droge, gegen zahllose Verhaltensweisen, die alle verurteilen?

Das Symptom ist interessant, und ich neige zu folgender Interpretation. Die großen Utopien sind zusammengebrochen (man demonstriert nicht mehr für eine künftige Revolution oder gegen ungerechte Kriege), aber der soziale Körper hat das Bedürfnis, sich in bestimmten Schlachten einig zu fühlen, Brüderlichkeiten zu entdecken, sich als aktiv Handelnder im gemeinschaftlichen Leben zu empfinden. Jedesmal wenn ein Thema aufkommt, das die allgemeine Sensibilität berührt (und der Abscheu vor sexuellem Mißbrauch von Kindern ist sicher ein solches), ergreift der soziale Körper die Gelegenheit, sich zu Wort zu melden, und jeder fühlt sich mit den anderen solidarisch – ja, im Unterschied zu den politischen Demonstrationen von einst fühlen sich alle jenseits der Ideologien und Religionen einig über ein moralisches Thema, über das man nicht diskutiert.

So bezeugen diese öffentlichen Paraden einerseits das tiefe Verlangen vieler, eine Einheit wiederzufinden, besonders in einem Moment, in dem das politische Leben mehr als gewöhnlich vergiftet erscheint, und diese Demonstrationen besagen: »Hört auf, euch über Fragen zu zerfleischen, die letztlich nur Kleinigkeiten sind, und einigt euch über die großen Themen!« Andererseits demonstrieren sie das kollektive Bedürfnis, da, wo es heute so schwierig erscheint, sich auf der einen oder anderen Seite einzureihen, das Wort zu ergreifen und die Stimme der Bürger hören zu lassen, nicht über Fragen der Klasse, des Berufsstands, der Gruppe oder der Konfession, sondern über solche, in denen sich der ganze soziale Körper einig sein sollte.

In diesem Sinne sind solche Demonstrationen, die

scheinbar nur von Gefühlsreaktionen diktiert werden, wobei die Gefühle derart verallgemeinert sind, daß sie scheinbar wirkungslos bleiben, als Symptome nicht zu unterschätzen, denn sie sagen uns etwas über das Bedürfnis der Menschen, sich in der Lösung gemeinsamer Probleme zusammenzufinden. Eine Botschaft, die sich die politische Klasse aufmerksam anhören sollte.

(1996)

Grundzüge einer Stadtpsychologie: Dresden

Ich komme gerade aus Dresden zurück. Dresden ist eine Stadt, die alle Gründe hätte, sich zu beklagen. Glänzende Hauptstadt Sachsens, von Herder als »Florenz des Nordens« bezeichnet, in einer romantischen Landschaft erster Klasse gelegen, wurde sie drei Monate vor der Kapitulation Hitlerdeutschlands dem gnadenlosesten konventionellen Bombardement des ganzen Weltkriegs unterzogen. Ausradiert, und das ohne zwingende Gründe; man wußte bereits, daß die Russen bald da sein würden, und das »Dritte Reich« lag schon am Boden. Das geben inzwischen auch die Anglo-Amerikaner zu, die nicht aufhören, Gewissensbisse und Solidarität zu bekunden.

Aber die Stadt hat, ohne zu vergessen, ihre Trauer ohne Gejammer, ohne Opfergetue und, man möchte fast sagen: ohne Groll getragen. Die Dresdner gehen davon aus, daß man die Geschichte kennt, und zeigen dem Besucher stolz die wieder aufgebauten Paläste, die Türme, die Kirchen, die unglaubliche Pinakothek, sie sagen ihm, wie weit im Jahre 2006, zur Achthundertjahrfeier der Stadt, alles wieder hergerichtet sein wird; sogar die scheußlichen Bauten, die nach dem Krieg schnell hochgezogen worden sind, werden bis dahin ersetzt sein, und die Barockfassaden, die Bellotto so genau auf seinen Bildern festgehalten hat, werden restauriert sein (Bellotto hatte kein so feines Gespür für die Ungreifbarkeit der Atmosphäre wie sein Onkel Canaletto, aber er war von einem glasklaren Realismus, der es erlaubt hat, auch die Altstadt von Warschau wieder aufzubauen).

Die Dresdner fragen einen gar nicht, ob einem die Stadt gefällt. Sie sagen es einem. Das bringt mich auf den Gedanken, daß man die Städte normalerweise in zwei Kategorien einteilen kann: in die selbstsicheren und die anderen. Ich werde hier nur einige der selbstsicheren beim Namen nennen, möchte jedoch betonen, daß unter den anderen auch Hauptstädte sind.

In den selbstsicheren Städten kommt es den Leuten gar nicht in den Sinn, den Besucher zu fragen, wie er ihre Stadt findet. Einige verkaufen schamlos ihren Mythos (»Paris, la ville lumière« – »Quanto sei bella Roma« – »New York, New York«), aber sie verlangen keine Konsensbekundungen. Sie setzen stillschweigend voraus, daß man überwältigt ist, und wenn nicht, hat man eben Pech gehabt. Andere, zum Beispiel London, Mailand oder Amsterdam, legen einem zwar den Prospekt oder den Führer mit den Sehenswürdigkeiten ins Hotelzimmer, reden aber nicht viel von sich und sind jedenfalls nicht an den Meinungen ihrer Besucher interessiert. Eine Kategorie für sich sind die Bewohner von Buenos Aires: Spät in der Nacht befragen sie sich und einander nach der argentinischen Identität, aber das ist ein nationales Spiel; daß »Buenos Aires querido« zum Verlieben ist, haben sie nie in Zweifel gezogen.

In Italien bezeichnet sich eine Stadt, wenn es ihr an Selbstvertrauen gebricht, bei öffentlichen Gelegenheiten als »nobilissima città«, also eine Stadt von ältestem – sprich antikem – Adel. Es liegt auf der Hand, daß alle italienischen Städte, so wenige Jahrhunderte sie auch erst alt sein mögen (außer den erst vor ein paar Jahrzehnten gebauten), antiken Ursprungs sind, aber die komplexbeladenen haben das Bedürfnis, es ausdrücklich zu sagen. Im allgemeinen jedoch – und dies gilt überall in der Welt – erkennt man mangelndes Selbstvertrauen daran, daß einem sofort bei der Ankunft die Frage gestellt wird: »Was denken Sie über unsere Stadt?«

Mir ist es passiert, daß ich bei der Ankunft in sehr komplexbeladenen Städten auf dem Flugplatz von Journalisten umringt wurde, und die erste Frage war: »Kommen Sie zum erstenmal her? Was denken Sie über unsere Stadt?« Wenn ich dann zu bedenken gab, daß ich noch gar nichts über sie denken könne, weil ich sie ja noch gar nicht gesehen hatte, insistierten sie: »Ja, aber was haben Sie zu finden erwartet, welches Bild hatten sie von ihr?« Sie wissen genau, daß man, wenn man kein Provokateur ist, eine höfliche Antwort geben wird. Am besten, man sagt, man habe schon viel über diese faszinierende und (wenn man ehrlich ist) kontrastreiche Stadt gehört. Dann geben sie erstmal Ruhe, aber solange man da ist, fragen sie immer wieder danach.

In manchen Städten widersprechen sie der höflichen Antwort. Sie wetteifern miteinander, dem Besucher zu sagen, daß die Gegensätze gewaltig, die Probleme dramatisch und ungelöst seien. Man hüte sich, auf die Provokation einzugehen und zu antworten, das sei wahr. Sie werden beleidigt sein. Manchmal wird einem die schicksalhafte Frage auch in Städten gestellt, die für ihre Effizienz und ihre Schönheit berühmt sind. Dann entdeckt man, daß die Stadt unter ihrer Opulenz einen Mangel an Identitätsbewußtsein verbirgt.

Es gibt auch Städte, die ihr Selbstvertrauen wiedergewinnen. Neapel war bekannt für seine Mischung aus leidendem Stolz und triumphierender Selbstbeschimpfung. Einer meiner Freunde sagte kürzlich zu dem Taxifahrer, der ihn zum Flughafen bringen sollte, sie würden vielleicht wegen des Verkehrs zu spät ankommen. Der Taxifahrer antwortete stolz (ohne zu leiden), der Verkehr funktioniere jetzt sehr gut. Kommentar meines Freundes: Zum ersten Mal in seinem Leben (und in der ganzen Welt) sei er einem Taxifahrer begegnet, der gut von der Stadtverwaltung sprach.

In anderen Fällen beginnt eine Stadt, die früher sehr selbstsicher war, sich langsam unwohl zu fühlen. Man achte darauf, ob man gefragt wird, was man über sie denke. Es empfiehlt sich, eine begeisterte Antwort zu geben, aber man schaue sich um und suche nach Gründen für ein Unbehagen.

(1996)

Bücher zum Nachschlagen und Bücher zum Lesen

Zerstreut herumzappend bin ich vor ein paar Tagen auf einen Kanal gestoßen, in dem eine Art lange Vorschau auf eine demnächst kommende Sendung zu sehen war. Ich glaube, es war in *Rete Quattro* oder *Cinque*, aber ich bin mir nicht sicher (was wieder einmal bestätigt, wie ideologisch wehrlos der Fernsehzuschauer im Vergleich zum Zeitungsleser ist, der immer genau weiß, wer da zu ihm spricht). Es wurden die Wunder der CD-ROM angepriesen, das heißt jener hypermedialen Scheiben, die uns das Äquivalent eines ganzen Konversationslexikons geben können, mit Farben, Tönen und der Möglichkeit zu blitzschnellen Querverweisen und Verbindungen zwischen den einzelnen Themen. Da ich auf diesem Gebiet gerade ein paar Erfahrungen sammle und die Sache kenne, folgte ich der Sendung nur zerstreut. Bis ich auf einmal meinen Namen nennen hörte: Es wurde behauptet, ich verträte die Meinung, diese Scheiben würden eines Tages definitiv die Bücher ersetzen.

Niemand kann verlangen, wenn er nicht paranoisch ist, daß die anderen alles lesen, was er schreibt, aber er kann zumindest hoffen, daß sie ihn nicht das Gegenteil sagen lassen, besonders wenn sie ihn – ungefragt – als Zeugen für etwas anführen. Tatsache ist, daß ich bei jeder Gelegenheit sage und wiederhole, daß die CD-ROM *nicht* das Buch ersetzen können wird.

Es gibt zwei Arten von Büchern: die zum Nachschlagen und die zum Lesen. Die ersten (der Prototyp ist das Telefonbuch, aber sie gehen bis zum Wörterbuch und zum Konversationslexikon) besetzen viel Platz im Bücherregal, sind schwierig zu benutzen und kostspielig. Diese können eines Tages durch multimediale Silberscheiben ersetzt werden. Dadurch wird Platz frei, zu Hause wie in den öffentlichen Bibliotheken, für die Bücher zum Lesen (die von der *Göttlichen Komödie* bis zum letzten Kriminalroman gehen).

Die Bücher zum Lesen sind durch keinerlei elektronisches Speichermedium ersetzbar. Sie lassen sich überall in die Hand nehmen, auch im Bett, auch in einem Boot, auch dort, wo es keine Steckdosen gibt, auch dann, wenn jede Batterie leer ist, man kann in ihnen etwas unterstreichen, eine Seite einknicken, ein Lesezeichen hineinlegen, man kann sie auf den Boden fallen- oder aufgeschlagen auf die Brust oder auf die Knie sinken lassen, wenn einen der Schlaf überkommt, sie passen in die Jackentasche, sie können angestoßen werden, sie nehmen ein individuelles Aussehen an, je nach der Intensität und Regelmäßigkeit unserer Lektüre, sie erinnern uns daran (wenn sie zu frisch und unberührt aussehen), daß wir sie noch nicht gelesen haben, sie lassen sich in der von uns gewünschten Kopfhaltung lesen, ohne uns die starre und angespannte Haltung vor einem Computerbildschirm aufzuzwingen, der in jeder Hinsicht bequem und benutzerfreundlich sein mag, nur nicht für die Halswirbelsäule. Versuchen Sie mal, die ganze *Göttliche Komödie* an einem Bildschirm zu lesen, auch bloß eine Stunde pro Tag, und dann sagen Sie mir, wie es war.

Das Buch zum Lesen gehört zu jenen Wundern einer vollendeten Technologie, zu denen auch das Rad, das Messer, der Löffel, der Hammer, der Topf und das Fahrrad gehören. Das Messer ist schon sehr früh erfunden worden, das Fahrrad erst ziemlich spät. Aber so sehr sich die Designer auch bemühen, irgendein Detail zu verändern, im Kern bleibt das Messer immer dasselbe. Es gibt Maschinen, die den Hammer ersetzen, aber für bestimmte Dinge wird man immer etwas brauchen, was dem ersten jemals auf Erden erschienenen Hammer gleicht. Man kann ein überaus raffiniertes Gangschaltungssystem erfinden, aber das Fahrrad bleibt, was es ist: zwei Räder, ein Sattel, Lenker, Pedale. Sonst heißt es Moped und ist eine andere Sache.

Jahrhundertelang hat die Menschheit zum Lesen und Schreiben erst Stein, dann Tontafeln, dann Papyrusrollen benutzt, aber es war eine mühsame Arbeit. Als sie entdeckte, daß man Bögen zusammenbinden kann, auch wenn diese noch handbeschrieben waren, stieß sie einen erleichterten Seufzer aus. Und sie wird niemals wieder auf diese wunderbare Erfindung verzichten.

Das Format des Buches wird durch unsere Anatomie bestimmt. Es kann sehr große Bücher geben, aber meistens haben sie dokumentarische oder dekorative Funktion. Das Standardbuch darf nicht kleiner als eine Zigarettenschachtel und nicht größer als eine Nummer des *Espresso* sein. Seine Größe ist abhängig von den Dimensionen unserer Hand, und diese haben sich – zumindest bisher – trotz Bill Gates nicht geändert.

Gewiß verspricht uns die Technik Maschinen, mit denen wir am Computer die Bibliotheken der ganzen Welt durchsuchen können, um die uns interessierenden Texte zu nehmen, sie in der von uns gewünschten Schrift auszudrucken, je nach dem Grad unserer Altersweitsichtigkeit und unseren ästhetischen Vorlieben, wobei schon der Drucker uns die Bögen sortiert und zu Broschüren bindet, so daß sich jeder seine persönlich gestalteten Werke zusammenstellen kann. Ja und? Eines Tages werden die Setzereien, die Druckereien, die traditionellen Buchbindereien verschwunden sein, aber wir werden noch immer und immer wieder ein Buch in der Hand halten.

(1994)

Bücherlesen mit den Fingerkuppen

Eine häusliche Bibliothek ist nicht nur ein Ort, an dem Bücher versammelt werden; sie ist auch ein Ort, der sie für uns liest. Wie ich das meine? Nun, ich denke, jedem von uns, der eine gewisse Anzahl von Büchern besitzt, ist es widerfahren, sich jahrelang Gewissenbisse gemacht zu haben, weil er einige Bücher noch nicht gelesen hatte, die ihn jahrelang vorwurfsvoll vom Regal herab ansahen, als wollten sie ihn an seine Vergeßlichkeit erinnern.

Eines Tages nimmt man dann eines dieser Bücher zur Hand, beginnt zu lesen und entdeckt, daß man schon fast alles kennt, was darin steht. Für dieses sonderbare Phänomen, das sicherlich viele bezeugen können, gibt es nur drei vernünftige Erklärungen. Erstens: Im Lauf der Jahre hat sich durch die verschiedenen Berührungen, wenn wir das Buch umgestellt, abgestaubt oder auch bloß ein Stück zur Seite geschoben haben, um ein anderes besser herausziehen zu können, etwas von seinem Inhalt über unsere Fingerkuppen in unser Hirn übertragen, wir haben es also gewissermaßen taktil gelesen, als ob es in Blindenschrift gedruckt wäre. Ich bin ein Anhänger des CICAP* und glaube nicht an paranormale Phänomene, aber in diesem Fall schon, auch weil ich das Phänomen gar nicht für paranormal halte. Im Gegenteil, es ist stinknormal und wird von der Alltagserfahrung bestätigt.

* Comitato Italiano per il Controllo delle Affirmazioni sul Paranormale (Ital. Komitee zur Kontrolle der Behauptungen über das Paranormale), Mitglied des European Council of Skeptical Organisations; Genaueres unter *www.cicap.org* (A. d. Ü.).

Zweite Erklärung: Es stimmt gar nicht, daß wir das fragliche Buch nie gelesen haben. Jedesmal, wenn wir es verschoben oder abgestaubt haben, haben wir einen kurzen Blick darauf geworfen, die Umschlagbanderole gelesen, es irgendwo aufgeschlagen und ein paar Seiten überflogen, und so haben wir nach und nach einen großen Teil absorbiert. Dritte Erklärung: Im Lauf der Jahre haben wir andere Bücher gelesen, in denen von diesem die Rede war, so daß wir, ohne es uns bewußt zu machen, gelernt haben, was es zu sagen hatte (sei's daß es sich um ein berühmtes Buch handelte, von dem alle gesprochen haben, oder um ein banales, dessen Ideen so gewöhnlich sind, daß wir sie fortwährend anderswo gefunden haben).

In Wahrheit glaube ich, daß alle drei Erklärungen richtig sind und miteinander interagieren. Man liest andere Bücher, ohne zu merken, daß man dabei auch irgendwie dieses liest, und schon bei der bloßen Berührung spricht etwas in der Graphik, in der Konsistenz des Papiers, in der Farbe von einer Epoche, von einem bestimmten Ambiente. All diese Elemente gemeinsam »gerinnen« auf mirakulöse Weise und wirken zusammen, um uns jene Seiten vertraut zu machen, die wir, streng genommen, nie gelesen haben.

Wenn daher eine Bibliothek dazu dient, den Inhalt nie gelesener Bücher kennenzulernen, dann ist das, worüber wir uns Sorgen machen sollten, nicht das Verschwinden des Buches, sondern das Verschwinden der häuslichen Bibliotheken.

(1998)

Keine Angst vor dem Hypertext

Gespräch mit einem Schriftstellerfreund, der leicht verstört von einem Kongreß zurückkommt, wo er von »Hypertexten« hat reden hören. Ein Hypertext ist jene Teufelei, die dem Benutzer eines Computers erlaubt, im Innern eines gegebenen Textes zu »navigieren«, indem er gleichzeitig mehrere Teile davon durchsieht, verschiedene Stellen in Beziehung zueinander setzt, Kreuzungen, Verbindungen, Knotenpunkte entdeckt... Das ist sehr nützlich für eine Vielzahl von Dingen, besonders wen man etwas nachschlagen muß oder für didaktische Zwecke, aber mein Freund hat davon im Zusammenhang mit literarischen Aktivitäten gehört.

»Die sagen, die Art des Lesens werde sich verändern. Jeder könne dann in einem Werk herumsegeln, wie's ihm paßt. Eine neue Kunstepoche werde entstehen.« Offensichtlich fürchtet er, daß er selbst bald zum alten Eisen gehört. Ich versuche ihn zu beruhigen. Mit einem guten Hypertext könne man beispielsweise in der *Göttlichen Komödie* alle Verse finden, die mit »antwortete er« (*rispuose*) enden (es sind 14, falls es jemanden interessiert), und sie sich sogar hintereinander ausdrucken lassen, als wär's eine Litanei mit immer demselben Reim. Doch wenn jemand einen ganzen Gesang in Ruhe lesen will, hält er sich besser an eine gedruckte Ausgabe, denn am Bildschirm verdirbt man sich leicht die Augen.

»Die sagen, es werde schließlich Romane mit vielfältigen Verzweigungen, Ausgängen und Enden geben, und dann werde sich jeder seinen eigenen Roman drucken...«

Keine Sorge, entgegne ich, außerdem brauche man dazu keinen Hypertext, das habe man auch schon mit einem kleinen Basic-Programm machen können, das sei es nicht, was die Leute wollen. »Wieso?« fragt er mich. O heiliger Bimbam, diese Intellektuellen! Der einzige Sport, den sie treiben, ist die Pflege der Furcht, das Buch gehe schlechten Zeiten entgegen. Seit den Tagen der Keilschrift kommen sie immer wieder darauf zurück. Hör zu, sage ich zu ihm, hier ist das letzte Buch von Jurij Lotman, *Kultur und Explosion* (Feltrinelli). Es ist nicht nur die neueste Übersetzung, es ist auch ein ganz neues Buch, denn es ist gerade erst dieses Jahr in Rußland erschienen. Es handelt von vielerlei Dingen und läßt sich nicht in wenigen Worten zusammenfassen, aber an einem bestimmten Punkt, im vierten Kapitel, kommt es auf ein geflügeltes Wort von Tschechow zu sprechen, das mit dem Gewehr an der Wand. »War das nicht von Puschkin?« Ich weiß nicht, mal wird es Tschechow, mal Puschkin zugeschrieben, aber wenn Lotman sagt, es sei von Tschechow, dann glaube ich ihm.

Es handelt sich um die berühmte Empfehlung, der zufolge ein Gewehr an der Wand, wenn es am Anfang einer Erzählung erwähnt oder im ersten Akt eines Stückes zu sehen ist, vor dem Ende einen Schuß abgeben muß. Dazu schreibt nun Lotman: »Tschechows Regel hatte nur Sinn innerhalb einer bestimmten Gattung, die heute obendrein völlig erstarrt ist. In Wirklichkeit ist es gerade die Ungewißheit, ob das Gewehr einen Schuß abgeben wird oder nicht und ob dieser Schuß eine tödliche Verletzung bewirkt oder sich nur als der Krach einer auf den Boden gefallenen Konservendose herausstellt, was der Handlung einen Sinn verleiht.«

Und kurz davor hatte er geschrieben: »Wenn der Zuschauer sich in Gedanken in jene ›gegenwärtige Zeit‹ versetzt, die im Text realisiert wird (zum Beispiel im ›gegebenen‹ Bild, während ich es betrachte), ist es, als richte er seinen Blick in die Vergangenheit, die sich zusammenzieht wie ein Kegel, der mit seiner Spitze in der gegenwärtigen Zeit ruht. Indem das Publikum seinen Blick in die Zukunft richtet, versinkt es in einem Bündel von Möglichkeiten, die ihre potentielle Wahl noch nicht getroffen haben.«

Verstanden? Und du meinst, der Leser wolle sich dieser Spannung, dieser lustvollen Qual begeben, um selbst zu entscheiden, wie die Geschichte ausgeht? Einen Roman liest man, um den Schauder des Schicksals zu verspüren. Wenn ich selbst über das Schicksal der Personen entscheiden könnte, wäre es, als wenn ich in ein Reisebüro ginge und beim Buchen einer Reise um die Welt gefragt würde: »Und wo wollen Sie dem Weißen Wal begegnen, bei Samoa oder bei den Aleuten? Mit dem Round-the-World-Ticket kostet's dasselbe ...«

In einem Roman stehen vielerlei Dinge, es wird sogar gesagt, daß – was weiß ich – eine Wolke am Himmel vorüberzieht oder eine Eidechse zwischen den Steinen huscht. Noch einmal Lotman: »Die Unkenntnis der Zukunft erlaubt uns, allem eine Bedeutung zu geben.« Das ist schön. Herauszufinden, worauf es ankommt, und es noch nicht zu wissen. Erst am Ende weißt du, wenn überhaupt, was du dir hättest besser ansehen (oder überhaupt erstmal sehen) müssen, und manchmal weißt du nicht einmal das, und deshalb mußt du das Ganze noch einmal von vorne lesen, und beim Wiederlesen wird sich dir auch die Bedeutung des Ganzen verändern. Doch am Anfang und während des Lesens bist du wie mitten in einer detektivischen Untersuchung, und der Schuldige ist der Autor.

Und da glaubst du im Ernst, die Leute würden dafür bezahlen, daß sie selber entscheiden können, ob sich die Brautleute Renzo und Lucia am Ende kriegen? Vielleicht einmal ausnahmsweise, zum Spaß, so wie man auf dem Jahrmarkt auch mal zur Schießbude geht. Aber Geschichtenlesen ist eine andere Geschichte.

»Muß ich wirklich nicht um meine Zukunft fürchten«, fragt mich mein Schriftstellerfreund. »Doch, in einer Hinsicht schon, aber nur, weil du *von dir aus* schlechte Romane schreibst – und auch das ist eine andere Geschichte.«

(Anmerkung: Den Anstoß zu diesem Lehrstück gab mir ein Gespräch mit einem Freund, der sehr schöne Romane schreibt. Aber ich brauchte eine Schießbudenfigur, um diesen Streichholzbrief zu beenden.)

(1993)

Ein neuer Heiliger Krieg: Mac gegen DOS

Ungenügende Beachtung hat der verborgene neue Religionskrieg gefunden, der im Begriff ist, unsere moderne Welt tiefgreifend zu verändern. Ich habe den Verdacht schon lange, aber jedesmal, wenn ich ihn irgendwo erwähne, stelle ich fest, daß die Leute mir spontan zustimmen.

Tatsache ist, daß die Welt sich heute in Benutzer des Macintosh und Benutzer der mit DOS laufenden Computer teilt. Ich bin der festen Überzeugung, daß der Macintosh katholisch und DOS protestantisch ist. Mehr noch, der Mac ist katholisch im gegenreformatorischen Sinn, durchdrungen von der jesuitischen *»ratio studiorum«*. Er ist heiter, freundlich und entgegenkommend, er sagt dem Gläubigen, wie er Schritt für Schritt vorgehen soll, um wenn nicht das Himmelreich, so doch den Moment des erfolgreichen Ausdruckens der Datei zu erreichen. Er ist katechistisch, das Wesen der Offenbarung wird in verständliche Formeln und prächtige bunte Ikonen gefaßt. Jeder hat Anrecht auf das Heil.

DOS dagegen ist protestantisch, ja geradezu calvinistisch. Es sieht eine freie Auslegung der Schriften vor, es verlangt schwierige persönliche Entscheidungen, es zwingt dem Gläubigen eine subtile Hermeneutik auf und nimmt als gegeben, daß nicht jeder zum Heil gelangt. Um das System funktionieren zu lassen, sind persönliche Exegesen des Programms erforderlich. Weit entfernt von der barocken Festgemeinde, sitzt der Benutzer eingeschlossen in der Einsamkeit seiner Gewissensnot.

Man wird mir entgegenhalten, mit dem Übergang zu Windows habe die DOS-Welt sich der gegenreformatorischen Toleranz des Macintosh angenähert. Richtig: Windows repräsentiert ein Schisma vom anglikanischen Typus, große Zeremonien in der Kathedrale, aber stets mit der Möglichkeit einer schnellen Rückkehr zu DOS, um aufgrund bizarrer Entscheidungen eine Vielzahl von Dingen zu ändern; letztlich könnte man, wenn man will, auch das Priesteramt den Frauen oder den Schwulen anvertrauen.

Natürlich haben Katholizismus und Protestantismus der beiden Systeme nichts mit den kulturellen und religiösen Positionen ihrer Benutzer zu tun. Neulich mußte ich entdecken, daß Franco Fortini, der strenge und immer zerquälte Dichter, der noch dazu ein erklärter Feind der Gesellschaft des Spektakels ist, auf einem Macintosh schreibt, es war kaum zu glauben. Allerdings muß man sich fragen, ob die Benutzung des einen Systems anstelle des anderen nicht auf die Dauer zu tiefen inneren Verwerfungen führt. Kann man ernstlich DOS-User und zugleich aufrichtiger Papst-Fan sein? Und übrigens: Hätte Céline mit Word, mit WordPerfect oder mit Wordstar geschrieben? Hätte Descartes in Pascal programmiert?

Und die Maschinensprache, die im tiefen Untergrund über das Schicksal beider Systeme entscheidet, gleich in welcher Umgebung? Nun, die ist Altes Testament, Talmud, Kabbala ...*

(1994)

* Dieser Streichholzbrief wurde vor sechs Jahren geschrieben. Inzwischen haben sich die Dinge geändert. Die diversen *releases* haben Windows 95 und 98 dazu geführt, zusammen mit Mac entschieden tridentinisch-katholisch zu werden. Die Fackel des Protestantismus ist in die Hände von Linux übergegangen. Aber der Gegensatz ist geblieben (A. d. A., 1999).

Chronik einer sündigen Nacht

Wenn sie das Internet zu erkunden beginnen, gehen fast alle sofort daran, sich mit *Playboy* und *Penthouse* in Verbindung zu setzen. Nachdem sie das einmal getan und sich die Ausklappseiten mit den Häschen der letzten zwei bis drei Monate auf den Bildschirm geholt haben, lassen sie's bleiben, denn – wie groß und hochauflösend der Bildschirm auch sein mag – es ist leichter und befriedigender, sich das Heft am Kiosk zu kaufen. Doch gewöhnlich erzählen einem die Freunde, sie hätten irgendwo unerhörte Bilder gefunden, und so versucht man es eben auch mal, sei's auch nur, um zu beweisen, daß man ein guter »Surfer« ist.

Vorgestern nacht, müde vom Navigieren zwischen Bibliographien über die Metapher, Programmen zur Erzeugung von Hypertext-Stories und der *Kritik der reinen Vernunft* in einer alten englischen Übersetzung, die nicht mehr dem Copyright unterliegt, verlangte ich von meinem Web Crawler »Sex«. Er identifizierte 2088 Adressen und gab mir die ersten 100. Die Anarchie des Internet führt dazu, daß man nie wissen kann, welche Adressen die interessanten und welche die blöden sind. Ich las vielversprechende Titel wie »Die Gärten der Lust«, »Bilder nur für Erwachsene«, »Arrgghhhh, nackte Frauen!!«, »Die Sexgöttinnen der westlichen Hemisphäre«, aber meistens geriet ich an Orte, wo mir leckere Bilder nur dann versprochen wurden, wenn ich zuvor eine Überweisung tätigte.

Unverzagt weiterklickend gelangte ich schließlich zu »Kramer's Korner-Erotica«, von wo aus ich mich mit »Supermodels«, mit »Very Hot Links«, erneut mit *Penthouse* und *Playboy* sowie mit »Babes on the Web« in Verbindung setzen konnte. Ich wählte »Supermodels«, und da lieferte mir dieser Mr. Kramer Fotos (bekleidet) und Informationen über eine Reihe von Models, die ihm sympathisch sind. Ich klickte auf Cindy Crawford und erfuhr alles über sie, aber ungefähr so, als hätte ich mir ein Heft von *La famiglia cristiana* gekauft.

Enttäuscht versuchte ich es mit »Very Hot Links«, von wo aus ich wieder auf *Playboy* verwiesen wurde sowie auf ein *Western Canada's Gay and Lesbian Magazine*, das mir jedoch sofort zu verstehen gab, ich dürfe nicht erwarten, darin irgendwelche Bilder zu finden. So wechselte ich zu »Babes on the Web«, wo mir die Adressen von fünfzig »Babes« angeboten wurden (das Wort kann auch Puppe heißen), jede mit ihrer eigenen Homepage und einige mit faszinierenden Namen wie Chok-Eng Cheng. Na also, dachte ich, sehen wir doch mal, was diese Puppen zu bieten haben.

Fast wahllos klickte ich auf Jennifer Amon. Es erschien Jennifers Seite mit ihrem Foto (nur der Kopf); sie war nicht abstoßend, aber auch keine Bombe. Eine normale Frau, die mir mitteilte, daß sie Programmanalytikerin an dem höchst seriösen Oberlin College sei, wonach sie mir weitere detaillierte Auskünfte über ihre beruflichen Qualifikationen gab. Sie begann mit der Information, daß ihre Siamkatze kürzlich am 15. August um zwanzig nach zwölf gestorben sei, und am Ende bat sie mich, falls ich durch UD zu ihrer Seite gelangt sei, einen gewissen Joe Lang zu grüßen. Von Sex keine Spur. Jennifer macht entweder Reklame für sich selbst, oder sie fühlt sich einsam und möchte mit jemandem kommunizieren.

Aber was treibt denn dieser Kramer da für ein Spiel? Ich

kehre zu ihm zurück und klicke auf seine Biographie. Ich erfahre, daß er 28 Jahre alt ist, in Boston studiert hat, in Jersey City in einer Bank arbeitet und sich in der Freizeit als Berater für die Einrichtung von Webseiten anbietet, also für das, was ich gerade sehe. Um mögliche Kunden zu locken, offeriert er Verbindungen mit erotischen Seiten, ein paar überaus keusche Fotos von schönen Mädchen, und animiert zur Begegnung mit Girls und Dolls, die keine Puppen, sondern höchst sittsame Damen sind.

Verzweifelt kehre ich zur anfänglichen Liste der Hundert Heißen Adressen zurück und finde etwas, das mich vom Stuhl aufspringen läßt. Ein gewisser Dan Moulding erklärt mir, wenn ich Busen, Genitalien oder andere Teile des weiblichen Körpers sehen wolle, superpornographisches Material in rauhen Mengen und in einer Deutlichkeit, wie sie noch nie auf einem Computerbildschirm erreicht worden sei, dann läge ich bei ihm richtig. Eilends klicke ich auf OK, und es erscheint eine Message, die mir sagt, daß ich ein großer Schmutzfink sei und mich schämen solle.

Dan Moulding ist ein strenger Moralist aus Utah (also vielleicht ein Mormone), der mir in einem langen Text zunächst Vorwürfe macht, weil ich, indem ich im Internet Pornobilder suche oder verbreite, die Leitungen verstopfe. Sodann erklärt er mir, daß ich, wenn ich Sex im Computer suche, ein kranker Mensch sein müsse, der keine Freunde – geschweige denn Freundinnen – habe, ob ich denn keine Verwandten hätte, die mir lieb und teuer seien, ich solle doch bedenken, daß meine Großmutter, wenn sie wüßte, was ich da triebe, an plötzlicher Arterienerweiterung sterben könnte. Am Ende (nachdem er mir nahegelegt hat, mich bußfertig einem Priester, einem Rabbiner oder einem Pastor anzuvertrauen) gibt er mir eine

Liste von Adressen (im Internet), bei denen ich moralische Hilfe finden könne, einschließlich der eines auf die Rehabilitation von Pornofreaks wie ich spezialisierten Dienstes (http://www.stolaf.edu/people/bierlein/noxxx/noxxx.html).

Er schließt: Schreiben Sie mir (dmoulding@eng.utah.edu), und ich gebe Ihnen einen Haufen Briefe zu lesen »von Versagern wie Ihnen, die dumm genug waren, um in meine Falle zu gehen«.

Es war drei Uhr nachts. Dieser Ansturm von Sex hatte mich erschöpft. Ich legte mich schlafen und träumte von friedlichen Schafherden, Engeln und sanftmütigen Einhörnern.

(1995)

Der Grimmdarm von Mr. X.

Diverse Fachzeitschriften haben darüber berichtet: Wer lange genug im Internet surft, kann die Homepage eines Herrn finden, der dort ein Foto seines Grimmdarms zur Schau stellt. Vielleicht wissen nicht alle Leser, was es bedeutet, ein Foto des eigenen Grimmdarms zu haben. Also: seit einigen Jahren ist es möglich, in eine Klinik zu gehen (eine öffentliche oder private), in der Ihnen von einem Arzt rektal eine Sonde eingeführt wird, die an der Spitze eine kleine Telekamera hat. Es ist nicht schmerzhafter oder unangenehmer als ein Darmeinlauf. Die Sonde dringt in Ihrem Darm vor, während ein Assistent (oder, Gipfel der Perversion, eine Schwester) Ihnen sanft den Unterleib massiert, damit das Ding schmerzlos durch jene Windungen gleiten kann.

O Wunder! Wenn Sie nicht zu sehr darauf achten, was da mit Ihnen gemacht wird, und wenn Sie eine schön entwickelte narrative Phantasie haben, können Sie auf einem Farbmonitor die Reise der Sonde (und der Telekamera) *in interiore homine* beobachten. Sie machen eine Reise halb im Stil des Augustinus, halb im Stil von Jules Verne, und Sie haben den Eindruck, wenn nicht der erste Mensch auf Erden, so doch einer der ersten der Spezies zu sein, nach Jahrtausenden und Aberjahrtausenden, der auf einem Bildschirm eine Reise durch die eigenen Eingeweide verfolgt.

Die Erfahrung ist (wenn Sie das kleine Unbehagen in Kauf nehmen) faszinierend. Sie reisen durch verschiedenfarbige, zwischen blaßrosa und dunkelrot changierende

Gänge, und die einzige Enttäuschung würde eintreten, wenn der Arzt an einem bestimmten Punkt plötzlich angesichts einer in Farbe und Form besonders interessanten Bildung ausriefe: »Oh, was für ein schöner Tumor!« Geschieht das nicht, gehen Sie mit der Gewißheit nach Hause, von der hinteren Öffnung bis zur Schwelle des Magens (ungefähr, verzeihen Sie die mangelnde Präzision) gesund zu sein. Und geschieht es doch, ist es besser, Sie wissen es gleich, vielleicht ist es ja noch nicht zu spät. Deshalb sollte jedermann und jedefrau diese Erfahrung (von der Krankenkasse bewilligt) wenigstens alle zwei Jahre machen, und Dank sei den neuen Techniken, daß sie es uns ermöglichen.

Ein paar Tage später überreicht Ihnen dann der Arzt das Farbfoto Ihres eigenen Grimmdarms, und wenn Sie wollen, können Sie es sich rahmen lassen und neben das Ihrer Ahnen hängen oder neben das von Ihnen selbst als Säugling auf einem Leopardenfell, wie man es früher hatte.

Das einzige Problem ist, daß alle Grimmdärme aller Menschen unter normalen Bedingungen gleich aussehen, und es ist einer der Vorzüge der Natur, daß sie in so konstanter Weise vorgeht, vielleicht ein bißchen monoton, aber damit erlaubt sie uns, aus vielen Einzelfällen (sei's auch durch gewagte Induktionen) auf allgemeine Gesetze zu schließen. Daher können wir Freude an einem Farbfoto unseres eigenen Grimmdarms haben (die Wege des Narzißmus sind unendlich), während uns das Farbfoto des Grimmdarms eines anderen völlig kalt läßt. Ein Umstand, der mir ganz menschlich und normal erscheint. Warum sollte mich der Grimmdarm von Chirac oder Clinton interessieren? Und bei Sharon Stone gibt es interessantere Dinge als den Grimmdarm zu sehen, sonst hätte Paul Verhoeven nicht *Basic Instinct* gedreht, sondern einen Dokumentarfilm in der Manier von Piero Angela.

Gut, also der oben erwähnte Herr hat sich eine Homepage im Internet gekauft (was einiges kostet), um dort aller Welt das Foto seines Grimmdarms zu zeigen. Man ahnt, welches psychologische Drama dieser Entscheidung zugrunde lag. Ein Mensch, dem das Leben keine Möglichkeit gegeben hat, sich hervorzutun und seinen Namen, ich sage gar nicht der Nachwelt, sondern nur den eigenen Zeitgenossen bekannt zu machen, entschließt sich – gegen große Übel helfen nur große Mittel –, wenn nicht in die Geschichte, so wenigstens in die Aktualität einzugehen, indem er Millionen von potentiellen Internet-Surfern seinen Grimmdarm zeigt, der freilich genauso aussieht wie der Grimmdarm eines jeden beliebigen anderen. Es gibt Leute, die, um berühmt zu werden, ihre Eltern umbringen oder in eine Talkshow gehen, um ihre eigene Nichtigkeit darzutun. Unter allen Lösungen scheint mir die des betreffenden Herrn die am wenigsten gesellschaftsschädliche.

Doch wer im Internet zu jener Homepage gelangt ist (um dann von ihr eine irrelevante Enthüllung zu bekommen, die alle Prinzipien der mystischen Epiphanie beleidigt), hat immerhin eine gewisse Summe für Telefonverbindungen ausgegeben (um nicht von dem Zeitaufwand und dem entgangenen Gewinn zu sprechen, auch nicht von den in Anspruch genommenen Linien und der Störung, die daraus für die Gemeinschaft der Netzbenutzer erwächst). Aber dies ist ja das Schöne an der Anarchie des Internet: Jeder hat das Recht, seine eigene Irrelevanz zu bekunden. Da Millionen von Irrelevanzen jedoch etwas statistisch Relevantes ergeben, kann der Surfer sich trösten. Er hat eine Momentaufnahme erhalten, die viel über unsere heutigen Tragödien der Anonymität und Einsamkeit besagt. Verglichen mit Herostratos, der, um in die Geschichte einzugehen, den Artemistempel in Ephesus anzündete (und damit der Allgemeinheit einen beträchtlichen Schaden zufügte – obwohl ich vor einem Urteil über Herostratos, wie Stanislaw Jerzy Lec sagte, lieber erst mal den Artemistempel in Ephesus gesehen hätte), sei mir willkommen, wer nur seine eigenen Eingeweide nach außen kehrt und mich schlimmstenfalls ein paar Kröten für Telefonverbindungen kostet.

Womit sich jedoch das Hauptproblem des Internet wieder stellt: Wie unterscheidet man zwischen relevanter und irrelevanter Information? Darauf gibt es bislang keine Antwort.

(1995)

Haben wir wirklich so viel erfunden?

Die Annonce ist wahrscheinlich im Internet aufgetaucht, aber ich weiß nicht wo, denn sie ist mir per e-mail geschickt worden. Es handelt sich um eine Pseudo-Werbeanzeige, die eine Neuheit anpreist: das Built-in Orderly Organized Knowledge, abgekürzt BOOK.

Keine Drähte, keine Akkus, kein elektrischer Antrieb, kein Schalter oder Druckknopf, das Ding ist kompakt und tragbar, es kann auch im Sitzen vor dem Kamin benutzt werden. Es besteht aus einer Folge von numerierten Blättern (aus recycelbarem Papier), deren jedes Tausende von Bits enthält. In der richtigen Reihenfolge zusammengehalten werden diese Blätter, genannt Seiten, durch ein elegantes Etui, genannt Bindung.

Jede Seite wird optisch gescannt, und die Information wird direkt ins Gehirn übertragen. Es gibt einen Befehl *Browse*, mit dem man von einer Seite zur anderen gelangt, sowohl vorwärts wie rückwärts, durch eine einzige Fingerbewegung. Ein Tool namens »Inhaltsverzeichnis« erlaubt das sofortige Auffinden des gewünschten Themas auf der richtigen Seite. Ein optionales Zusatzgerät namens »Lesezeichen« führt zielgenau an die Stelle zurück, an der man beim ersten Mal haltgemacht hatte, auch wenn das BOOK zwischenzeitlich geschlossen worden ist.

Der Text endet mit diversen weiteren Präzisierungen über dieses aufregend innovative Gerät und annonciert auch den Verkaufsstart des Portable Erasable-Nib Cryptic Intercommunication Language Stylus, kurz PENCIL. Das Ganze ist nicht nur ein schönes humoristisches Stück, es ist auch die Antwort auf viele bange Fragen zum möglichen Ende des Buches infolge des siegreich vorandringenden Computers.

Es gibt viele Gegenstände, die nach ihrer Erfindung nicht weiter perfektionierbar waren, wie das Trinkglas, der Löffel, der Hammer. Als Philippe Starck die Form der Zitronenpresse ändern wollte, produzierte er ein wunderschönes Objekt, das jedoch die Kerne ins Glas fallen läßt, während die klassische Zitronenpresse sie mit dem Fruchtfleisch zurückhält.

Während das 20. Jahrhundert langsam zu Ende geht, können wir uns einmal fragen, ob wir in den letzten hundert Jahren wirklich so viel Neues erfunden haben. Alles, was wir täglich benutzen, ist im 19. Jahrhundert erfunden worden. Hier nur einiges: die Eisenbahn (aber die Dampfmaschine stammt schon aus dem 18. Jahrhundert), das Auto (mit der Ölindustrie, die es voraussetzt), die Dampfschiffe mit Schraubenantrieb, der Stahlbetonbau und die Wolkenkratzer, die U-Bahn, das U-Boot, der Dynamo, die Turbine, der Dieselmotor, das Flugzeug (das ausschlaggebende Experiment der Gebrüder Wright fand drei Jahre nach der Jahrhundertwende statt), die Schreibmaschine, das Grammophon, das Diktaphon, die Nähmaschine, der Kühlschrank und die Dosennahrung, die pasteurisierte Milch, das Feuerzeug (und die Zigarette), das Zylinderschloß von Yale, der Fahrstuhl, die Waschmaschine, das elektrische Bügeleisen, der Füllfederhalter, der Radiergummi, das Löschpapier, die Briefmarke, die pneumatische Rohrpost, das Wasserklosett, die elektrische Klingel, der Ventilator, der Staubsauger (1901), der Rasierapparat mit Klinge, das Klappbett, der Friseursessel und der drehbare Bürosessel, das Streichholz und die Sicherheitshölzer, der Regenmantel, der Reißverschluß, die Sicherheitsnadel, die Soda-Getränke, das Fahrrad mit Gummireifen und Luftkammer, die Stahlspeichenräder und der Kettenantrieb, der Omnibus, die elektrische Straßenbahn, die Hochbahn, das Zellophanpapier, das Zelluloid, die Kunstfiber, die Kaufhäuser, in denen es all das zu kaufen gibt, und – wenn's erlaubt ist – das elektrische Licht, das Telefon, der Telegraf, das Radio, die Fotografie und das Kino. Charles Babbage erfand eine Rechenmaschine, die 66 Additionen in der Minute durchführen konnte, und damit war er schon auf dem Weg zum Computer.

Gewiß, unser Jahrhundert hat die Elektronik hervorgebracht, das Penicillin und viele andere Medikamente, die uns das Leben verlängern, die Plastikstoffe, die Kernfusion, das Fernsehen und die Raumfahrt. Aber wahr ist auch, daß die teuersten Füllfederhalter und Uhren heute versuchen, die klassischen Modelle von vor hundert Jahren zu reproduzieren, und vor fast zehn Jahren habe ich in einem Streichholzbrief geschrieben, die neueste Verbesserung der Kommunikationstechnologie – ich meinte das spätere Internet – überwinde die von Marconi erfundene drahtlose Telegrafie durch eine kabelgestützte Telegrafie beziehungsweise markiere den Rückschritt vom Funk zum Telefon.

Mindestens zwei Erfindungen unseres Jahrhunderts – die Plastikstoffe und die Kernfusion – versucht man heute rückgängig zu machen, weil man gemerkt hat, daß sie den Planeten vergiften. Fortschritt besteht nicht unbedingt darin, daß man um jeden Preis vorwärts geht.

(1998)

IV

Obwohl das Reden vergeblich ist

Polemiken, Divertissements und gute Vorsätze

Die Zeitungen werden immer infantiler

Wer Bücher schreibt und sich in Zeitungen äußert, wird oft gebeten, ein Interview zu geben. Eigentlich ist das recht sonderbar, denn wenn jemand verschiedene Gelegenheiten gehabt hat, seine Gedanken auszudrücken, ist nicht einzusehen, warum er sie noch einmal ausdrücken soll. Um Interviews sollte man nur Leute bitten, die nicht schon durch ihren Beruf die Möglichkeit haben, ihre Gedanken in gedruckter Form darzulegen – also Ärzte, Politiker, Schauspieler, Stabhochspringer, Fakire, Richter oder Angeklagte. Überlegen wir einmal: Fänden wir es normal, wenn im *Espresso* ständig Interviews mit den Chefredakteuren der anderen Nachrichtenmagazine erschienen, und umgekehrt? Ich verstehe, warum es sinnvoll ist, einen Zeitungsmacher wie Indro Montanelli zu interviewen, weil er seine Zeitung verläßt, um eine andere zu gründen, aber was würden wir sagen, wenn die Chefredakteure der großen Blätter einander ständig gegenseitig interviewten? Nicht anders ist es jedoch, wenn der Schriftsteller Hinz den Schriftsteller Kunz interviewt.

Gewiß hat es bedeutende Interviews gegeben, die neue Aspekte einer Persönlichkeit enthüllt haben, aber sie waren das Ergebnis langer Gespräche zwischen zwei Personen, die sozusagen das Schicksal zusammengeführt hatte. Undenkbar, daß dergleichen mehrmals am selben Tag vorkommt. Dennoch sind unsere Gazetten voller Interviews, und die Schriftsteller beklagen sich schon, daß niemand sie mehr rezensiert, weil es bequemer ist, wenn sie sich per Interview selbst rezensieren.

Es mag einen Sinn haben, Persönlichkeiten des öffentlichen Lebens zu interviewen, um ihnen etwas zu entlokken, was sie noch niemals gesagt haben, aber es hat keinen Sinn, einen Autor zu fragen, was er in seinem eben erschienenen Buch geschrieben hat. Erstens, weil die Leser das Buch ja noch gar nicht kennen und daher nicht wissen, wovon überhaupt die Rede ist; und zweitens, weil der Autor lange an seinem Buch gearbeitet hat und man daher annehmen darf, daß er darin sein Bestes gegeben hat, während er in dem Interview spontan sagt, was er gerade denkt, ohne es lange gefeilt und abgewogen zu haben, so daß er eher sein Schlechtestes gibt. Aber es hilft nichts: die Zeitung wird immer sagen, ohne Interview fehle der Reiz, und wenn es kein Interview gebe, werde auch keine Rezension folgen (und manchmal ist die Zeitung dann so froh über das Interview, daß sie die Rezension vergißt).

Um den Lesern dieser Zeilen einmal vor Augen zu führen, wie sich das abspielt: stellen wir uns vor, in der Redaktion einer Tageszeitung trifft die Nachricht ein, daß Alessandro Manzoni soeben seinen Roman *I Promessi Sposi* veröffentlicht hat. Der Feuilletonchef eilt zum Chefredakteur: Das Konkurrenzblatt hat den Dichter Leopardi um erste Leseeindrücke gebeten, da wär's doch ein toller Coup, den Professor De Sanctis um eine Kritik zu bitten.* Der Chefredakteur schnaubt: »Ach was, De Sanctis oder De Diabolis! Der Kerl bringt es fertig, uns zehn volle Seiten hinzuknallen, die kein Mensch lesen will, reinste akademische Fliegenbeinzählerei! Interviews brauchen wir, machen Sie ein Interview mit diesem Manzoni. Ent-

* Francesco De Sanctis (1817-1883), bedeutendster italienischer Literaturkritiker seiner Zeit, setzte sich besonders für Manzoni ein (A. d. Ü.).

locken Sie ihm unerhörte Erklärungen! Und sehen Sie vor allem zu, daß er sagt, was die Leser von ihm erwarten: warum er schreibt, ob er meint, daß der Roman tot ist, und solche Sachen! Irgendwas Fulminantes, nicht länger als eine Seite, das wär's!«

Hier folgt der Text des sensationellen Interviews.

Signor Manzoni, können Sie uns Ihren Roman in zehn Worten zusammenfassen?

Versuchen wir's: Zwei lieben sich, wollen heiraten, erst scheint's nicht zu gehen, dann doch ...

Das sind zwölf, aber egal, vielleicht kürze ich's noch ein bißchen. Also eine Liebesgeschichte?

Nicht ganz. Da ist auch die Vorsehung, da ist das Böse, da ist die Pest ...

Wieso die Pest und nicht zum Beispiel ein Infarkt?

Bei einem Infarkt hätte eine Seite genügt ...

Sagen Sie uns, warum schreiben Sie?

Was soll ich sonst tun? Meinen Sie, ich könnte als Gewichtheber auftreten?

Gehen wir mehr in die Tiefe. Warum spielt Ihre Geschichte am Comer See und nicht zum Beispiel am Titicacasee?

Wissen Sie, wir Künstler folgen den Impulsen des Herzens, und das Herz hat Gründe, die die Vernunft nicht kennt.

Wunderbar, warten Sie, das muß ich mir notieren. Also: Das Herz läßt sich nichts befehlen ...

Nein, das Herz hat Gründe, die die Vernunft nicht kennt.

Genau, ich hab's nur zusammengefaßt. Nun sagen Sie uns, wann denken Sie die Sachen, die Sie schreiben?

Na ja, das hängt davon ab ... Ich denke eigentlich immer. Denken heißt leben, wenn ich denke, fühle ich mich lebendig …

Fantastisch! Könnten Sie das noch mal ganz knapp sagen?

Ich denke, also bin ich.

Wahnsinn! Superoriginell! Aber Sie haben doch auch religiöse Hymnen geschrieben, über Weihnachten zum Beispiel … Wieso jetzt ein Roman über zwei Brautleute und nicht über Pfingsten?

Über Pfingsten habe ich schon eine Hymne geschrieben.

Richtig. Und schreiben Sie schon an einem neuen Roman?

Ich habe doch gerade erst diesen beendet. Lassen Sie mich doch ein bißchen Atem holen!

Sie spielen gern den Geheimniskrämer, was? Letzte Frage: Was erwarten Sie sich von diesem Roman?

Na ja, daß er viele Leser findet, daß er gefällt …

Der Chefredakteur liest das Interview: »Also das ist wirklich ein Knüller! Hauen Sie einen vier Spalten breiten Titel drüber, und heben Sie die pikantesten Einzelheiten hervor, besonders die letzte Erklärung: ›Manzoni gesteht: Schluß mit Pfingsten!‹ Dann hat er *uns* den Bestseller zu verdanken!«

So ungefähr geht's heute zu (und nicht nur bei uns in Italien). Weshalb es Leuten in meinem Beruf passieren kann, daß sie den Schreibtisch voller Faxe haben, in denen sie um ein Interview gebeten werden. Zum Glück fängt der Anrufbeantworter die krassesten Anrufer ab, die unsere knallhart auf den Punkt gebrachte Meinung über alle möglichen Geschehnisse in der großen weiten Welt hören wollen. Es stimmt zwar, daß ein verantwortlich denkender Mensch über alles, was geschieht, eine halbwegs klare Meinung hat und haben soll, aber eine Meinung zu haben heißt nicht unbedingt, eine *originelle* Meinung zu haben. Ich zum Beispiel bin der festen Meinung, daß es ungut ist, Kinder zu töten, aber ich finde es verfehlt, wenn mich jemand anruft, um von mir zu wissen, was ich über den Kindermord von Bethlehem denke. Ich halte auch das Töten von Erwachsenen für ungut, aber wenn ich diese Präzisierung abgäbe, würde man mir unterstellen, ich hätte gesagt, um die Kinder brauche man sich nicht weiter zu sorgen.

Nochmal zurück zu den Faxen. Sagen wir, auf dem Schreibtisch jedes schreibenden Menschen türmt sich jede Woche eine gleichbleibende Zahl von Interview-Anfragen. Außer in einem Fall. Nämlich wenn er kurz zuvor ein Interview gegeben hat. Dann verdoppelt sich die Zahl der Anfragen. Hier ein Beispiel. Vor zwei Wochen gab ein befreundeter Schriftsteller in einer Tageszeitung ein langes Interview über einige Probleme im Zusammenhang mit der letzten Parlamentswahl. Wie es in solchen Fällen geschieht, sagte er einige Dinge, die nur er allein dachte, und andere, die alle denken. Was ist passiert? Daß ihn jetzt viele Zeitungen (darunter auch eine holländische) bitten, ihnen ein Interview zum selben Thema zu geben.

Der Ehrgeiz einer Zeitung sollte darin bestehen, die aktuellen Nachrichten früher als andere zu bringen, in jedem Fall aber sie zu *bringen*, auch wenn die anderen sie ebenfalls bringen; bei den Meinungen sollte man dagegen aufs Originelle und Unerhörte setzen. Müßte ich Journalismus lehren, würde ich meinen Schülern erklären: Wenn Hinz einen interessanten Artikel in der *Zeitung für Hinze* geschrieben hat, darf die *Zeitung für Kunze* nicht den Artikel von Hinz nachdrucken, sondern höchstens einen ganz anderen Artikel von Kunz erbitten. Aber von wegen. Heute scheint es der Imperativ des Journalismus zu sein, um jeden Preis nachzudrucken, was anderswo schon erschienen ist. Das Ganze ist so, als würde der Verlag A, gelb vor Neid, weil der Verlag B den neuesten Roman von X veröffentlicht hat, sich alle viere ausreißen, um sofort genau denselben Roman nachzudrucken, in allen Punkten identisch, bloß mit einem neuen Umschlag.

Ich weiß, das klingt wie eine Idee von Achille Campanile, aber es ist die Realität. Daher nichts wie hin, es gilt unbedingt jeden zu interviewen, der gerade ein Interview gegeben hat, erst recht, wenn er es schon vielen anderen Zeitungen gegeben hat. Und bitte immer zum selben Thema. Läßt der Interviewte sich etwas entschlüpfen, was darüber hinausgeht, muß es gestrichen werden.

Wenn früher zwei Damen der guten Gesellschaft sich auf einem Fest begegneten und das gleiche signierte Modellkleid trugen, machten sie eine hysterische Szene. Und die Autoren von Witzen oder von Boulevardkomödien spielten mit diesem Gemeinplatz. Bei den Kindern ist es heute umgekehrt: Wenn der Schulkamerad das T-Shirt mit dem kleinen Dinosaurier oder dem Irren Kalender trägt, wollen die anderen es sofort auch haben, gerade um keine schlechte Figur zu machen. Unsere Zeitungen werden immer infantiler. Lasset die Kindlein zu uns kommen.

(1994)

Eine Umfrage zum Thema Umfragen?

Was macht man nicht alles für dummes Zeug an Sylvester, um die Zeit bis Mitternacht rumzukriegen. Die Snobs spielen Tombola, die schlichten Gemüter spielen die Goldbergvariationen für Okarina und Trommel. Letztes Mal veranstalteten ein paar Freunde ein Puppenspiel, bei dem die Zuschauer eingreifen durften. Und als die Puppe Hamlet anhob, »Sein oder Nichtsein« zu rezitieren, riefen die Zuschauer lauthals nach einer Umfrage. Gebührend verfälscht, ergab diese dann etwa zweieinhalb Prozent für »Sein« und dreieinhalb für »Nichtsein« sowie vierundneunzig Prozent für »keine Meinung«. Daraufhin verlangten die Anwesenden nach einer Debatte, und einige Freiwillige spielten einen Pater Theobald Glunz vom theologischen Seminar der Uni Tübingen (der sich besonders mit der »Verflüssigung des Seins« befaßt, die charakteristisch für eine Epoche des schwachen Denkens ist), einen Dr. Philo Blancoponte vom Lib-Lab des MIT, der nur in Formeln sprach, die geeignet waren, auch den größten Berufsoptimisten ins düsterste existentielle Unbehagen zu stürzen, sowie einen angeblichen Experten aus Japan, der sich dann aber als Nô-Schauspieler outete und infolgedessen nur einsilbige Melismen von sich gab.

Ich erzähle das, um zu zeigen, daß Umfragen inzwischen zu etwas geworden sind, was man kaum noch ernst nehmen muß. Aber wie ist es dazu gekommen?

Umfragen können gut oder schlecht gemacht sein, und eine der Arten, sie gut zu machen, besteht darin, die Fragen so zu formulieren, daß sie die Antworten nicht schon im voraus bestimmen. Es liegt auf der Hand, daß man, wenn man eine repräsentative Auswahl von Personen befragt, ob sie lieber sofortige Neuwahlen hätten oder unter gräßlichen Qualen an Aids sterben wollten, ein Plebiszit für Neuwahlen im Sinne der scheidenden Regierung bekommt. Aber es genügt nicht, wohlabgewogene Fragen an eine ebenso wohlabgewogene Personengruppe zu stellen. Wir haben uns verwundert, als neulich in einer TV-Diskussion über Korruption und Moral in der Politik am Anfang alle Anwesenden den Ex-Gesundheitsminister Francesco De Lorenzo im Gefängnis sehen wollten und am Ende dann viele ihre Meinung geändert hatten und ihn nach Hause schicken wollten. Dabei ist das ein ganz normales Phänomen: Wenn man unter Freunden diskutiert, kommt es vor, daß man zu Beginn des Abends eine bestimmte Meinung hat und zwei Stunden später zur entgegengesetzten tendiert, um dann am nächsten Morgen wieder zur eigenen Meinung zurückzukehren. Man kann uns am Mittwoch abend um neun Uhr fragen, ob wir einen bestimmten Politiker sympathisch finden, der gerade im Fernsehen interviewt worden ist, und wir können dazu beitragen, seinen Sympathiewert zu steigern; damit ist jedoch überhaupt nicht gesagt, daß wir, wenn wir einige Zeit später in der Wahlkabine sind, für ihn stimmen werden. Infolgedessen ist eine Umfrage, die uns sagt, welche Gefühle der Befragte im Moment der Befragung hat, von sehr geringer Aussagekraft.

Skrupellos eingesetzt, werden Umfragen folglich zu simplen propagandistischen Waffen, deren wissenschaftlicher Wert nicht viel höher ist als die Behauptung, daß neun von zehn Stars die Seife X vorzögen. Und des skrupellosen Gebrauchs von Umfragen als Propagandawaffen hat die Presse ja häufig Berlusconi und die Seinen bezichtigt. Aber nun ist mir der amtliche Jahresbericht über die italienische Gesellschaft von 1994 in die Hände gefallen, und darin finde ich einige Überraschungen.

Es verwundert nicht, daß in den letzten zwei Jahren der Gesamtaufwand für politisch-elektorale und sonstige Meinungsumfragen von 2,54 auf 5,6 Milliarden gestiegen ist. Aber die unerwartete Neuigkeit ist, daß 73 Prozent dieser Umfragen nicht von politischen Gruppen in Auftrag gegeben wurden, sondern von der Presse, welche die Resultate dann zu 69,4 Prozent als Meldung auf der ersten Seite gebracht hat, anstelle von Nachrichten und Kommentaren. Gewiß könnte die Presse hier erwidern, sie habe die Umfragen ja gerade deshalb in Auftrag gegeben, damit sie eine wissenschaftliche Alternative zu den als fragwürdig eingestuften Umfragen anbieten könne. Doch hier eine weitere Überraschung: Wie es scheint, haben 84,8 Prozent aller Umfragen – also auch ein sehr hoher Prozentsatz der von den Zeitungen selbst veranlaßten – keine Angaben über ihre Methoden gemacht (also über die Zahl der befragten Personen, die Techniken der Befragung usw.).

Auch wer sich in diesen Dingen nicht besonders gut auskennt, wird begreifen, daß eine Umfrage, die ihre eigenen Kriterien nicht öffentlich macht, keinerlei Wert hat, beziehungsweise nur soviel wie eine erfundene Umfrage oder wie jener Werbespruch, demzufolge ein bestimmtes Waschmittel weißer als andere wäscht. Entweder man glaubt ihr alles aufs Wort, oder man glaubt ihr gar nichts.

Einerseits überwiegt also immer mehr eine Methode der direkten Demokratie oder der Volksbefragung »in Echtzeit«, die tendenziell an die Stelle der traditionellen Systeme zur Erzeugung und Überprüfung von Konsens tritt; andererseits garantiert dieses System keineswegs seine eigene Objektivität, sondern umgeht im Gegenteil eher skrupellos das Problem. Und schließlich enthüllen diese Arten von Umfrage nur, wie oben gesagt, vorübergehende und sehr labile Stimmungslagen, während wir von einer wissenschaftlichen Umfrage doch erwarten, daß sie, wenn sie gelingt, uns den Pulsschlag der öffentlichen Meinung auf längere Dauer angibt. Ähnlich jenem, den der Bürger, so hofft man, in der Wahlkabine zum Ausdruck bringt, nachdem er einen zumindest ungefähren Durchschnittswert seiner im Laufe eines Wahlkampfs empfundenen Gefühle ermittelt und eine nüchterne Abwägung des Für und Wider vorgenommen hat.

(1995)

XXXXXXXXXXXXXXXXXX
Sie haben richtig gelesen:
XXXXXXXXXXXXXX

Es ist der Fälligkeitstag, die Redaktion des *Espresso* wartet auf meinen Streichholzbrief. Und ich habe nichts zu sagen. Oder besser, ich mag heute nichts sagen. Also: um den vorgesehenen Platz mit der Aussage zu füllen, daß ich nichts sagen möchte, werde ich mich mehr anstrengen müssen, als wenn ich ein beliebiges Thema behandeln würde, vielleicht angeregt durch irgendeine Agenturmeldung. Aber es scheint mir geboten, etwas zum Lob der Sprachlosigkeit zu sagen.

Ich weiß schon, man wird mich jetzt fragen, warum ich dann nicht einfach keinen Text schicke? Nun, weil ich eine Verpflichtung eingegangen bin, eine Zeitschrift lebt ihre Rhythmen, die Setzerei hat die Seite frei gelassen, wenn ich den Text nicht schicke, bringe ich einen Haufen Leute in Schwierigkeiten, die sich dafür abmühen, daß die Nummer erscheint. Ich kann sie nicht sitzenlassen.

Warum höre ich dann nicht ein für allemal auf? Wenn man seit dreißig Jahren für dasselbe Blatt schreibt, tut man das – wie soll ich sagen? – aus Treue, weil sich ein Dialog mit den Lesern gebildet hat, weil es feige wäre, sich fortzustehlen. Sicher, niemand ist unverzichtbar, aber wenn man gleichsam als Wache auf die letzte Seite des Hefts gestellt worden ist, hat man dort zu bleiben. Aus Sturheit, aus Loyalität, aus Gewohnheit. Und dann auch, weil es ja nächste Woche passieren könnte, daß ich etwas sagen möchte, und dann wär's blöd, wenn ich keinen Platz dafür hätte.

Nur um diesen Platz bereit zu haben, muß ich ihn besetzt halten. Wie jener Typ in Jules Vernes *Der Kurier des Zaren*, der, um den Telegrafen besetzt zu halten, damit ihn die Konkurrenz nicht benutzen kann, Passagen aus der Bibel telegrafiert.

Im Grunde müßte es journalistische Pflicht sein, auch einmal zu sagen: »Heute gibt es nichts zu berichten, beziehungsweise was wir zu berichten hätten, wäre bloß Routine, Kleinkram, Geschwätz. Das Übliche.« Nie etwas vortäuschen! Und doch ist das die Verdammung des Journalismus: Eine gegebene Anzahl von Seiten muß Tag für Tag oder Woche für Woche auf Biegen und Brechen gefüllt werden, auch wenn nichts passiert ist. Früher lösten die Zeitungen das Problem so: Wenn Ferragosto war und nichts passierte, erfand man etwas. Das Ungeheuer von Loch Ness war stets zur Stelle. Es war der Schutzpatron der Journalisten, es kam immer zur rechten Zeit, um das Schweigen zu bannen.

Heute nützt die große Schlange nichts mehr: Andere Ungeheuer stehen bereit, um schnell was zu sagen und morgen zu dementieren, so viele, daß ihre Worte im allgemeinen Lärm untergehen und schon vergessen sind, ehe es Abend wird.

Man kann über alles schreiben, weil die Leser am Ende alles vergessen; aber die Leser haben sich gerade deswegen so ans Vergessen gewöhnt, weil sie zuviel belangloses Zeug lesen müssen. Andererseits würden sie eine leere Seite nicht ertragen. Um zu wissen, daß es nichts zu wissen und nichts zu lesen gibt, wollen sie die Seite vollgeschrieben haben. So kommt es, daß eine Zeitung, um zu sagen, daß es nichts zu sagen gibt, sich nicht entblödet zu schreiben: »Der Soundso hat sein nächstes Buch noch nicht geschrieben.« Auch die Meldung, daß das Nichts nichtet, ist eine Nachricht.

Andererseits, was tun? Die Journalisten müssen den Kommunikationskanal in Betrieb halten. Wie der Leuchtturmwärter den Leuchtturm. Irgendwann wird der Kanal dazu dienen, etwas zu sagen, was zu verschweigen ein Verbrechen wäre.

Welch ein Traum, die berühmte erste Seite der Londoner *Times*, die nur aus Werbung bestand. »Heute ist nichts passiert, und das sagen wir euch dadurch, daß wir auf die erste Seite nur Kleinanzeigen setzen. Wir üben unseren Beruf aus, der darin besteht, euch zu sagen, was wichtig ist. Heute sagen wir euch, daß nichts wichtig ist.« Aber nicht einmal die *Times* befolgt heute noch diese goldene Regel.

Früher, wenn ich nichts Wichtiges fand, worüber ich schreiben konnte, habe ich kleine Spielchen gemacht, absurde Gedankenverbindungen, Anagramme. Aber unsere heutige Zeit scheint mir keine zum Spielen zu sein. Zu viele spielen inzwischen, und zwar russisches Roulette.

Heute ist mir wirklich danach, einfach gar nichts zu sagen. Ich habe nichts Neues, alles ist schon gesagt worden. Das ist die Nachricht, die zu geben ich die Pflicht habe. Es gibt Momente, in denen das Schweigen die einzige Nachricht ist. Aber wenn man schweigt, glauben die anderen, man hätte ein Geheimnis. Voilà, dies ist der Knüller: Ich habe nicht einmal Geheimnisse. Vielleicht haben Sie welche. Versuchen Sie doch mal, etwas Wichtiges zu schreiben. Ich biete Ihnen einen Absatz an. Ersetzen Sie jedes X durch einen anderen Buchstaben Ihrer Wahl, setzen Sie Leerpunkte ein und bestimmen Sie die Grenzen der Wörter.

Xxxxxxxxxxxxxxxxxxxxxxxxxxxxxxxxxxxxxxxx
xxxxxxxxxxxxxxxxxxxxxxxxxxxxxxxxxxxxxxxxxxx
xxxxxxxxxxxxxxxxxxxxxxxxxxxxxxxxxxxxxxxxxxx
xxxxxxxxxxxxxxxxxxxxxxxxxxxxxxxxxxxxx.

Entschuldigen Sie, wenn ich den Eindruck erweckt habe, ich sei faul. Ich bin im Gegenteil sehr fleißig und präzise: Ich habe nichts Interessantes zu sagen (das steht fest, ich könnte beim Leben meiner Kinder darauf schwören, wenn das nicht kitschig wäre), aber vielleicht liegt das daran, daß es tatsächlich nichts Interessantes zu sagen gibt. Ist das nicht eine tolle Nachricht? Sagen Sie jetzt bitte nicht, Sie wollten Ihr Geld zurückhaben. Teilen Sie die Zahl der Seiten dieses *Espresso* durch seinen Preis, und Sie werden feststellen, daß ich Ihnen ungefähr sechzehn Lire geraubt habe. Wenig dafür, daß Sie jetzt (für diesmal zumindest) die Wahrheit wissen, die ganze Wahrheit und nichts als die Wahrheit.

(1994)

Warum Bücher unser Leben verlängern

Wenn ich heute Artikel lese, die sich besorgt über die Zukunft der menschlichen Intelligenz äußern, weil neue Maschinen sich anschicken, unser Gedächtnis zu ersetzen, kommt mir das irgendwie bekannt vor. Wer sich ein bißchen auskennt, denkt sofort an jene oft zitierte Stelle aus Platons *Phaidros*, wo erzählt wird, wie der ägyptische König Thamus dem Gott Theuth, der die Schrift erfunden hat, erschrocken prophezeit, durch diese unselige Erfindung würden die Menschen verlernen, sich zu erinnern und folglich zu denken.

Das gleiche Erschrecken muß denjenigen überkommen haben, der zum ersten Mal ein Rad sah. Er wird gedacht haben, jetzt würden die Menschen das Gehen verlernen. Vielleicht waren die Menschen jener Zeiten begabter als wir zum Marathonlauf in Wüsten und Steppen, aber sie starben früher, und heute würden sie beim Militär wegen hoffnungsloser Disziplinlosigkeit ausgemustert. Damit will ich nicht sagen, daß wir uns über nichts Sorgen zu machen brauchen und daß wir eine schöne gesunde Menschheit haben werden, die gewohnt ist, Picknick auf der Wiese von Tschernobyl zu machen; allenfalls hat uns die Schrift befähigt, schneller zu begreifen, wann wir anhalten müssen, und wer nicht anhalten kann, ist ein Analphabet, auch wenn er sich auf vier Rädern bewegt.

Ein Unbehagen gegenüber neuen Formen von Gedächtnisspeicherung hat sich zu allen Zeiten gemeldet. Angesichts der gedruckten Bücher – gedruckt auf dünnem Papier, das befürchten ließ, es werde nicht länger als fünfbis sechshundert Jahre halten, zumal wenn man bedachte, daß diese Dinger nun durch alle Hände gehen konnten, wie Luthers Bibel – gaben die ersten Käufer ein Vermögen aus, um die Anfangsbuchstaben der Kapitel von Hand malen zu lassen, damit es so aussah, als besäßen sie echte Handschriften auf Pergament. Heute sind diese illustrierten Inkunabeln unbezahlbar, aber die Wahrheit ist, daß gedruckte Bücher es nicht mehr nötig hatten, mit Miniaturmalerei versehen zu werden. Was haben wir also gewonnen? Was hat die Menschheit gewonnen durch die Erfindung der Schrift, des Buchdrucks, der elektronischen Gedächtnisse?

Der Verleger Valentino Bompiani hat einmal das Motto geprägt: »Ein Mensch, der liest, taugt soviel wie zwei.« Aus dem Munde eines Verlegers könnte das bloß wie ein guter Werbespruch klingen, aber ich denke, es sollte bedeuten, daß die Schrift (allgemein die Sprache) das Leben verlängert. Seit den Tagen, da unsere Spezies begann, ihre ersten bedeutungstragenden Laute auszustoßen, hatten die Familien und Stämme einen Bedarf an Alten. Vorher waren die Alten vielleicht noch unnütz gewesen und wurden weggeworfen, wenn sie nicht mehr jagen konnten. Aber mit dem Aufkommen der Sprache wurden sie zum kollektiven Gedächtnis der Spezies: Sie saßen in der Höhle am Feuer und erzählten, was vor der Geburt der Jungen geschehen war (oder was als geschehen berichtet wurde – das ist die Funktion der Mythen). Bevor man dieses gesellschaftliche Gedächtnis zu kultivieren begann, kam der Mensch ohne Erfahrung zur Welt, lebte nicht lange genug, um sich eine zu erwerben, und starb. Nach jenem einschneidenden Datum konnte ein Zwanzigjähriger so erfahren sein, als hätte er fünftausend Jahre gelebt. Die Geschehnisse vor seiner Geburt und das, was die Alten gelernt hatten, wurden zu einem Bestandteil seines Gedächtnisses.

Heute sind die Bücher unsere Alten. Wir machen es uns nicht bewußt, aber unser Reichtum verglichen mit dem des Analphabeten (oder des Lesekundigen, der nicht liest) ist, daß er bloß sein eigenes Leben lebt und leben wird und wir viele gelebt haben. Wir erinnern uns nicht nur an unsere eigenen Kinderspiele, sondern auch an diejenigen von Proust, wir haben gezittert wegen unserer Liebe, aber auch wegen der von Pyramus und Thisbe, wir haben etwas von der Weisheit Solons assimiliert, wir haben in gewissen windigen Nächten auf Sankt Helena mitgebibbert, und wir wiederholen zusammen mit den Märchen, die unsere Großmütter uns erzählt haben, auch diejenigen, die Scheherazade erzählt hat.

Auf manche mag dies alles so wirken, als seien wir, kaum geboren, schon unerträglich alt. Noch hinfälliger ist jedoch der Analphabet (der echte oder der funktionale), der seit seiner Kindheit an Arteriosklerose leidet und sich nicht erinnern kann (weil er's nie gewußt hat), was an den Iden des März geschehen ist. Natürlich könnten wir auch Erlogenes im Gedächtnis speichern, aber lesen hilft auch zu unterscheiden. Der Analphabet, der nichts vom begangenen Unrecht der anderen weiß, kennt auch die eigenen Rechte nicht.

Das Buch ist eine Lebensversicherung, ein kleiner Vorschuß auf Unsterblichkeit. Leider nach hinten gerichtet anstatt nach vorn. Aber man kann nicht alles haben.

(1991)

Lob der Klassiker

Es heißt, in dieser Zeit der Krise des Buches verkaufen sich die Klassiker gut. Und nicht nur die im billigen Taschenbuch, sondern auch die im Schuber. Und nicht nur die der ersten Garnitur wie Platon, sondern auch die der zweiten wie Cicero; und da sowohl Materialisten wie Epikur als auch Pantheisten wie Plotin gelesen werden, ist hier weder die Wiedergeburt der Rechten noch der Vormarsch der Linken im Spiel. Sagen wir, die Verleger haben in richtigem Gespür für die Publikumsstimmung erkannt, daß in einer Zeit des Zerfalls und Umbruchs aller Werte die Leser nach etwas Gesichertem suchen. Warum geben die Klassiker Sicherheit? Weil ein Klassiker ein Autor ist, der besonders in Zeiten, als man noch mit der Hand abschrieb, viele dazu gebracht hat, ihn abzuschreiben, und dem es über die Jahrhunderte gelungen ist, die Trägheit der Zeit und die Sirenen des Vergessens zu besiegen. Gewiß haben sich auch Autoren gerettet, die ihr Pergament nicht wert waren, während andere, vielleicht allergrößte, zu ewigem Vergessen verdammt worden sind. Aber aufs Ganze gesehen hat die Gemeinschaft der Menschen mit gutem Sinn und Verstand reagiert, und es besteht große Wahrscheinlichkeit, daß ein Autor, der zum Klassiker geworden ist, uns noch etwas Gutes zu sagen hat.

Ein zweiter Grund ist, daß wir in Krisenzeiten Gefahr laufen, nicht mehr zu wissen, wer wir sind. Ein Klassiker sagt uns aber nicht nur, wie man in einer fernen Zeit dachte, sondern läßt uns auch entdecken, daß und warum wir heute noch oft ganz ähnlich denken. Einen Klassiker zu lesen ist so, als psychoanalysierte man unsere gegenwärtige Kultur, man findet Spuren, Erinnerungen, Grundmuster, Urszenen ... Sieh da, ruft man aus, jetzt verstehe ich, warum ich so bin – oder warum mich jemand partout so haben will: Die Sache hat genau mit dem angefangen, was ich gerade lese! Und so entdeckt man auf einmal, daß wir im Grunde noch immer Aristoteliker oder Platoniker oder Augustinianer sind, nicht nur in der Art, wie wir unsere Erfahrung organisieren, sondern auch und sogar in der Art, wie wir manchmal dabei in die Irre gehen.

Die Lektüre der Klassiker ist eine Reise zu den Wurzeln. Oft sucht man die Wurzeln nicht aus Sehnsucht nach etwas, das man gekannt hat, sondern in dem vagen Gefühl, daß man aus einem unbekannten Stamm hervorgegangen sein könnte. Der gebürtige Amerikaner, der unversehens das Bedürfnis nach einer *Rückkehr* (obwohl er noch niemals dort war) in das Land seiner Großeltern verspürt, macht eine Reise, zu der ihn eine virtuelle Sehnsucht treibt. Jeder Leser, der die Klassiker entdeckt, ist ein seit vielen Generationen naturalisierter Amerikaner, der das Bedürfnis verspürt, etwas über seine Vorfahren zu erkunden, um ihre Gegenwart in seinen Gedanken, Gesten und Gesichtszügen wiederzufinden.

Die andere schöne Überraschung, die uns die Klassiker oft bereiten, ist die Erkenntnis, daß sie moderner waren als wir. Ich bin immer ganz bestürzt, wenn gewisse Denker in Übersee, die kulturell entwurzelt sind und deren Bibliographien nur Bücher aus dem letzten Jahrzehnt verzeichnen, eine neue Idee aufs Tapet bringen, sie womöglich schlecht entwickeln und gar nicht wissen, daß eine ähnliche Idee schon vor tausend Jahren viel besser entwickelt worden ist (oder sich schon vor tausend Jahren als unergiebig erwiesen hat).

Dieser Tage erhielt ich einen Band mit ausgewählten Schriften von Augustinus (*Il maestro e la parola*, Rusconi, zweisprachig, herausgegeben von Maria Bettetini). Er enthält vier kleine Traktate, von denen ich den Dialog *De magistro* zu lesen empfehle. Man könnte sagen, er erinnere an den besten Wittgenstein, wenn Wittgenstein nicht an den besten Augustinus erinnern würde. Aus einem simplen Spaziergang mit Adeodatus, seinem natürlichen Sohn (jawohl, bevor Augustinus Kirchenvater und Heiliger wurde, hatte er einiges angestellt), zieht der Vater-Lehrer eine Reihe schöner Erkenntnisse über das, was sprechen heißt. Ich sage »aus einem Spaziergang« und nicht »während eines Spaziergangs«, weil es gerade die körperliche Erfahrung des Gehens ist, die Augustinus manchmal dazu bringt, besser erklären zu können, wie wir die Wörter durch Gesten, Bewegungen, Stehenbleiben und Beschleunigungen des Ganges gebrauchen... Wenn ein Klassiker uns so nahe ist, bedauern wir, ihn nicht schon früher gelesen zu haben.

Neulich kam ein Philosophiestudent zu mir und fragte mich, was er lesen solle, um gut argumentieren zu lernen. Ich riet ihm zu Lockes *Versuch über den menschlichen Verstand*. Er fragte, warum gerade dieses Buch, und ich antwortete, wenn ich in anderer Stimmung gewesen wäre, hätte ich ihm statt dessen auch sehr gut einen Dialog von Platon oder Descartes' *Discours de la méthode* nennen können. Aber da man schließlich irgendwo anfangen muß, werde er mit Locke das Beispiel eines Mannes haben, der gut zu argumentieren verstand, während er liebenswürdig mit Freunden plauderte, und ohne daß er es nötig hatte, schwierige Wörter zu gebrauchen. Der Student wollte wissen, ob ihm die Lektüre bei einer bestimmten Arbeit helfen würde, die er gerade machte. Ich antwortete, sie würde ihm auch helfen, wenn er Gebrauchtwagenhändler wäre. Er würde einfach einen Menschen kennenlernen, den kennenzulernen sich lohne. Dazu verhilft einem die Lektüre der Klassiker.

(1993)

Die erste Pflicht der Intellektuellen: zu schweigen, wenn sie zu nichts nützen

Entschuldigung für das abgenutzte Zitat: »Glücklich das Land, das keine Helden braucht«, aber Helden sind Leute, denen die Mythologien übermenschliche Kräfte zuweisen, damit sie tun, was gewöhnliche Menschen nicht können. Wer sie zu Hilfe ruft, läßt immer ein Ohnmachtssyndrom erkennen, der Glaube, daß es sie gibt, ist eine Entschuldigung für das eigene Nichtstun. Wenn in einem Land die Eisenbahn nicht funktioniert, muß man nicht einen rettenden Helden anrufen, sondern sich fragen, ob die Schuld bei den Bahnhofsvorstehern, beim Generaldirektor oder bei anderen liegt. Eine der pathetischsten Attitüden unseres Jahrhunderts besteht darin (schuld daran ist, glaube ich, Julien Benda), in jeder gesellschaftlichen oder politischen Krise über den Verrat der Intellektuellen zu klagen oder sie zu Hilfe zu rufen, auf daß sie alle schwierigen Probleme lösen. Vor Jahren hat Jacques Attali einmal in Paris einen Riesenkongreß über das Thema »Die Intellektuellen und die Krisen unseres Jahrhunderts« veranstaltet; mein Beitrag beschränkte sich auf wenige Worte: »Beachten Sie, daß die Intellektuellen die Krisen von Berufs wegen produzieren, aber nicht lösen.« Krisen zu produzieren ist keine schlechte Sache. Wissenschaftler, Philosophen und Schriftsteller melden sich zu Wort, um zu sagen: »Ihr habt geglaubt, die Dinge verhielten sich soundso, aber ihr habt euch in einer Illusion gewiegt, denn sie sind sehr viel komplexer.« So taten es die Intellektuellen, die wir in der Schule studierten, ob sie nun

Parmenides, Einstein, Kant, Darwin, Machiavelli oder Joyce hießen.

Nimmt man sie für das, was sie uns zu sagen haben (wenn sie es können), dann sind die Intellektuellen nützlich für die Gesellschaft, aber nur langfristig. Kurzfristig können sie bloß Experten des Wortes und der Recherche sein, Leute, die eine Schule verwalten, die das Pressebüro einer Partei oder eines Unternehmens leiten, oder auch Leute, die zur Revolution blasen, womit sie aber nicht ihre spezifische Funktion erfüllen. Zu sagen, daß sie in langen Zeiträumen arbeiten, heißt, daß sie ihre Funktion *vor* und nach den Ereignissen ausüben, nie aber *während* diese geschehen. Als die Dampflokomotive aufkam, konnten Volkswirtschaftler oder Geographen einen Alarmruf über die Veränderung des Landverkehrs ausstoßen und die voraussichtlichen Vor- und Nachteile dieser Veränderung analysieren; oder sie konnten hundert Jahre später eine Untersuchung durchführen, um zu zeigen, wie gründlich jene Erfindung unser Leben umgewälzt hat. Aber in dem Moment, als die Postkutschenhersteller ihre Produktion einstellen mußten oder die ersten Lokomotiven unterwegs stehenblieben, hatten die Intellektuellen nichts zu sagen, jedenfalls sehr viel weniger als ein Postillon oder ein Lokführer, und wer an ihr geflügeltes Wort appelliert hätte, wäre nicht besser gewesen als einer, der Platon vorwirft, daß er kein Heilmittel gegen die Gastritis erfunden hat.

Wenn das Haus brennt, kann der Intellektuelle nur versuchen, sich wie ein normaler vernünftiger Mensch zu verhalten, wie jeder andere auch. Wenn er meint, er habe eine besondere Mission, bildet er sich etwas ein, und wer ihn anruft, ist ein Hysteriker, der die Telefonnummer der Feuerwehr vergessen hat.

Ein gut informierter Soziologe konnte vor dreißig Jahren warnend darauf hinweisen, daß die Wohlstandsentwicklung, begleitet vom verzögerten Eintritt der Jugendlichen in die Arbeitswelt, Formen von juveniler Verwirrung hervorrufen werde (Drogenmißbrauch, Steinewerfen von Brücken etc.), und in diesem Sinne hätte er Ratschläge geben können, wie dem Phänomen präventiv zu begegnen sei. Aber in dem Moment, in dem Jugendliche Steine von Brücken werfen, ist das einzige, was man von einem Intellektuellen erwarten kann, daß er nicht ebenfalls welche wirft. Wenn er einen geharnischten Aufruf gegen das Steinewerfen von Brücken verfaßt, verhält er sich nicht als Intellektueller, sondern nutzt einfach eine öffentliche Empörung, um sich in ein gutes Licht zu stellen und dazu noch das Honorar für den Artikel einzustreichen. In jenem Moment kommt die Rettung nicht durch den Intellektuellen, sondern durch die Polizei oder den Gesetzgeber.

Es gibt nur einen Fall, in dem der Intellektuelle eine ihm eigene Funktion im Hinblick auf die gerade ablaufenden Ereignisse hat: wenn etwas Schwerwiegendes geschieht und niemand es bemerkt. Nur in solchen Fällen kann sein Appell als ein Alarmruf nützen. Zwar würde dann jeder beliebige Rufer die intellektuelle Funktion ausüben, auch wenn er bloß der Klempner wäre, aber es kann sein, daß die öffentliche Bekanntheit einer Person dem Appell mehr Aufmerksamkeit verschafft (siehe Zolas berühmtes *J'accuse*). Das alles hat freilich nur Sinn, wenn noch niemand bemerkt hat, daß etwas schiefläuft. Sind sich jedoch alle des Problems bewußt, so tut der Intellektuelle besser daran, nicht unnützerweise (um Dinge zu sagen, die auch sein Hausmeister denkt) Zeitungs- und Magazinseiten zu füllen, die für Nachrichten und dringendere

Debatten frei bleiben müssen. In welchen er sich dann so verhalten muß, wie es jeder verantwortliche Bürger in schwierigen Lagen tun sollte.

(1997)

Geschichte von Angelo Orso

Anruf einer Journalistin, die für einen Artikel über Kinderspielzeug recherchierte und mich fragte, woran ich mich erinnerte. Mir fiel sofort Angelo Orso ein. Auf die Frage, welches Ende es mit ihm genommen habe, antwortete ich, daran könne ich mich nicht erinnern, und in der Tat hatte ich die Geschichte in jenem Moment nicht mehr ganz im Kopf. Als dann der Artikel erschienen war, rief mich meine Schwester ganz entrüstet an und fragte, ob das Voranschreiten der Jahre mir mein Gedächtnis getrübt habe. Sei es möglich, daß ich mich nicht mehr an die Beisetzung von Angelo Orso erinnern könne? Ja, stimmt, hätte ich müssen. Und langsam ist mir dann alles wieder eingefallen.

Angelo Orso war ein klassischer Teddybär, plüschig und gelbbraun, vielleicht eines der ersten Spielzeuge, das wir geschenkt bekommen hatten. Aber solange wir noch sehr klein waren und er nagelneu, hatte er uns nur vage interessiert. Mit dem Älterwerden hatte Angelo Orso jedoch eine gerupfte Weisheit und hinkende Autorität erworben, und er erwarb immer mehr davon, als er nach und nach, wie ein alter Haudegen in vielen Schlachten, erst ein Auge und dann einen Arm verlor (da er entweder stand oder saß und niemand es gewagt hätte, ihn auf den Bauch zu legen, besaß er Arme und Beine wie ein richtiger Mensch, nicht bloß metaphorisch).

Allmählich war er dann zum König unserer Spielsachen geworden. Auch wenn in einem umgedrehten Hocker, der als gepanzerter Truppentransporter fungierte, meine

Spielsoldaten in See stachen, um den Ozean des Flurs oder das Meer des Kämmerchens zu überqueren, saß er ohne Rücksicht auf alle Proportionen mit an Bord, Gulliver zwischen ihm hörigen und ergebenen Liliputanern, die inzwischen noch invalider waren als er, da einige den Kopf oder eine Extremität verloren hatten, so daß aus ihren brüchigen und inzwischen farblosen Preßstoff-Leibern kleine Haken aus Eisendraht ragten.

Angelo Orso (unisex) war natürlich auch Herrin der Puppen. Er herrschte über das ganze häusliche Spielzeug, einschließlich der hölzernen Eisenbahn und der Bauklötze. Mit der Zeit – und mitgenommen von seinen tausend Pflichten – hatte Angelo Orso das zweite Auge, den zweiten Arm und ein Bein verloren. Auch weil ihn ein roher Cousin in Kämpfe zwischen Cowboys und Indianern verwickelte und oft an den Bettpfosten band, um ihn unsäglichen Auspeitschungen zu unterziehen, die wir (und er, Angelo) hinnahmen, ohne darin eine Minderung seiner Königswürde zu sehen, denn ein Spielzeug muß, selbst wenn es Autokrat ist, vielerlei schwierige Rollen erfüllen.

So vergingen die Jahre, und aus dem verstümmelten Torso des Sohlengängers kamen allmählich Strohbüschel heraus. Bei unseren Eltern hatte sich das Gerücht verbreitet, der kranke Körper beginne Insekten zu nähren, vielleicht Bakterienkulturen, und wir wurden liebevoll dazu angeregt, diesem armen Überrest eine Bestattung angedeihen zu lassen. Es tat nachgerade weh, den armen Bären zu sehen, der sich in keiner Stellung mehr aufrecht halten konnte, ein hilfloses Opfer jener langsamen Ausweidung und jenes unschicklichen Austretens innerer Organe, die seine einstige Würde kompromittierten.

So bildeten wir eines Tages, früh am Morgen, als der Vater die Zentralheizung anzündete, die von der Küche aus alle Heizkörper der Wohnung mit Leben erfüllte, einen langsamen, feierlichen Zug. Neben dem Heizkessel waren alle verbliebenen Spielsachen aufgereiht, ich trug ein Kissen vor mir her, auf dem die Reste des Verblichenen ruhten, und ich glaube, alle Mitglieder der Familie folgten mir, vereint in derselben schmerzlichen Ehrfurcht.

Angelo Orso wurde dem Rachen jenes flammenden Baals übergeben, der teure Verblichene loderte auf und erlosch. Und mit ihm endete zweifellos eine Epoche. Das war, ich bin sicher, bevor die ersten feindlichen Flieger unsere Stadt bombardierten, denn von da an war auch die Zentralheizung erloschen, die einen so unersättlichen Appetit auf Eierbriketts hatte, und durch einen Holzofen ersetzt worden, der nur die Küche wärmte.

Warum erinnere ich hier an Angelo Orso? Weil auch die Zeiten verschwunden sind, in denen ein Kind mit ein und demselben Spielzeug fast zehn Jahre leben konnte – so lange nämlich hatte das glückliche Leben Angelo Orsos gewährt. Heute kosten die Spielsachen weniger und gehen früher kaputt, genau wie die kleinen Radios, die alle paar Monate ausgewechselt werden und den Zerfall der Familien nicht überleben, wie es einst die Geräte von Telefunken oder Marelli taten. Ich glaube, es ist hart für ein Kind, nicht mehr fast sein ganzes Kinderleben einem einzigen magischen Gegenstand widmen zu können, um den sich Erinnerungen und Gefühle wie eine Kruste legen. Als müßte man auf ein Tagebuch verzichten oder in einem Land ohne Denkmäler leben.

(1992)

Der Kormoran von den Shetland-Inseln

Ich traf den Kormoran in einer VIP-Lounge am Flughafen. Eine freundliche junge Dame bat ihn, nicht die eleganten Sessel zu beschmutzen, und ich bot ihm an, meinen Regenmantel über einen davon zu breiten. Ich wußte, daß der Mantel dann ruiniert sein würde, völlig durchtränkt von Öl und Seewasser, aber ich vertraute auf die Bereitschaft der Redaktion, ihn mir zu ersetzen. Wenn ich ihr solch einen Knüller bringen würde ... Der Gefiederte nahm dankend an, und so war das Eis gebrochen. Hier das Interview.

Ich: Guten Tag, Herr Kormoran, wie kommt es, daß Sie hier sind? Ich dachte, Sie wären noch auf den Shetland-Inseln.

Kormoran: Da muß ich morgen wieder hin, leider. Stellen Sie sich vor, man zahlt mir die erste Klasse für einen kurzen Sprung an einen Ort, dessen Namen ich noch nie gehört habe. Aber wie es scheint, treibt dort ein Öltanker steuerlos in den Wellen, das Öl könnte sich mit einem Schlag ins Meer ergießen, die TV-Stationen wollen pünktlich zur Stelle sein, und wenn man unter Vertrag ist ... Ein schrecklicher Beruf, das kann ich Ihnen versichern.

Ich: Machen Sie niemals Urlaub?

Kormoran: Wo denken Sie hin, Sie lesen doch auch die Zeitungen, ein Krieg da, ein Sturm dort, die Meere sind eine einzige schwarze Brühe geworden, und schon heißt es wieder, hier bitte, Herr Kormoran, setzen Sie sich in Pose, bitte nicht in die Kamera blicken, zupfen Sie sich mit dem Schnabel die Federn zurecht, machen Sie ein betrübtes Gesicht ...

Ich: Gibt es denn keine anderen Kormorane auf dem Markt?

Kormoran: Die Arbeit ist nicht so leicht. Meine Eltern haben dabei ihr Leben verloren. Die sich retten konnten, ziehen es vor, als freie Waldvögel zu leben, und das ist keine Metapher. Sie versuchen, sich anderswo einzugewöhnen, in den Hügeln, im Gebirge, aber es ist nicht leicht, dort Fische zu finden, höchstens ab und zu eine Forelle. Ich hab schon zu tief dringesteckt, sehen Sie nur, wie verklebt ich bin. Das geht nicht mehr ab, nicht mal mit dieser Flüssigkeit, die so in den Augen brennt. Da konnte ich auch genausogut dieses klebrige Zeug behalten und damit meinen Lebensunterhalt bestreiten. Ich werde gut bezahlt, ich muß nur bereit sein, vor einem Monat war ich in Galizien, das haben Sie sicher gelesen, danach auf den Shetlands, und wer weiß, wohin ich übermorgen muß. Und angefangen hatte ich noch vor dem Golfkrieg.

Ich: Aber die Bilder von jenem Krieg damals haben Ihren Ruhm und Erfolg begründet.

Kormoran: Ja, damals bin ich entdeckt worden. Vorher haben sie mich zwar aufgenommen, aber dann nicht gesendet. Mit dem Golfkrieg ist der Durchbruch gekommen. Aber es ist sehr anstrengend, jeden Tag auf dem Set, und jedesmal absorbiert man neues Öl, der Organismus ist schon ganz verseucht, man muß schnell einen Batzen Geld verdienen, und dann ist man chronisch krank. Wollen wir hoffen, daß ich eine kleine Insel abseits der Handelsrouten finde, wo ich das bißchen, was mir vom Leben noch bleibt, in Ruhe verbringen kann.

Ich: Könnte man denn nicht auch eine Möwe, eine Robbe, einen Pinguin nehmen und sie womöglich einfach mit Schlamm zurechtschminken, mit dem aus den Thermalbädern?

Kormoran: O nein, das ist eine Frage der Professionalität. Es heißt ganz zu Recht, wenn Tiere geschminkt werden, verlieren sie ihre Spontaneität. Das ist wie bei den Filmen von Visconti, wenn der Schauspieler von einer Schachtel voller Juwelen sprechen sollte, dann mußten Juwelen in der Schachtel sein, auch wenn sie gar nicht geöffnet wurde, und es mußten Juwelen von Bulgari sein. Außerdem haben wir Kormorane gerade die richtige Größe für den Bildschirm, von mir können Sie Nahaufnahmen machen, und man sieht alles. Stellen Sie sich vor, ich wäre ein Elefant, dann ginge es nur mit Totalen.

Ich: Aber wäre es nicht ergiebiger, ein menschliches Wesen zu nehmen, ein Kind, am besten ein noch ganz unverbrauchtes, eins von denen, die es zu kaufen gibt?

Kormoran: Ich bitte Sie! Menschenkinder rühren doch nicht. Stellen Sie sich vor, ich habe sogar ein Angebot von der Unicef bekommen. Die haben versucht, unterernährte afrikanische Kinder zu zeigen, solche mit Trommelbauch und Fliegen im Gesicht, aber das macht den Leuten bloß Ekel. Sie zappen weiter. Tiere dagegen wecken Mitleidsgefühle.

Ich: Also denken Sie nicht daran, die Ölbranche zu verlassen?

Kormoran: Nein, die Ölbranche hat Zukunft, die Leute brauchen Energie, verseuchte Meere gibt's zum Glück immer mehr, ich könnte gut allein von auseinanderbrechenden Tankern und bombardierten Ölquellen leben. Aber Sie verstehen, wenn man einmal im Fernsehen anfängt, wollen sie einen überall haben, bei American Express, bei Benetton, im Parlament ... das ist eine Spirale. Nächstes Jahr wollen sie mich benutzen, um die Leute davon abzubringen, an Ferragosto die Autobahn zu nehmen.

Ich: Genügen dafür nicht die Fotos von zermatschten Autos und verkohlten Leichen?

Kormoran: Ich hab's Ihnen schon gesagt, eine verkohlte Familie bringt wenig. Aber wenn die Familie mit einem Tanklaster zusammenkracht und das Öl auf die Straße läuft und der Kormoran auftaucht und sich das Gefieder verklebt, dann fangen die Leute an, darüber nachzudenken. Was wollen Sie, ich verdiene daran, das ist wahr, aber meine Arbeit ist auch eine Bürgerpflicht, eine Mission.

Die freundliche junge Dame kam und fragte den Kormoran, ob er einen Whisky wünsche, doch er lehnte ab. »Vielleicht habe ich mich bloß noch nicht daran gewöhnt«, sagte er, »aber für mich schmeckt er immer nach Öl.« Sein Flug wurde aufgerufen. Er watschelte gesenkten Hauptes davon, eine schimmernde Ölspur auf dem blanken Parkett hinterlassend und immer in Gefahr, darauf auszurutschen. Ein letztes Mal blickte er zurück. »Danke«, rief ich ihm nach, »auch im Namen aller Kinder der Welt.«

(1993)

Mama, was bedeutet »Bruder«?
Perspektiven für das dritte Jahrtausend

Kürzlich las ich wieder mal eine der bizzarren Statistiken, die uns das Magazin des *Corriere della sera* jeden Freitag beschert. Demnach werden sich die Italiener aufgrund ihrer kontinuierlich sinkenden Geburtenrate im Jahre 2030 auf lediglich 18 oder sogar bloß 11 Millionen reduziert haben. Um ihren Nachwuchsmangel zu kompensieren, wären mindestens 300 000 Einwanderer pro Jahr erforderlich. Ich gebe diese Zahl an die über den Verfall und die Verunreinigung unserer Rasse besorgten Parteien weiter. Hoffen wir nur, daß ihre Adepten nicht darauf verfallen, Abhilfe durch beschleunigte Vermehrung ihrer selbst zu schaffen, denn in puncto Verunreinigung weiß ich nicht, welche die schlimmere wäre.

Aber auch bei fortlaufendem Austausch durch Einwanderer, um die gegenwärtige Geburtenrate aufrechtzuerhalten, werden die Italiener irgendwann zwischen 2150 und 2200 vom Angesicht der Erde verschwunden sein. Menschen aller Hautfarben werden an ihre Stelle treten, und wir werden uns ungefähr in der Situation befinden, in der das Römische Reich vor seinem Zusammenbruch war; vielleicht könnte eine sarmatische Welle oder eine Reihe von Anreizen für die Grönländer dazu führen, daß eine ganz neue Bevölkerung entsteht, die sich brav in die Schlange stellt und ihre Steuern bezahlt. Wahrscheinlicher dürfte es sein, daß die Apenninenhalbinsel ein Durchgangsland ohne feste Ansiedlungen wird.

Doch zurück zu den Statistiken. Da in anderen Kontinenten die Geburtenrate kontinuierlich steigt, werden im Jahre 2025 zwei Milliarden und zweiundvierzig Millionen Menschen zwölf bis vierundzwanzig Jahren alt sein. Die meisten davon werden *meninhos da rua* sein: Straßenkinder, Bewohner der Wellblechbarackenstädte. In Afrika wird die Stadtbevölkerung im nächsten Jahrhundert zu 80 Prozent aus Jugendlichen bestehen; andererseits werden 23 Prozent aller Jugendlichen in einer asiatischen Megalopolis und 21 Prozent in einer südamerikanischen Megalopolis leben. Ich stelle mir vor, es werden Städte mit mindestens 60 Millionen Einwohnern sein; und durch die Vergiftung der Umwelt wird sich die Zahl der Alten noch weiter vermindern.

Kein Grund zur Aufregung: So wie die Etrusker verschwunden sind, werden auch die Italiener verschwinden. Seit einiger Zeit wird ja schon gesagt, daß wir uns auf ein farbiges Europa einrichten müssen, und das wahre Problem ist, ob diese Nicht-Europäer dann noch an die Sorbonne und nach Oxford gehen können (vergessen wir nicht, daß auch Augustinus ein Afrikaner war). Wenn jedoch auch Siena – nur so als Beispiel – ein Mega-Slum würde, bewohnt von chinesischen Jugendlichen, die auf kongolesische Jugendliche schießen, dann wäre das schade (für Siena, für die Chinesen und für die Kongolesen).

Ich gehöre zu denen, die der Meinung sind, daß es, um die Bevölkerungsexplosion einzudämmen, einer klugen Politik der Erziehung zur Geburtenkontrolle bedarf. Das Vertrauen, das viele in die Vorsehung haben, kann mich nicht beruhigen. Und da die Schönheit dieses Planeten auch aus den kulturellen und ethnischen Unterschieden besteht, könnte Geburtenkontrolle heißen, die Geburten auch positiv zu kontrollieren; damit will ich sagen, daß es zwischen der Vorstellung, die Italiener sollten sich über die Welt verstreuen und sie erobern, und der Meinung, es wäre nicht weiter schlimm, wenn sie verschwänden, vielleicht einen Mittelweg gäbe: Vielleicht würde es sich lohnen, einige Italiener zu behalten (wenn auch gebührend vermischt mit Zugewanderten). Aber nötig wäre in jedem Fall eine wohldurchdachte Erziehung zu vernünftiger und verantwortlicher Fortpflanzung.

Freilich können auch solche Lösungen zu kuriosen, um nicht zu sagen dramatischen Konsequenzen führen. Letzte Woche machte mich ein Freund darauf aufmerksam, was geschehen könnte (ja sicher geschehen würde), wenn man überall in der Welt die von den Chinesen beschlossene Notlösung übernähme: Jedes Paar darf nur ein Kind haben. So gesagt, klingt es ganz vernünftig: pro Familie nur *ein* neuer Italiener, nur *ein* neuer Kongolese, nur *ein* neuer Inder usw. Die gegenwärtigen Proportionen (nach denen die Albaner geringer an Zahl sind als die Japaner) blieben mehr oder minder erhalten, und vielleicht bliebe auch genügend Raum und Nahrung für alle. Aber Vorsicht. Nach zwei bis drei Generationen würden die Wörter »Bruder«, »Schwester«, »Onkel«, »Tante«, »Vetter« und »Cousine« ihren Sinn verlieren. Um die Vettern und Cousinen wäre es nicht weiter schade, und schweigen wir über die Onkel und Tanten, aber ist uns klar, was es heißt, wenn für einen Jungen in der Mitte des nächsten Jahrtausends der Begriff »Brüderlichkeit« jeden Sinn verloren hat? Sicher, er wird durch irgendwas anderes ersetzt werden, vielleicht wird man zur Erklärung des Evangeliums sagen, wir sollten einander lieben wie Wohnungsnachbarn oder wie Schulkameraden oder wie Fahrgäste im selben Bus, aber wird es dasselbe sein?

Andererseits, welchen Sinn wird Brüderlichkeit für jemanden haben, der fünfzehn Brüder hat und sich über jeden Bissen mit ihnen streitet, vielleicht ohne sie überhaupt zu kennen, da ihn die Eltern ausgesetzt haben in einer Stadt, deren Ressourcen nur für ein Zehntel ihrer Einwohner reichen? In beiden Fällen also, ob durch Mangel oder durch Überfluß, werden in einer übervölkerten Welt die Begriffe »Stamm«, »Sippe«, »Familie« jeden Sinn verlieren.

Es sei denn, daß die Vorsehung oder die Natur eingreift, um durch rabiate Pestepidemien und/oder einen Dauerkrieg, der großzügige Massaker garantiert, das Gleichgewicht wiederherzustellen. Was zumindest im Augenblick die offenkundigste und nächstliegende Perspektive zu sein scheint.

(1995)

Chopin contra Derrick? Versuchen wir das Unmögliche

Von Anfang an haben wir für diese Kolumne festgelegt, daß sie nicht an die Aktualität gebunden sein darf. Daher fühle ich mich ermächtigt zu berichten, was mir an jenem fernen Abend des 13. Juni 1995 durch den Kopf ging, als ich die Ergebnisse des Referendums über das Fernsehen hörte. Warum ich das jetzt erst tue und nicht schon damals? Nun, wie jemand bei Hugo Pratt sagte (ein bizarrer Dankali, scheint mir), »weil es mir so gefällt«.

An jenem Abend dachte ich mir, wenn einem durchschnittlichen Italiener die Frage vorgelegt worden wäre: »Hätten Sie es lieber, daß die privaten Fernsehsender einem einzigen gehören, oder daß sie die Standpunkte verschiedener Besitzer ausdrücken?« (statt der Frage des Referendums: ob Berlusconis Fernsehmacht eingeschränkt werden solle, ja oder nein), dann wäre die Antwort klar gewesen: natürlich ja. Aber das Gegenteil ist geschehen. Dafür muß es eine Erklärung geben, und es genügt nicht zu sagen, daß für das »Nein« eine so massive Werbung im Fernsehen gemacht worden war. Wenn mit der gleichen massiven Werbung versucht worden wäre, all jene Millionen Italiener zu überreden, am Tag des Referendums eine Stunde Gymnastik zu treiben, dann wäre die Antwort kaum so eindeutig ausgefallen. Der Grund ist, denke ich, daß all jene, die mit Nein gestimmt haben, und der größte Teil derer, die sich enthalten haben, das Fernsehen nicht als politisches Subjekt wahrnehmen. Daß aus dem Kasten auch Nachrichten und Diskussionen kommen, ist für sie nebensächlich; er ist in erster Linie ein elektrisches Haushaltsgerät, unverzichtbarer und nahrhafter als der Kühlschrank. Und all diesen Italienern war es nun so vorgekommen, als wollten andere (die Anhänger des »Ja«) einen magischen Kasten, der per definitionem nicht politisch sein kann (sein darf), unerlaubterweise in einen politischen Streit hineinziehen.

Wenn dem so war, dann liegt auf der Hand, daß sich, je mehr die Propaganda für das Ja politische Gründe ins Feld führte (Freiheit und Meinungsvielfalt, gegen zuviel Konzentration usw.), in den Köpfen der Fernsehzuschauer die Idee festsetzte, man wolle die Welt der privaten Gefühle politisieren. Und so hat die Propaganda für das Nein gesiegt, die sich nicht etwa auf politische Argumente gründete (wie Meinungsfreiheit und andere Vorwände), sondern auf ein einfaches »Nehmt uns nicht das Brot, das wir uns verdienen, indem wir euch unterhalten, und riskiert nicht, daß ihr morgen weniger Fernsehen habt, als wir euch heute geben«.

Vulgäre Reaktion? Verhalten von Fernsehsüchtigen? Oder auch Anzeichen dafür, daß die Bürger wollen, daß man sich auch um die Qualität ihres privaten Lebens kümmert (wobei sie sich allenfalls über den Begriff der Qualität täuschen)? Im übrigen habe auch ich, und zwar genau an jenem selben Abend, das Fernsehen als einen magischen Kasten benutzt. Da ich die Nachricht, die mich interessierte, bekommen hatte und mich die allzu vielen Debatten, die sich über sie anschlossen, langweilten, sah ich mich in anderen Kanälen um und stieß auf das Dritte Programm der RAI, wo Roman Vlad gerade des verstorbenen Arturo Benedetti Michelangeli gedachte. Er erklärte, wie Michelangeli Chopins Ballade Nr. 1 g-Moll spielte, führte einzelne Abschnitte vor und kommentierte sie, zeigte, worin sich Michelangelis Interpretation von der eines mittelmäßigen Pianisten unterschied – und schon diese wenigen Ausschnitte versetzten mich zurück in die Zeit, in der ich, sechzehnjährig, von Chopin verzaubert war. Danach kam eine alte Schwarzweiß-Aufzeichnung von einer Darbietung der Ballade durch Michelangeli, und ich verlor mich in Chopin.

Während Italien über die Ergebnisse des Referendums diskutierte, ließ ich mich von der absoluten Vollendung jener Ballade ergreifen. Ich nahm an einem Ritus der Schönheit teil, während mein Land einer Täuschung zum Opfer fiel. Und doch erschienen mir alle Vulgaritäten, die mich in den Tagen zuvor geärgert hatten, ja das Fernsehen selbst als Vehikel der Roheit, gleichsam erlöst: Durchs Fernsehen (ich weiß nicht, ob im Kontakt mit dem Absoluten oder mit der Erinnerung, aber die beiden Instanzen fallen ja bekanntlich oft zusammen – wer war's doch gleich, der sich schmachtend nach einem kleinen Motiv von Vinteuil verzehrte?) zog ich mich in jenen Bereich zurück, in dem das Private und das Allgemeine sich oft gefährlich vermischen.

Widersprach das nicht allem, was uns beigebracht worden war – sowohl der Pflicht, sich die Hände schmutzig zu machen im Kampf für unsere Überzeugungen, wie der Notwendigkeit, für eine bessere Welt auf dieser Erde zu kämpfen, wie auch dem Verbot, ein Gespräch über Bäume zu führen, wenn es ein Schweigen über so viel Leiden einschließt? War ich im Begriff, alle meine moralischen Prinzipien wegen Chopin aufzugeben?

So kam es, daß ich mich fragte, ob es in der steigenden Flut von Vulgarität nicht ab und zu eine »politische« Tat sein könnte, auch die Rechte der Schönheit zu verteidigen. Im Wissen, daß sie auf lange Sicht ohnehin siegen wird.

Vielleicht müssen wir auch dafür kämpfen, die Rechte einer umfassenden Erziehung zu verteidigen, welche die alten Griechen *Paideia* nannten. Vielleicht müssen wir den anderen *in positivo* eine Welt vorschlagen, in der jeder das Recht auf seine eigene Privatheit hat, aber auf eine durch Erziehung geformte, geadelte, noble Privatheit. Und vielleicht müssen wir ihnen zeigen, daß es diese Welt wirklich gibt und daß sie auch auf dem Fernsehbildschirm leben kann. Es wird sicher ein langer und schwieriger Kampf sein, der in den Schulen, in den Stadtvierteln, auf den Straßen und Plätzen durchgekämpft werden muß, mit der Härte – um es mal so zu sagen – der Marxisten-Leninisten vergangener Zeiten (oder derer, die sich heute für Derrick schlagen). Chopin contra Derrick? Lohnt es sich am Ende, noch einmal das Unmögliche zu verlangen?

(1995)

Wie man sich heiter auf den Tod vorbereiten kann

Ich bin mir nicht sicher, ob ich damit etwas Originelles sage, aber eines der größten Probleme des menschlichen Daseins ist, wie man sich auf den Tod vorbereitet. Ein schwieriges Problem für die Nichtgläubigen (wie begegne ich dem absoluten Nichts, das uns nach dem Tod erwartet?), aber den Statistiken zufolge treibt es auch viele Gläubige um, die überzeugt sind, daß es ein Leben nach dem Tod gibt, und die gleichwohl das Leben vor dem Tod so angenehm finden, daß sie es nur ungern verlassen; weshalb sie sich zwar danach sehnen, in den Chor der Engel aufgenommen zu werden, aber erst möglichst spät.

Ich denke, es liegt auf der Hand, daß ich hier das Problem anspreche, was es bedeutet, »zum Tode« zu leben oder auch nur anzuerkennen, daß alle Menschen sterblich sind. Die Antwort scheint leicht zu sein, solange sie Sokrates betrifft, aber sie wird schwierig, sobald wir selbst betroffen sind. Und am schwierigsten wird der Moment sein, in dem wir uns klarmachen, daß wir für einen Augenblick noch da sind und einen Augenblick später nicht mehr dasein werden.

Ein nachdenklicher Schüler (ein gewisser Kriton) fragte mich kürzlich: »Meister, wie kann man sich gut auf den Tod vorbereiten?« Ich antwortete ihm, daß die einzige Art und Weise, gefaßt dem Tod entgegenzugehen, darin bestehe, sich zu überzeugen, daß alle anderen Trottel und Blödmänner sind.

Auf sein Erstaunen erklärte ich ihm, was ich meine.

»Schau«, sagte ich, »wie kannst du dem Tod entgegengehen, selbst als Gläubiger, wenn du denkst, daß im Moment deines Todes höchst begehrenswerte junge Leute beiderlei Geschlechts gerade in Diskotheken tanzen und sich über die Maßen amüsieren, daß erleuchtete Wissenschaftler die letzten Geheimnisse des Kosmos ergründen, daß unbestechliche Politiker im Begriff sind, eine bessere Gesellschaft zu errichten, daß Zeitungen und Fernsehstationen bestrebt sind, nur relevante Nachrichten zu bringen, daß verantwortliche Unternehmer sorgsam darauf achten, mit ihren Produkten nicht die Umwelt zu verschmutzen, und es sich angelegen sein lassen, eine Natur wiederherzustellen, die gemacht ist aus klaren Bächen, bewaldeten Hängen, reinen und heiteren Himmeln im Schutze vorsorglichen Ozons und weichen Wolken, die wieder sauberen Regen spenden? Der Gedanke, daß du davonmußt, während all diese herrlichen Dinge geschehen, wäre doch unerträglich.

Versuche nun aber einmal zu denken, du hättest in dem Moment, in welchem du bemerkst, daß du dich anschickst, dieses Jammertal zu verlassen, die unerschütterliche Gewißheit, daß die Welt (fünf Milliarden Menschen) voller Trottel und Blödmänner ist, daß es Trottel sind, die in der Disko tanzen, Blödmänner die Wissenschaftler, die glauben, die Rätsel des Kosmos gelöst zu haben, Trottel und Blödmänner die Politiker, die das Allheilmittel für unsere sämtlichen Übel verkünden, Trottel und Blödmänner die Schreiberlinge, die Seiten um Seiten mit fadem Allerweltsgeschwätz füllen, Trottel und Blödmänner die selbstmörderischen Produzenten, die den Planeten zerstören. Wärst du in jenem Moment nicht glücklich, erleichtert und zufrieden, diese Welt voller Trottel und Blödmänner zu verlassen?«

Darauf fragte mich Kriton: »Aber wann, Meister, muß ich anfangen, so zu denken?« Ich antwortete ihm, damit dürfe man nicht zu früh anfangen, denn einer, der mit zwanzig oder auch mit dreißig denkt, daß alle anderen Blödmänner sind, ist ein Blödmann und wird es niemals zur höheren Weisheit bringen. Man muß zunächst denken, daß alle anderen besser sind als man selbst, dann muß man sich langsam entwickeln, die ersten schwachen Zweifel muß man gegen vierzig haben, das Umdenken zwischen fünfzig und sechzig beginnen und zur Gewißheit gelangen, während man auf die Hundert zugeht, immer bereit, das Konto ausgeglichen zu schließen, sobald das Telegramm mit der Einberufung kommt.

Sich davon zu überzeugen, daß alle anderen, die uns umgeben (fünf Milliarden), Trottel und Blödmänner sind, ist das Ergebnis einer feinen und weitsichtigen Kunst, es steht nicht zur Disposition des erstbesten Ladenschwengels mit Ring am Ohr (oder in der Nase). Es erfordert fleißiges Studium und Geduld. Man darf es nicht überstürzt herbeizwingen, man muß es sachte erreichen, genau zur rechten Zeit, um in Heiterkeit zu sterben. Am Tag davor muß man noch denken, daß irgendwer, den man liebt und bewundert, nun gerade kein Blödmann ist. Die wahre Weisheit besteht darin, genau im richtigen Augenblick (nicht vorher) anzuerkennen, daß auch er ein Trottel ist.* Erst dann kann man sterben.

»Infolgedessen«, schloß ich, »besteht die große Kunst darin, Schritt für Schritt das allgemeine Denken zu analysieren, die Wechsel der Moden zu beobachten, Tag für Tag die Massenmedien zu sichten, die Erklärungen der selbst-

* Aus Gründen der politischen Korrektheit sei angemerkt, daß der letzte Trottel auch eine *sie* sein kann.

sicheren Künstler, die Sprüche der abgehobenen Politiker, die Philosopheme der apokalyptischen Kritiker, die Aphorismen der charismatischen Helden zu verfolgen, die Theorien, die Vorschläge, die Appelle, die Bilder, die Erscheinungen zu studieren. Erst dann, ganz am Ende, wirst du die überwältigende Offenbarung haben, daß alle anderen Blödmänner sind. An diesem Punkt wirst du bereit sein, dem Tod zu begegnen.

Aber bis zum Ende wirst du dich gegen diese unerträgliche Offenbarung wehren müssen, wirst dich darauf versteifen müssen zu denken, daß irgend jemand *doch noch* vernünftige Dinge sagt, daß ein bestimmtes Buch besser als andere ist, daß ein bestimmter Volkstribun wirklich das Gemeinwohl im Sinn hat. Es ist ganz natürlich, es ist menschlich, es ist das Kennzeichen unserer Spezies, sich gegen die Überzeugung zu wehren, daß alle anderen unterschieds- und ausnahmslos Trottel sind, wozu lohnte es sich sonst zu leben? Doch wenn du es ganz am Ende weißt, dann wirst du begriffen haben, wozu es sich lohnt (ja, mehr noch, warum es großartig ist) zu sterben.«

Da sagte Kriton zu mir: »Meister, ich möchte keine vorschnellen Schlüsse ziehen, aber ich habe den Verdacht, daß Sie ein Blödmann sind.«

»Siehst du«, erwiderte ich, »du bist schon auf dem richtigen Weg.«

(1997)

Neue Glossen

Ausgewählt, übersetzt
und eingerichtet
von Burkhart Kroeber

Einige gute Gründe, eine Bombe zu legen

In den letzten zehn Tagen haben wir alles nur irgend mögliche über die Frage gehört, wer die Bomben in Florenz und Rom gelegt haben könnte: die Mafia, die Falange Armata*, die entgleisten Geheimdienste, diejenigen, die auf Destabilisierung aus sind, oder umgekehrt diejenigen, die stabilisieren wollen ... Da nicht einmal die Experten klare und präzise Ideen haben, wollen wir einmal versuchen, uns ein paar Gedanken im Hinblick auf eine allgemeine Ermittlungsmethode zu machen.

Eins der ersten Kriterien in jeder Ermittlung ist zweifellos eines der Sparsamkeit: Vor unterschiedliche Phänomene gestellt, wäre es vorteilhaft, sobald auch nur die geringsten Ähnlichkeiten zwischen ihnen erkennbar sind, sie alle auf ein und dieselbe Ursache zurückführen zu können. Wenn in London relativ kurz nacheinander und immer mit derselben Methode Prostituierte umgebracht werden, sucht man verständlicherweise nach einem einzigen Täter, den man dann Jack the Ripper nennt.

Aber nicht immer genügt das Kriterium der Sparsamkeit. Letztlich ist Jack niemals identifiziert worden, und wer kann ausschließen, daß es nicht mehrere Täter waren, die einander beeinflußt hatten? Molières Ärzte glaubten im Grunde, sie könnten verschiedene Krankheiten auf die-

* »Bewaffnete Phalanx«, eine schemenhafte, offenbar rechtsradikale Terrorgruppe, spezialisiert auf Medien- und Computerpiraterie, die in den neunziger Jahren vorwiegend mit großspurigen Erklärungen hervorgetreten ist (A.d.Ü.).

selbe Störung der Körpersäfte zurückführen, und behandelten alle mit dem Aderlaß, aber sie täuschten sich, und die Kranken starben.

Es klingt überzeugend, daß ein und dieselbe Hand die Bomben in Florenz und in Rom gelegt hat, aber es könnte übereilt sein, daraus zu schließen, es handle sich »folglich« um dieselben Täter wie in 1980 in Bologna, 1975 in Brescia, 1969 an der Piazza Fontana und immer weiter zurück in der Zeit. Warum? Weil man in all diesen Fällen vor einer politischen Erneuerung stand, die jemand verhindern wollte? Auch das klingt überzeugend, aber nehmen wir einmal an, der Grund war ein anderer – sei's auch nur, weil es keine mythische Reaktion-auf-der-Lauer gibt und weil die Kräfte, die heute Gründe haben können, sich einem Wechsel entgegenzustellen, wahrscheinlich andere sind als diejenigen, die ihn 1969 verhindern wollten (wobei auch der Wechsel nicht mehr dasselbe Vorzeichen hat).

Versuchen wir also zu sagen: Gut, die ersten Bomben waren zu Destabilisierungszwecken gelegt worden, dann hatten andere begriffen, daß man durch Bombenlegen auch andere interessante Effekte erzielen kann, und hatten dieselbe Technik zu anderen Zwecken benutzt. Blieben zwei Fragen zu beantworten. Die erste ist, ob es sein kann, daß verschiedene Personen oder Gruppen existieren, die alle imstande sind, Attentate zu organisieren, für welche ein gewisses Maß an Technik, Erfahrung und Professionalität erforderlich scheint. Die Antwort ist: Ja, es gibt Vierzehnjährige, die wissen, wie man den Computer des Pentagons knackt, und Achtzehnjährige, die einen Fiat Tipo so frisieren können, daß er wie ein Maserati fährt; es dürfte also für einen motivierten Auftraggeber nicht schwer sein, jeden gewünschten Techniker auf dem Markt zu finden.

Die zweite Frage ist, welche »guten« Gründe es geben kann, eine Bombe zu legen. Hier einer, der nicht ganz unvernünftig wäre (wenn wir uns vorstellen, daß eine hinreichend große Zahl von zynischen und gewissenlosen Menschen existiert – was nicht schwer ist): Der sicherste Effekt, den man durch das Explodierenlassen einer Bombe erreicht, ist, daß eine Woche lang und manchmal auch länger die Presse und das Fernsehen (um nicht von parlamentarischen Anfragen, Begegnungen auf hoher Ebene und so weiter zu sprechen) sich nur mit dieser Bombe beschäftigen. Die Bombe okkupiert nicht bloß die Seite eins, sondern viele der vorderen Seiten, und alle anderen Nachrichten, von Pecorelli bis Tangentopoli*, von Serbien bis zu den Ereignissen in der Finanz- und Industriewelt, verschwinden auf die hinteren Seiten, wo sie zwar noch gebracht, aber meistens nicht mehr kommentiert werden.

Man versetze sich nun in die Lage einer Person oder Gruppe, die voraussieht, daß morgen oder übermorgen etwas ans Licht kommen wird, was die Massenmedien mit Begeisterung aufgreifen werden, indem sie nach den Hintergründen fragen, es in Beziehung zu anderen Vorfällen setzen, Verdächtigungen äußern und so weiter. Wie könnte man diese exzessive Behandlung in den Medien vermeiden und Zeit gewinnen, um sich in Sicherheit zu bringen? Eine Bombe würde einem alle Zeit verschaffen, die man braucht.

Es genügt freilich nicht, am Tag der Bombenexplosion die Zeitung zu nehmen, auf den hinteren Seiten nachzusehen, was es sonst noch Interessantes gibt, und den Finger

* Der Journalist Mino Pecorelli wurde 1979 unter nie aufgeklärten Umständen ermordet, als Auftraggeber war eine Zeitlang Giulio Andreotti verdächtigt worden (inzwischen freigesprochen). Tangentopoli steht für den landesweiten Bestechungsskandal der neunziger Jahre (A.d.Ü.).

auf den Täter zu legen. Wenn der Auftraggeber klug ist, wird er nicht in so kurzen Zeiträumen operieren und womöglich seine Karten verfrüht ausspielen. Man muß auch nicht unbedingt an eine Meldung von der Art »Es besteht ein Verdacht gegen Soundso« denken, es könnte sich auch um eine ganz unscheinbare Meldung handeln, mit deren Kenntnis sich aber, richtig genutzt, ein saftiger Spekulationsgewinn erzielen ließe, weshalb es gut wäre, wenn sie möglichst unbemerkt bliebe. Auch könnte es sein, daß die Nachricht, die interessant wäre, wenn sie skandalistisch aufgemotzt würde, an sich so dröge war, daß die Zeitungen sie aus Platzmangel gar nicht abgedruckt haben. Und schließlich könnte es sich auch um eine Nachricht über »Bevorstehendes« handeln: Jemand hat etwas vor, von dem er nicht will, daß zuviel darüber gesprochen wird, und sorgt dafür, daß die öffentliche Aufmerksamkeit ein paar Tage vorher in eine andere Richtung gelenkt wird.

Infolgedessen müßte man alle noch so kleinen Agenturmeldungen eines ganzen Monats in Computer füttern und zahlreiche alternative Szenarien entwerfen.

(1993)

Spione

Vorgestern las ich den x-ten Artikel über unsere Geheimdienste, und natürlich erfuhr ich daraus, daß sie entgleist sind (was mir leid für sie tat) und daß aus gegebenem Anlaß wieder einmal größere Transparenz gefordert wird (was mir das übliche kurze *Haha* entlockte). Sollte es möglich sein, fragte ich mich, daß illustre Politiker und Journalisten immer noch über Geheimdienste sprechen, ohne je einen Spionageroman gelesen zu haben? Die guten Spionageromane werden gewöhnlich von Leuten geschrieben, die das Spionagehandwerk selbst ausgeübt haben und daher – auch wenn sie Geschichten erfinden – gut erklären können, wie die Geheimdienste funktionieren.

Ich, der ich Spionageromane lese (und ich erinnere mich, daß Cossiga* mir einmal erzählt hat, mit welcher Begeisterung er sie zu lesen pflegt – was man sehr gut verstehen kann), ich habe einiges daraus gelernt. Erstens, daß jedes Land Geheimdienste braucht. Es braucht sie, um, wie gewöhnlich erklärt wird, durch Infiltration oder Ausspähung die terroristischen Gruppen oder den Waffenschmuggel zu kontrollieren, aber es braucht sie vor allem, um (zum Zwecke der Landesverteidigung) Gegenspionage zu betreiben. Und warum muß man Gegenspionage betreiben? Weil jedes Land Spionage betreibt. Und ich hoffe sehr (ich wiederhole: ich hoffe sehr), daß auch unser Land sie betreibt, denn wenn es – nur zum Beispiel – in Libyen jemanden gibt, der versucht sein könnte, Raketen auf Lam-

* Francesco Cossiga, damals italienischer Innenminister (A.d.Ü.).

pedusa abzuschießen, dann ist es gut und richtig, daß es in Tripolis jemanden gibt, der die italienischen Geheimdienste informiert, wenn zufällig neue Abschußrampen gebaut werden, die auf den Stiefel gerichtet sind und eine Reichweite nicht nur bis Lampedusa, sondern womöglich bis Bergamo haben. Spionage ist eine häßliche Sache, aber Machiavelli lehrt, daß der Fürst zum Wohle des Staates bisweilen auch häßliche Sachen tun muß.

Wenn die Geheimdienste sich mit Infiltration, Sabotage und Spionage befassen, können und dürfen sie nicht transparent sein. Sie müssen, wie der Name sagt, geheim sein. Würde der Chef der Geheimdienste die Stelle eines Spions in Istanbul oder eines Undercover-Agenten in der Falange Armata* im *Staatsanzeiger* ausschreiben, dann den Namen des Gewinners bekanntgeben und das Ergebnis der Operation veröffentlichen, müßte er standrechtlich erschossen werden.

Außerdem haben die Geheimdienste noch ein anderes Merkmal. Da sie nicht nur Mutige finden müssen, die sich irgendwo einschleichen, sondern auch Kriminelle, die bereit sind, ihre Komplizen zu verraten (also doppelt Kriminelle), haben sie es zumeist mit gewissenlosem Gesindel zu tun. Niemand rege sich auf: Jeder Polizeikommissar benutzt Informanten, die sich für drei Groschen verkaufen, und wer sich für drei Groschen verkauft, ist bestimmt kein Gentleman. Wer mit solchem Gesindel zu tun hat, muß entweder eine solide Moral und sehr gute Nerven haben (wie zum Beispiel ein Exorzist, der jeden Tag mit dem Teufel spricht), oder er ist vielen Versuchungen und Ablenkungen ausgesetzt. Was verlangt ein zivilisiertes Land von seinen Geheimdiensten? Daß sie nicht gegen ihr eige-

* Siehe oben Anmerkung auf S. 547 (A.d.Ü.).

nes Land handeln. Und was macht man, wenn jemand gegen sein eigenes Land handelt? Da die Geheimdienste eben geheim sind und sich nicht erlauben können, transparent zu sein, beschließt der oberste Chef, nennen wir ihn Mr. M, daß man den Betreffenden in einer dunklen Gasse mit einer Kugel im Genick finden soll oder daß er, nachdem er seiner Frau gesagt hat, er gehe nur rasch Zigaretten holen, nicht nach Hause zurückkehren wird, so daß man höchstens noch in der beliebten TV-Sendung *Wer hat ihn gesehen?* von ihm spricht. Das ist sehr traurig, und ich möchte nie Mr. M sein, aber entweder macht man es so, oder es geht gar nichts.

Sollten die staatlichen Kommissionen zur Kontrolle der Geheimdienste dann den Eindruck gewinnen, daß zu viele Agenten in dunklen Gassen gefunden werden, so diskutieren sie in aller Stille über die Frage, wie man Mr. M nahelegen kann, aus Gesundheitsgründen zurückzutreten, weil ihm die Lage offensichtlich aus den Händen geglitten ist. Aber Mr. M muß einen festen Gesprächspartner (und Kontrolleur) im Staatsapparat haben, sagen wir einen Minister (der aus Gründen der Nicht-Transparenz auch der Schatzminister sein kann, wie es beim FBI der Fall ist), und dieser Minister muß einer sein, der sich mit den Geheimdiensten wirklich auskennt.

In Italien ist es indessen so, daß die Geheimdienste bleiben, aber die Minister alle sechs Monate wechseln, und das seit fünfzig Jahren. Das Problem ist also nicht die mangelnde Transparenz der Dienste, sondern daß sie nie ein ernsthaftes Gegenüber in der Regierung hatten, daß ihre Kontrolleure immer nur Leute waren, die gerade neu anfingen und von dem, was sie kontrollieren sollten, nicht das Geringste verstanden. Es ist nur natürlich, daß die Mäuse tanzen, wenn die Katze fort ist, und wenn ich

Mr. M wäre, würde ich mich ermuntert fühlen, dem Neuling, der mich kontrollieren kommt, nichts zu erklären, denn Mr. M ist kein Heiliger, und die Versuchung, sich der Kontrolle zu entziehen, ist in jedem stark, egal was er tut.

Das Problem ist also nicht eines der Transparenz, sondern der Kompetenz dessen, der eine Tätigkeit kontrollieren soll, die *per definitionem* nicht transparent ist. Die Geheimdienste sind so instabil, weil die Regierungen nicht stabil sind.

(1991)

Welche Schande, wir haben keine Feinde!

Schon öfter habe ich in dieser Kolumne von meinen Abenteuern mit Taxifahrern erzählt. Am interessantesten sind diese Abenteuer in New York, und das aus drei Gründen: Erstens gibt es dort Taxifahrer jedweder Herkunft, Sprache und Hautfarbe; auf einem Schildchen steht der Name geschrieben, und es macht immer Spaß herauszufinden, ob der Fahrer Türke, Malaie, Grieche, russischer Jude etc. ist. Viele von ihnen lassen ständig ihr Radio laufen, das sie auf einen Sender eingestellt haben, der in ihrer Sprache spricht und ihre Lieder sendet, und so ist eine Fahrt vom Village zum Central Park manchmal wie eine Reise nach Kathmandu.

Zweitens wird in New York der Beruf des Taxifahrers nicht lebenslang, sondern nur zeitweilig ausgeübt, weshalb man am Steuer sowohl den Studenten wie den arbeitslosen Banker wie auch den erst kürzlich eingetroffenen Immigranten vorfinden kann. Drittens folgen die Taxifahrer einander in Gruppen – eine Zeitlang sind es überwiegend Griechen, dann allesamt Pakistani, dann Puertoricaner usw. Dadurch wird es möglich, Beobachtungen über Einwandererwellen und über den Erfolg der verschiedenen Ethnien anzustellen: Verschwindet eine bestimmte Gruppe aus den Taxis, so läßt sich daraus ablesen, daß diese Leute dabei sind, ihr Glück woanders zu suchen; eine Erfolgsmeldung hat sich unter ihnen herumgesprochen, und nun versuchen sie es alle mit Tabak- oder Gemüseläden, ziehen in einen anderen Stadtteil und steigen eine Stufe der sozialen Leiter hinauf. Infolgedessen, sieht man von den individuellen Charakter- und Mentalitätsunterschieden ab (es gibt den Hysteriker, den fidelen Knaben, den politisch Engagierten, den Anti-Irgendwas und so weiter), ist das Taxi ein hervorragender Ort für soziologische Studien.

Neulich bin ich an einen dunkelhäutigen Typ mit schwer entzifferbarem Namen geraten, und da hat er mir erklärt, daß er Pakistani sei. Dann fragte er mich, woher ich käme (in New York kommt man immer von irgendwo anders her), und als ich sagte, daß ich Italiener sei, begann er mich auszufragen. Er schien sehr interessiert an Italien, aber nach einer Weile begriff ich, daß er es nur war, weil er überhaupt nichts davon wußte, weder wo es liegt noch welche Sprache man dort spricht (gewöhnlich schaut der Taxifahrer erstaunt, wenn man ihm sagt, daß in Italien Italienisch gesprochen wird, da er inzwischen meint, es werde überall Englisch gesprochen).

Ich gab ihm die knappe Beschreibung einer langgestreckten Halbinsel mit Bergen in der Mitte und viel Küste ringsum und vielen schönen Städten. Er fragte, wie viele wir seien, und war erstaunt über die geringe Zahl. Dann wollte er wissen, ob wir alle weiß oder auch gemischtrassig seien, und ich versuchte ihm eine Vorstellung von einem Land zu geben, in dem ursprünglich nur Weiße lebten, jetzt aber auch einige Schwarze, freilich nicht so viele wie in Amerika. Natürlich wollte er auch wissen, wie viele Pakistani in Italien leben, und es verdroß ihn zu hören, daß es zwar einige seien, aber weniger als die dort lebenden Filipinos oder Afrikaner, und er muß sich gefragt haben, warum Italien von seinen Landsleuten gemieden wird. Ich beging den Fauxpas, ihm zu sagen, daß es in Italien auch nicht viele Inder gebe, und er sah mich entrüstet an: Wie konnte ich zwei so grundverschiedene Völker in einem

Atemzug nennen und so zutiefst minderwertige Leute auch nur erwähnen!

Schließlich fragte er mich, wer unsere Feinde seien. Auf mein »Wie bitte?« erklärte er mir geduldig, er wolle wissen, mit welchem Volk wir zur Zeit im Krieg seien, wegen territorialer Ansprüche, ethnischer Haßgefühle, ständiger Grenzverletzungen und so weiter. Ich sagte ihm, daß wir mit niemandem im Krieg lägen. Geduldig setzte er mir auseinander, er wolle wissen, wer unsere historischen Feinde seien, unsere Erbfeinde, also diejenigen, die uns umbrächten und wir sie. Ich sagte nochmals, daß wir keine hätten, daß wir den letzten Krieg vor über fünfzig Jahren geführt hatten, schon damals übrigens ohne genau zu wissen, wer unsere Feinde und wer unsere Verbündeten waren. Er war nicht zufrieden, er gab mir klar zu verstehen, daß er mich für einen Lügner hielt. Wie kann es sein, daß ein Volk keine Feinde hat?

Unsere Fahrt war zu Ende, ich gab ihm beim Aussteigen zwei Dollar Trinkgeld, um ihn für unseren trägen Pazifismus zu entschädigen, dann widerfuhr mir, was die Franzosen »esprit d'escalier« und die Deutschen »Treppenwitz« nennen: wenn einem draußen auf der Treppe, nachdem man mit jemandem gesprochen hat, plötzlich die richtige Antwort einfällt, auf die man vorher nicht gekommen war.

Ich hätte ihm sagen sollen, es ist gar nicht wahr, daß die Italiener keine Feinde haben. Sie haben keine äußeren Feinde, und jedenfalls sind sie nie imstande, sich darüber zu einigen, wer ihre Feinde sein könnten, weil sie pausenlos Krieg führen, aber im Innern. Die Italiener führen gegeneinander Krieg, früher Stadt gegen Stadt, Häretiker gegen Rechtgläubige, dann Klasse gegen Klasse, Partei gegen Partei, Parteiflügel gegen andere Flügel derselben Partei, dann Region gegen Region und schließlich Regierung gegen Justiz, Justiz gegen ökonomische Macht, öffentlich-rechtliches Fernsehen gegen privates Fernsehen, Koalitionspartner gegen Partner derselben Koalition, Abteilung gegen Abteilung, Zeitung gegen Zeitung.

Ich weiß nicht, ob er mich verstanden hätte, aber wenigstens hätte ich mir die Blamage erspart, als Angehöriger eines Volkes ohne Feinde dazustehen.

(1996)

Notizen von einem Urlaub *Off-shore*

Diesen Sommer habe ich infolge eines Zusammentreffens widriger Umstände keinen richtigen Urlaub gemacht. Ich bitte um Verzeihung für das autobiographische Detail, das niemanden interessiert, aber ich muß erklären, warum es mich, obwohl ich kein Mann der Hochfinanz bin, nach Grand Cayman verschlagen hat. Ich befand mich in jenen Wochen auf Reisen in beiden Teilen Amerikas, und als ich zu meiner freudigen Überraschung entdeckte, daß ich fünf Tage um ein Wochenende herum frei hatte, pickte ich mir die erste karibische Insel heraus, auf der ich ohne große Umwege landen konnte, und flüchtete mich dorthin. Es war eine der drei Cayman Islands, ein Stückchen südlich von Cuba, nicht weit von Jamaica, ein Kleinstaat, der zum britischen Commonwealth gehört, wo man mit Cayman Dollars bezahlt, und mit Cayman Dollars zu bezahlen gibt einem das Gefühl, man wäre in Disneyland.

Die Cayman Islands haben drei charakteristische Eigenschaften. Eine davon ist, daß sie ein berühmtes Steuerparadies sind (ich komme gleich darauf zurück); die zweite ist, daß sie ein ruhiges, klares und warmes Meer haben, in dem man beim Schwimmen bisweilen sehr schnellen Schildkröten begegnet, bisweilen auch Rassen von unvorstellbaren Dimensionen, die jedoch alles in allem freundlich sind, weshalb ich mich mit dem Gedanken trage, ein neues Manifest zur Verteidigung der Rasse zu schreiben; die dritte ist, daß der lokale Tourismus zum großen Teil auf dem Piratenmythos beruht.

Nicht so sehr, weil Kolumbus, als er auf diesen Inseln

landete, sie Tortugas nannte, denn die berühmte Tortuga, die wir aus den Romanen von Salgari kennen, liegt ein bißchen weiter nordöstlich, sondern aufgrund ihrer Lage und weil sie ursprünglich menschenleer waren, sind diese Inseln Anlegeplatz und Operationsbasis für viele Piratenbanden gewesen. In gekonnter Ausbeutung dieses Mythos stellt die lokale Tourismusorganisation ganze Supermärkte bereit, in denen man Piratenausrüstungen erwerben kann (Entzücken der kleinen Touristen), und veranstaltet Piratenfestivals. Eine Galeone, glaubwürdig nachgebaut, wenn auch in bescheidenen Dimensionen, ankert in der Reede, Piraten mit schwarzen Augenklappen, Enterhaken und langen Säbeln entsteigen ihr, rauben kreischende Mädchen in Kostümen der Epoche, improvisieren Duelle, und am Ende gibt's Feuerwerk, Piratentänze im Freien und Freßgelage mit geschmortem Schildkrötenfleisch und mariniertem oder zu Klößchen geformtem *conch*, was eine Schnecke ist, eine Art Abalone mit der Konsistenz von Kaugummi, reich an Proteinen, eine beliebte Spezialität, die auf verschiedene Weise zubereitet wird. Das Ganze empfohlen für Familien, so daß die Piraten – und man bedenke, wie viele Arbeitsplätze die Piraterie den friedlichen Caymanen liefert! – während ihrer Raubzüge nicht einmal Bier trinken dürfen.

Heute wissen wir alle, daß die Piraten (die echten) üble Halunken waren, Leute ohne Gesetz und Moral, die sich nicht scheuten, eine Hand abzuhacken, um einen Ring zu erbeuten, die auf Vergewaltigung und Plünderung aus waren und deren größtes Vergnügen darin bestand, arme Teufel über die Reling ins Meer zu befördern – kurzum, Verbrecher, Söhne, Männer und Väter von Frauen mit spärlichster Tugend, schrecklich anzusehen, ungewaschen, stinkend nach Knoblauch und Rum. Doch die Zeit heilt alle Wunden, wobei Hollywood hilft, und heute sind jene Elenden zu legendären Helden geworden und werden den touristischen Kleinfamilien als Modelle eines faszinierenden Abenteuerlebens präsentiert.

Kommen wir nun darauf zurück, daß die Cayman Islands ein *Off-shore*- oder Steuerparadies sind, ein Ort, an dem es keine fiskalischen Fesseln gibt, weshalb, wie wir jeden Tag in der Zeitung lesen, ihre Kapitalien dorthin transferieren: die Meister der gefälschten Bilanz, die Korsaren des dezent überreichten Kuverts, die Kundschafter von Tangentopolis, die Panzer- und Raketenhändler, kurzum, all jene Leute, die unsere gegenwärtige Moral als eine üble Brut zu betrachten lehrt, die mit Stumpf und Stiel ausgerottet werden muß. Was aber wird in zwei- oder dreihundert Jahren sein?

Die Zeit wird alle Wunden heilen. Während ich auf der Insel war, stellte ich mir vor, wie die P2-Logenbrüder der halben Welt in abgelegenen Villen an der Küste anzettelten, was Geschäfteanbahner, Tangentenjongleure und Geldwäscher eben so anzetteln. Und ich stellte mir vor, daß in zweihundert Jahren das lokale Tourismusbüro die theatralisch inszenierte Ankunft überlanger Yachten mit Bordhelikopter anbieten könnte, denen dann die Halunken unserer Zeit entsteigen, die Witwenauspresser und Waisenunterdrücker, Herrenmenschen, neuen Freibeuter, Akrobaten der Steuerflucht, Surfer der *Off-shore*-Paradiese, begleitet von biegsamen Schauspielschülerinnen und Models (nachgemachten natürlich, denn die echten werden längst tot sein) und gekleidet, wie es die reichen Advokaten der dunklen Geschäfte heute zu sein pflegen, die Experten für betrügerischen Bankrott, die glattrasierten und wohlparfümierten Geldkofferträger, mit Goldkettchen auf der sonnengebräunten Brust ...

Und die Touristen werden Eintritt bezahlen, um die Galgenstricke unseres Jahrhunderts zu sehen. Und während man bei den Piraten von einst an die Namen Morgan, Drake, Pietro d'Olona, Captain Flint und Long John Silver erinnern kann, muß man bei denen der Zukunft vorsichtig sein. Denn bislang haben sie nur Ermittlungsbescheide erhalten, sind aber noch nicht schuldig gesprochen worden.

(1996)

Frauen, tut, was Dante sagt: Bleibt, wo ihr hingehört!

Man muß auch mal versuchen, den Papst zu verstehen. Sicher kommen uns die Argumente, die er benutzt, um den Frauen das Priesteramt zu verweigern, schwer vertretbar vor, aber man darf nicht vergessen, daß der Papst die Tradition wahren muß. Und die Tradition ist, was sie ist, sehen wir sie uns einmal an. Beginnen wir mit der Genesis. Ich will mich hier nicht auf die heikle Frage einlassen, ob jene Entität, die in den Übersetzungen gewöhnlich »Gott« genannt wird, durch den biblischen Text in Geschlechtsbegriffen charakterisiert wird. Da halte ich mich heraus. Aber zweifellos ist das erste menschliche Geschöpf ein männliches Wesen, und diesem männlichen Wesen (Adam) wird das erste Gebot gegeben, das den Baum der Erkenntnis des Guten und Bösen betrifft. In welcher Sprache Gott mit Adam gesprochen hat, ist schwer zu sagen, und seit den Zeiten der Kirchenväter ist sogar vorgebracht worden, es habe sich entweder um eine sozusagen rein geistige Beziehung von Herz zu Herz gehandelt oder um eine Kommunikation durch atmosphärische Phänomene wie Donner, Blitz und Windesrauschen.

Tatsächlich ist der Schöpfer der ersten natürlichen Sprache zweifellos Adam, denn nachdem Gott auf irgendeine Weise zu ihm »gesprochen« hat, bringt er alle Vögel des Himmels und alle Tiere des Feldes zu ihm, auf daß Adam einem jedem den ihm gebührenden Name gebe. Welche Sprache es war, die Adam bei dieser Gelegenheit erfand, ist jahrhundertelang umstritten geblieben; nicht alle stimmten darin überein, daß es das Hebräische war, und im siebzehnten Jahrhundert hat sogar jemand behauptet, es sei das Chinesische gewesen. Übrigens hat man sich auch jahrhundertelang gefragt, warum bei der Gelegenheit nicht auch die Fische benannt worden sind (vielleicht wurden sie später sukzessive benannt, immer wenn Adam einen von ihnen fing und in der Pfanne briet – ein Vorschlag, den Augustinus in *De Genesi ad litteram* gemacht hat, wenn auch ohne die Pfanne).

Erst an diesem Punkt wird Eva geschaffen, und da sie aus dem Manne gemacht worden ist, wird sie von Adam *iššа* genannt, was die weibliche Form von *iš* (Mann, Gatte) ist, weshalb es die Vulgata mit *virago* übersetzt – und das ist, auch wenn es nicht wie heute im Italienischen ein Mannweib bezeichnet, jedenfalls eine Ableitung von *vir*.

Es hilft also nichts, die Frau kommt als zweite, und welch ein Zufall: ihr erstes Gespräch hat sie mit der Schlange. Sie, die Virago, fällt darauf rein (man muß es wirklich so sagen), wie ein reifer Apfel vom Baum fällt, und nun sagt selbst: Darf man das Verabreichen der Sakramente einer so gedankenlosen Person überlassen, die, kaum daß man ihr Ausgang gibt, Arm in Arm mit dem Fürsten der Finsternis loszieht?

Um zu verstehen, wie drückend diese biblische Episode in den Vorstellungen der Christenheit lastet, braucht man sich nur einmal anzusehen, wie ein Mann auf den Text reagiert hat, dem gemeinhin eine gewisse intellektuelle Güteklasse nicht abgesprochen wird, nämlich Dante Alighieri – der ja vor allem dafür in die Geschichte eingegangen ist, daß er eine Frau idealisiert und praktisch vergöttlicht hat. Im ersten Buch seiner Abhandlung *De vulgari eloquentia* diskutiert er über die Entstehung der Sprache, doch bevor er das Problem anpackt, stellt er eine höchst sonderbare Behauptung auf, die es wert ist, hier zitiert zu werden (Kapitel IV): »Folgt man dem, was die Genesis am Anfang sagt, wo die Heilige Schrift den Ursprung der Welt behandelt, so ergibt sich, daß als erste von allen Wesen eine Frau gesprochen hat, nämlich Eva... Dennoch, obwohl in den Texten zu finden ist, daß als erste eine Frau gesprochen hat, ist es vernunftgemäßer dafürzuhalten, daß es der Mann war, der als erster gesprochen hat, und es ist abwegig, nicht zu denken, daß ein so edler Akt der menschlichen Gattung eher den Lippen eines Mannes als denen einer Frau entquollen sein muß.«

Danach erörtert Dante die Frage, welches der erste Freudenschrei und die erste Bekundung der Dankbarkeit war, mit der sich Adam an seinen Schöpfer gewandt hat. Am unglaublichsten daran ist, daß Dante den biblischen Text vor Augen hatte, dem er entnehmen konnte, daß in jedem Fall Adam vor Eva gesprochen hatte, nämlich als er den Tieren Namen gab. Die Exegeten diskutieren, ob Dante von einem ersten richtigen Dialog sprechen wollte, als welchen man zweifellos das Gespräch zwischen Eva und der Schlange ansehen kann. Das Frappierende ist jedoch, daß Dante den biblischen Text in einer Weise gelesen hat, die ich als hysterisch definieren würde. Dante war sogar bereit, die Bibel zu korrigieren, so groß war seine Angst, man könnte womöglich denken, daß eine Frau als erste gesprochen habe.

Ich wiederhole, es war kein misogyner, von Sexualphobie durchdrungener Prediger, der so gedacht hat, sondern Dante, ein fast exemplarischer Vater und Gatte und ein idealer Liebhaber. Was also wollt ihr da von den anderen erwarten?

Die Macht der Tradition ist tief verankert – man bedenke nur, daß es ihr gelungen ist, jahrhundertelang vergessen zu lassen, daß auch Jesus und seine Jünger zu der verfluchten Rasse der gottesmörderischen Juden gehörten! Wie kann man den Frauen das Priesteramt anvertrauen, wenn man von Anfang an als schreckliches Unglück gefürchtet hatte, nicht nur, daß eine Frau sagen könnte: »Ego te absolvo« oder »Dies ist mein Leib«, sondern sogar, daß sie als erste gesagt haben könnte: »Guten Tag, Schlange, wie geht's?«

Also, Frauen, bleibt, wo ihr hingehört. Das hat auch Dante gesagt.

(1993)

Früher war der Klatsch eine ernste Sache, heute ist er eine aussterbende Kunst

In Urbino hat, im Rahmen der üblichen Sommer-Symposien über Semiotik, ein Kongreß über den Klatsch stattgefunden. Viel Prominenz war da, ich weiß nicht mehr im einzelnen, wer was gesagt hat, aber das Schöne an solchen Kongressen ist ja, daß man am Ende ein paar neue Ideen im Kopf hat, und die Vaterschaft ist umstritten.

Gesprochen wurde über den Klatsch im Fernsehen, dem spezielle Sendungen gewidmet sind, in denen jemand dazu gebracht wird, Bekenntnisse über sein Privatleben abzulegen. Nun ist (war?) der klassische Klatsch, derjenige im Dorf, in der Pförtnerstube oder in der Kneipe, ein Element des sozialen Zusammenhalts. Man klatscht nie über jemanden, der gesund, erfolgreich und glücklich ist; man klatscht über einen Defekt, einen Fehler, ein Unglück anderer. So nehmen die Klatschenden in gewisser Weise Anteil an den Mißgeschicken der Beklatschten (Klatsch impliziert nicht immer Verachtung, er kann auch zu Mitleid führen).

Aber das funktioniert nur, wenn die Beklatschten nicht anwesend sind (sonst wäre es bloß Aggression) und wenn sie nicht wissen, daß über sie geklatscht wird (oder ihr Gesicht wahren können, indem sie so tun, als ob sie's nicht wüßten). Das gibt den Klatschenden ein gewisses Machtgefühl (»wir wissen Bescheid über dich, aber du weißt nicht, daß wir Bescheid über dich wissen«), sie müssen überzeugt sein, ein Geheimnis zu besitzen, und glücklich, es mit vielen anderen zu teilen.

Zeigt der Beklatschte, daß er weiß, daß über ihn geklatscht wird, kommt es gewöhnlich zum Krach (»gemeine Verleumdung, ich weiß, daß du überall rumerzählst, ich wäre …«). Ist es zum Krach gekommen, ist das Gerücht öffentlich geworden. Wer Krach schlägt, hat durch seine öffentliche Reaktion den Klatsch ratifiziert, auch wenn er eine Lüge war. Also gibt es nun nichts mehr, worüber man klatschen kann.

Beim Klatsch im Fernsehen dagegen wird nie schlecht über jemanden gesprochen, der nicht anwesend ist, denn erstens wäre das strafrechtlich verfolgbar, und zweitens ist die Show nur dann reizvoll, wenn das Opfer über sich selbst klatscht, indem es intime Dinge aus seinem Leben verrät. Die Beklatschten sind hier die ersten, die wissen, daß über sie geklatscht wird, und alle wissen, daß sie es wissen. Sie sind keine Opfer irgendwelcher Gerüchte. Es hat nicht den geringsten Reiz, einander am nächsten Tag zuzuraunen: »Hast du gehört, der X hat gestern im Fernsehen zugegeben, daß er gehörnt worden ist?« Es gibt kein Geheimnis mehr. Außerdem kann man nicht mehr über die Beklatschten herziehen (sie hatten ja den Mut zu gestehen), aber man kann sie auch nicht mehr bedauern (sie haben aus ihrem Geständnis einen beneidenswerten Vorteil gezogen: die öffentliche Selbstdarstellung).

Das Schöne am klassischen Klatsch war, daß er, solange der Beklatschte sich nicht durch Krachschlagen verriet, endlos weitergetratscht werden konnte. Die Klatschbase konnte sich jahrelang über einen Ehebruch anderer ergehen. Der Fernsehzuschauer dagegen braucht, nachdem X sein Geständnis abgelegt hat, nichts mehr von ihm zu hören. Und tatsächlich wird ja in der nächsten Folge ein anderer dasitzen und erneut anfangen, über sich selbst zu klatschen. So gibt es jeden Tag einen neuen Klatsch, der stirbt, kaum daß er öffentlich gemacht worden ist, und die vorangegangenen Klatschereien haben sich inzwischen selbst zerstört. Das Fernsehen hat dem Klatsch – der doch wichtige soziale Funktionen erfüllte – den Garaus gemacht.

Ein Kritiker hat nun, an Blackmur anknüpfend, den Gedanken nahegelegt, daß der Mythos ein abgelagerter Klatsch war. Vermutlich seien die Mythen als Klatschereien entstanden, dienten sie doch dazu, uns mit den Göttern vertraut zu machen, ihre Nöte und ihre Verfehlungen zu bemitleiden oder zu verdammen (es lohnt sich vielleicht darauf hinzuweisen, daß die monotheistischen Religionen den Klatsch nicht gestatten, da er höchstens blasphemischer Akt, Verleumdung und Lüge wird).

Dagegen wäre einzuwenden, daß der Mythos, da er öffentliche Erzählung war, den Klatschenden nicht das schöne Gefühl gegeben haben dürfte, sich im Besitz eines Geheimnisses zu wissen. Aber vielleicht war es der Tragödiendichter, der die Zuschauer in die Geistesverfassung dessen versetzte, der zum erstenmal ein Geheimnis hört, und so fühlte sich jeder schrecklich und herrlich allein auf den dichtbesetzten Stufen des Amphitheaters. Und das muß irgendwie mit der Katharsis zu tun gehabt haben, auch wenn ich mich hier nicht dazu versteigen will, neue Interpretationen für sie vorzuschlagen.

Müßten wir also sagen, daß der sogenannte Fernsehklatsch – auch wenn er kein Klatsch ist – etwas mit dem Mythos zu tun hat? Nein, das glaube ich wirklich nicht. Der Mythos nimmt ein göttliches Wesen, das über uns steht, und sagt uns, indem er über es klatscht, daß es uns im Grunde in vieler Hinsicht gleicht. Das Fernsehen nimmt ein Wesen, das uns gleicht, und sagt uns, indem es über es klatscht, daß wir es gerade deshalb als eine Gottheit betrachten sollten. Ich will nicht ausschließen, daß ein paar unterentwickelte Zuschauer diese beiden Prozesse verwechseln können. Aber vielleicht hat die Erinnerung an Venus, die ihren Gatten Vulkanus betrügt, mehr Chancen, im Gedächtnis haften zu bleiben, als die an den letzten Selbstverstümmler, den man in der Glotze gesehen hat.

(1995)

Wie man erfolgreich Schiffbruch erleidet

Neulich fragte mich jemand, wie ich mir erklärte, daß *Titanic* ein Kultfilm geworden ist, den manche Mädchen dreißigmal hintereinander gesehen zu haben behaupten. Hier die Gründe, die mir sofort in den Sinn kamen. Erstens, der Archetyp des Schiffbruchs. Seit Homer ist Schiffbruch ein tragisches Ereignis, das Leben und Tod gegenüberstellt, uns kleine Menschen gegen die Majestät der Natur, ein fragiles Produkt unserer Handarbeit gegen die Urkraft des Meeres. Außerdem erfolgt in *Titanic* der langsame Schiffbruch in Echtzeit, was den Reiz der Zitterpartie noch erhöht.

Das zweite Element ist der Appell an die Unzulänglichkeit der menschlichen Technik. Der Untergang der echten *Titanic*, zu Beginn unseres Jahrhunderts, hat den Utopien des vorausgegangenen Jahrhunderts einen tödlichen Stoß versetzt. Dieser Gedanke schien wie geschaffen für das Ende des Jahrtausends, das in einem New-Age-Klima stattfindet, in dem sich die Furcht vor dem Tod der Natur mit dem Mißtrauen in die herrschende Technik verbindet.

Das dritte Element ist das Muster des Grand Hotel: Leute, die kommen, Leute, die gehen. Der Film präsentiert das Muster in einer leicht abgewandelten Fassung. Auf den ersten Blick ist der Ozeanriese ein Grand Hotel, von ihm hat er den Luxus und die Möglichkeit zu endlosen Korridorfluchten. Bevor ich den Film sah, dachte ich, er werde dem üblichen Schema folgen: Allerlei Gäste kommen herein, das Ehepaar, das sich scheiden lassen will, der

Bankier, der mit der Kasse durchbrennt, die Jungvermählten auf Hochzeitsreise, der noble und vom Leben enttäuschte Falschspieler, das alte Ehepaar auf der Suche nach dem verlorenen Sohn und so weiter, und die Geschichten all dieser Leute werden sich miteinander verflechten, bis am Ende der Falschspieler sich für die Jungvermählten opfert, der betrügerische Bankier bestraft wird und die Scheidungswilligen begreifen, wie sehr sie einander immer noch lieben.

James Cameron hat jedoch sehr geschickt mit dem Umstand gespielt, daß die Zuschauer genau dies erwarten, und hat das Ganze auf eine einzige Liebesgeschichte fokussiert, indem er alle anderen als Hintergrundpersonal benutzte – und indem er die individuelle Geschichte der beiden Liebenden in einem Ereignis von kosmischen Dimensionen aufgehen ließ. Damit nicht genug, hat er sich auch getraut, den jungen Helden sterben zu lassen, den reichen Bösewicht zu retten und sich um das Schicksal des alten Paares nicht weiter zu kümmern. Dadurch erzeugt er eine angenehme Überraschung im Zuschauer, der sich an altbekannten Archetypen erfreut und dennoch etwas Neues findet.

Mit derselben Technik nahm er sodann das Märchen von Aschenputtel und stellte es auf den Kopf: Die junge Heldin ist reich und verwöhnt und hat auch schon einen Prinzen, der jedoch alles andere als märchenhaft ist und den sie nicht ausstehen kann. Während sie ihren Schuh verliert, begegnet sie Peter Pan und gewinnt durch die Liebe das Privileg, arm zu werden. Arm wie alle. Schöner Coup.

Ich würde auch den Anfang des Films nicht vernachlässigen, der den Archetyp der Schatzsuche mit dem der zwanzigtausend Meilen unter dem Meer verbindet. Sicher nichts Atemberaubendes, aber das alles sind zusätzliche Reize.

Schließlich zu den beiden Hauptpersonen. Angesichts der Tatsache, daß die glühendsten Fans dieses Films pubertierende Mädchen sind, möchte man meinen, seine Faszination verdanke sich dem Auftritt von Leonardo Di Caprio, der alle erforderlichen Eigenschaften eines Sexsymbols hat. Aber dabei stellt man nicht genügend in Rechnung, welche Funktion (in diesem Spiel) das Mädchen erfüllt. Das Mädchen ist ein bißchen pummelig und verschwitzt, stark geschminkt und auf unangenehme Weise neurotisch. Mehr noch (ich spreche für mich, aber ich denke, viele meiner Geschlechtsgenossen werden mir darin zustimmen), mit so einer würden wir nicht nur kein Techtelmechtel auf dem Rücksitz eines Autos haben wollen, sondern die hätten wir auch nicht so gern auf dem Kinositz neben uns, an einem schwülheißen Tag, während sie Popcorn knabbert.

Die Sache ist die, daß Kate Winslet genau jenen amerikanischen Mädchen gleicht, die immer wieder in *Titanic* gehen: Mädchen, die niemals wie Sharon Tate aussehen, sondern eben wie sie, MacDonald-Mädchen, deren Modell keine andere ist als (raten Sie mal) Monica Lewinsky – so daß wir alle uns fragen, wieso Clinton sich für ein Gänschen mit ein paar Pfunden zuviel in solche Schwierigkeiten gebracht hat. Diese typischen amerikanischen Durchschnittsmädchen, die sich immerzu vor dem Spiegel fragen, wie sie es jemals schaffen sollen, Sharon Tate ähnlich zu werden, gelangen angesichts von *Titanic* zu der Überzeugung, daß sie so, wie sie sind, einen wie Leonardo Di Caprio (oder wie Clinton) kriegen können. Kein Wunder, daß sie sich diesen Traum immer wieder erfüllen wollen, dreißigmal ist das Mindeste. Der Erfolg des Films war schon besiegelt, als die freßsüchtige kleine Kate sich mit Big Macs vollstopfte.

Ich vergaß zu erwähnen, daß der Film auch technisch gut gemacht ist. Das sollte man nicht unterschätzen, aber es ist nur eine notwendige, keine ausreichende Bedingung.

(1998)

Was ist ein Bestseller?

Wenn von Bucherfolgen die Rede ist, fällt früher oder später unweigerlich der Ausdruck »Bestseller« (der bei uns regelmäßig »Betzeller« ausgesprochen wird). Ursprünglich in Amerika aufgekommen, um jeden kommerziellen Artikel zu bezeichnen, der sich gut verkaufen läßt, also auch Erfolgsbücher, scheint er mir jedoch – in den Bereich der Literatur übertragen – in zweierlei Hinsicht unzulänglich. Erstens bezeichnet er eine kommerzielle Kategorie, die noch nichts über den Wert des betreffenden Buches aussagt. Bestseller sind zweifellos (in dem Sinne, daß Jahr für Jahr sehr viele Exemplare von ihnen verkauft werden) die Bibel und *Pinocchio*, und viele Jahre lang waren es auch die Bücher von – sagen wir – Barbara Cartland, und doch wird man zugeben, daß es sich um sehr unterschiedliche Werke handelt. Zweitens verbergen sich unter dem Terminus Bestseller vier ganz verschiedene Kategorien.

Zunächst sind da jene Bücher, die ich die *best sold* nennen würde, das heißt solche, die sich eine Zeitlang größter Beliebtheit erfreut haben, wie die barocken Ritterromane oder *Onkel Toms Hütte*. Dann gibt es die Immergrünen oder »Longseller«, die sich jahrhunderte- oder jahrzehntelang verkaufen, wie eben die Bibel, aber auch die *Promessi Sposi*, und in unseren Tagen *Der Kleine Prinz* oder *Siddharta*. Daß einige von ihnen in den wöchentlichen Bestsellerlisten auftauchen und andere nicht, liegt einfach daran, daß der wahre Longseller nicht hundertmal pro Tag in den wenigen Großbuchläden der Innenstädte verkauft wird, sondern einmal pro Tag in den vielen kleinen Buch-

und-Papierkramläden, die es überall gibt, so daß er nicht von den Umfragen erfaßt wird.

Drittens gibt es diejenigen Bücher, die ich die *best selling* nennen würde, nämlich die im Moment ihres Erscheinens einen enormen Erfolg haben, bei dem aber nicht gesagt ist, daß er sich über die Jahre hin fortsetzt. Da sie sich jedoch gut genug verkaufen, um Autoren, Verlegern und Buchhändlern das Wasser im Munde zusammenlaufen zu lassen, wird aus ihnen der *Best-to-sell*-Titel generiert, das heißt der eigens für den Massenverkauf angefertigte Titel. Gewöhnlich sind es Romane nach einem festen Rezept: ein bißchen Sex, ein bißchen Geld und Verbrechen, ein bißchen Leben in den oberen Kreisen; oder auch eine gut beschriebene Erektion in jedem Kapitel, oder eine kalkulierte Mischung aus Grauen und Tod. Und so weiter. Solche Bücher hat es immer gegeben, und bisweilen ist es auch vorgekommen, daß sie überlebt haben, weil sie, obwohl zum Geldverdienen geschrieben, etwas hatten, was ich mythologische Eigenschaften nennen würde – das klassische Beispiel sind die Romane von Dumas. In jedem Fall ist es das Vorhandensein der *Best-to-sell*-Bücher, das dem Wort Bestseller seine abschätzige Nebenbedeutung gegeben hat.

Dabei hat man vergessen, daß Dante, Ariost und Tasso in ihrer Zeit einen Riesenerfolg gehabt haben und daß Manzoni sich entschlossen hatte, die zweite Ausgabe seines Romans in Fortsetzungsfolgen und mit eigens dafür bestellten Illustrationen drucken zu lassen, um auf die Flut der Raubdrucke nach der Erstausgabe zu reagieren. Er hat keinen Pfennig daran verdient, aber sein Buch war zweifellos ein Bestseller. Außerdem wollte er es zwar anspruchsvoll und qualitativ hochwertig haben (und man weiß, wie sehr er daran gearbeitet hat), aber er wollte auch, daß es von möglichst vielen gelesen würde. Freilich hat es, abgesehen von ein paar historischen Fällen avantgardistischer Provokation, wohl nie einen ernsthaften Autor gegeben, der beim Schreiben eines Buches nicht hoffte, daß es gut würde und daß es zugleich von möglichst vielen gelesen würde. Ein gutes Buch schreiben zu wollen ist aber etwas anderes als einen *Best-to-sell*-Roman mit einer Erektion pro Kapitel zu schreiben.

Soeben ist eine neue Untersuchung über den Buchmarkt von Gian Carlo Ferretti erschienen* (ein erster Teil war schon 1979 herausgekommen, ein weiterer ist noch unveröffentlicht). Ferretti war der erste, der sich für ein Phänomen interessierte, das man den »Qualitäts-Bestseller« genannt hat (Beispiel: Calvinos *Wenn ein Reisender in einer Winternacht*). Das Verblüffende an dieser Kategorie ist, daß es sich um Werke handelt, die Erfolge erzielen, ohne deswegen mit Ingredienzen zu operieren, die dem Leser per se gefallen müßten. In seiner neuen Untersuchung spricht Ferretti nun von Werken, die unterschiedliche Lektüre-Ebenen erlauben.

Das wären dann Bücher, die dem naiven Leser eine Lektüre auf der ersten Ebene erlauben und den gebildeteren oder gewitzteren Lesern »stufenweise« immer höhere Lektüren. Sozusagen Zikkurat-Bücher. Die Formel scheint mir brauchbar. Nur daß sie mir eine andere in Erinnerung ruft: diejenige unserer mittelalterlichen Bibelausleger oder der jüdischen Hermeneutik, derzufolge jeder Text außer dem Wortsinn noch mehrere andere Sinne hat, die es nach und nach zu entdecken gilt. So gesehen könnte es sein, daß in den letzten Jahren zeitgenössische Bücher nach dem Stufenmodell geschrieben worden sind (was sowohl bei

* *Il mercato delle lettere*, Il Saggiatore, Mailand 1994.

der Science-fiction funktioniert, siehe Gibson, als auch bei der experimentellen Literatur, siehe Pynchon). Diese wären dann jedoch Werke, die auf der Ebene des metanarrativen Selbstbewußtseins eine Möglichkeit anvisieren, die alle Longseller immer verwirklicht haben, vielleicht ohne es zu wollen. Um nicht von denen zu sprechen, die es sehr wohl wußten und wollten, wie Dante, der bei jeder Gelegenheit sagte, daß er so und nicht anders gelesen werden wolle.

(1994)

Wie meldet man die Meldung, daß Meldungen nicht recycelt werden?

Neulich sprach ich in dieser Kolumne von einer Gewohnheit, die inzwischen die ganze italienische Presse erfaßt hat: Artikel zu bringen, in denen mitgeteilt wird, daß in einer anderen Zeitung ein bestimmter Artikel erschienen ist oder erscheinen wird. Es fehlte nur noch, daß der *Espresso* eine Presseerklärung verbreitet, in welcher der Inhalt meines nächsten Streichholzbriefes vorangekündigt wird. Den Inhalt oder die herausragenden Artikel der nächsten Nummer voranzukündigen, ist allgemein üblich geworden, und zweifellos kann ja dem Leser der Zeitung A eine Meldung, die ihn über den Inhalt der Zeitung B informiert, durchaus von Nutzen sein. Tatsache ist, daß ich am Tag vor dem Erscheinen des *Espresso* einen Anruf von einer anderen Zeitung bekam und gebeten wurde, eine Meinung über meinen (im Erscheinen begriffenen) Artikel zu äußern, in dem ich die exzessive Übernahme von anderswo schon erschienenen Artikeln beklagte.

Natürlich habe ich geantwortet, daß ich, da ich in dem betreffenden Artikel eine schlechte Gewohnheit kritisierte, keinen Grund sähe, mich an dem Spiel zu beteiligen, und daß es mir überdies seltsam vorkomme, eine Meinung über einen von mir selbst verfaßten Artikel äußern zu sollen, denn es wäre doch – und zwar in dieser Reihenfolge – a) dumm von mir, am Telefon zu wiederholen, was ich in dem Artikel geschrieben hatte (tatsächlich war dies wohl die geheime Hoffnung des Anrufers), b) unwahrscheinlich, daß ich dem Anrufer einen Knüller verschaffte, indem ich etwa erklärte, daß alles, was ich geschrieben hatte, der reinste Blödsinn sei, und c) ungehörig von mir, wenn ich mich in Lobestiraden über meinen Artikel erginge. Daraufhin fragte der Anrufer, wieso ich dann, um zu beklagen, daß die Zeitungen andauernd über Zeitungen schreiben, einen Zeitungsartikel geschrieben hätte. Um ihn zum Schweigen zu bringen, sagte ich, daß Irren menschlich sei, aber Beharren teuflisch.

Der Vorfall drängt mich jedoch, einige Punkte genauer zu klären, die zwar an sich evident, aber vielleicht nicht allen selbstverständlich sind. Es wird hier verwechselt zwischen Kritik, unvermeidlicher Wiedergabe aufsehenerregender Meldungen und bloßem Abkupfern. Unvermeidliche Wiedergabe liegt vor, wenn ein Sonderberichterstatter der Zeitung A meldet, er habe den Schatz von Dongo geortet, den Mussolini angeblich 1943 vor seiner Verhaftung im Comer See versenkt hatte; es liegt auf der Hand, daß die Zeitung B über solch eine Meldung nicht schweigend hinweggehen kann, nur wird sie versuchen, ihren Rückstand dadurch wettzumachen, daß sie ihrerseits einen Reporter losschickt, um die in der ersten Meldung offengebliebenen Punkte zu klären. Kritik liegt vor, wenn der Artikelschreiber Schwarz in Zeitung A gegen den Artikel von Weiß in Zeitung B polemisiert.

In einer Diskussion über diese Themen hielt mir einmal ein Chefredakteur entgegen: »Was regen Sie sich so auf, daß die Zeitungen über Zeitungen schreiben? Haben Sie nicht als einer der ersten, schon in den sechziger Jahren, die Kritik der Massenmedien begonnen und folglich Artikel über die Art geschrieben, wie andere Artikel geschrieben sind?« Gewiß, und ich war einer von denen, die gesagt und geschrieben haben, daß nicht nur in den Zeitungen regelmäßig Pressekritiken erscheinen sollten, sondern daß auch in den Schulen die kritische Analyse der Tagespresse eingeübt werden müßte. Aber hier wird Kritik mit bloßer Übernahme verwechselt, genauer, mit jenem Abkupfern von Artikeln anderer, das nur dazu dient, die Lücken im eigenen Blatt zu füllen.

Nehmen wir ein Beispiel. Der berühmte Autor Schwarz veröffentlicht im Verlag A einen faszinierenden Roman (»Das verwunschene Schloß«), in dem von einer mysteriösen Mordserie erzählt wird und sich am Ende herausstellt, daß der Mörder der Butler war. Der berühmte Autor Weiß kann nun im Verlag B ein Buch mit dem Titel »Die mehrdeutige Erzählweise von Schwarz« veröffentlichen, in dem er den Roman von Schwarz resümiert und als ein Meisterwerk preist, oder in dem er seinen Stil, seine narrative Struktur, seine Ideologie diskutiert. Das nennt man Literaturkritik. Wenn aber Weiß im Verlag B ein anderes Buch unter dem Titel »Das verwunschene Schloß« herausbringen würde, das mit dem Satz begänne: »Wie in dem neuen Roman von Schwarz zu lesen, hat sich folgendes zugetragen«, um dann Wort für Wort den ganzen Roman von Schwarz folgen zu lassen (allenfalls mit ein paar Kürzungen), dann wäre das weder Literaturkritik noch literarische Fiktion. Es wäre auch kein Plagiat, da die Quelle ja gleich genannt wird, aber es wäre zweifellos Übernahme im Sinne von purem Abkupfern.

Wir könnten das Thema variieren: Eugenio Montale veröffentlicht sein Gedicht »Oft bin ich dem Übel des Lebens begegnet / es war ein gestauter Bach, der gurgelte« usw., und gleich darauf veröffentlich ein anderer Dichter ein Gedicht, das beginnt: »Gestern hat mir Montale, auf der Schwelle stehend / dieses karge Gedicht vorgetragen ...«, und es folgt das ganze Gedicht von Montale, Zeile für Zeile. Das wäre dann weder Dichtung noch Dichtungskritik, sondern eine neue Art, sich von der Arbeit anderer zu ernähren.

Der Unterschied zwischen dem kritischen Reden über die Art, wie die Presse Meldungen bringt, und dem Gebrauch schon erschienener Meldungen, als ob sie noch unveröffentlicht wären, wird nicht mehr wahrgenommen. Mir scheint das eine Krankheit des Journalismus. Eine angesehene Persönlichkeit hat mir entgegengehalten, daß die Zeitungen, wenn sie so verfahren, sich besser verkaufen (und sicher geben sie weniger aus). Wenn das der Maßstab ist, sage ich nichts mehr.

(1995)

Opus Dei dementiert, daß ich der Antichrist sei!

In der ersten Februarwoche war ich in Paris, um eine neue CD-ROM in der Bibliothèque Nationale vorzustellen, als ich eine Reihe von Anrufen italienischer Journalisten bekam, die mich fragten, welche Beziehung zwischen multimedial-hypertextuellen Enzyklopädien und dem Antichrist bestehe. Einige Fragen betrafen sogar die Beziehungen zwischen Internet und Antichrist, Internet und Apokalypse, Apokalypse und der CD-ROM, die ich vorzustellen gedachte – und natürlich auch zwischen dem Antichrist und der Bibliothèque Nationale de Paris.

Der Grund dieser plötzlichen Neugier war: In der Zeitschrift *Studi Cattolici* war ein Artikel erschienen, in dem ich angeblich als der Antichrist denunziert wurde.

Die Anrufer erklärten mir, da diese Zeitschrift gewöhnlich mit dem Opus Dei assoziiert werde (bitte keine Dementis, ich gebe nur wieder, was mir gesagt wurde), habe die Nachricht Aufsehen erregt, sei von wichtigen Zeitungen und Agenturen weiterverbreitet worden und es sei sogar (sagten sie) ein gelehrter und überaus seriöser Jesuit eingeschaltet worden, aber der habe, vermutlich in aller Herrgottsfrühe von dementen Fragestellern aus dem Schlaf gerissen, kühl und kategorisch ausgeschlossen, daß ich der Antichrist sei, und sich wieder schlafen gelegt.

Ich war versucht, die Anrufer zum Kuckuck (nicht zum Teufel) zu wünschen, denn die Erfahrung hat mich gelehrt, daß, wer Fragen über Satan und den Antichrist stellt, kulturell zurückgeblieben, sozial gefährlich und reif für die Klapsmühle ist. Aber die Anrufer entschuldigten sich selber für die deliranten Fragen, die erregte Chefredakteure sie beauftragt hatten, mir zu stellen. Am nächsten Tag schrieben sie sehr geschickte Artikel, in denen sie zwar ausschlossen, daß Hypertexte direkt etwas mit dem Antichrist zu tun haben könnten, aber einen gewissen Problemzonenrand offenließen.

Ich habe der Sache nicht weiter Beachtung geschenkt, da ein anderer Mitarbeiter der *Studi Cattolici*, ein gewisser Blondet, bereits ein Büchlein geschrieben hatte, in dem er darlegte, daß der Verlag Adelphi eine projüdisch-freimaurerisch-satanistische Institution sei, und meine lange Bekanntschaft mit den Schriften der internationalen Verschwörungstheoretiker, von Abbé Barruel bis zu den *Protokollen der Weisen von Zion*, hat mich überzeugt, daß diese Art von Literatur oft nur deswegen blüht, weil sie ökonomisch einträglich ist, schließlich gibt es eine große Zahl von Exaltierten, Okkultisten, Neonazis und anderen Schwarmgeistern.

Nach Italien zurückgekehrt, bekam ich dann eine Woche lang Anrufe von Verwandten und Freunden, die sich mit mir solidarisch erklärten und mir versicherten, sie seien zutiefst davon überzeugt, daß ich nicht der Antichrist sei, was mir ein großer Trost war, denn es könnte ja immerhin einer der Antichrist sein, ohne es zu wissen.

Vor ein paar Tagen bekam ich schließlich die betreffende Nummer der *Studi Cattolici* mit einem freundlichen Begleitschreiben von Rino Camilleri, dem Autor des inkriminierten Artikels, der mir schrieb, daß er – da die Zeitungen den Sinn seines *divertissements* so verdreht hätten – sich freuen würde, wenn ich selbst einen Blick hineinwürfe. Ich muß Camilleri Gerechtigkeit widerfahren lassen, denn sein Text präsentiert sich ausdrücklich als ein verschwörungstheoretischer Scherz (wie ich selber schon etliche geschrieben habe). Allenfalls könnte man dem Autor vorwerfen, ihn in einer Zeitschrift veröffentlicht zu haben, die ein paar Seiten vorher einen Artikel über den »Satanismus« Giosuè Carduccis druckt, in welchem die alte Theorie jenes Komplotts von Geheimgesellschaften wieder auftaucht, das alle Übel der Welt erzeugt haben soll, von der Französischen Revolution bis zur Unesco, um Thron und Altar zu stürzen. Niemand spricht den *Studi Cattolici* das Recht ab, gegen den antiklerikalen Laizismus zu polemisieren, was wären sie sonst für Katholische Studien, aber wer mit okkulten Verschwörungen spielt (ohne zu bemerken, daß die so heftig beklagten Ereignisse alle im hellsten Sonnenlicht stattgefunden haben), argumentiert am Ende so wie die »gnostisch-freimaurerischen« Geheimgesellschaften, gegen die er polemisiert. Wer sich zu sehr mit dem Teufel einläßt, wird leicht selber einer, und so kann auch ein unschuldiger Scherz in diesem Kontext den Geruch von Schwefel annehmen.

Doch außer den Kunden jener abgedunkelten Buchhandlungen, in denen Magie, jüdische Kabbala, nazistischer Antisemitismus und neutemplerische Freimaurerei verkauft werden (soviel vermögen die Wunder des esoterischen Synkretismus) konnte jeder erkennen, daß Camilleris Artikel ein mit gelehrten Koketterien gespickter Scherz war. Die Frage ist also, wie es kam, daß er von der sogenannten laizistischen Presse dermaßen ernstgenommen wurde.

Da pure Dummheit in solchen Fällen wohl ausgeschlossen ist, bleibt als Grund nur die Entscheidung für den gut erfundenen Knüller. Eine selbstkastratorische Entscheidung, denn sie beruht auf folgender »Philosophie«: Wir glauben zwar nicht, daß die Leser alles schlukken, aber da sie heutzutage von dem, was sie lesen, ohnehin nichts mehr glauben, kann man sie ebensogut auch einfach unterhalten.

Ist der Antichrist (der nunmehr unter uns weilt) womöglich der Skandaljournalismus?

(1997)

Inhalt

Platon im Striptease-Lokal

Wie man mit einem Lachs verreist und andere nützliche Ratschläge

I. Wahre Geschichten

II. Gebrauchsanweisungen

Derrick oder die Leidenschaft für das Mittelmaß

I. Die dunkle Seite der Galaxie
Zwischen Rassismus, Krieg und *Political Correctness*

II. Geliebte Gestade
Italienische Binnenansichten

III. Erhabener Spiegel der wahren Sprüche
Verhaltens- und Redeweisen, Manien und Moden

IV. Obwohl das Reden vergeblich ist
Polemiken, Divertissements und gute Vorsätze

Neue Glossen